Martin Strübing
Die interkulturelle Problematik deutsch-französischer
Unternehmenskooperationen

Martin Strübing

Die interkulturelle Problematik deutsch-französischer Unternehmenskooperationen

**Mit einem Geleitwort von
Prof. Dr. Siegfried Hauser**

 Springer Fachmedien Wiesbaden GmbH

Die Deutsche Bibliothek – CIP-Einheitsaufnahme

Strübing, Martin:
Die interkulturelle Problematik deutsch-französischer Unter-
nehmenskooperationen / Martin Strübing. Mit einem Geleitw.
von Siegfried Hauser.
(DUV : Wirtschaftswissenschaft)
ISBN 978-3-8244-0356-1   ISBN 978-3-663-09726-6 (eBook)
DOI 10.1007/978-3-663-09726-6

© Springer Fachmedien Wiesbaden 1997
Ursprünglich erschienen bei Deutscher Universitäts-Verlag GmbH, Wiesbaden 1997

Lektorat: Monika Mülhausen

Gedruckt auf chlorarm gebleichtem und säurefreiem Papier

"Die fruchtbarsten Entwicklungen haben sich überall dort ergeben, wo zwei unterschiedliche Arten des Denkens aufeinandertrafen"

Werner Heisenberg

"On ne voit bien qu'avec le coeur. L'essentiel est invisible pour les yeux"

Antoine de Saint-Exupéry

Geleitwort

Vor dem Hintergrund der Internationalisierung des Managements und der Globalisierung der industriellen Strukturen stellen sich theoretische und praktische Probleme, die oft mit dem herkömmlichen Werkzeug des Ökonomen nicht mehr befriedigend verstanden, geschweige denn gelöst werden können. Dazu gehört das Phänomen der internationalen Unternehmenskooperationen, organisationelle Hybridformen zwischen Markt und Hierarchie, die in den achtziger und neunziger Jahren ein Ausmass angenommen haben, welches eine eingehendere theoretische und konzeptionelle Untersuchung rechtfertigt. Ein weiteres Element ist die weitgehende Enttäuschung, die der Synergie-"Euphorie" der 80er Jahre Platz gemacht hat und die Frage aufwirft, inwieweit Elemente der Unternehmens-"Kultur" bei der Planung und Durchführung von Akquisitions- und Kooperationsprojekten, gerade im internationalen Kontext, von vorneherein berücksichtigt werden müssen.

Vor diesem Hintergrund übernimmt der Verfasser den Versuch, theoretisch neue Wege zu gehen und die Problematik der internationalen Unternehmenskooperationen mit den Erkenntnissen der "interkulturellen Managementforschung" zu verbinden. Er stellt die Frage, inwieweit Unterschiede in der National- bzw. Firmenkultur einen reellen Einfluss auf strategische Entscheidungen und industrielle Kooperationsprojekte haben und somit innerhalb der Ökonomie einen legitimen Platz einnehmen sollten. Wie der Verfasser am deutsch-französischen Beispiel zeigt, beeinflussen kulturell geprägte Werte und Einstellungen nicht selten die Erklärungen, die für die erforschten Phänomene geliefert werden sowie die Lösungsansätze für die wahrgenommenen Probleme. Die Schwierigkeiten des interkulturellen Vergleichs verweisen somit indirekt auf grundlegendere Probleme wie die Möglichkeit objektiver Erkenntnis in den Sozialwissenschaften und die Quantifizierbarkeit der ausschlaggebenden Einflussfaktoren.

Prof. Dr. Siegfried Hauser

Vorwort

Diese Arbeit wurde vorwiegend motiviert aus der Erfahrung einer interkulturellen Wirklichkeit und der Überzeugung, dass das Bewusstsein für Chancen und Probleme interkultureller Zusammenarbeit nicht nur ein Modetrend ist, sondern ein Kernproblem unserer Epoche, und trotz (oder gerade aufgrund) seiner Tabubeladenheit eine Herausforderung für die Wissenschaft.

Während meiner mehrjährigen Tätigkeit als Akquisitions- und Kooperationsberater in Deutschland und in Frankreich erlebte ich den Rückgang des Interesses an klassischen Kapitalmarktoperationen im "M&A-Geschäft" und einen Trend hin zu komplexeren und massgeschneiderteren Formen des Interessenausgleichs bei Unternehmenskooperationen. Die diesem Trend innewohnenden neuen Herausforderungen und Schlüsselkompetenzen sind Flexibilität und interkulturelle Kompetenz.

Gleichzeitig scheint die allgemeine Verbreitung von diversen Formen nationaler und internationaler Unternehmenskooperationen einige der traditionellen Vorstellungen vom Wesen der Unternehmung, des Marktes und unserer Wirtschaftsordnung in Frage zu stellen.

Mein zweijähriges Forschungspraktikum an der "Route des Hautes Technologies" (RHT) in dem Technologiepark Sophia Antipolis bei Nizza, im Rahmen eines Stipendiums der Deutsch-Französischen Gesellschaft für Wissenschaft und Technologie (DFGWT) sowie des Graduiertenkollegs des Frankreich-Zentrums der Albert-Ludwigs-Universität Freiburg, erlaubte mir, dieses Thema sowohl wissenschaftlich als auch praktisch zu vertiefen.

Das ursprüngliche Ziel der Forschungsarbeit bestand in der Definition der Hindernisse, die deutsch-französischen Unternehmenskooperationen im Wege stehen und den Chancen, die diese bieten. Es stellte sich schnell heraus, dass kulturelle Unterschiede hierbei eine entscheidende Rolle spielten und dass deren Überwindung tiefgreifende Fragen theoretischer sowie praktischer Art aufwirft.

Insbesondere wurde der Zusammenhang deutlich zwischen im Wirtschaftsleben beobachtbaren Verhaltensweisen und kulturellen Phänomenen und der Art und Weise, wie eine Gesellschaft sich selbst definiert, organisiert, legitimiert und reproduziert.

Das Verständnis der fremden Kultur stellte sich also als Voraussetzung für die wirtschaftliche Kooperation heraus, weshalb es nützlich erschien, den Begriff der Kultur mit dem des Paradigmas zu verknüpfen, wodurch sich theoretische Probleme ergeben, die in einem interessanten Zusammenhang mit den beobachteten Problemen in der wirtschaftlichen Praxis stehen, so dass das ursprüngliche Forschungsziel entsprechend um eine theoretisch-paradigmatische Analyse erweitert wurde.

Mein Dank gilt Herrn Prof. Hauser für die Übernahme der Dissertation, der Stiftung Industrieforschung, der Association-Franco-Allemande pour la Science et la Technologie

X

(AFAST), der DFGWT und dem Frankreich-Zentrum der Universität Freiburg für ihre finanzielle Unterstützung, Herrn Dr. Glozbach von der DFGWT, Herrn Prof. Jacques Pateau und meiner Freundin Joëlle für ihre moralische Unterstützung, Monsieur Gihan (AEG-Schneider Automation), Frau Petra Böhme (Aérospatiale) und Gaétan Monari (DFGWT) für ihre Kooperation bei der Erstellung der Fallstudien sowie Herrn Senator Pierre Laffitte (Präsident der AFAST), Dr. Bernd Stiegler vom Frankreich-Zentrum der Universität Freiburg und posthum Herrn Prof.Dr.Brink für ihr idealistisches und ernsthaftes Engagement für den interkulturellen und interdisziplinären Dialog.

Martin Strübing

Inhaltsverzeichnis

I.   Einleitung

Vor den Augen der Ökonomen vollzieht sich eine technologische Revolution, die nach Ansicht der meisten Experten tiefgreifende Auswirkungen auf die wirtschaftlichen und gesellschaftlichen Strukturen und Prozesse der westlichen Länder haben wird. Die Globalisierung der Wirtschaft und der Kapitalmärkte reduziert den Handlungsspielraum nationaler und gar internationaler Wirtschaftspolitik mit steigender Geschwindigkeit. Internationale Unternehmenskooperationen vervielfältigen sich, erzeugen unübersichtliche Netzwerkstrukturen und stellen die konzeptionelle Einheit des Unternehmens sowie die Möglichkeit einer effizienten Steuer-, Sozial- und Wettbewerbspolitik in Frage. Der Nationalstaat und seine sozialen Sicherungssysteme, Steuersysteme, Einkunfts- und Legitimationsquellen befinden sich in fast allen Ländern zunehmend in der Krise.

Multinationale Konzerne stossen auf unvorhergesehene und kostenträchtige Schwierigkeiten bei der Internationalisierung ihres Personals und der Auslandsentsendung ihrer Manager[1] sowie bei der Rentabilisierung ihrer seit wenigen Jahrzehnten explosionsartig gestiegenen Fusions- und Akquisitionstätigkeiten.[2]

Der lange währende Erfolg der japanischen Industrie in den Bereichen Management und Organisation hat die Überzeugung in die universelle Überlegenheit amerikanischer Managementmodelle erschüttert.

So ratlos Wissenschaftler, Politiker und Manager gegenüber diesen turbulenten Änderungen auch sind, sie sind letztlich gezwungen, Entscheidungen zu treffen, und zwar auf der Basis von Annahmen und Hypothesen. In Ermangelung wissenschaftlier Antworten übernehmen die Managementberater die Orientierungsrolle für Manager und sogar Politiker, um diesen angesichts von Marktversagen, Delokalisierung und neuen Kommunikationstechnologien Planungs- und Entscheidungshilfe zu leisten, wobei immer bestimmte Annahmen und Hypothesen in die Entscheidung einfliessen. Diese Annahmen und Hypothesen werden nicht immer explizit diskutiert und begründet, aber sie sind deshalb nicht weniger real und folgenträchtig.

Solche Bündel von Annahmen, Hypothesen, Techniken, Prioritäten, Praktiken und Strategien, die sich oft über mehrere wissenschaftliche Disziplinen erstrecken, lassen sich am besten mit dem Begriff "Paradigma" bezeichnen,[3] solche, die, aus welchen Gründen auch immer, in einer bestimmten Zeit die Basis für politische Entscheidungen bilden, als "herrschende Paradigmata".

In diesem Sinne basieren z.B. sowohl die Entscheidung für den Gemeinsamen Europäischen Markt als auch die für die Europäische Währungsunion (im wesentlichen) auf dem Transaktionskostenparadigma.

Andere Paradigmata lassen sich weniger leicht entschlüsseln, sei es, weil sie den danach handelnden Personen nicht bewusst sind, weil sie nie explizit benannt werden oder weil sie

---

[1] Fischer 1995, S. 1
[2] vgl. Meeks 1977, Müller 1986, Bühner 1991
[3] Kuhn 1967, S. 25-36

durch Tabus gesichert sind. Es scheint, dass solche Paradigmata zum Teil tief in den Glaubenssätzen, Traditionen, Denkweisen, Vorlieben und Gewohnheiten, kurz in der Kultur bestimmter Gruppen verwurzelt sind und sich daher nicht beliebig ändern oder austauschen lassen.

In der folgenden Arbeit soll am Beispiel der deutsch-französischen wirtschaftlichen Kooperation, insbesondere deutsch-französischer Unternehmenskooperationen gezeigt werden, welche Paradigmata in beiden Ländern wirksam und wie sie kulturell verankert sind, welchen Einfluss dies auf die wirtschaftliche Kooperation hat, welche Theorien für die Analyse solcher Kooperationen zur Verfügung stehen und wie die in der Praxis und in der Theorie herrschenden Paradigmata in beiden Ländern zusammenhängen und in den breiteren Rahmen der westlichen Moderne eingebettet sind.

Die meisten wissenschaftlichen und praktischen Beiträge zum Thema internationale Unternehmenskooperationen konzentrieren sich entweder auf umfassende Klassifizierungsarten und Gestaltungsalternativen solcher Kooperationen oder auf ebenso umfassende Planungshilfen, Checklisten und nützliche Kontaktadressen. Beiden Ansätzen liegt dieselbe Grundhaltung zugrunde: Es ist die Annahme, der Erfolg einer internationalen Unternehmenskooperation hänge vorwiegend von der möglichst minutiösen Befolgung gegebener Prozeduren und Regeln im Rahmen eines gegebenen institionellen Rahmenwerkes ab. Ein solcher Ansatz hat den Vorteil, dass er die Detailarbeit, die oft eine notwendige, wenn auch selten eine hinreichende Bedingung für den Erfolg einer Unternehmenskooperation ist, erleichtert. Er hat den Nachteil, Entscheidungsträgern, insbesondere Unternehmern und Managern mit begrenzter internationaler Erfahrung, eine quasi-mechanistische "Machbarkeit" zu suggerieren, die sie vor der unangenehmen Erfahrung des Kulturschocks verschont, ihnen jedoch gleichzeitig allzuoft den Weg zum Erfolg verbaut. Wie noch gezeigt werden wird, sind die "Regelorientierung" und der "Checklistenansatz" ein Ausfluss einer Denk- und Planungsweise, die in verschiedenen Ländern unterschiedlich stark vertreten ist. Insbesondere im deutsch-französischen Verhältnis besteht die Gefahr, durch ein solches Vorgehen bereits bestehende Einseitigkeiten zu verstärken und sich für die interkulturelle Verständigung und den Geschäftserfolg oft vielversprechenden Erfahrungen zu verschliessen.

Eine weitere Gruppe von Autoren, oft nordamerikanischer Provenienz, begnügt sich mit der anekdotischen Vermittlung von typischen Kommunikationsproblemen und situationsgebundenen Verhaltensstrategien bei internationalen Geschäftskontakten. Im Gegensatz zum regel- und institutionenorientierten Ansatz geht es hier um rein kulturelle und kommunikationelle Effekte. Meist werden die entsprechenden Ratschläge nicht wissenschaftlich oder konzeptionell erläutert, es genügt, dem Manager wichtige Tips zu geben, um grobe Missverständnisse oder Verstimmungen in bestimmten Situationen zu vermeiden. Die implizit zugrundeliegende Annahme ist oft die, dass die Geschäftsusancen mehr oder weniger beliebige Kombinationen von Gesten und Signalen sind, oder gar rein folkloristische Reminiszenzen, die es zu kennen oder zu imitieren gilt, um möglichst schnell zum Kern der universellen Realität wirtschaftlicher Rationalität vorzudringen. Eine solche Haltung hat den Vorteil, dass sie bereits gröbste Missverständnisse vermeiden hilft und somit ein unnötiges frühzeitiges Scheitern einer Verhandlung unwahrscheinlich macht. Sie hat andererseits den Nachteil, dass sie das kommunikative Verhalten im Geschäftsleben nicht als Ausdruck, Affirmation oder gar Verteidigung kultureller Identität interpretieren kann und dann zu

Fehlentscheidungen führt, wenn diese kulturelle Identität, in direkter oder indirekter Weise, relevante wirtschaftliche Prozesse beeinflusst.

Derjenige Teil dieser Beiträge, der über reine Verhaltenstips hinausgeht, orientiert sich meist an psychologischen, kommunikationstheoretischen und anthropologischen Erkenntnissen und Modellen. Diese wiederum haben den Nachteil, dass sie dem Techniker, Ingenieur, Jurist, Betriebswirt oder Ökonom, der sich in einer interkulturellen Entscheidungssituation befindet, so fremd sind, dass sie unbeachtet bleiben oder verworfen werden, jedenfalls als Entscheidungshilfe nicht verwendet werden können.

Ein Anliegen dieser Arbeit ist, zu zeigen, dass solche Erkenntnisse und Modelle von Managern und Unternehmern verstanden werden können, dass ihre Einführung aber eine Änderung der Sichtweise erfordert, dass diese Änderung der Sichtweise jedoch in eine Richtung geht, die durch die jüngsten Entwicklungen der ökomischen Theorie bereits vorbereitet wird.

Hierbei wird ein interdisziplinärer Ansatz, jedoch eine ökonomische Perspektive gewählt. Das bedeutet, dass gezeigt wird, wo, in bezug auf ein gegebenes Untersuchungsobjekt (deutsch-französische Unternehmenskooperationen) in der Ökonomie verfügbare Theorien und Modelle unzureichend oder irreführend sind und im Anschluss daran die möglichen Anknüpfungspunkte dargestellt werden, über die die Ökonomie sich anderen Disziplinen öffnen kann, um solche Unzulänglichkeiten zu heilen oder gar einen Beitrag zur Ausbildung neuer Paradigmata zu leisten, die den heute gegebenen wirtschaftlichen Problemen möglicherweise besser entsprechen.

Der hier gewählte methodische Ansatz einer hermeneutischen Betrachtung ökonomischer Phänomene und Prinzipien ist relativ neu in der Art und dem Bereich seiner Anwendung. Er wurzelt aber in etablierten theoretischen Strömungen und Traditionen wie der Wissenschaftstheorie KUHNs, CAPRAs und FEYERABENDS, der humanwissenschaftlichen Ausrichtung DILTHEYs, des Konstruktivismus' WATZLAWICKs, und der Anthropologie LEVI-STRAUSS' und HALLs.

Das Ziel der Anwendung eines solchen Ansatzes auf wirtschaftliche Fragestellungen ist, ein "einfühlendes Verstehen"[4] von Denk- und Handlungsweisen zu ermöglichen, die unter einer konventionellen Perspektive rätselhaft und unerklärlich bleiben und die den meisten Unternehmern und Managern im Rahmen ihrer Ausbildung und Karriere nicht zugänglich sind. Deshalb wendet sich diese Arbeit auch und gerade an Entscheidungsträger aus der Praxis, die sich von den gelegentlichen Ausflügen in Religionsgeschichte oder Neurobiologie nicht abschrecken, sondern zum Nachdenken veranlasst fühlen sollten.

Der Ausgangspunkt der Untersuchung ist die Entwicklung der internationalen Unternehmenskooperationen in den letzten Jahrzehnten. In Kapitel II. wird gezeigt, welche theoretischen Herausforderungen dieses Phänomen stellt und wie die wissenschaftliche Literatur darauf reagiert.

---

[4] s. v. Keller 1982

4

Kapitel III. untersucht eine Reihe von Theorieansätzen, die prinzipiell für die Analyse von Unternehmenskooperationen in Frage kommen, und identifiziert die Ursachen ihrer Stärken und Schwächen. Hierbei werden v.a. die Ansätze beleuchtet, die interdisziplinäre Bedeutung haben und somit sozusagen besonders "paradigmaträchtig" sind: Die klassische Theorie, der Principal-Agent-Ansatz, die Transaktionskostentheorie, die Spieltheorie und das Interkulturelle Management.

In Kapitel IV. wird das Blickfeld dann eingeengt auf den Bereich der deutsch-französischen Unternehmenskooperationen. Auf der Basis der verfügbaren Statistiken und Kommentare in der Literatur wird hierbei dem Verdacht nachgegangen, dass die wichtigsten Probleme bei deutsch-französischen Unternehmenskooperationen kultureller Art sind und sich deshalb der Theoriezweig des Interkulturellen Managements am besten zu ihrer Analyse eignet.

Dieser wird daher in den Kapiteln V. und VI. angewandt und weiterentwickelt, wobei er mit historischen und kultursoziologischen Beiträgen und Ansätzen verknüpft wird, die ihrerseits um eine medientheoretische Perspektive erweitert werden. Nach der Darstellung der wichtigsten existierenden Studien zum deutsch-französischen kulturvergleichenden Management und deutsch-französischen Unternehmenskooperationen wird der Versuch unternommen, Zusammenhänge zwischen den in den verschiedenen Disziplinen entdeckten Phänomenen aufzudecken und diejenigen paradigmatischen Grundannahmen, die die Erkenntnis dieser Zusammenhänge erlaubt bzw. nicht erlaubt, zu identifizieren.

In Kapitel VII. werden dann eine Reihe von konkreten Fallstudien deutsch-französischer Kooperationsprojekte vorgestellt und analysiert. Die daraus gezogenen Schlussfolgerungen werden mit den vorangegangenen Ergebnissen in Kapitel XIII. zu einem Gesamtbild kombiniert.

Kapitel IX. schliesslich zeigt, welche theoretischen und praktischen Schlussfolgerungen und Empfehlungen sich aus diesen Ergebnissen ableiten lassen.

II. Die Dynamik internationaler Unternehmenskooperationen

II.1. Definitionen

Über Begriff und Wesen der "Kooperation" herrscht in der Wissenschaft weitgehend Uneinigkeit bzw. Uneinheitlichkeit. Wie TRÖNDLE bemerkt, hängt die Schwierigkeit der Definition sowohl mit unterschiedlichen Nuancen bei der Verwendung dieses Begriffes in der Alltagssprache und in der Wissenschaft als auch mit der unterschiedlichen Verwendung dieses pluridisziplinären Begriffs in verschiedenen Wissenschaftszweigen zusammen.[1]

Die kontroversen Fragen beziehen sich meist auf den Grundwiderspruch zwischen Autonomie und Interdependenz kooperierender Einheiten[2], die Abgrenzung von Kooperation und Altruismus[3], die Konstitutivität der Kooperation für ethisches Verhalten[4] oder die Kompatibilität von Kooperation und Konkurrenz[5].

In einem ökonomischen Kontext erweist sich hierbei, wie in den folgenden Kapiteln noch deutlich werden wird, besonders das Spannungsverhältnis zwischen Autonomie und Interdependenz als zentral.[6]

Das Wort "Kooperation" kommt aus dem Lateinischen, und es hat in den meisten Sprachen, in denen es verwendet wird, einen Beigeschmack des *"opus"* (frz. *"oeuvre"*) beibehalten, d.h. eines "Werkes", welches an einem Ziel ausgerichtet ist, zu einem bestimmten Zeitpunkt begonnen und zu einem bestimmten Zeitpunkt "vollendet" wird, wobei z.T. auch das Ergebnis desselben als *opus/oeuvre* bezeichnet wird. Wenn letztere Feststellung auch für das deutsche Wort "Arbeit" gilt ("Eine hervorragende Arbeit !"), so assoziiert man mit diesem Begriff im Deutschen (auch in substantivierter Form !) doch tendenziell eher eine regelmässige Erwerbstätigkeit, wie mit dem lateinischen *laborare*, dem französischen *travailler* und dem englischen *work*. Gleichzeitig fehlt dem deutschen Begriff "Arbeit" weitgehend der künstlerische oder hand-"werk"-liche Nebenklang und die Idee des Einmaligen, Unwiederholbaren, die das *opus/oeuvre* auszeichnen.

Ebenso wie das Spannungsverhältnis des "Kooperationsparadoxons" (Autonomie-Interdependenz) lassen sich all diese Unterschiede und Nuancen nicht einfach ausblenden, da sie für die weitergehenden Überlegungen relevant sind: Wie noch gezeigt werden wird, handelt es sich bei der deutschen "Arbeit", ähnlich wie bei "Leistung" und "Beruf", um einen schwer übersetzbaren kulturellen Schlüsselbegriff, der mit wirtschaftlichen, kulturellen und religiösen Traditionen zusammenhängt, deren Auswirkungen auch heute noch relevant sind.

Auch der Begriff der "Unternehmenskooperation" verbindet sich in den verschiedenen Kulturen mit unterschiedlichen Vorstellungen bezüglich deren Natur, Zweck, Dauer und Wert; wobei diese Unterschiede im Rahmen des Themas der "internationalen Unternehmenskooperationen" nicht irrelevant, sondern oft gerade ausschlaggebend sind. Um diese Widersprüche

---

[1] Tröndle 1986, S. 13
[2] ebd., S. 16, Tröndle spricht von "Paradoxon der Kooperation"
[3] Anzenberger 1991
[4] Ulrich 1991
[5] Dulbecco 1993
[6] vgl. auch Hauser 1991

abzudecken, empfiehlt es sich, für den Fortgang der Untersuchung eine möglichst allgemeine Begriffsdefinition zu wählen. Im folgenden soll daher der Begriff "Zusammenarbeit" gewählt werden, zum einen weil es sich hier um eine deutschsprachige Arbeit handelt, zum anderen weil er in gewisser Hinsicht übergeordnet ist, da er sowohl zeitlich begrenzte gemeinsame Projekte als auch ein gewohnheitsmässiges unbefristetes "Zusammenarbeiten" bezeichnet. Dies geschieht jedoch unter dem Vorbehalt, den systematischen *"bias"*, der in der deutschen "Arbeits"-Idee, gerade gegenüber dem *opus*-Konzept in den romanischen Sprachen, steckt, immer zu berücksichtigen.

Der Begriff des "Unternehmens" ist ebenso schwierig zu definieren, und wie an späterer Stelle deutlich wird, hängt diese Schwierigkeit mit tiefgreifenden Kontroversen innerhalb der ökonomischen Wissenschaft zusammen, die ebenfalls für die Untersuchung von Unternehmenskooperationen nicht irrelevant, sondern ausschlaggebend sind. Im folgenden soll von einer rechtlichen Definition ausgegangen werden. Dies hat folgende Vorteile: Angesichts der in der Ökonomie kontroveisen Frage und der unterschiedlichen Meinungen darüber, wo sich die Grenzen des Unternehmens befinden, bildet eine rechtliche Definition einen relativ allgemeinen Überbegriff, da er sich auf wirtschaftlich mehr oder weniger "selbständige" Unternehmen erstreckt, und zweitens ermöglicht sie, innerhalb des "Kooperationsparadoxons" das Merkmal der "Autonomie" an rechtlichen Kriterien festzumachen und sich bei der ökonomischen Diskussion ganz auf den Aspekt der Interdependenz zu konzentrieren, welcher ein Kernthema der im folgenden zu behandelnden ökonomischen Theorieansätze bildet.

Im diesem Sinne und aus diesen Gründen wollen wir im weiteren Verlauf der Untersuchungen "internationale Unternehmenskooperationen" definieren als

freiwillige Zusammenarbeit zwischen rechtlich selbständigen, aber wirtschaftlich (potentiell) interdependenten Unternehmen verschiedener Länder.

Hierdurch werden sowohl Situationen bereits bestehender Interdependenzen als auch solche, in denen durch eine Kooperation erst eine Interdependenz entsteht, abgedeckt. An dem Merkmal der Freiwilligkeit soll dennoch festgehalten werden, um z.B. Zwangsmitgliedschaften (wie z.T. bei Industrie- und Handelskammern oder sowjetischen Kolchosen) auszuschliessen, wobei jedoch die Relativität des Begriffs der Freiwilligkeit, v.a. in Situationen, in denen aufgrund des *"small-number-Problems"* Unternehmen langfristig wirtschaftlich zur Kooperation "verdammt" sind, berücksichtigt werden muss.[7]

Obwohl die Allgemeingültigkeit und Undifferenziertheit dieser Definition gewünscht und für das weitergehende Vorgehen sinnvoll ist, sollen doch kurz, der Vollständigkeit halber und als konkrete Vostellungshilfe, die wichtigsten in der Literatur verwendeten Einteilungskriterien und Analysekategorien für Unternehmenskooperationen erwähnt werden:

So wird bei Kooperation allgemein zwischen **redistributiver** und **reziproker** Kooperation unterschieden: Bei der redistributiven Kooperation werden Ressourcen zusammengelegt, um den entstehenden Ertrag unter den Partnern aufzuteilen, bei der reziproken Kooperation dagegen handelt es sich um einen Tausch, und die Erträge fallen separat bei den jeweiligen Tauschpartnern an.

---

[7] s. dazu auch III.2.1.3.

Eine andere Unterscheidung betrifft die **Ausdehnung der Kooperation auf verschiedene Tätigkeiten**. So spricht man von "X-Kooperationen", die verschiedene Aktivitäten umfassen, und "Y-Kooperationen", die innerhalb er gleichen Aktivität stattfinden.[8] Reziproke und redistributive sowie X- und Y-Kooperationen können verschieden kombiniert werden, wodurch sich vier verschiedene Grundtypen ergeben.[9]

Bei Unternehmenskooperationen wird ferner gewöhnlich zwischen **vertraglichen und nicht-vertraglichen** Kooperationen unterschieden. Einige Autoren akzeptieren dabei (nicht so wir) nur vertragliche Kooperationen als solche. Oft werden auch rein vertragliche Unternehmenskooperationen **kapital- oder finanzwirtschaftlich** untermauerten Unternehmenskooperationen gegenübergestellt.[10]

Eine weitere, speziell ökonomische, Unterscheidung ist die zwischen **horizontalen** (auf der gleichen Wirtschaftsstufe) und **vertikalen** (zwischen verschiedenen Wirtschaftsstufen) Unternehmenskooperationen.[11] Ebenso kann man Kooperationen in **symmetrische** und **komplementäre** Kooperationen einteilen. Bei ersterer haben die Unternehmen dasselbe Bedürfnis (z.B. Erreichen einer kritische Grösse), das sie durch die Kooperation befriedigen wollen, bei letzterer haben sie verschiedene, aber sich ergänzende Bedürfnisse.[12]

Ferner lassen sich Kooperationen nach den betroffenen **betriebswirtschaftlichen Funktionen** (Beschaffung, Produktion, Absatz, F&E etc.) sowie nach deren **Intensitätsgrad** einordnen.[13]

Aus rechtlicher Sicht besteht der Unterschied zwischen **zulässigen** und **unzulässigen** Kooperationen[14], ebenso kann man aus wettbewerbspolitischer Sicht zwischen **gemeinwohlschädlichen, gemeinwohlverträglichen und gemeinwohlfördernden**[15] oder aus spieltheoretischer Sicht zwischen **pareto-optimalen** und **pareto-suboptimalen**[16] Unternehmenskooperationen oder solchen, die **zu Lasten Dritter** und solchen, die nicht zu Lasten Dritter gehen, unterscheiden.

Weiterhin lassen sich verschiedene Formen von Unternehmenskooperationen natürlich anhand der **Grösse der beteiligten Unternehmen**[17], der verfolgten **Kooperationsziele**[18], der **Anzahl der Kooperationspartner**[19] sowie der **Kooperationsdauer**[20] kategorisieren.

---

[8] Diese Unterschiedung geht auf PORTER/FULLER zurück, s. Rotering 1993, S. 57-61
[9] ebd., S. 63f
[10] s. Knoblich 1969, S. 499
[11] ebd., S. 505
[12] Hennart (1988) spricht von *scale* - und *link joint ventures*, der Aspekt der Komplementarität wird von Richardson (1972) und Dulbecco (1994) angesprochen; die Unterscheidung entspricht nicht genau der der redistributiven vs. reziproken Kooperation, da auch bei komplementären Kooperationen (z.B. *link joint ventures*) häufig Ressourcen gepoolt werden.
[13] ebd., S. 507-509
[14] Fritz 1988
[15] im Sinne von Bracht 1979
[16] im Sinne von Parkhe 1993, S. 798
[17] ein Kriterium, das erheblichen Einfluss auf die wettbewerbspolitische (v.a. mittelstandspolitische) Beurteilung hat, wie bei Abels 1980 und Fritz 1988
[18] Knoblich 1969, S. 501f, 510
[19] ebd., S.502
[20] im Sinne von Gomes-Casseres 1987

8

Die konzeptionell bedeutungsvollste und derzeit immer noch dominierende Analysekategorie ist jedoch die Einteilung von Kooperationsformen nach ihrer Position auf einem angenommenen Kontinuum wirtschaftlicher Koordinationsmechanismen zwischen den beiden Endpolen **"Markt"** und **"Hierarchie"** (bzw. "Unternehmen", um eine unternehmensinterne Koordination zu bezeichnen).

Typisch für diese Sichtweise ist die folgende Darstellung DOBBERSTEINs, die die wichtigsten in der Praxis beobachtbaren Kooperationsformen je nach ihrer Nähe zur "marktlichen" bzw. "unternehmens"-internen Koordination aufteilt:[21]

Markt	Tauschgeschäft
I	langfristiger Liefervertrag
	Lizenz
	Auftragsforschung
I	vertragliche Projektgemeinschaft
Kooperation	Gemeinschaftsunternehmen
I	Beteiligung+Managementvertrag
	Beteiligung
I	Akquisition
Unternehmen	interne Transaktion

Dieses Konzept des fliessenden Überganges zwischen den Extrempunkten "Markt" und "Unternehmen" ist v.a. deshalb so wichtig, weil es nicht nur zum wisssenschaftlichen Standard geworden ist, sondern auch weitgehend das Bewusstsein und somit die Entscheidungen der meisten Manager bestimmt. Deshalb wird mit diesem Konzept auch im folgenden weiterhin gearbeitet werden. Es soll jedoch schon jetzt darauf hingewiesen werden, dass diese Sichtweise nicht unproblematisch ist und dass sich ihre Einseitigkeit unter bestimmten Umständen sowohl bei der wissenschaftliche Analyse als auch bei der praktischen Durchsetzung von Unternehmenskooperationen als Handicap erweisen kann.

Ein völlig anderes Bild, z.B. das des Unternehmens als eines reinen Marktplatzes für Verträge, kann sich nämlich ergeben, wenn man etwa die Kritik DEMSETZ' an der Dichotomie "Markt"-"Unternehmen" mit berücksichtigt. Dann wird auch klar, warum diese dichotomische Sichtweise, die die meisten Autoren zu einer Verwendung des Transaktionskostenansatzes verleitet[22], ebenso zweifelhaft ist wie die gesamte Transaktionskostentheorie. Zum besseren Verständnis dieses wichtigen Punkts soll daher diese Kritik ausnahmsweise etwas ausführlicher zitiert werden:

"It is common to see the firm characterised by the power to settle issues by fiat, by authority, or by disciplinary action superior to that available in the conventional market. This is delusion. The firm does not own all its inputs. It has no power of fiat, no authority, no disciplinary action any different in the slightest degree from ordinary market contracting between any two people. It can 'punish' you only by withholding future business or by seeking redress in the courts for any failure to honour our exchange agreement. This is exactly all that any employer can do. He can fire or sue, just as I can fire my grocer by stopping purchases from him or sue him for delivering faulty products. What then is the content of the presumed power to manage and assign workers to various tasks ? Exactly the same as one little consumer's power to manage and assign his grocer to various

---

21 nach Dobberstein 1992, S. 32
22 z.B. Dobberstein 1992, Rotering 1993 etc., s. dazu auch Punkt III.2.2.

9

tasks. (...) I have no contract to continue to purchase from the grocer and neither the employer nor the employee is bound by any contractual obligations to continue their relationship. Long-term contracts between employer and employee are not the essence of the organisation we call a firm."[23]

Umgekehrt steckt die Vorstellung vom "Markt" als eines regel- und autoritätsfreien Raumes, natürlich auch voller Trugschlüsse. So lassen sich auch bei der einfachsten Markttransaktion verschiedene als gültig anerkannte Autoritätsinstanzen identifizieren, auch wenn diese nicht notwendigerweise institutionalisiert oder personifiziert sind. So setzt bereits jede Tauscheinigung eine Verständigung auf der Basis einer Sprache (und sei es auch nur eine Zeichen- oder Körpersprache) voraus. Die einfachste gemeinsame Autorität, die beide Partner akzeptieren müssen, sind also die Bedeutungen von Kommunikationssignalen, am Regelfall eine gemeinsam gesprochene Sprache. Weiterhin basieren auch einfache Tauschgeschäfte im Regelfall auf einer übergeordneten Autorität, nämlich des gültigen Rechtssystems.[24] Ferner gilt nach Vertragsabschluss der Vertrag selbst als Autorität, der sich beide Seiten unterwerfen müssen, also auch hier handelt es sich um ein "hierarchisches" Element. Zudem zeichnen sich gerade Institutionen, die gemeinhin aufgrund der Homogenität der gehandelten Güter, der Anonymität der Tauschsituation und der Einheitlichkeit der Preise als idealtypische Märkte bezeichnet werden (v.a. Börsen für Finanztitel oder *commodities*) durch eine detaillierte, strenge und explizite Reglementierung sowie hohe Eintrittsbarrieren (z.B. Mitgliedbescheinigungen, Sicherheitseinlagen usw.) aus, also eine komplexe Regelhierarchie.

Hierbei wird deutlich, dass die Begriffe "Markt" und "Hierarchie" gewisse Askpekte der Wirklichkeit verschleiern, was u.a. mit der Zweideutigkeit des Begriffs "Hierarchie" zusammenhängt, insbesondere mit der Frage, ob man damit eine konzeptionelle (z.B. Werthierachie) oder soziale (Unternehmenshierarchie) bezeichnet.

Schliesslich verstellt das gängige Markt-Hierarchie-Modell den Blick auf Problembereiche, die gerade bei internationalen Unternehmenskooperationen von entscheidender Bedeutung sind, und zwar unabhängig von der rechtlichen und institutionellen Ausformung der Kooperation. Hierbei handelt es sich v.a. um die innere Logik sowie personeller als auch institutioneller Kommunikationsprozesse.

Obwohl wir uns im folgenden aus Gründen herrschender empirischer Konventionen sowie der Anschaulichkeit immer wieder auf die DOBBERSTEINsche Darstellung beziehen werden, soll jedoch auch versucht werden, die bisher vernachlässigten, aber erwiesenermassen relevanten Wirklichkeitsbereiche internationaler Unternehmenskooperationen, wie z.B. kommunikations- und prozessgesteuerte Dimensionen solcher Kooperationen, etwas mehr zu beleuchten.

---

[23] Demsetz 1988, S. 119/120; wie Demsetz weiter ausführt, besteht das eigentliche Charakteristikum des Unternehmens in seiner zentralen Stellung innerhalb einer "Team"-Situation. Hierbei muss jedoch bemerkt werden, dass die zentrale Stellung kein ausreichendes Kriterium und zudem relativ und perspektivenabhängig ist: Der Verbraucher nimmt konzeptionell zwischen seinen Vertragspartnern (Bäcker, Fleischer, Mieter, Arbeitgeber) ebenfalls eine zentrale Stellung ein. Ist die "Team"-Situation das ausschlaggebende Kriterium, verlagert sich die Frage lediglich von "Was ist ein Unternehmen?" zu "Was ist ein 'Team'?". Diese sportliche Analogie (mit dem Arbeitgeber als "Schiedsrichter") scheint zumindest auf eine dauernde räumliche Nähe und Involviertheit der Mitglieder sowie eine Wettkampfsituation hinzuweisen. Wie sich später noch zeigen wird, hängen diese Idealbilder, die sich hinter den verwendeten Konzepten verbergen, eng mit kulturell unterschiedlichen Selbstbildern und Vorstellungen von "Fairness", "Wettbewerb" und "Zusammenarbeit" zusammen.

[24] Die Frage, welches Rechtssystem anzuwenden ist und vor welchem Gericht im Konfliktfall entschieden werden soll, ist eines der delikatesten Probleme bei internationalen Unternehmenskooperationen.

II.2.   Empirische Hinweise

Das wichtigste Argument, das für eine eingehendere theoretische Untersuchung des Phänomens der Unternehmenskooperationen spricht, ist die offensichtliche Häufung derselben in den westlichen Industrieländern seit etwa zwei Jahrzehnten. Ob diese wahrgenommene Häufung auch mit einer geänderten Perzeption der westlichen Wirtschaftssysteme durch die Wissenschaft oder die Fachpresse zu tun hat, ist eine offene Frage.[25] Ein Beispiel für eine geänderte Sichtweise, die im Namen der Realitätsnähe und praktischen Relevanz schon im Jahre 1972 die hergebrachten Schemata von "Markt" und "Unternehmen" in Frage stellte, findet sich bei RICHARDSON, als er die Aufmerksamkeit lenkte auf "the dense network of co-operation and affiliation by which firms are inter-related"[26].

Tatsache ist, dass in der Literatur diese Zunahme diverser Formen von Unternehmenskooperationen festgestellt wird. So sprechen MORRIS/HERGERT von einer "explosion of cooperative behavior" in der Zeit von 1979 bis 1985[27], JACQUEMIN/REMICHE vermerken 1988: "Au cours des dernières années, les coopérations entre les entreprises se sont multipliées"[28]; HAGEDOORN behauptet, "Interfim strategic alliances appear to have become more important as a part of (international) business."[29] und HARRIGAN stellt fest: "Joint ventures (and other forms of alliance) are used with increasing frequence (...)"[30].

Eine der aufschlussreicheren statistischen Auswertungen von Kooperationsvorhaben ist die Untersuchung von MORRIS/HERGERT, basierend auf Auswertungen von Presseberichten in "The Economist" und "The Financial Times" von 1975 und 1986 durch die INSEAD Business School.

Die Autoren benutzen den Begriff "collaborative agreement" und definieren ihn anhand der folgenden vier Eigenschaften:

-    geteilte Verantwortung
-    Beibehaltung individueller Identitäten der Partner
-    Kontinuierlicher Ressourcentransfer
-    Unteilbarkeit des Projektes.

Als wichtigste Leitmotive identifizieren die Autoren:

"- Capital requirements beyond the scope of a single firm.
- Excess capacity resulting from a change in technology or industry economics.
- New production methods which make modular design and manufacturing possible, thus allowing partners to divide responsibility for sub-assemblies.
- Large scale economies, which extend beyond the market of a single firm.
- The emergence of global products, such as the world car.
- The desire to share substantial risks embodied in single projects.

---

[25] s. dazu auch Rullière/Torre 1995, S. 220
[26] Richardson 1972, S. 883
[27] Morris/Hergert 1987, S. 16
[28] Jacquemin/Remiche 1988, S. 9
[29] Hagedoorn 1993, S. 371
[30] Harrigan 1987, S. 67

- A desire to enter new geographic markets outside the domestic operations of one or more of the participants."[31]

Die Anzahl der so definierten und erfassten Unternehmenskooperationen zeigt danach einen steilen Anstieg zwischen den Jahren 1979 und 1985. Allein die Zahl der jährlich geschlossenen interkontinentalen Kooperationen in der Triade (USA-EG, USA-Japan, EG-Japan) stieg von etwa 10 im Jahre 1979 auf über 300 im Jahre 1985 an.[32]

Die Untersuchungsergebnisse von MORRIS/HERGERT weisen aufschlussreiche Muster auf, je nach Wirtschaftsblöcken, Ländern, Wirtschaftssektoren, Kooperationsstrategien, und betriebswirtschaftlichen Funktionen. So zeigt sich, dass

- bei 74% der Kooperationen mindestens ein europäischer Partner beteiligt ist,
- nur bei einer Minderheit der Kooperationen japanische Partner beteiligt sind,
- innerhalb Europas französische Unternehmen die Spitzenreiter in der Anzahl der Kooperationen sind,
- deutsche Unternehmen wenig kooperationsfreudig sind, aber den höchsten Anteil von EG-internen Kooperationen aufweisen,
- 71% aller Kooperationen zwischen Konkurrenten stattfinden und nur 15% zwischen vertikal verbundenen Unternehmen,
- 87% der Kooperationen auf nur fünf Sektoren entfallen (Kfz, Computer, Luftfahrt, Telekommunikation, Elektronik),
- 62% der Kooperationen den Bereich F&E betreffen bzw. beinhalten,
- in den USA die Hauptsektoren der Kooperation die Kfz- und die Telekommunikationsindustrie sind, in Europa hingegen die Elektroindustrie sowie "sonstige Sektoren".[33]

Für das gehäufte Auftreten einer speziellen Kooperationsform, des Joint Ventures (Gemeinschaftsunternehmen), nennt HARRIGAN die folgenden Ursachen:

"- Economic deregulation.
- Increasingly rapid rates of technological change (hence shorter product lives).
- Larger capital requirements (to undertake risky new projects and develop new processes).
- Entry by new firms (that are supported by their respective governments).
- Industry and economic maturation in the United States, Europe and Japan.
- Improved communications and computational power,
- Globalization in industries where competition was previously constrained to geographic boundaries(...)."[34]

Detailliertere Analysen finden sich v.a. für den die Kooperationsaktivitäten offensichtlich dominierenden Bereich der Technologiekooperationen. Die Untersuchung von HAGEDOORN stützt sich auf eine "Stichprobe" von über 4.000 strategischen Technologie-"Allianzen". HAGEDOORN schlägt eine Aufteilung in die folgenden Kooperationsformen vor:

- Relative starke Formen inter-organisationeller Leitung: Joint Ventures, Forschungsorganisationen, Minderheitsbeteiligungen

[31] Morris/Hergert 1987, S. 16
[32] ebd., S. 17
[33] ebd., S. 17-21
[34] Harrigan 1987

- Vertragliche Kooperationen: F&E-Abkommen, Vereinbarungen über Technologieaustausch, Kunden-Lieferanten-Beziehungen und einseitiger Technologietransfer.[35]

Der Autor kommt zu dem Ergebnis, dass nur drei von sieben definierten Kooperationsmotiven eine signifikante Rolle spielen:

1. Technologische Komplementarität
2. Reduktion der Innovationsdauer
3. Marktzutritt/Beeinflussung der Marktstruktur.

Insbesondere die ersten beiden Punkte stehen im Mittelpunkt der Motivationen, der letzte spiele lediglich in einigen "gereiften" Industrien eine Rolle (Chemie, Nahrungsmittel, Consumer Electronics).[36]

Schliesslich würden vertragliche Vereinbarungen tendenziell bei reinen Technologiepartnerschaften bevorzugt, während komplexere und "stärkere" inter-organisationelle Formen der Kooperation eher bei strategischen Partnerschaften zur Anwendung kommen, die sich auf mehrere Unternehmensfunktionen erstrecken.[37]

Wie RULLIERE/TORRE zeigen, kommt der Grossteil der empirischen Studien zum Thema der internationalen Unternehmenskooperationen zu ähnlichen Ergebnissen.[38] Da die meisten dieser Studien auf Berichten der Fachpresse beruhen, kann der Verdacht der journalistischen "Modeerscheinung" zwar nicht eindeutig widerlegt werden. Es herrscht jedoch in der wissenschaftlichen Literatur weitgehend Einigkeit darüber, dass in den Bereichen der neuen und anspruchsvollen Technologien, insbesondere der Informations- und Kommu-nikationstechnologien ein klarer Anstieg der internationalen Unternehmenskooperationen in den 80er und 90er Jahren vorherrscht, und dass die wachsende wirtschaftliche Bedeutung dieser Technologien das Phänomen der internationalen Unternehmenskooperationen, welches in diesen Sektoren ganz besonders ins Auge sticht, zum ökonomisch relevanten Untersuchungsobjekt macht.

Nach Analyse der neun wichtigsten empirischen Studien über die Entwicklung der Häufigkeit internationaler Unternehmenskooperationen kommt z.B. DULBECCO zu dieser Schlussfolgerung, weshalb er die Unternehmenskooperationen als "wichtigste organisationelle Innovation der 80er und 90er Jahre" bezeichnet.[39]

---

[35] Hagedoorn 1993, S. 374
[36] ebd., S. 378
[37] ebd., S. 382
[38] so die Studien von Jacquemin/Lammerant/Spinoy 1986, von Delapierre 1986 und von Hagedoorn/Shakenraad 1991; vgl. Rullière/Torre 1995, S. 220
[39] Dulbecco 1993, S. 35f; während in dieser Zeit auch eine bedeutende Steigerung der M&A-Aktivität zu beobachten sei, erwiesen sich diese Operationen als wenig innovativ, weshalb in einigen Bereichen eine Substitution der Fusions- und Akquisitionstätigkeit durch diverse Formen von Unternehmenskooperationen zu beobachten sei; ebd.

II.3. Eine Herausforderung für die ökonomische Theorie

Die Auseinandersetzung mit dem Phänomen der internationalen Unternehmenskooperationen im Rahmen der ökonomischen Theorie hat mehrere Wurzeln.

Eine dieser Wurzeln ist die Diskussion um Oligopol- und Monopolmacht und die Frage der wettbewerbspolitischen Leitbilder. Hier ist das Werk RICHARDSONs in mehrerer Hinsicht wegweisend. Schon 1960 hatte er das Leitbild der vollständigen Konkurrenz nicht nur als Abbild der Wirklichkeit, sondern auch als wettbewerbspolitisches Ideal radikal in Frage gestellt. Mit dem Hinweis auf die Notwendigkeit einer ex-ante-Koordination von Investitionen für komplementäre Produkte verwirft er die rein marktliche Anpassung von Angebot und Nachfrage als politisches Ziel, und unter Betonung der vielfältigen Planungen, Prognosen und Abstimmungen auf diversen Ebenen des Wirtschaftssystems (unter Einschluss öffentlicher Institutionen und dem Staat) kritisiert er die Realitätsferne und Unangemessenheit der herrschenden ökonomischen Analyseschemata gegenüber der ökonomischen Realität des 20. Jahrhunderts.[40]

Zwölf Jahre später wendet er seine Kritik weniger gegen wettbewerbspolitische Leitbilder, sondern vor allem gegen eine systematische Blindheit der Ökonomen gegenüber bestimmten Aspekten der wirtschaftlichen Realität, insbesondere des komplexen Netzwerkes von Koordinationsformen, welches diverse Wirtschaftssektoren (bereits 1972 !) durchziehe und nichts mit Transaktionskosten zu tun habe, sondern mit dem Problem der Koordination von komplementären Aktivitäten, also mit Verbundeffekten bzw. Externalitäten. Insbesondere die Koordination sog. "eng komplementärer" Aktivitäten, d.h. deren Produkte nicht nur quantitativ, sondern auch qualitativ *ex ante* aufeinander abgestimmt sein müssen, die gleichzeitig unähnlich sind, d.h. unterschiedliche Kompetenzen und Ressourcen voraussetzen, führe tendenziell zu Unternehmenskooperationen (Als Prototyp derselben wird das "sub-contracting" angeführt). Während bei nicht-komplementären Aktivitäten gar kein Koordinationsbedarf herrsche und sich bei komplementären und ähnlichen Aktivitäten die Integration (also die unternehmensinterne Produktion) anbiete, sei die Unternehmenskooperation eben gerade die geeignete Koordinationsform für unähnliche, aber komplementäre (insbesondere eng komplementäre) Aktivitäten, da das Unternehmen hier bei einer rein marktlichen Koordination einem höheren Risiko ausgesetzt sei und bei einer vollständigen Integration gezwungen wäre, in neue Kompetenzfelder zu diversifizieren.[41]

Auch in der deutschsprachigen Literatur geht die Thematisierung von Unternehmenskooperationen bis in die sechziger Jahre zurück, allerdings unter etwas anderen Vorzeichen. Die Beiträge sind nicht als Paradigmenkritik, sondern eher praktisch ausgelegt und ergeben sich häufig aus der Sorge bzgl. der zu beobachtenden Konzentrationstendenzen in der Wirtschaft. Auch sind die Darstellungen eher an dem Leitbild multilateraler Kooperationen orientiert und thematisieren genossenschaftliche Strukturen[42] und Verbandsstrukturen, v.a. mit Hinblick auf die Förderung mittelständischer Unternehmen.[43]

Diese Linie zieht sich weiter bis in die 70er Jahre. KÖNIG, der sich wie seine Vorgänger, auf die Unterscheidung in vertikale und horizontale Kooperation stützt, versucht, Vor- und

---

[40] Richardson 1960, S. 49-87, 133-140
[41] Richardson 1972, S. 889-892
[42] wie z.B. Draheim 1969
[43] Knoblich 1969

Nachteile der Kooperation für Klein- und Mittelbetriebe abzuwägen.[44] Etwas weiter geht bereits BRACHT, die - wie RICHARDSON - in die oligopoltheoretische Diskussion eingreift und Unternehmenskooperationen wettbewerbspolitisch verteidigt, wobei wieder das Thema der genossenschaftlichen Organisation auftaucht.[45]

In den 80er Jahren kommen im deutschsprachigen Raum zu den ordnungspolitischen Motiven[46] auch Ansätze, die insbesondere die Führungs- und Organisationsaspekte von Unternehmenskooperationen behandeln, hinzu. So untersucht ABELS Unternehmens-kooperationen sozusagen "von innen", indem er anhand des situativen Ansatzes die diversen unternehmensinternen und -externen Bedingungen und Kategorien, die aus betrieblicher Sicht bei Kooperationsentscheidungen berücksichtigt werden müssen, darstellt, wobei wiederum mittelständische Unternehmen im Mittelpunkt stehen.[47]

Auch TRÖNDLE behandelt die Managementaspekte der Unternehmenskooperation und betont, wie seine Vorgänger, die betriebswirtschaftliche Seite derselben, wie z.B. rechtliche, organisatorische, strukturelle und funktionelle Aspekte. Obwohl noch völlig unbeeinflusst von der Transaktionskostentheorie, stützt er sich dennoch, mit vorwiegendem Bezug auf die deutsche Führungs- und Organisationsliteratur, auf den Markt-Hierarchie-Dualismus sowie die prozessualen und interaktionellen Aspekte von Unternehmenskooperationen.[48]

Bis zu diesem Zeitpunkt bleibt die Behandlung der Unternehmenskooperationen im deutschsprachigen Raum also vorwiegend auf praktisch-betriebswirtschaftliche sowie wettbewerbspolitische Fragestellungen im nationalen Rahmen beschränkt; die speziell internationale Problematik wird nicht gesondert thematisiert.

Gleichzeitig entsteht jedoch in den USA im Gefolge der gesteigerten M&A-Aktivitäten sowie der Häufung von Joint Ventures und strategischen Allianzen eine umfangreiche Managementliteratur, die versucht, die Frage nach den Ursachen und Erfolgsfaktoren von Unternehmenskooperationen, insbesondere Joint Ventures, empirisch zu beantworten und dabei auch gleichzeitig die internationale Problematik miteinzubeziehen. Dazu gehören die Beiträge von MORRIS/HERGERT (1987), GOMES-CASSERES (1987), LYLES (1987), ROEHL/TRUITT (1987), LORANGE/PROBST (1987) und CONTRACTOR/LORANGE (1988). Es wird alsbald versucht, diese Fragen anhand der Transaktionskostentheorie zu behandeln, wie z.B. bei KOGUT (1988) und HENNART (1988).

Die Assoziierung von Unternehmenskooperationen und Transaktionskostentheorie macht sich bald auch in Europa bemerkbar, so z.B. bei BAUDRY (1991), BÜCHS (1991), BROCKHOFF (1992), MECKL (1993), ROTERING (1993) und SELL (1994).

Nach amerikanischem Vorbild und im Zuge der allgemeinen Vorbereitung auf den europäischen Binnenmarkt beginnt nun auch speziell die Thematik der internationalen Unternehmenskooperationen ins Blickfeld zu rücken, wie z.B. bei KAUFMANN/KOKALJ/MAY-STROBL (1990), URBAN/VENDEMINI (1993), MECKL (1993), WARNECK (1994) und SELL (1994). Gleichzeitig werden Fragen der Forschung und Entwicklung, der Innovation und des technologischen Wandels mit dem Phänomen der

---

[44] König 1979
[45] Bracht 1979
[46] wie z.B. bei Fritz 1988
[47] Abels 1980
[48] Tröndle 1986

internationalen Unternehmenskooperationen in Zusammenhang gebracht, so schon bei JACQUEMIN/REMICHE (1988), dann bei STAUDT/BOCK/TOBERG (1989), BROCKHOFF (1992), STAUDT et.al. (1992), DOBBERSTEIN (1992), HAGEDOORN (1993), TORRE (1993), WARNECK (1994) und COLOMBO (1994).

Ein weiteres Thema beginnt in den 80er Jahren, Einzug in die Analyse internationaler Unternehmenskooperationen zu halten, nämlich das interkulturelle Management. Diese in den USA schon in den 70er Jahren florierende Disziplin wird in Europa aufgenommen (v.KELLER 1982) und führt soziologische und anthropologische Elemente über das Management in die Ökonomie ein (MAURICE/SELLIER/SILVESTRE 1982, d'IRIBARNE 1989, AMMON 1989, SIMON/BAUER/JÄGELER 1993), wobei neben Personalproblemen in multinationalen Konzernen (HOFSTEDE 1989, LAURENT 1992) auch zunehmend interkulturelle Probleme bei Unternehmenskooperationen in den Vordergrund gestellt werden (SIEGELE 1993, PATEAU 1993, FUHRY 1996).

Erst in den 90er Jahren erheben sich dann auch Stimmen, die die makroökonomischen Aspekte von Unternehmenskooperationen miteinbeziehen (SELL 1994) und solche, die aus diesem Phänomen grundsätzliche Fragen paradigmatischer Art ableiten, wie z.B. in bezug auf die Theorie der Unternehmung[49], verschiedene Ausprägungen des Kapitalismus'[50] oder gar das Wesen des Menschen.[51]

Die Herausforderungen für die ökonomische Theorie, die sich daraus ergeben, sind offensichtlich: Es geht um ihre grundlegendenden anthropologischen und ontologischen Annahmen, Begriffe und Konzepte sowie ihre Rolle im Rahmen der Wissenschaften sowie des realen Wirtschaftslebens.

Die hohe Anzahl der Unternehmenskooperationen scheint die Strukturen ganzer Wirtschaftszweige grundlegend zu verändern. Wie ROTERING für die Halbleiter-, Telekommunikations- und Automobilindustrie veranschaulicht, bestehen in einigen Sektoren bereits weltumspannende Netzwerke bi- oder multilateraler Kooperationsbeziehungen. Die zunehmende Dominanz des Netzwerkmodells in bestimmten Industriestrukturen stellt eine weitere analytische Herausforderung an die Wirtschaftswissenschaft dar, die erst langsam beginnt, diese Entwicklungen theoretisch zu verarbeiten.[52]

Was die Probleme und Schwierigkeiten grenzüberschreitender Unternehmenskooperationen speziell in Europa betrifft, so scheinen diese eher die "weicheren" Faktoren zu betreffen als konkrete wirtschaftliche oder rechtliche Probleme. Die Untersuchung von KAUFMANN/KOKALJ/MAY-STROBL, basierend auf Befragungen von etwa 500 deutschen Unternehmen bezüglich ihrer Erfahrungen mit solchen Kooperationsvorhaben, nennt als wichtigste von den Unternehmen genannte Schwierigkeiten: "Schaffung der Vertrauensbasis", "künftige wirtschaftliche Entwicklung", "Einschätzung der Bonität" und "Geschäftsusancen". Diese Ergebnisse scheinen darauf hinzuweisen, dass die Probleme, die sich einer weiteren Integration der Volkswirtschaften in den Weg stellen, vorwiegend mit Faktoren allgemeiner Unsicherheit bzw. Unkenntnis sowie dem sog. "menschlichen Faktor" und kulturellen Hürden

---

[49] Dulbecco 1994, Gaffard 1995
[50] Jacquemin 1994
[51] Anzenberger 1991
[52] Rotering 1993.

zusammenhängen, ein weiterer Umstand, der eine nicht rein ökonomische, sondern interdisziplinäre Analyse des Phänomens der Unternehmenskooperationen nahelegt.[53]

Und was gerade den deutsch-französischen Bereich betrifft, so schrieb die im Zuge des Elysée-Vertrages von den Wirtschaftsministerien gegründete Deutsch-Französische Studiengruppe für industrielle Zusammenarbeit schon 1967:

"Dieses Handbuch lässt die Unterschiede in der Gesetzgebung und in den Gewohnheiten von Industrie und Handel in beiden Ländern erkennbar werden. Es zeigt gleichzeitig, wie relativ lose die Kontakte zwischen der deutschen und der französischen Wirtschaft trotz kürzlich erzielter Fortschritte heute noch sind und wie wenig sich bisher ein Gefühl der Solidarität bei den deutschen und französischen Unternehmen entwickeln konnte. Mit dieser Situation dürfen wir uns nicht abfinden. Es fehlt jedoch auch nicht an Optimismus, der Ideen und Gedanken beflügelt. *Die Hindernisse, die einer industriellen Zusammenarbeit zwischen deutschen und französischen Unternehmen entgegenstehen, sind heute tatsächlich nicht mehr so sehr juristischer, steuerlicher oder technischer Art, sondern psychologischer Natur.* Die Unkenntnis der Verhältnisse im Partnerland, die ungenügenden Kontakte zwischen deutschen und französischen Industriellen führen in beiden Ländern zu einem Misstrauen gegenüber dem andern, häufig auch zu unverständlichen Minderwertigkeitskomplexen. Beides macht es den Verantwortlichen unmöglich, die Gemeinsamkeit ihrer zukünftigen Bedürfnisse und die bereits auf vielen Gebieten vorhandene Übereinstimmung in beiden Ländern zu erkennen."[54]

Im folgenden soll daher zunächst dargestellt werden, wie die ökonomische Theorie bisher auf diese (sowie andere) Herausforderungen reagiert hat, und inwieweit besonders die interdisziplinären Ansätze, die sie als Alternative zu dem klassischen Modell entwickelt hat, eine zufriedenstellende Beschreibung und Behandlung der Realität internationaler Unternehmenskooperationen erlauben.

---

[53] Kaufmann/Kokalj/May-Strobl 1990
[54] Studiengruppe 1967, S. 293, Hervorhebungen von mir

III. Eignung herkömmlicher Theorien zur Beschreibung und Erklärung internationaler Unternehmenskooperationen

III.1. Klassische und neoklassische Theorie

Der Anwendung der klassischen und neoklassischen ökonomischen Theorie auf internationale Unternehmenskooperationen stehen gleich mehrere Hindernisse im Wege: Das erste bezieht sich auf das Konzept der Unternehmung, das zweite auf den Begriff der Kooperation und das dritte auf den internationalen bzw. interkulturellen Aspekt.

Der Begriff der Unternehmung wird z.B. von Adam SMITH kaum verwendet, v.a. nicht bei der Entwicklung seines konzeptionellen und theoretischen Systems. Die wichtigsten konzeptionellen Grundlagen, wie z.B. Arbeitsteilung und Spezialisierung und Preis- und Lohnbildung, werden anhand von Modellen und Beispielen entwickelt, die ausschliesslich von dem Verhalten von individuellen Wirtschaftssubjekten ausgehen und für die die Annahme der Existenz von "Unternehmen" unnötig ist und daher nicht getroffen wird. Die Vertreter verschiedener Wirtschaftssektoren sind immer als Individuen dargestellt (labourer, lawyer, physician, apothecary, farmer, landlord).[1]

Bei der Tatsache, dass die klassische und neoklassische Theorie das Phänomen der Mehrpersonenunternehmung ignoriert und als "black box" behandelt, deren Entstehung sie daher auch nicht erklären kann, handelt es sich innerhalb der ökonomischen Wissenschaft um eine Trivialität. Der Artikel "The nature of the firm" von COASE[2] hat dieses Problem explizit behandelt und seitdem bilden die "Theorie der Unternehmung" und die Institutionenökonomik ein klares Gegenprogramm zur klassischen und neoklassischen Ökonomie.[3]

Was den Begriff der Kooperation betrifft, so wird er von SMITH selten verwendet bzw. problematisiert, und wenn er auftaucht, so bezeichnet er nichts anderes als den Tausch von Gütern oder Dienstleistungen. Die Notwendigkeit von Kooperation ergibt sich hier aus der Unmöglichkeit für das Individuum, seine Konsumbedürfnisse ohne Interaktion mit anderen zu befriedigen. Da SMITHs Ausgangsposition ein Zustand ist, in dem Spezialisierung und Arbeitsteilung herrscht und dieser Zustand als allgemein positiv bewertet wird, besteht Kooperation in der Nutzung der Vorteile von Arbeitsteilung und Spezialisierung zum Ausgleich ihrer Nachteile, und zwar für das Individuum.[4] Andere Formen der Kooperation werden nicht explizit behandelt.

Das einzige andersartige Beispiel von Kooperation, welches - jedoch nur implizit - bei SMITH auftaucht, ist die Zusammenarbeit zwischen Arbeitgebern ("masters") und Arbeitern ("workmen"). Sie ergibt sich aus dem Umstand, dass alle Arbeitgeber die Löhne der Arbeitnehmer möglichst niedrig halten, während alle Arbeitnehmer dieselben möglichst erhöhen wollen. Deshalb schliessen sich sowohl Arbeitgeber als auch Arbeitnehmer zu Interessenvereinigungen zusammen. Hierbei haben die Arbeitgeber aufgrund der Tatsache, dass sie weniger an der Zahl sind und das Gesetz auf ihrer Seite steht, einen Vorteil.[5]

Hier handelt es sich um den einzigen Fall, in dem SMITH ein kooperatives Verhalten von Individuen beschreibt und analysiert, das nicht auf dem Prinzip der Arbeitsteilung und des

---

[1] s. Smith 1970, S. 156, 160, 214
[2] Coase 1937
[3] für eine ausführliche zeitgenössische Kritik s. auch Lazonicks "Myth of the market economy", Lazonick 1991.
[4] so v.a. im zweiten Kapitel des ersten Buches des "Wohlstands der Nationen", s. Smith 1970, S. 118
[5] Smith 1970, S. 169f

Tausches, sondern auf dem der gleichen gesellschaftlichen Interessen beruht. Interessanterweise taucht dieses Motiv auch an der einzigen Stelle auf, an der SMITH die Notwendigkeit der Zusammenarbeit von *"masters"* und *"workmen"* thematisiert und somit für einen Moment sein übliches Modell des Individuums als Wirtschaftssubjekt verlässt. Diese Problematik wird von ihm selbst jedoch nicht weiter verfolgt, sondern bildet erst später den Ansatz für Alternativprogramme zur klassischen Ökonomie, wie den MARXschen und den neoinstitutionalistischen Ansatz.

Bei MARSHALL, dem Begründer der neoklassischen Theorie, findet sich sowohl eine deutlichere Berücksichtigung des Phänomens der Unternehmung als auch eine explizite Thematisierung der Kooperation. Unter dem Begriff der "co-operation" fasst MARSHALL eine ganze Reihe von Phänomenen zusammen: Ausgleich des Interessenkonfliktes zwischen Arbeitgebern und Arbeitnehmern, zwischen Konsumenten und Händlern und zwischen Händlern und Produzenten, Haltung von Belegschaftsaktien und Teilnahme am Management durch die Arbeitnehmer, Auslagerung von Arbeiten ("sub-contracting"), genossenschaftliche Strukturen, und sonstige, heute als "Kooperativstrukturen" bezeichnete Einheiten wie z.B. Einkaufskooperativen.[6]

Die meisten dieser Formen von Kooperation lassen sich als Reduktion der Prinzipien der Arbeitsteilung, Spezialisierung und Konkurrenz innerhalb der Wertschöpfungskette begreifen: Der Produktionsfaktor Arbeit übernimmt ebenfalls Managementfunktionen (so dass sich die Produktionsfaktoren Arbeit und Kapital überschneiden), Produktionsunternehmen organisieren kollektiv Distributionsleistungen, Handelsunternehmen integrieren rückwärts durch die kollektive Organisation einfacher Montagearbeiten, und Verbraucher integrieren rückwärts durch Bildung von Einkaufszentralen. Hier ist bereits ein deutlicher Unterschied zu SMITHs Kooperationsbegriff erkennbar. Während SMITH sich in seinen exemplarischen Darstellungen auf den Tausch von Konsumgütern (auf der Basis horizontaler Arbeitsteilung) beschränkt, bringt MARSHALL die Wertschöpfungskette ins Blickfeld (vertikale Arbeitsteilung). Der entscheidende Unterschied ist jedoch der, dass der Kooperationsbegriff sich bei SMITH in den Prinzipien von Spezialisierung, Arbeitsteilung und Tausch erschöpft, während er bei MARSHALL gerade solche Beziehungen bezeichnet, die von diesen Prinzipien abweichen und deren Quellen im moralischen oder spirituellen Bereich zu suchen sind ("faith", "brotherly trust", "early Christian Church", "belief in the latent goodness of human nature" etc.). Hierbei überträgt MARSHALL den oben erwähnten SMITHschen Interessenkonflikt zwischen *master* und *workman* auf sämtliche wirtschaftliche Tauschverhältnisse: Der Käufer hat immer ein Interesse, für wenig Geld hohe Qualität zu erhalten, der Verkäufer, für viel Geld schlechte Qualität zu liefern.[7]

Obwohl er damit auf ein fundamentales Problem des Tauschprinzips allgemein hinweist, beschränkt er sich bei der Darstellung der Lösungsvorschläge auf solche Fälle, in denen dessen Überwindung ausschliesslich innerhalb einer gegebenen Wertschöpfungskette stattfindet, also bei Tauschvorgängen, die gleichzeitig als verschiedene Stufen innerhalb des Produktionsprozesses verstanden werden können. Dies geschieht offensichtlich aus zwei Gründen: Erstens weil die meisten emprischen Fälle von so definierten Kooperationen, die er zitiert, in diese Kategorie fallen, und zweitens, um sich von Karl MARX deutlich zu distanzieren, der aus der generellen inhärenten Problematik des Tauschprinzips eine weitaus umfassendere und radikalere Kritik desselben ableitet.[8]

---

[6] Marshall 1891, S. 219-228
[7] ebd., S. 218
[8] ebd., S. 219

Allgemein lässt sich feststellen, dass der Klassenkonflikt zwischen Arbeitern und "Arbeitgebern" oder "Kapitalisten" das zugrundeliegende Hauptthema auch bei MARSHALL ist, da die Fragen der Kooperation zwischen verschiedenen Produktionsstufen und die der Kooperation zwischen den beiden Klassen sich in seiner Darstellung vermischen. Es lässt sich somit zusammenfassen, dass es sich bei der Kooperation bei MARSHALL, allgemein gesagt, um Manifestationen von moralischen oder religiösen Werthaltungen handelt, die über das SMITHsche Prinzip des Eigennutzes hinausgehen.

Abgesehen von diesen frühen Ansätzen, wurde das Problem der Kooperation, speziell der Kooperation zwischen Unternehmen, im Rahmen der Entwicklung der neoklassischen Theorie nicht in nennenswerter Weise behandelt. Besonders die Grenznutzenschule und die moderne Mikroökonomie sowie die bis heute vorherrschende Richtung, die bisweilen als "mainstream economics" oder "textbook economics" bezeichnet wird, hat eher die Tendenz, das Unternehmen als reine Produktionsfunktion abzubilden. Damit bleibt das Thema der Unternehmenskooperationen naturgemäss von der Diskussion ausgeschlossen. Dies hängt ebenfalls mit dem Marktverständnis dieser theoretischen Richtung zusammen.

In dieser Modellwelt, in der Individuen ihren persönlichen Nutzen zu maximieren trachten, und zwar unabhängig und unbeeinflusst von den Entscheidungen der anderen Wirtschaftssubjekte, fallen Entscheidungen quasi mechanistisch, die Frage, ob mit anderen Wirtschaftssubjekten kooperiert werden soll oder nicht ist irrelevant, im übrigen resultiert aus der Annahme der Abwesenheit von externen Effekten, dass eine solche Kooperation auch keinem einen Nutzen bringen könnte: Preise lassen sich ebensowenig beeinflussen wie Verbraucherpräferenzen, Entscheidungen anderer Wirtschaftssubjekte oder Produktionstechnologien; Informationsvorsprünge und Monopolrenten existieren nicht.

Schliesslich kommt hinzu, dass interkulturelle Aspekte in der klassischen und neoklassischen Theorie keinen Platz finden und nie behandelt worden sind. Selbst in Teilen der klassichen Theorie, die sich mit internationalen Transaktionen befassen, wie etwa der Theorie der komparativen Kostenvorteile RICARDOs, beschränken sich die Unterschiede zwischen den Nationen auf ihre unterschiedliche Ausstattung mit Produktionsfaktoren.

Aus all diesen Gründen lassen sich diese Theoriezweige nicht für das Thema dieser Arbeit verwenden, auch wenn einige Elemente der Ausführung MARSHALLs über das Wesen der Kooperation an späterer Stelle in anderer Form wieder auftauchen werden.

III.2. (Neo-) Institutionalistische Theorien

III.2.1. *Agency-Theorie*

III.2.1.1. Beschreibung der Agency-Theorie

Die Agencytheorie untersucht das Verhältnis zwischen einem Auftraggeber (Principal) und einem Auftragnehmer (Agent) und geht davon aus, daß eventuelle Interessenkonflikte zwischen diesen beiden bereits bei Vertragsabschluß - z.B. durch Anreizordnungen - gelöst oder gemildert werden. Die Agency-Literatur läßt sich wiederum aufteilen in die positive Agency-Theorie, welche den Einfluß von Märkten, Transaktionskosten und anderen Faktoren auf die Ausgestaltung von Vertragssystemen zum Gegenstand hat, und die "Principal-Agent-Theorie", welche sich auf mathematische Modelle zur Lösung von Anreizproblemen konzentriert.[9]

Die Agency-Theorie läßt sich nach Auffassung einiger Autoren auf eine Vielzahl sozialer Phänomene anwenden. So behandeln z.B. FAMA/JENSEN die Agency-Theorie im allgemeinen Zusammenhang der Organisationstheorie:

"Social and economic activities, such as religion, entertainment, education, research, and the production of other goods and services, are carried on by different types of organizations, for example, corporations, proprietorships, partnerships, mutuals, and nonprofits. (...). An important factor in the survival of organizational forms is control of agency problems."[10]

Ähnlich äußern sich JENSEN/MECKLING, die der Ansicht sind, agencies existieren

"in all organizations and in all cooperative efforts - at every level of management in firms, in universities, in mutual companies, in cooperatives, in government authorities and bureaus, in unions, and in relationships normally classified as agency relationships such as are common in the performing arts and the market for real estate."[11]

Auch ELSCHEN erwähnt, daß in der Literatur z.T. eine universelle Anwendbarkeit des Agency-Ansatzes postuliert wird und nennt dieses als einen möglichen Grund für die starke Ausbreitung dieses Konzeptes im neueren amerikanischen Schrifttum. So werden neben vertraglichen Transaktionen auch nichtvertragliche Beziehungen unter dieser Perspektive analysiert, wie z.B. diejenigen zwischen Bürgern und im Wählerauftrag handelnden Politikern.[12]

Demnach ergibt sich die Möglichkeit der Anwendung des Agency-Konzeptes bereits aus der Existenz von sozialen Beziehungen, Organisation und/oder Kooperation; das potentielle Untersuchungsfeld beschränkt sich also nicht auf ökonomische Sachverhalte.

Die Tatsache, daß WILLIAMSON zwischen der positiven Agency-Theorie und der formal-mathematisch ausgerichteten "Principal-Agent-Theorie" im engeren Sinne unterscheidet, darf

---

[9] Zur Transaktionskostentheorie und theoretischen Einordnung der Agency-Theorie vgl. Williamson 1990, S. 18-32.
[10] Fama/Jensen 1983, S. 327.
[11] Jensen/Meckling 1976, S. 309.
[12] Elschen 1988, S. 250.

nicht darüber hinwegtäuschen, daß Gegenstand beider Theoriezweige das *Principal-Agent-Konzept*, also die Analyse der Beziehungen zwischen einem Principal und einem Agent ist.

BAMBERG/SPREMANN sehen in der *Kooperation* bei der Nutzung von Ressourcen das Wesen wirtschaftlicher Tätigkeit. Deren Analyse muß sich daher auf Institutionen richten, die Regeln für die wirtschaftliche Kooperation setzen. Solche Regeln betreffen die beiden Teilaspekte Koordination und Partizipation, d.h. die Frage, inwieweit jedes Individuum sowohl an den gemeinsamen Anstrengungen als auch an dem gemeinsamen Erfolg der kooperativen Tätigkeit teilhat. Als Grundformen solcher institutioneller Regelsysteme nennen BAMBERG/SPREMANN *Wettbewerb, Regulierung, Motivation und Sozialisation*. Die Agency-Theorie basiert nun auf der Tatsache, daß aufgrund von *externen Effekten* und *unvollkommener Information* der Markt (Wettbewerb) als Koordinationsmechanismus in bestimmten Situationen versagt, so daß die drei anderen Koordinationsformen zum Tragen kommen.[13]

Eine einfachere Fundierung des Agency-Begriffs bieten PRATT/ZECKHAUSER: "Whenever one individual depends on the action of another, an agency relationship arises".[14]

Das grundlegende Merkmal der Principal-Agent-Beziehung ist das Vorhandensein eines Auftraggebers (Principal) und eines Auftragnehmers (Agent). Hierbei kann es sich jeweils um Personen oder Organisationen handeln. Dabei wird angenommen, daß sowohl Principal als auch Agent ihren Eigennutzen maximieren wollen und die Nutzenfunktionen der beiden sich unterscheiden.[15]

Die Problematik dieser Auftragsbeziehung besteht darin, daß der Arbeitseinsatz des Agent gleichzeitig den Nutzen des Agent selbst und den des Principal beeinflußt. Es handelt sich demnach um sog. *externe Effekte* in bezug auf die Handlungen des Agenten. Die externen Effekte sind negativ, da der Agent aufgrund einer naturgemäßen Arbeitsaversion ein Interesse daran hat, seinen Arbeitseinsatz zu minimieren, während der Principal daran interessiert ist, diesen zu maximieren, unter der Annahme, daß das Arbeitsergebnis mit dem Arbeitseinsatz positiv korreliert ist.[16]

Eine wesentliche Neuerung gegenüber den klassischen und neoklassischen Ansätzen, die von einer Welt ohne Transaktionskosten ausgehen, bildet die Annahme einer asymmetrischen Informationsverteilung zwischen Principal und Agent. Die apriorische Unvollständigkeit der Information im Principal-Agent-Konzept ist gleichbedeutend mit der Existenz von Informationskosten und liefert Erklärungen für die Existenz von Organisationen und Vertragskonstruktionen, die sich in der ökonomischen Realität beobachten, aber mit Hilfe des neoklassischen Instrumentariums nicht vollständig erklären lassen. Neben der grundsätzlichen Unsicherheit über zukünftige Ereignisse, welcher sowohl Principal als auch Agent ausgesetzt sind, ist jedoch auch die Unvollkommenheit der Informationen des Principal über den Agent eine Implikation dieser neoinstitutionalistischen Prämisse. Dieses Problem wird unter den Begriff der "asymmetrischen Informationsverteilung" gefaßt.[17]

---

[13] Bamberg/Spremann 1987, S. 1f.
[14] Pratt/Zeckhauser 1985, S. 2.
[15] Petersen 1989, S. 109.
[16] Bamberg/Spremann 1987, S. 5f.
[17] Elschen 1988, S. 248.

Die Agency-Theorie ist abzugrenzen von dem sog. *Stakeholder-Ansatz*, bei dem ebenfalls die neoklassische Annahme der vollständigen Information aufgehoben ist. Beim Stakeholder-Ansatz besteht eine Abhängigkeit eines Wirtschaftssubjektes (Stakeholder) von einem anderen, da der Stakeholder eine Leistung erbracht hat und darauf vertrauen muß, daß sein Vertragspartner die entsprechende Gegenleistung erbringt. Tut dieser dies nicht, ist der "stake" des stakeholders verloren. Der Stakeholder kann dies jedoch, im Gegensatz zur Principal-Agent-Theorie, ex post feststellen bzw. er erfährt es von selbst. Die im Stakeholder-Ansatz behandelte Form von Verhaltensunsicherheit wird mit *Holdup* bezeichnet. Die im folgenden zu behandelnde, im Principal-Agent-Ansatz untersuchte Form der Verhaltensunsicherheit dagegen ist der sog. *moral hazard*.[18]

Asymmetrische Information in Form des moral hazard bedeutet, daß der Principal allein das Ergebnis der Handlungen des Agent sieht und die Konsequenzen, die dieses Ergebnis für ihn hat. Er weiß jedoch nicht, inwieweit dieses Ergebnis von den Handlungen des Agent und inwieweit es von Umweltfaktoren abhängt, die außerhalb dessen Einflußbereichs liegen. Dies versetzt den Agent in die Lage, Handlungen zu seinen Gunsten und zu Ungunsten des Principal vorzunehmen, ohne daß dies zunächst vom Principal erkannt werden könnte.[19]

Innerhalb der Betriebswirtschaftslehre findet der Principal-Agent-Ansatz in diversen Disziplinen Anwendung. In der Finanzierungstheorie wird die optimale Gestaltung von Kapitalstruktur sowie von Gesellschafts- und Kreditverträgen, in der Personalwirtschaft und im Rechnungswesen Anreiz- und Kontrollprobleme unter der Principal-Agent-Perspektive beleuchtet. Auch Grundfragen der Theorie der Unternehmung, der Unternehmensverfassung, des Insolvenzrechts, der Beziehungen auf dem Gütermarkt sowie Fragen der volkswirtschaftlichen Organisation werden agencytheoretisch beschrieben und analysiert.[20]

Ferner ist zu bemerken, daß es eine Frage der Perspektive ist, wer in einer Auftragsbeziehung die Rolle des Principal und wer die des Agent spielt. Dies hängt jeweils davon ab, wie der gegebene Auftrag definiert bzw. welcher Auftrag in einer bilateralen Auftragsbeziehung betrachtet wird.[21]

Die wichtigsten Aspekte von Principal-Agent-Beziehungen sind das Problem der Informationsasymmetrie, das Kontrollproblem, das Anreizproblem und das Problem der Risikoallokation.

Das Principal-Agent-Konzept kennt zwei Formen der **Informationsasymmetrie:** Bei der "*hidden action*" sind Gegenstand der Unsicherheit die Handlungen des Agent nach Vertragsabschluß. Bei dem Problem der "*hidden information*" dagegen handelt es sich im Prinzip um das Phänomen der Qualitätsunsicherheit, angewandt auf einen potentiellen Agent: Bei der Auswahl des Agent durch den Principal kennt dieser dessen Eigenschaften nicht; er weiß z.B. nicht, wie geeignet er für den entsprechenden Auftrag ist und durch welche Anreize er zu einer Erfüllung des Auftrages im Sinne des Principals motiviert werden kann. HARTMANN-WENDELS ordnet dieses Phänomen in die *Signalling-Theorie* ein, fordert jedoch eine integrierte Betrachtung der agencytheoretischen hidden action und der signalling-

---

[18] Spremann 1989, S. 742.
[19] Elschen 1988, S. 248f.
[20] ebd., S. 250.
[21] ebd., 1988, S. 250.

theoretischen hidden information mit der Begründung, daß diese beiden Effekte in der Realität gewöhnlich gemeinsam auftreten.[22]

Eine Folge der asymmetrischen Informationsverteilung ist das Problem der sogenannten *adverse selection*, bei dem unvollkommene Information über Produkteigenschaften zum Zusammenbruch des Marktes führen kann. SCHMIDT beschreibt das Problem folgendermaßen:

"Wenn Nachfrager schlechter als Anbieter über die Qualität angebotener Güter informiert sind, werden sie alle Angebote so betrachten und bewerten, als wären sie von durchschnittlicher Qualität. Die Gleichbehandlung stellt eine Belastung der Anbieter der besseren Güter durch die Anbieter der schlechteren Güter dar. Für die Anbieter der besseren Güter kann es in dieser Situation vorteilhaft sein, ihr Angebot vom Markt zurückzuziehen. Das reduziert die verbleibende Durchschnittsqualität am Markt. Wenn die Nachfrager dies erkennen, kann der Prozeß von Rückzug des jeweils besten Angebotes und der Qualitätsverschlechterung weitergehen, bis der Markt völlig zusammenbricht."[23]

Das Grundproblem der Informationsasymmetrie kann auf verschiedene Weise gelöst bzw. gemildert werden.

Was das Problem der *hidden information* betrifft, besteht für den Principal die Möglichkeit, dieses durch ein Auswahlsystem zu lösen, welches nur solche Agents auswählt, die die vom Principal gewünschten Eigenschaften aufweisen (sog. "Self-Selection").[24]

Bei der Lösung des Problems der *hidden action* lassen sich im Prinzip zwei Möglichkeiten unterscheiden: Die Entwicklung eines Informationssystems, welches dem Principal eine Kontrolle der Handlungen seines Agent ermöglicht und die Schaffung eines Anreizsystems, welches dafür sorgt, daß der Agent von sich aus möglichst weitgehend im Interesse des Principal handelt.[25] Diese beiden Möglichkeiten schließen einander nicht aus, im Gegenteil, sie werden in der Regel miteinander kombiniert.

Was das **Problem der Kontrolle** betrifft, so wird dieser Begriff in der betriebswirtschaftlichen Literatur im wesentlichen durch folgende zwei Aspekte definiert:

- Die Beobachtung und Überwachung von Personen und Prozessen durch die Betrachtung von Ist-Daten und deren Gegenüberstellung mit Sollgrößen

- Die Beeinflussung von Personen oder Prozessen mit dem Ziel der Annäherung der Ist- an die Soll-Größen.[26]

Obwohl diese beiden Funktionen in der Regel integriert werden, ist es sinnvoll, sie im Zusammenhang mit der Lösung der Principal-Agent-Problematik getrennt zu betrachten. Im folgenden soll daher der Kontrollbegriff im Sinne der reinen Informationsübermittlung und der Vornahme von Soll-Ist-Vergleichen verwendet werden (monitoring).

[22] Hartmann-Wendels 1989, S. 714f.
[23] Schmidt 1988, S. 251.
[24] Bamberg/Spremann 1987, S. 11.
[25] Arrow 1985, S. 43 - 46
[26] Laux 1990, S. 4f.

Das Kontrollproblem ergibt sich direkt aus dem Interessenkonflikt und der Informationsasymmetrie zwischen Principal und Agent: Der Principal versucht, die Informationen, die ihm fehlen, durch die Errichtung eines Kontroll(=Informations-)-systems zu erhalten, um zu erfahren, ob bzw. inwieweit der Agent sich in seinem Sinne verhält.

Ziel eines Kontrollsystems muß es somit sein, den Arbeitsinput des Agent zu überwachen. Dies kann anhand der Beobachtung einer Größe geschehen, die in gewissem Maße mit dem Arbeitseinsatz korreliert. Die Tatsache, daß diese Größe den Arbeitseinsatz nur unvollkommen widerspiegelt, ergibt sich notwendigerweise aus der Annahme unvollkommener Information: Wäre der Arbeitsinput selbst durch den Principal kostenlos beobachtbar, entstünde dadurch ein Zustand vollkommener Information, also ein Widerspruch zu den Prämissen des Principal-Agent-Ansatzes. Somit kann innerhalb dieses Ansatzes nur eine das Aktivitätsniveau approximierende Hilfsvariable Gegenstand kostenloser Informationsgewinnung sein. Diese Hilfsvariable dient als Kontrollgröße innerhalb des Kontrollsystems.[27]

Wenn das Kontrollsystem allein der Informationsübermittlung zwischen Agent und Principal dient, so stellt sich die Frage, welche Handlungsmöglichkeiten für den Principal möglich und sinnvoll sind für den Fall, daß die Handlungen des Agent seinen Anforderungen nicht genügen. Ist der Markt für die entsprechende Auftragsleistung vollkommen und befindet er sich im Gleichgewicht, so ist dieses Problem ausgeschlossen: Der Preis für die Auftragsleistung (z.B. ein fixes Gehalt) würde sofort andere Agents zur Auftragsannahme bewegen, wenn der Agent den Auftrag nicht entsprechend den Interessen des Principal erfüllt.

Die Existenz von vollkommenen Märkten basiert jedoch auf der Annahme, daß keine Transaktionskosten bestehen. Gerade diese Annahme jedoch wird in der Principal-Agent-Theorie aufgegeben. Dadurch ergibt sich für den Principal das Problem, bei "Versagen" des Agent einen Auftragnehmer zu finden, der seine Interessen besser wahrnimmt. Ob ihm dies gelingen kann, ist nicht sicher. Einen Agent zu finden, dessen Nutzenfunktion der des Principal genau entspricht, ist sogar prämissengemäß ausgeschlossen, denn dann wäre das Problem der negativen externen Effekte nicht gegeben. Selbst wenn durch die auf dem Markt für die entsprechende Auftragsleistung bestehende Konkurrenz die a priori gegebene Nutzenfunktion eines potentiellen Agent der des Principal angenähert würde, könnte sie doch niemals mit dieser identisch werden, denn dies würde einen Zustand vollkommener Konkurrenz, also eine Welt ohne Transaktionskosten, voraussetzen.

Ob ein Austausch des Agent durch einen anderen für den Principal von Vorteil ist, ist demnach unsicher. Sicher ist jedoch, daß bei der Auswahl eines neuen Agent erneut das Problem der hidden information auftritt, also die Notwendigkeit eines - möglicherweise Kosten verursachenden - Self-Selection-Systems.

Zudem schafft die Errichtung eines Kontrollsystems ein weiteres Principal-Agent-Problem: Nun besteht der Auftrag darin, den Principal derart über Arbeitseinsatz und -ergebnis zu informieren, daß eine effektive Kontrolle des Agent durch den Principal möglich ist. Dabei besteht für den Principal Unsicherheit darüber, ob die vom Agent gelieferten Informationen der Wahrheit entsprechen. Es kann daher notwendig sein, Anreize zur wahrheitsgemäßen Information zu schaffen. Ein solches Anreizsystem kann wiederum Kosten verursachen.[28]

---

[27] Bamberg/Spremann 1987, S. 7
[28] Kienen 1990, S. 30.

Bei der Beurteilung der Vor- und Nachteile eines Kontrollsystems spielen natürlich auch die Kosten desselben eine Rolle.

Angesichts dieser potentiellen Probleme und Mängel eines Kontrollsystems kann es daher für den Principal sinnvoll sein - alternativ oder zusätzlich zu dem Kontrollsystem -, ein **Anreizsystem** zu schaffen, welches die Handlungen des Agent in seinem Sinne beeinflussen kann.

Aus den Unzulänglichkeiten des Kontrollsystems ergibt sich für den Principal die Notwendigkeit, in die Nutzenfunktion des Agent einzugreifen, d.h. seine Handlungen zu beeinflussen. Dies geschieht durch Art und Höhe der Bezahlung.

Grundsätzlich sind auch nicht-monetäre Anreize zur Lösung des Problems des moral hazard denkbar. So unterscheidet SPREMANN zwischen "harten" und "weichen" Designs: Unter *hartem Design* versteht er im Zusammenhang mit Anreizproblemen die finanzielle Beteiligung des Agent am Ergebnis, ein *weiches Design* wäre hier das Pflegen von "Wir-Effekten" in Teams, durch die eine nicht-monetäre Beteiligung an einem gemeinsamen Erfolg ermöglicht wird. Solche "weichen Designs" setzen nach SPREMANN Ethik und eine sozial-kommunikative Umwelt voraus.[29]

Was die monetären Anreizsysteme betrifft, existieren grundsätzlich zwei Möglichkeiten der Strukturierung: Symmetrische und asymmetrische Anreizsysteme. STARKS erläutert diesen Unterschied anhand der Entlohnung von Portfolio-Managern: Bei *symmetrischen Anreizsystemen* (symmetric performance incentive fees) wird dem Portfolio-Manager ein bestimmter Prozentsatz des Marktwertes des von ihm verwalteten Vermögens gezahlt zuzüglich eines Bonus' für den Fall, daß der erzielte Ertrag aus dem Vermögen höher ist als ein bestimmter Marktindex, jedoch abzüglich eines Malus' für den Fall, daß der Ertrag unter diesem Index liegt. Die Prämie bemißt sich also nach folgender Formel:[30]

$$(1) \qquad P = F + (G - G) \qquad ; \text{mit } F = r * V$$

P = Prämie   F = (kurzfristig) fixer Gehaltsbetrag
G = erzielter Ertrag   G = Sollertrag (z.B. Marktindex)
r = fixer Prozentsatz   V = Summe des verwalteten Vermögens
         s

Bei einem asymmetrischen Anreizsystem dagegen wird der Agent an einem überdurchschnittlichen Gewinn beteiligt, erhält aber keinen Abzug, wenn er den Sollertrag nicht erreicht. Ein solches System läßt sich durch folgende Formel ausdrücken:[31]

$$(2) \qquad P = F + (G - G) \qquad \text{für } G > G$$
$$\qquad\qquad P = F \qquad\qquad\qquad \text{für } G < Gs \qquad ; \text{mit } F = r * V$$

In seiner Analyse erfolgsabhängiger Anreizsysteme unterscheidet LAUX zwei Fälle: Sichere und unsichere Erwartungen. Diese Erwartungen beziehen sich auf den Zusammenhang zwischen der Aktivität des Agent und dem Erfolg (Produktionsfunktion). Ist dieser Zusammenhang sowohl dem Principal als auch dem Agent bekannt, dann handelt es sich um sichere, andernfalls um unsichere Erwartungen. LAUX zeigt, dass im Fall *sicherer Erwartungen* - unter der

---

[29] Spremann 1989, S. 742.
[30] Starks 1987, S. 17f
[31] ebd., S. 17f

Annahme, der Principal kenne die Nutzenfunktion des Agent - ein solches Prämiensystem den Erfolg nach Prämie maximiert, welches dem Agent die gesamte Summe, um die der Erfolg einen bestimmten Sollerfolg überschreitet, als Prämie gewährt. Wird dieser Sollerfolg nicht erreicht, erhält der Agent keine Prämie, muß aber auch nichts an den Principal zahlen.[32]

Hierbei handelt es sich also um ein asymmetrisches Anreizsystem gemäß der Formel (2) mit der Besonderheit, daß F = 0 ist. Die Tatsache, daß ein asymmetrisches Anreizsystem ohne fixen Gehaltsbestandteil im Falle sicherer Erwartungen und bekannter Nutzenfunktion des Agent das Ergebnis für den Principal maximiert, ist für die Analyse von Anreizsystemen zur Lösung des Moral-hazard-Problems jedoch irrelevant, da der Fall sicherer Erwartungen gleichbedeutend ist mit dem Vorherrschen vollständiger und kostenloser Information, das jedoch in der Principal-Agent-Beziehung definitionsgemäß nicht gegeben ist.

Interessanter für die folgenden Ausführungen ist daher die Frage nach optimalen Anreizsystemen im Falle von *unsicheren Erwartungen*.

LAUX kommt hier zu verschiedenen Ergebnissen, und zwar je nachdem, ob von Risikoneutralität oder Nichtrisikoneutralität des Entscheidungsträgers ausgegangen wird.

Grundlage seiner Überlegungen bildet die Annahme, Principal und Agent haben identische Erwartungen bezüglich des Zusammenhangs zwischen Wahrscheinlichkeitsverteilung des Ergebnisses und dem Aktivitätsniveau des Agent. Diese Annahme bildet das Analogon zu der Prämisse, der Principal kenne die Produktionsfunktion, im Fall sicherer Erwartungen. Im Fall unsicherer Erwartungen handelt es sich bei der "Produktionsfunktion" lediglich um den Zusammenhang zwischen den Handlungen des Agent und der *Wahrscheinlichkeitsverteilung* des Ergebnisses statt des Ergebnisses selbst. Ferner nimmt LAUX in seiner Analyse Risikoneutralität des Principal an. Das heißt, die Maximierung des Erwartungswertes des Ergebnisses für den Principal maximiert zugleich auch seinen Nutzen; die Nutzenfunktion des Principal ist also linear. Für den Fall der Risikoneutralität des Agent zeigt LAUX, daß folgende Prämienberechnung zu einem maximalen erwarteten Ergebnis für den Principal führt, also dessen Nutzen maximiert:[33]

$$(3) \qquad P = G - Gs \quad ; \qquad Gs \quad = \text{Optimales Sollergebnis}$$

Hierbei handelt es sich also um ein symmetrisches Anreizsystem entsprechend Gleichung (1), mit der Besonderheit, daß der fixe Zahlungsbestandteil gleich Null ist und das Sollergebnis einem zu ermittelnden optimalen Sollergebnis entspricht.

LAUX stellt weiterhin fest, daß ein solches Anreizsystem dazu führt, daß der Agent das gesamte Risiko trägt, welches aus der Unsicherheit seiner Handlungsergebnisse resultiert.[34]

Für den Fall der Nichtrisikoneutralität des Agent hängt die optimale Prämie von der Höhe der Risikoaversion des Agent sowie von der Varianz des Ergebnisses ab. Das Nutzenkalkül des Agent bezieht sich hier nicht auf die Prämie selbst, sondern auf eine Größe, die LAUX als "Sicherheitsäquivalent" (SÄ) bezeichnet. Das Sicherheitsäquivalent ist ein Maß für den Nutzen

---

[32] Laux 1988, S. 24-31.
[33] ebd., S. 32f.
[34] ebd., S. 33.

eines bestimmten Prämiensystems für den Agent und hängt neben dem Erwartungswert der Prämie auch von deren mit einem Risikoaversionsfaktor (A) gewichteten Varianz (also dem Risiko) ab:

$$(4) \quad S\ddot{A}(P) = E(P) - A * s^2 (P) \quad ; \quad E = \text{Erwartungswert}, \ s^2 = \text{Varianz}$$

Daraus ergibt sich folgende Erkenntnis: Je höher die Varianz (also je stärker die Schwankungen) der Prämie und je stärker die Risikoaversion des Agent, desto höher muß die vom Principal gebotene Prämie im Durchschnitt sein, damit der Agent das Anreizsystem akzeptiert. Bei gegebener Steigung der Prämienfunktion ist eine hohe durchschnittliche Prämie jedoch gleichbedeutend mit einem niedrigen Sollgewinn. Dies wiederum bedeutet, daß das Anreizsystem für den Principal relativ teuer wird. Ist die Varianz der Prämie dagegen niedrig (verläuft die Prämienfunktion also relativ flach), so ist bei gegebener Risikoaversion des Agent die geforderte durchschnittliche Prämie gering, das Anreizsystem ist für den Principal relativ billig.

Das allgemeine Dilemma, welches sich hinter diesem Zusammenhang verbirgt, läßt sich folgendermaßen formulieren: Je höher (geringer) der Anreiz für den Agent, das Ergebnis zu verbessern, desto höher (geringer) das von ihm getragene Risiko, die von ihm geforderte Risikoprämie und somit die Kosten des Anreizsystems für den Principal.[35]

Bei der Wahl eines Anreizsystems besteht also für den Principal ein Trade-Off zwischen der Stärke der Anreizwirkung und der Kostengünstigkeit desselben.

Anreizsysteme sollen den Zweck erfüllen, die Interessen des Agent bei seinen im Rahmen der Auftragsbeziehung zu treffenden Entscheidungen an die des Principal anzunähern. Dies geschieht mit Hilfe von monetären Anreizen. Inwieweit der Agent jedoch auf solche monetären Anreize reagiert und auf welche Weise er dies tut, ist im Prinzip ungewiß. Diese Ungewißheit ("hidden information") wurde von LAUX mit der Annahme, die Nutzenfunktion des Agent sei dem Principal bekannt, ausgeschlossen. Um des Realitätsbezugs willen sollte das Problem der hidden information, also der Unbekanntheit der Nutzenfunktion des Agent, jedoch erwähnt werden:

Der Principal kann die Handlungen des Agent mit Hilfe von monetären Anreizen nur insoweit beeinflussen, als dessen Nutzen von monetären Anreizen bestimmt wird. Diese potentielle Unzulänglichkeit von Anreizsystemen macht ihre Ergänzung durch Self-selection-Systeme, durch die der Agent seine Präferenzen enthüllt, oder durch Kontrollsysteme, die eine Überwachung der Handlungen des Agent und ein eventuelles Eingreifen des Principal ermöglichen, erforderlich. Zwar ist es möglich, daß unter Informationsasymmetrie Kombinationen von Entscheidungen des Agent und erhaltener Entlohnung existieren, die auch im Fall vollständiger Information verwirklicht worden wären, jedoch ist dies nicht notwendigerweise, sondern höchstens ausnahmsweise der Fall.[36]

Zum Zusammenwirken von Anreiz und Kontrolle schreibt LAUX:

---

[35] ebd., S. 35.
[36] Bamberg/Spremann 1987, S. 7f.

28

"Die Gewährung positiver Belohnungen bzw. Anreize kann zwar den Kontrollbedarf erheblich reduzieren; trotzdem wird die Kontrolle *nicht überflüssig*:

- Zumindest müssen die Ausprägungen jener Größen überprüft werden, von denen die Belohnungen abhängen (Kontrolle der Bemessungsgrundlagen für die Belohnungen). Der damit verbundene Aufwand kann sehr hoch sein.

- Auch dann, wenn ein Entscheidungsträger hoch motiviert ist, trifft er möglicherweise Fehlentscheidungen, z. B. weil die an ihn gestellten Anforderungen in qualitativer und/oder quantitativer Hinsicht zu hoch sind. Kontrollen ermöglichen es dann, im Falle einer Fehlentscheidung korrigierend einzugreifen.

- Bei der Schaffung bzw. Änderung eines Anreizsystems wird von gewissen Erwartungen hinsichtlich der Art und Stärke der Bedürfnisse der betreffenden Organisationsmitglieder sowie der Eignung von Belohnungen zur Befriedigung dieser Bedürfnisse ausgegangen. Diese Erwartungen können sehr unrealistisch sein. Reaktionskontrollen können die Informationsbasis für die Erwartungsbildung und die Revision von Anreizsystemen verbessern."[37]

Was das Problem der **Risikoallokation** betrifft, so lässt sie sich anhand des Risikobegriffs von HAAS beschreiben, demgemäss "(...) Risiko in der Möglichkeit oder Gefahr besteht, ein angestrebtes Ziel nicht zu erreichen (...)."[38]

Das Ziel des Principal besteht in der Erreichung eines bestimmten Ergebnisses durch wirtschaftliche Betätigung. Um dieses Ziel zu erreichen, will oder muß er diese wirtschaftliche Tätigkeit an einen Agent delegieren.

Das grundlegende Risiko für den Principal besteht darin, daß er seine wirtschaftlichen Ziele nicht erreicht, d.h. daß sich das erwünschte Ergebnis aus der wirtschaftlichen Tätigkeit des Agent nicht einstellt. Dieses Risiko ist eine logische Folge der Unsicherheit über die zukünftigen Umstände, welche dieses erzielte Ergebnis determinieren.

Der erste dieser Umstände ist die Unsicherheit bezüglich der externen Einflüsse, welche in die Produktionsfunktion eingehen. Der zweite Umstand ist die Unsicherheit darüber, ob der Agent die aufgrund externer Umstände maximal erzielbaren Ergebnisse auch tatsächlich erzielt. Dieser Umstand entspricht dem eigentlichen Problem der asymmetrischen Informationsverteilung zwischen Principal und Agent. Entsprechend der zwei Arten der Informationsasymmetrie lassen sich auch die daraus resultierenden Risiken einteilen in solche, die mit dem Problem der hidden information, und solche, die mit dem der hidden action zusammenhängen.

So besteht für den Principal vor Vertragsabschluß das Risiko, einen Agent zu finden, der die gewünschten Eigenschaften bezüglich Arbeits- und Risikoaversion aufweist (hidden-information-Risiko). Nach Vertragsabschluß besteht das Risiko darin, daß der Principal die Höhe des Arbeitseinsatzes des Agent bzw. die Qualität der von ihm getroffenen Entscheidungen nicht kennt (hidden-action-Risiko).

---

[37] Laux 1990, S. 7.
[38] Haas 1965, S. 18.

Beide Arten der Informationsasymmetrie begründen ein Risiko für den Principal, da ihre Folge darin bestehen kann, daß aufgrund mangelnder Qualifikation oder mangelnden Arbeitseinsatzes des Agent das vom Principal angestrebte wirtschaftliche Ziel nicht erreicht wird.

Diese grundsätzlichen Risiken der Principal-Agent-Beziehung lassen sich durch vertragliche Vereinbarungen zwischen Principal und Agent reallozieren. Dabei ist die vereinbarte Teilungsregel, also die Regel, nach der die Ergebnisse der Tätigkeit des Agent auf Principal und Agent aufgeteilt werden, von entscheidender Bedeutung.[39]

Unter dem Blickwinkel der Anreizwirkung betrachtet, läßt sich die Teilungsregel als Anreizsystem zur Motivation des Agent betrachten, wie jedoch bereits oben beschrieben, impliziert jede Teilungsregel auch eine bestimmte Risikoallokation, wobei die Ziele der optimalen Risikoallokation und der Anreizschaffung miteinander in Konflikt stehen.

III.2.1.2. Anwendungsmöglichkeit auf Unternehmenskooperationen

Was sind nun die Anwendungsmöglichkeiten der Agency-Theorie im Bereich der Unternehmenskooperationen?

Die augenfälligste Eigenschaft des Principal-Agent-Modells ist seine Asymmetrie: Der Principal bestimmt die Ziele und den Arbeitsinhalt allein und entlohnt den Agent durch monetäre Transfers, d.h. durch Zahlungen.

Auf den ersten Blick scheinen sich also v.a. asymmetrische Formen von Unternehmenskooperationen durch dieses Modell abbilden zu lassen. Unter diese Rubrik scheinen z.B. **Vertriebskooperationen** zu fallen, bei denen der Vertriebspartner zwar seine unternehmerische und rechtliche Unabhängigkeit behält, seine Vertriebsleistungen jedoch keinen grossen Spielraum im Marketing-Mix lassen. Für den Principal ist somit eine Kooperation (im Gegensatz z.B. zum Aufbau eines eigenen Vertriebssystems) aufgrund seiner fehlenden lokalen Marktkenntnis zwar unabdingbar oder zumindest vorteilhaft, er gibt jedoch in der Regel die Zielvorgaben und wichtigsten Marketing-Parameter (Produktpalette, Marken, Preise, Werbung, Service/Beratungsqualität) selbst vor, so dass der Vertriebspartner weitgehend als reiner ausführender Arm (Agent) des Unternehmens (Principal) betrachtet werden kann. Hier nähert sich die Struktur der Kooperation in der Tat dem Verhältnis zwischen Produktmanager und Vertriebspersonal innerhalb eines Unternehmens an, welches mit seiner Kontroll- und Anreizproblematik ein klassisches Beispiel für eine Principal-Agent-Beziehung bildet.

Der Vergleich ist jedoch in mehrerer Hinsicht problematisch. Ein Problempunkt ist der Preisspielraum des Vertriebspartners. Ist dieser unbegrenzt, so entscheidet der Agent selbst über die Höhe seines Einkommens, und zwar nicht nur im Rahmen eines vom Principal entwickelten Anreizsystems. Die Teilungsregel, ein wichtiges Element der Anreiz- und Risikoallokationsstruktur zwischen Principal und Agent, bezieht sich dann auf eine Gesamtheit, deren Höhe weitgehend vom Agent selbst bestimmt wird, d.h. der von ihm erzielte Marktpreis. Obwohl der Marktpreis in der Praxis nur einer von mehreren entscheidungsrelevanten Faktoren ist, wird er jedoch im Rahmen einer Principal-Agent-Betrachtung zum ausschlaggebenden Element, da er die Basis für die Risikoallokations- und

---

[39] Schmidt 1988, S. 255

Anreizstruktur ist, die im Rahmen der Principal-Agent-Theorie auf rein monetären Transfers beruht.

In einer Principal-Agent-Beziehung wird der Agent allein vom Principal bezahlt. Sobald er die Möglichkeit hat, die für ihn relevanten monetären Transfers selbst am Markt zu erzielen, wird die Grundlage des Principal-Agent-Modells in Frage gestellt, denn der faktische Anreiz für den Agent kann sich auch ohne Änderung der *ex ante* gegebenen Anreizstruktur ändern, und zwar bei einem vollständigen Markt bei Steigen und Fallen der Marktpreise, und bei einem unvollständigen Markt - oder allgemeiner ausgedrückt - in Folge einer Änderung der Marktbedingungen. Diese Problematik existiert natürlich nur bei Bestehen von Unsicherheit gegenüber der zukünftigen Marktentwicklung, denn nur dann stellen sich die *ex ante* entwickelten Anreiz- und Risikoallokationssysteme als unwirksam heraus. [40]

Ein ähnliches Problem besteht bei der Lizenzfertigung, die üblicherweise ebenfalls als Form der Unternehmenskooperation betrachtet wird. Hier zahlt der Produzent in der Regel eine Stück- oder Zeitlizenzgebühr an den Lizenzgeber, also einen Betrag, der nicht von den Anstrengungen oder der Leistungsfähigkeit des Lizenznehmers abhängt. Auch hier herrscht ceteris paribus eine Anreizstruktur, denn wenn die Verkaufszahlen oder der erzielte Marktpreis vom Lizenznehmer beeinflussbar sind, kann er sein Einkommen durch erhöhte Anstrengungen verbessern. Was den Marktpreis betrifft, so kann er diesen wiederum nur in einem unvollkommenen Markt beeinflussen. Was die Verkaufszahlen betrifft, kann er diese möglicherweise durch seine persönlichen Verkaufsanstrengungen beeinflussen, und zwar sowohl in einem unvollkommenen wie in einem vollkommenen Markt. Ändern sich jedoch die Marktbedingungen, insbesondere die Nachfrage, so dass sich sowohl Preise als Verkaufsmengen ändern, so können sich der faktische Anreiz für den Agent als auch die Risikoallokationsstruktur zwischen Principal und Agent (möglicherweise drastisch) ändern, ohne das sich die *ex ante* konzipierte Teilungsregel ändert.

Die Problematik der oben genannten Beispiele erstreckt sich schliesslich auf eine weitere Form der Unternehmenskooperation, das Franchising, welches sich je nach Vertragsgestaltung entweder an das Modell der Vertriebskooperation oder an das der Lizenzfertigung annähert. [41]

Die in diesen Beispielen dargestellte Grundproblematik lässt sich folgendermassen zusammenfassen:

1. Je geringer die Unsicherheit bzgl. der zukünftigen Marktentwicklung ist, desto eher lässt sich das Principal-Agent-Modell auf gewisse Formen der Unternehmenskooperationen übertragen. Bei extrem hoher Sicherheit bezüglich des Marktes hängt die Motivation des Agents in der Tat in so hohem Masse von der *ex-ante*-Vertragskonstruktion ab, dass das Modell der Situation relativ nahe kommen kann.

---

[40] Die Möglichkeit, dieses Problem zu umgehen, etwa durch die Integration von Preisindices in die Anreiz- und Risikoallokationsformeln, existiert nur in einer Welt des vollkommenen Marktes, d.h. wenn der Agent sich einer horizontalen Nachfragekurve gegenüber sieht und somit de facto keinen Spielraum bei der Preisbildung hat.

[41] Diese drei Formen der Unternehmenskooperation können insofern als asymmetrische Kooperationsformen bezeichnet werden, als nur der Agent direkten Zugang zu Markterträgen hat, während das Einkommen des Principal sich ausschliesslich aus den bilateralen kontraktuellen Mechanismen zwischen Principal und Agent ableitet. Die Spezifität dieser Kooperationsformen besteht somit darin, dass die direkte monetäre Erzielung der Erträge, welche ihrerseits die einzige Basis für das Entlohnungssystems des Agents bilden, zunächst vom Agent allein vollzogen wird ("Inkasso-Monopol").

2. Je unvollkommener der betroffene Endmarkt ist, desto eher lässt sich das Principal-Agent-Modell auf Unternehmenskooperationen übertragen, denn die Möglichkeit für den Agent, den Verkaufspreis zu beeinflussen, entscheidet über seine Motivation bei der Auftragsausführung.

3. Je höher der Preisspielraum des Agents, desto weniger lässt sich die Unternehmenskooperation als Principal-Agent-Beziehung beschreiben, denn desto geringer ist auch die Relevanz der *ex ante* konstruierten Anreiz- und Risikoallokationsmechanismen für Motivation und Verhalten des Agents.

Diese drei Thesen stehen offensichtlich in einem Spannungsverhältnis zueinander, das das zugrundeliegende Problem offenlegt: Damit eine Principal-Agent-Konstruktion innerhalb einer Unternehmenskooperation Sinn macht, muss der Agent einerseits einen substantiellen Entscheidungsspielraum und Einfluss auf die ertragsrelevanten Grössen bestitzen, um zu Höchstleistungen motiviert zu sein, andererseits verlieren die vertraglichen Anreiz- und Risikoallokationsmechanismen genau dann für den Agent an Bedeutung, wenn es ihm gelingt, die ertragsrelevanten Faktoren zu seinen Gunsten zu beeinflussen.

Mit anderen Worten: Der Principal-Agent-Ansatz, übertragen auf asymmetrische Unternehmenskooperationen, muss einerseits davon ausgehen, dass die Zukunft stabil und voraussehbar ist, und andererseits dass sie beeinflussbar ist: Ein unauflösbarer Widerspruch.

Wie sieht es nun bei symmetrischen Unternehmenskooperationen aus, bei denen keiner der beiden Partner das "Inkasso-Monopol" besitzt ? Hier bietet sich das **"Equity Joint Venture"** als Untersuchungsobjekt an. In einem Equity Joint Venture können Erträge durch den Eigenkapitalanteil der beiden Partner sofort quotenmässig aufgeteilt werden. Die Erträge des Principals sind dann nicht mehr nur "Residualgrössen", sondern quotenmässige Anrechte auf Erträge. Hierdurch wird das Problem der Motivation des Agents' dadurch umgangen, dass dieser einen relativen Anteil des Ertrages, egal wie hoch dieser sein mag, an den Principal abführen muss. Seine eigene Entlohnung steigt weiterhin mit dem Verkaufserfolg an, ebenso jedoch die des Principals, so dass die oben angesprochenen Motivations- und Kontrollprobleme wegfallen.

Stattdessen ergibt sich hier jedoch ein neues konzeptionelles Problem: Denn das von beiden Partnerunternehmen gegründete, kontrollierte und finanzierte JV-Unternehmen, dessen Aktionärsstruktur die Ertragsteilungsregel zwischen den beiden Partnerunternehmen definiert, lässt sich nicht mehr ohne weiteres als Agent innerhalb einer Principal-Agent-Beziehung auffassen. Wenn dies dennoch geschieht, handelt es sich um eine Anwendung des Principal-Agent-Modells auf Aktionärs- oder Filialverhältnisse, also hierarchische Strukturen.

Die Beziehung zwischen den beiden Partnerunternehmen lässt sich ebenfalls nicht als Principal-Agent-Struktur beschreiben, denn die Auftragsbeziehung besteht nicht zwischen ihnen, sondern zwischen ihnen und der gemeinsamen Tochtergesellschaft.

Diese Schwierigkeit, zwischen zwei Partnerunternehmen, die ein JV gebildet haben, eine klare Auftragsbeziehung zu definieren, lässt sich allgemein für den Fall der sog. *scale joint ventures* feststellen. HENNART verwendet diese Bezeichnung für JV, bei denen beide Partner mit Hilfe des JV dasselbe Problem zu lösen versuchen.[42] Das JV dient dann der Realisierung einer

---

[42] Hennart 1988, S. 362

32

Leistung, die beide Unternehmen aufgrund von Marktversagen nicht unter zufriedenstellenden Konditionen am Markt erhalten können. Durch die Identität der Bedürfnisse der beiden Unternehmen lässt sich ihre Beziehung dann nicht als Principal-Agent-Beziehung auffassen.

Etwas anders liegt der Fall bei sog. *link joint ventures*. Hier kooperieren zwei Unternehmen auf der Basis unterschiedlicher Intentionen. Die Lösung des spezifischen Problems eines jeden Unternehmens liegt in der Kooperation mit dem jeweils anderen Unternehmen, wobei die ursprünglichen Probleme der beiden Unternehmen völlig verschiedener Natur sind. HENNART nennt die Kooperation zwischen DOW und BASF (Dow-Badische) als ein Beispiel: BASF erhielt durch das Joint Venture Zugang zum amerikanischen Markt, und Dow erhielt Zugang zu bestimmten Technologien der BASF.[43]

In einem solchen Fall handelt es sich also nicht um zwei identische Auftragsbeziehungen der beiden Partnerunternehmen gegenüber dem gemeinsamen JV-Unternehmen. Lässt sich jedoch bei solchen *link JVs* eine klare Auftragsbeziehung zwischen den beiden Partnerunternehmen definieren?

Im vorliegenden Beispiel fallen die Erträge im JV an, welches anteilsmässig mit Eigenkapital ausgestattet ist, so dass keines der beiden Unternehmen das "Inkasso-Monopol" besitzt. Dennoch konstituieren sich die Nutzenzuwächse von DOW nicht ausschliesslich aus den anteiligen Markterträgen, denn der (evtl. nicht-quantifizierbare) Nutzen des Technologietransfers kommt hinzu.

Wird die Distributionsleistung, die DOW für BASF erstellt, als Inhalt der Auftragsbeziehung definiert, so müsste das Principal-Agent-Modell so erweitert werden, dass auch eine nicht-monetäre Entlohnung des Agents (in diesem Fall durch Gewährung des Zugangs zu Technologie) möglich ist. Solange sich diese immaterielle Entlohnung annähernd quantifizieren und mit dem Nutzenzuwachs der BASF durch die erhaltene Vertriebsleistung vergleichen lässt, mag diese "weite Interpretation" des Principal-Agent-Modells noch akzeptabel sein.[44]

Es bleibt jedoch die Frage, ob die willkürliche Zuweisung der Rolle des Principals zu einem der beiden Partnerunternehmen der Idee des Principal-Agent-Modells gerecht wird. Kann man BASF ohne weiteres als Principal in dieser Beziehung definieren? Die Antwort muss negativ ausfallen, wenn man das Verhältnis zwischen erbrachter Leistung und Entlohnungssystem betrachtet: Denn die Entlohnung für die Vertriebsleistung (der Technologietransfer) steht in keiner Beziehung zu der Leistung selbst und kann somit kein wirksames Kontroll-, Anreiz- oder Risikoallokationssystem enthalten. Umgekehrt verhält es sich genauso: Die Entlohnung für den Technologietransfer erfolgt in Form von Vertriebsleistungen, diese jedoch haben keine (und schon gar keine genau quantifizierbaren) Anreiz-, Kontroll- oder Risikoallokationseffekte in bezug auf die Leistung des Technologietransfers, wie es das Principal-Agent-Modell fordert.

Dieses Problem liesse sich höchstens lösen, wenn zwei parallele Auftragsbeziehungen definiert werden, und zwar in unterschiedlicher Richtung: Im vorliegenden Beispiel beauftragt DOW BASF mit einer Technologietransfer-Leistung, und BASF beauftragt DOW mit einer Vertriebsleistung. Es handelt sich dann um zwei verschiedene Principal-Agent-Beziehungen zwischen den beiden Partnern, die getrennt voneinander betrachtet werden müssten.

---

[43] ebd., S. 362, S. 365
[44] Dasselbe gilt im umgekehrten Sinne: Der Technologietransfer der BASF wird von DOW nicht (nur) monetär vergolten, sondern durch die Erstellung einer Vertriebsleistung.

Doch auch dieses Schema verletzt die Grundregeln des Principal-Agent-Modells: Denn die beiden Auftragsbeziehungen lassen sich nicht völlig getrennt voneinander betrachten, da einer jeden Auftragsbeziehung nicht jeweils ein Entlohnungssystem zugeordnet werden kann, welches Anreiz-, Kontroll- oder Risikoallokationsfunktionen erfüllt. Es liegt vielmehr im Wesen dieser Art von Kooperation, dass die Partner monetäre Ausgleichsmechanismen durch die Nutzung qualitativer Synergieeffekte vermeiden wollen und können. Die reziproken Leistungen müssen daher auch in ihrer Bedingtheit voneinander, welche die *raison d'être* der Kooperation bildet, betrachtet werden.

Geschieht dies, so ist jedoch eine Grundbedingung für die Anwendung des Principal-Agent-Modells nicht mehr gegeben, nämlich die eindeutige Identifizierung von Principal und Agent. Wenn jedes der Partnerunternehmen gleichzeitig Principal und Agent ist, verliert das Principal-Agent-Schema seine eigentliche Substanz und lässt sich daher nicht mehr anwenden.

Fassen wir zusammen: Die Anwendung des Principal-Agent-Modells auf asymmetrische Unternehmenskooperationen scheitert an Inkonsistenzen bezüglich vollkommener bzw. unvollkommener Information, ihre Anwendung auf *scale joint ventures* scheitert an der Identität der Interessen der Partnerunternehmen, und die Anwendung auf *link joint ventures* an der Unmöglichkeit der Identifikation von Principal und Agent und an der Nichtquantifizierbarkeit der bei solchen Kooperationen angestrebten Synergien.

III.2.1.3. Kritische Beurteilung der Agency-Theorie

Was bleibt vom Wert der Agency-Theorie für die Abbildung und Erklärung von Unternehmenskooperationen?

Wie gezeigt worden ist, scheitert die Anwendung des Principal-Agent-Modells auf Unternehmenskooperationen an einer Reihe von Eigenschaften, die möglicherweise auf allgemeinere und grundlegende Schwächen dieses Modells hinweisen.

So ist auf die Problematik der Prämissen bezüglich der Vorhersehbarkeit, der Stabilität der Umweltbedingungen und der Unsicherheit hingewiesen worden. Hier handelt es sich möglicherweise um eine systematische Schwäche der Agency-Theorie: Ihr Focus auf das detaillierte Ex-ante-Design von Vertragsmechanismen unterstreicht die Relevanz von Koordinationsmechanismen, die auf den Eigenschaften des *homo oeconomicus*, also der individuellen Rationalität und dem Primat der individuellen Nutzenmaximierung, beruhen. Gleichzeitig jedoch wird von unvollkommenen Märkten, dem small-numbers-Problem[45] und Opportunismus (moral hazard) ausgegangen. Ähnlich wie die Transaktionskostentheorie besagt die Agency-Theorie, dass die Koordination der Aktivitäten der Wirtschaftssubjekte Kosten verursacht, also nicht, wie in der Neoklassik, kostenlos erfolgt.

Die Prämisse der vollständigen Rationalität, welche in der Neoklassik noch Aussagen sowohl über Individuen als auch über Marktstrukturen enthielt, zerfällt hier also in eine anthropologische und eine ontologische Komponente: Zwar wird angenommen, dass das

---

[45] Im diesem Falle ist die Anzahl der relevanten Wirtschaftssubjekte, ähnlich wie in der Spieltheorie (s. III.3.) sogar auf zwei beschränkt. Die Relevanz der Ausgestaltung bilateraler Koordinierungsmechanismen kommt einer impliziten Annahme der Existenz des *small numbers*-Problems gleich, wie sie auch in der Transaktionskostentheorie getroffen wird (s. III.2.4.).

Individuum vollständig rational ist und in seinen grundlegenden Präferenzen (individuelle Nutzenmaximierung) nicht beeinflussbar ist (*homo oeconomicus*), so dass er auch (nur) durch rationale Ausgleichsmechanismen effizient gesteuert werden kann, jedoch unterscheiden sich die Annahmen über die externe Welt von denen der Klassik: Informationen sind nicht mehr kostenlos und somit nicht mehr frei und vollständig verfügbar.

Hier stellt sich die grundlegende Frage, inwieweit Annahmen über die Natur des Menschen und Annahmen über die äussere Welt wirklich trennbar sind. Zwar wird angenommen, dass der Principal keine vollständigen Informationen über das Verhalten des Agent besitzen kann, doch gleichzeitig wird implizit davon ausgegangen, er könne *ex ante* ein Anreizsystem konstruieren, das alle zukünftigen Eventualitäten berücksichtigt, was wiederum nur in einer Welt vollständiger Information möglich wäre. Somit legt die Agency-Theorie bei der Betrachtung von Informationen über die Handlungen anderer Individuen und solcher über die Ereignisse der Zukunft zweierlei Mass an.

Als weiteres Problem wurde die notwendige Identifikation von Principal (der allein den Auftragsinhalt definiert und das Verhalten des Partners durch monetäre Entlohnungsmechanismen steuert) und Agent (der allein durch Zahlungen des Principals entlohnt wird), erwähnt. Dieses Modell, welches als Versuch interpretiert werden kann, die paradigmatische Trennung von Subjekt und Objekt in den Sozialwissenschaften zu retten, verliert seine Erklärungskraft, wenn, wie dies bei Unternehmenskooperationen oft der Fall ist, ein Principal und ein Agent nicht eindeutig definierbar sind. Die einzige Erkenntnis, die dann von der Agency-Theorie übrig bleibt, ist die, dass die Koordination und der Interessenausgleich zwischen Kooperationspartnern (egal, wer von beiden Principal und wer Agent ist) Kosten verursacht, die auf die Notwendigkeit von Kontrolle, Motivation und Risikoausgleich zurückgehen, die sogenannten *agency costs*. Bildet die Annahme von agency costs aber den - für das gegebene Untersuchungsthema - einzig verwertbaren Kern dieser Theorie, so wird deutlich, dass diese gegenüber der - im folgenden zu behandelnden - Transaktionskostentheorie keinen nennenswerten zusätzlichen Nutzen bietet.

Der wesentliche Unterschied zwischen den agency costs und den Transaktionskosten besteht darin, dass bei ersteren angenommen wird, dass sie vollständig *ex ante* definiert sind, während die Transaktionskosten sich in ihrer Art und Höhe z.T. erst nach Vertragsabschluss während der Vertragslaufzeit manifestieren.

Was die Realitätsnähe betrifft, so scheint die Annahme der Ex-ante-Determiniertheit dieser Kosten, die die Agency-Theorie trifft, offensichtlich keine Vorteile zu bieten. Es bietet sich daher an, zu prüfen, ob die Transaktionskostentheorie die Probleme der Agency-Theorie bei der Abbildung von Unternehmenskooperationen zu vermeiden vermag und sich besser als jene zur Analyse des Phänomens der Unternehmenskooperationen eignet.

III.2.2. Transaktionskostenansatz

III.2.2.1. Kritische Analyse des Transaktionskostenansatzes

Der Transaktionskostenansatz geht auf die Fragestellung zurück, warum, wenn die Aktivitäten von Wirtschaftssubjekten am besten von Märkten koordiniert werden, Unternehmen existieren. COASE kommt zu dem Schluss, dass der Grund dafür in den Kosten des Marktsystems selbst liegt und legt damit den Grundstein für die Transaktionskostentheorie.[46]

Diese wurde dann v.a. von WILLIAMSON im Detail entwickelt. WILLIAMSONs Grundannahmen sind die der beschränkten Rationalität und des Opportunismus. Ferner konzentriert er den Anwendungsbereich des Transaktionskostenansatzes auf Situationen, in denen eine Spezifizität der Aktiva (asset specificity), Unsicherheit und das sogenannte "small numbers-problem" vorliegen.[47]

Für WILLIAMSON liegt die hauptsächliche Unzulänglichkeit der klassischen Ansätze in der Vernachlässigung des Phänomens der Transaktionskosten.[48] Er stützt sich auf die Definition von ARROW, nach der Transaktionskosten "Betriebskosten des Wirtschaftssystems" sind, und vergleicht sie mit den Reibungsverlusten, die in physikalischen Systemen anfallen.[49] Die Kosten, die von den Wirtschaftssubjekten zur Anbahnung und Durchsetzung von Transaktionen untereinander aufgewendet werden müssen, sind also der Grund dafür, daß sich in der Realität Institutionen beobachten lassen, die entsprechend der klassischen Theorie gar nicht existieren dürften. Institutionen wiederum lassen sich als Systeme verstehen, die aus komplexen Verträgen zwischen Wirtschaftssubjekten bestehen.[50]

Als einer der Autoren, die das Werk WILLIAMSONs einer ernsthaften konzeptionellen Kritik unterziehen, zeigt EVERAERE deutlich die Schwachpunkte seines Gedankengebäudes:

So wirft er WILLIAMSON vor, die hierarchische Organisationsweise aus einem unkritischen Vertrauen zu den rational "weniger eingeschränkten" Organisationsführern heraus dem Markt vorzuziehen mit der Begründung der Einsparung von Transaktionskosten. Die vereinfachende Gegenüberstellung von Markt und Hierarchie verleite den transaktionsscheuen Williamson dazu, im Zweifelsfall für die Hierarchie zu plädieren.[51]

Zweitens hält er den messianischen Charakter der Transaktionskostentheorie für ungerechtfertigt in Anbetracht der Tatsache, dass WILLIAMSON seine Analyse gänzlich auf die Kosten fixiert, die Transaktionen verursachen und die Möglichkeiten, diese Kosten zu minimieren: Die andere Seite der ökonomischen Medaille, nämlich die Maximierung des Erfolges dieser nämlichen Transaktionen, bleibe weitgehend unberücksichtigt.[52]

Drittens kritisiert er WILLIAMSONs pessimistisches Menschenbild. Nicht so sehr die zentrale Annahme des Opportunismus' selbst sieht EVERAERE als bedenklich an, aber doch die Art

---

[46] Coase 1937
[47] Für eine ausführliche Beschreibung der methodischen Grundlagen s. Williamson 1985, S. 18-63. Dobberstein 1992, S. 12-26, Everaere 1993
[48] Williamson 1990, S. 18, 19, 51.
[49] ebd., S. 21.
[50] ebd., S. 17 - 21, 324.
[51] ebd., S. 156f, 164f, 173f
[52] ebd., S: 153

und Weise, in der WILLIAMSON detailliert die Niederträchtigkeiten, zu denen Menschen fähig sind oder gar generell zu neigen scheinen, aufzählt und daraus die Forderung nach effektiven Kontrollen, wie sie nur die hierarchische Organisation leisten kann, ableitet. Die sich aus dieser Anthropologie, speziell seinem Bilde des Arbeiters, ableitenden Empfehlungen rücken WILLIAMSON in den Augen EVERAERES in die Nähe von TAYLOR.[53]

Weitere potentielle Kritikpunkte der Transaktionskostentheorie Williamsons betreffen die Inkonsistenzen der beiden wichtigsten Begriffe: "Transaktion" und "Transaktionskosten": WILLIAMSONs Definition der Transaktion als der Überführung eines Gutes oder einer Leistung "über eine technologisch separierbare Schnittstelle" hinweg lässt die Frage offen, was eine technologisch separierbare Schnittstelle ist und was nicht. Speziell was den Transfer von (Dienst-)Leistungen betrifft, ist diese technologisch separierbare Schnittstelle oft weder nachweis- noch vorstellbar. Was die Güterproduktion betrifft, scheint diese Definition der Transaktion eher auf die einzelnen Schritte innerhalb des Produktionsprozesses anwendbar zu sein als auf den eigentlichen Kauf oder Verkauf des Gutes.

WILLIAMSONs Definition scheint zumindest zu zeigen, dass er mit dem Phänomen der Transaktion auch den unternehmensinternen Bereich abgedeckt wissen wollte. Dies wiederum führt zu der Frage der Abgrenzung zwischen Transaktions- und Produktionskosten. Eine befriedigende Definition der Transaktionskosten ist bis heute nicht geliefert worden. Eine pragmatische Arbeitsdefinition bietet DOBBERSTEIN durch die Aufteilung von "Transaktionskosten" in Marktkosten und Organisationskosten, er lässt es sich jedoch nicht nehmen, PERROWs Kritik and der Transaktionskostentheorie zu zitieren: "For a theory that makes such a claim to distinctiveness, the failure to define the key term is both surprising and annoying"[54].

Die Frage nach der Definition der Transaktionkosten wird umso dringlicher, wenn man sich die Inkompatibilität dieses Konzeptes mit herkömmlichen volks- und betriebswirtschaftlichen Kostenbegriffen vor Augen führt. Wer gewohnt ist, Kosten als "bewerteten Faktorverzehr" zu sehen und die im HGB gebrauchte Aufteilung in Herstellungs-, Verwaltungs- und Vertriebskosten zu verwenden, muss bei den "Transaktionskosten" auf Zuordnungsprobleme stossen. Gehören Verpackungskosten zu Produktionskosten oder zu Transaktionskosten? Sind die Kosten der Erstellung einer Kundendatenbank Transaktionskosten oder Verwaltungskosten? Diese Beispiele machen deutlich, dass der Begriff der Transaktionskosten sich sicher nicht in diese herkömmlichen Kostenkategorien einordnen lässt.

Vielmehr ist die Frage zu stellen, ob nicht alle Kosten Transaktionskosten seien, wenn man argumentiert, dass alle betrieblichen Aktivitäten letztlich, wenn auch indirekt, mit dem Ziel eingegangen werden, Güter oder Dienstleistungen durch Markttransaktionen in Erträge zu verwandeln. Eine solche Definition hätte den Wert, die (falsche) Konkurrenz der Maximen der Produktions- und der Transaktionskostenminimierung aufzuheben. Letztlich ginge es wie auch schon bei RIEBEL, wieder nur darum, die entscheidungsrelevanten Kosten zu minimieren, oder noch genauer: die entscheidungsrelevanten Gewinne bzw. Deckungsbeiträge zu maximieren.[55]

[53] ebd., S. 158ff
[54] Perrow, 1981, S. 375
[55] Im folgenden wird die Terminologie von Demsetz verwendet, der die unternehmensinternen "Transaktionskosten" als "management cost" und die unternehmensexternen als "transaction cost" bezeichnet. Die Summe der beiden nennt er governance cost. Wird im folgenden von Transaktionskosten gesprochen, handelt es sich also um Transaktionskosten im engeren Sinne (unternehmensextern); Demsetz 1988, S. 147

Hier setzt auch die Kritik DEMSETZ' ein, der bisher wohl die schlagensten Argumente hervorgebracht hat, um die theoretische Unhaltbarkeit der Transaktionskostentheorie zu belegen. So weist er auf eine fundamentale axiomatische Inkonsistenz hin, die darin besteht, dass WILLIAMSON zwar einerseits von positiven Informationskosten ausgeht, aber durch die Vernachlässigung der Produktionskosten implizit annimmt, alle Unternehmen im Markt hätten dieselbe Produktionstechnologie, was wiederum nur bei vollständiger Information möglich ist:

"It is not so easy to distinguish purchase across a market from in-house-production because in-house production involves the use of inputs that are *purchased*.(...) Hence, in-house production does not constitute a clear elimination of transaction cost. Similarly, purchasing goods from another firm, rather than producing these in-house, involves an implicit purchase of the management services undertaken by the other firm, so management cost is not eliminated by purchasing more nearly complete goods across markets. The correct question to ask if we remain within the Coasian framework is not whether management cost is more or less than transaction cost, but whether the sum of management and transaction cost incurred through in-house-production is more or less than the sum of management and transaction cost incurred through purchase across markets, since either option entails expenditures on both cost categories.(...) Thus, to say that firms produce their own inputs when it is cheaper to do so is *not* equivalent to saying that firms will purchase from others if the cost of transacting is less than the cost of managing.(...) The emphasis that has been given to transaction cost (or that has been claimed to be given) dims our view of the full picture by implicitly assuming that all firms can produce goods or services equally well."

Ein weiteres konzeptionelles Grundproblem des WILLIAMSONschen Systems ist die zugrundeliegende Annahme eines kostenträchtigen Rechtssystems, in dem - im Gegensatz zur Tradition des Rechtszentralismus - Richter für ihre Arbeit bezahlt werden wollen. Trotz (oder gerade aufgrund) der Realitätsnähe dieser Annahme steht sie hier einem geschlossenen Theoriegebäude im Wege. Der wichtigste Unterschied des Transaktionskostenansatzes gegenüber dem Principal-Agent-Ansatz besteht darin, dass ersterer von der Notwendigkeit von kontraktuellen ex-ante *und* ex-post Mechanismen ausgeht. Die ex-post-Elemente (Anpassungskosten, Kosten der Konfliktregelung) ergeben sich aus dem Willen der Vertragspartner, rechtliche Auseinandersetzungen auf jeden Fall zu vermeiden und alle potentiellen Konfliktausgleichsmechanismen von vorneherein in den Vertrag aufzunehmen.[56]

In bezug auf das fundamentale Axiom des Opportunismus' ist diese Annahme eines (zu) teuren Rechtssystems jedoch nicht notwendigerweise neutral. So ist z.B. vorstellbar, dass die Kosten (insbesondere auch die Opportunitäts- und nicht monetären Kosten) des Rechtssystems in einer Gesellschaft mit dessen Überlastung ansteigen. Die Überlastung eines Rechtssystems mag jedoch mit der Anzahl von Konfliktfällen zusammenhängen, die ihrerseits möglicherweise ein Resultat des Opportunismus' sind. Die Argumentation, dass Opportunismus aus dem Small-number-Problem resultiert, welches wiederum auf hohen Transaktionskosten beruht, welche ihrerseits aus dem Bestreben der Marktteilnehmer resultieren, die Aufgaben eines überlasteten Rechtssystems selbst zu übernehmen, würde dann zu einem Zirkelschluss führen: Das Phänomen des Opportunismus generiert bzw. verstärkt sich selbst. Unter einer statischen Perspektive gesehen, würde dies bedeuten, dass die Kernaussagen der Transaktionskostentheorie eine einzige Tautologie bilden; dynamisch gesehen handelt es sich um einen sich selbst verstärkenden negativen Effekt (Teufelskreis), für dessen ursprüngliche Kausalität auch die Transaktionskostentheorie keine Erklärung bietet.

---

[56] Williamson 1985, S. 21/22

Was sind nun nach WILLIAMSON die vermeintlichen Wirkungen eines Ansteigens der Transaktionskosten ? Ceteris paribus müssten mehr und mehr Aktivitäten innerhalb der Unternehmen erledigt werden. Der Grad der vertikalen Integration in den Unternehmen müsste steigen, die Anzahl der Unternehmen sinken, der Grad der Arbeitsteilung und Spezialisierung innerhalb einer Volkswirtschaft müsste ebenfalls sinken. Wie COASE gezeigt hat, müsste dies bis zu dem Punkt geschehen, an dem die marginalen Transaktionskosten gleich den marginalen Managementkosten sind. Aber das Kalkül geht nicht auf. Dies wird insbesondere deutlich, wenn man die Interaktionsbeziehung als Principal-Agent-Beziehung auffasst, denn Transaktionskosten und Managementkosten sind nichts weiter als zwei Seiten derselben Medaille. Es sind die Kosten des Interessenausgleichs zwischen Principal und Agent bei der Erstellung einer gegebenen Leistung.[57]

Der Forderung nach einer Interiorisierung der Leistungserstellung beim Scheitern von Markttransaktionen entspricht somit eine "Verinnerlichung" der Leistungserstellung des Mitarbeiters beim Scheitern des hierarchischen Interessenausgleichs. Beide Effekte besitzen dieselbe Natur und sind ein gemeinsames Resultat der Erhöhung der Transaktionskosten.

Die Grundfrage, nämlich die des Pendants der Kosten der Markttransaktionen innerhalb der Organisation, wird von WILLIAMSON zwar erwähnt, jedoch in seinen Ursachen und Konsequenzen nur unzureichend behandelt. Im 7. Kapitel von "Markets and Hierarchies" beschreibt WILLIAMSON alle altbekannten Probleme der hierarchischen Organisation: Ineffiziente Ressourcenalloziierung durch parteiliche Make-or-buy-Entscheidungen, Aufblähungen des Verwaltungsapparates durch Multiplikation von Kontrollinstanzen, Festhalten an Fehlentscheidungen aufgrund von "sunk costs" und Angst des Managements vor Gesichtsverlust, Informationsverzerrung durch Karriereerwägungen usw.[58] Trotz dieser Erkenntnisse werden jedoch nicht die durch solche Probleme generierten Managementkosten, sondern nur die Transaktionskosten von WILLIAMSON in den Status eines neuen sozialwissenschaftlichen Paradigmas erhoben.

Die Behauptung, Transaktionskosten favorisieren die Bildung von ökonomischen Institutionen, beruht auf einer unklaren Definition des Begriffs der Transaktionskosten. Zählt man die management costs hinzu (wie es leider oft geschieht), so besteht a priori kein Grund zu der Annahme, die Zwischenschaltung einer vertragszentralisierenden Institution könne diese so definierten Transaktionskosten senken.[59] Diese Grösse, die vielleicht besser durch den Begriff "agency cost" und das Principal-Agent-Konzept wiedergegeben wird, ist aber in diesem Zusammenhang die einzige relevante Grösse, denn die Bildung von Institutionen aus dem Nichts ("In the beginning there were markets") wäre nur erklärbar, wenn sie aus Sicht des Individuums eine Senkung der gesamten agency costs zur Folge hätte.

Die Annahme, dass die zusätzlichen internen agency costs geringer seien als der Gewinn aus der Senkung der externen agency costs lässt sich nur aufrechterhalten, wenn sicher ist, daß die durch die Institution erzielbaren Skaleneffekte stärker ins Gewicht fallen als der vom Principal (dem Arbeitnehmer) getragene Anteil der governance costs. Dieses Thema wird jedoch von

---

[57] Die Analogie des Principal-Agent-Modells wird hier gewählt, um zu zeigen, dass das Grundproblem in dem Interessenausgleich zwischen *individuellen Nutzenmaximierern* liegt. Die sonstigen spezifischen Aspekte des Principal-Agent-Modells besitzen in diesem Zusammenhang keinen zusätzlichen Erklärungswert.

[58] Williamson 1975, S. 118-131

[59] Wie Demsetz richtig bemerkt, wäre dies nur im Fall steigender Skalenerträge der Managementfunktion gegeben, und selbst in diesem Grenzfalle wären Transaktionskosten nicht das einzige Entscheidungskriterium; Demsetz 1988, S. 149

keinem der Vertreter des Transaktionskostenansatzes behandelt.[60] Dies ist verständlich, denn eine Analyse der Vorteilhaftigkeit einer institutionellen Einbindung aus der Sicht des Principal setzt eine Theorie über die Aufteilung der *Transaktionsgewinne* voraus. Eine solche Theorie muss jedoch an der Unmöglichkeit der Zurechnung von Gewinnen zu einzelnen Transaktionen sowie an den komplexen Realität des Arbeitsmarktes scheitern.

Ob eine unternehmensinterne Organisation einer Transaktion einer unternehmensexternen aus Sicht des Principals in einem bestimmten Fall vorteilhaft ist oder nicht, könnte somit nur auf der Basis einer vollständigen komparativen *Transaktionskosten- und Leistungsrechnung* entschieden werden.[61]

Was die Aufteilung des durch die institutionelle Transaktionszentralisierung erzielten Transaktionsgewinne betrifft, müssten, ähnlich wie in der MARXschen Mehrwertstheorie, Annahmen über die jeweiligen Gewinnanteile des Principals und des Agents getroffen werden. Geht man von Synergieeffekten bei der Zusammenarbeit zwischen Principal und Agent aus, wie es die Transaktionskostentheorie implizit tut, so wird eine theoretisch eindeutige Aufteilung des bewerteten Synergieeffektes (den man als Zentralisierungsmehrwert bezeichnen könnte) unmöglich, und die Verteilungsfrage wird letztlich zu einer Verhandlungs- und somit zu einer rein politischen Frage.

All dies ist jedoch nur stringent, wenn man vom Postulat der individuellen Rationalität ausgeht. Selbst unter der Annahme der beschränkten Rationalität hat der Begriff der individuellen Rationalität noch einen bedeutungsvollen Inhalt. Er sagt, dass ein Individuum im Zweifelsfall immer versucht, den individuellen Nutzen zu maximieren, selbst wenn seine Möglichkeiten dazu beschränkt sind. Nur unter dieser Bedingung sind die Beziehungen zwischen Verkäufer und Kunde denen zwischen Vorgesetztem und Mitarbeiter äquivalent. Es handelt sich dann immer um individuelle Nutzenmaximierer (principals und agents).

Erst wenn das Prinzip der individuellen Rationalität aufgeben wird, macht die Substitution von Marktbeziehungen durch hierarchische Beziehungen zur Transaktionskostenreduzierung grundsätzlich einen Sinn. Denn dann ist die Lösung billiger, in der der Leistungsersteller (Agent) seine Nutzenfunktion mit der des Principals in einer Weise identifiziert, dass eine Erhöhung dieses "gemeinsamen" Nutzens etwaige Opportunitätskosten durch unterschiedliche Niveaus der Gegenleistung überkompensiert wird. Systematische Synergieeffekte bei der Kooperation des Individuums mit einer Institution können daher nur angenommen werden, wenn das Prinzip der individuellen Nutzenmaximierung aufgegeben wird, wie dies z.B. bei MARGOLIS geschieht, nicht jedoch bei WILLIAMSON.[62]

Aufgrund der Komplexität und mangelnden Quantifizierbarkeit von Transaktions- und Managementkosten wird die Frage nach Markt oder Hierarchie auch weiterhin von subjektiven Beurteilungen bestimmt bleiben. Und hier ist sicherlich bei WILLIAMSON ein leichter *"bias"*

---

[60] Selbst Hennart räumt ein, dass eine vollständige transaktionskostenorientierte Erklärung von JVs deren spezifische Kosten (management costs) mit berücksichtigen müsste, was er selbst versäumt., Hennart 1988. S. 372f

[61] Solange nicht geklärt ist, wann welche Koordinationsform aus Sicht des Principals (des Wirtschaftssubjektes) unter Transaktionskostengesichtspunkten vorteilhaft ist, kann im übrigen auch auf volkswirtschaftlicher Ebene keine entsprechende Aussage gemacht werden, es sei denn, die Annahme des "homo oeconomicus" oder gar der methodologische Individualismus werden geopfert.

[62] Margolis teilt die individuelle Nutzenfunktion auf in eine rein persönliche und eine "soziale" Nutzenfunktion. Es gilt dann, die Summe von persönlichem und sozialem Nutzen zu maximieren (Margolis 1982, S. 3-54). Es liegt auf der Hand, das dies ein für Ökonomen schwer akzeptables anthropologisches Axiom darstellt.

zugunsten der internen hierarchischen Organisation festzustellen. Allein die Tatsache, dass sein Gesamtwerk vorwiegend von Fragen der Minimisierung der Kosten von Markttransaktionen handelt und den Fragen potentieller "Transaktionserträge" sowie den Fragen interner Organisationskosten nur einen untergeordneten Platz einräumt, zeichnet ein deutliches Bild der Präferenzen des Autors:

"The least hierarchichal modes, in both contracting and decision-making respects (...) have the worst efficiency properties (...). Hostility to hierarchies thus lacks a comparative institutional foundation. There may be more and less preferred types of hierarchy; but hierarchy itself is unavoidable unless efficiency sacrifices are made."[63]

Dieses Glaubensbekenntnis zieht unmittelbar die Stellung WILLIAMSONs zur Autorität nach sich. In "Markets and Hierarchies" übernimmt er die Definition des politischen Führers von COMMONS, dieser sei jemand der "can formulate in language what others feel but could not tell". Während diese Äusserung einen unkritischen Führerglauben vermuten lässt, bleibt WILLIAMSON selbst an dieser Stelle noch einer meritokratischen Führungsidee verhaftet: "If the specialization of labour is feasible, those whose rationality limits are less severely constrained than others are natural candidates to assume technical, administrative, or political leader positions - which is to say that a hierarchy can emerge on this account."[64] Aufgrund des Anspruchs der Gültigkeit seiner Theorie nicht nur für wirtschaftliche Organisationen, muss hier zumindest die undemokratische Tendenz dieses Führungsverständnisses vermerkt werden.

Hinzu kommen jedoch weitere Äusserungen, die sowohl eine Tendenz zu autoritären Entscheidungsstrukturen als auch zu idealisierten Konzepten apriorischer Gleichgesinnung der Organisationsmitglieder enthüllt:

"Although any member of access rules may be efficacious, agreement on one must be reached. While a full group discussion may permit one of the efficient rules eventually to be selected, how much simpler if instrumental rules were to be 'imposed' authoritatively(...). Similarly, suppose that adaptations to changing market circumstances are needed in order to utilize resources efficiently. While a full group discussion could be held to determine what adaptation is to be made, this is time consuming and may yield little gain if - provided that everyone pulls in harness - any of the number of adaptations would work. Authoritative assignment of decision-making responsibility to the occupant of the center is again indicated." [65]

Angesichts der betrieblichen Realität, die durch permanente Interessenkonflikte zwischen den Abteilungen, Divisionen, Teammitgliedern und Hierarchieebenen geprägt ist, erscheint WILLIAMSONs Annahme, dass "alle an einem Strang ziehen", ebenso deplaziert wie sein Vertauen in die Effizienz von Autorität und Hierarchie.

Sein Vorschlag autoritärer Regelungen in bestimmten Situationen wird allein mit dem Effizienzargument begründet, die Frage, woher diese Autorität kommt, wie sie langfristig zu rechtfertigen ist und ob sie als Ganzes auch langfristig bzw. volkswirtschaftlich effizient ist, bleibt unbeantwortet.

Eine gewisse Naivität im Glauben an "natürliche" Führer und die "effiziente" Autorität, gepaart mit seinem eher pessimistischen Menschenbild lassen Parallelen nicht nur zu den Gedanken TAYLORs, sondern auch zu denen MACCHIAVELLIs und v.a. HOBBES erkennen. Selbst

---

[63] Williamson 1985, S. 231
[64] Williamson 1975, S. 24
[65] ebd., S. 46f

wenn autoritäre Strukturen im Namen der Effizienz in bestimmten Situationen gerechtfertigt sein mögen, muss jedoch vermerkt werden, dass WILLIAMSON keine Anstalten macht, das Effizienzprinzip selbst im Namen anderer Werte zumindest zu relativisieren.

Obwohl das Thema der Unternehmenskooperationen von WILLIAMSON nicht eingehend diskutiert worden ist, springt die Vielzahl der Veröffentlichungen ins Auge, die seine Theorien bei der Bearbeitung von Themen wie Kooperation, strategische Allianzen, Netzwerkorganisationen und Joint Ventures (JV) ins Felde führen.

So beginnt KOGUT seine Diskussion "Joint Ventures: Theoretical and empirical perspectives"[66] mit einer Darstellung der Transaktionskostentheorie, ähnlich SYDOW in "Strategische Netzwerke - Evolution und Organisation", HERDEN in "Technologieorientierte Aussenbeziehungen im betrieblichen Innovationsmanagement"[67], HENNART in "A transaction costs theory of equity joint ventures"[68], ROTERING in "Zwischenbetriebliche Kooperation als alternative Organisationsform"[69] oder DOBBERSTEIN in "Technologiekooperationen zwischen kleinen und grossen Unternehmen"[70].

Trotz der vielen Versuche, die Vorteilhaftigkeit von Unternehmenskooperationen mit dem Transaktionskostenargument zu untermauern, existieren jedoch bisher keine soliden empirischen Befunde, die die Transaktionskostenthese stützen. Zwar wollen z.B. ROTERING und DOBBERSTEIN die Vorteilhaftigkeit von Kooperationen unter bestimmten Bedingungen aufgrund von Transaktionskostenminimierung durch Studien und Umfragen belegen, doch begehen sie beide denselben Denkfehler: Sie vergleichen die Kosten der Bildung einer Kooperation mit denen einer Markttransaktion oder der Eigenproduktion, anstatt die Kosten eines und desselben Arbeitsschrittes *im Rahmen* dieser drei alternativen Koordinationsformen zu vergleichen.[71]

Dort, wo die Vorteilhaftigkeit von Unternehmenskooperationen tatsächlich nachgewiesen werden konnte, stellen sich oft nicht die objektiven Transaktionskosten, sondern die *vermeintlichen oder antizipierten* Transaktionskosten, oder gänzlich andere Faktoren, wie kollektive Lernprozesse oder Know-How-Transfer, als die relevanten Einflussgrössen heraus.[72]

HENNART konzentriert sich bei seiner Analyse auf "Equity joint ventures" und versucht, getrennt zu belegen, unter welchen Umständen eine Kontrolle durch Eigenkapital einer Vertragslösung vorzuziehen ist, und unter welchen Umständen diese Eigenkapitalkontrolle mit einem oder mehreren Unternehmen geteilt wird.[73]

Was die Kontrolle von wirtschaftlichen Aktivitäten durch Eigenkapital betrifft, so stützt sich der Autor auf die Konzepte der Spezifität der Aktiva (*asset specificity*) und des Marktversagens. Bei hohen Investitionen in spezifische Aktiva, für die kein Markt existiert, sind Marktteilnehmer gezwungen, das Risiko durch Eigenkapitalengagement zu minimieren, da aufgrund des small number-Problems und Opportunismus sowie langfristiger Vertragslaufzeiten und hoher

[66] Kogut 1988
[67] Herden 1992
[68] Hennart 1988
[69] Rotering 1993
[70] Dobberstein 1992
[71] s. Dobberstein 1992, S. 123-131; Rotering 1993, S. 157-169
[72] s. Kogut 1988, S. 328; Brockhoff 1992, S. 517-523
[73] Hennart 1988, S. 361-364

Unsicherheit kontraktuelle ex-ante-Abstimmungen unmöglich sind.[74] In diesem Fall ist die Vorhersage und Einbeziehung aller potentiellen Änderungen der Rahmenbedingungen in einem Kauf- oder Leistungsvertrag unmöglich, eine hierarchische Kontrolle erscheint als effektiver, da sie eine schrittweise, flexible Anpassung im Zeitverlauf erlaubt.[75]

Um die Vorteilhaftigkeit von Equity-Joint Ventures nicht nur gegenüber Markttransaktionen, sondern auch gegenüber einer vollständigen Integration zu belegen, behilft sich HENNART vorwiegend mit dem Argument steigender Managementkosten bei Fusionen und Akquisitionen:

"As employees, the top executives of the acquired firm will have less incentives to perform than when they were running their own firm. If the acquiring firm believes it will experience significant problems in supervising these employees, it will opt for a JV in preference to a wholly owned subsidiary".[76]

Interessanterweise erwähnt HENNART als wichtigste Faktoren sowohl des Marktversagens bei nicht-marktfähigen Gütern als auch des Hierarchieversagens bei Akquisitionen kulturelle Aspekte. Er führt die Tatsache, dass Vertriebs-JV die grösste Untergruppe der JV insgesamt bilden, auf die entscheidende Wichtigkeit des spezifisch lokalen Know-Hows zurück, für das kein funktionierender Markt existiert. Er zitiert Studien von STOPFORD/WELLS und FRANKO, nach denen die drei Hauptmotive US-amerikanischer Firmen zugunsten internationaler JV in diese Kategorien fallen: "General knowledge of local economy, politics and customs".[77]

Nach HENNART bestehen sogar empirische Belege dafür, dass Joint Ventures gegenüber Akquisitionen tendenziell dann vorgezogen werden, wenn die "kulturelle Distanz" zwischen den Herkunftsländern der Unternehmen hoch ist.[78]

Kulturelle Faktoren werden ebenso als Hindernis für eine Totalintegration genannt, hier handelt es sich allerdings eher um das Phänomen der Unternehmenskultur[79] : "Since it is more costly to manage foreign than domestic employees, it is often efficient to let the local partner manage local operations (...), given the usual differences in company culture."[80]

Somit reiht sich HENNART einerseits ein in die Linie der Autoren, die Unternehmenskooperationen als eine Möglichkeit interpretieren, gleichzeitig die Markttransaktion wegen zu hoher Transaktionskosten und die hierarchische Einbindung wegen zu hoher Managementkosten zu vermeiden. Wie die meisten anderen Autoren ignoriert jedoch auch er die Tatsache, dass innerhalb der Unternehmenskooperationen oft sowohl Management- als auch Transaktionskosten anfallen, und er bleibt die Antwort schuldig, warum die Summe aus Transaktions- und Managementkosten bei Hybridformen systematisch geringer sein soll als bei der Markt- bzw. der Hierarchielösung. Um diese Frage zu beantworten, wäre eine ex-post Analyse von JV in Hinblick auf ihre Fähigkeit, Transaktions- und Hierarchiekosten zu minimieren, notwendig. Wie HENNART selbst bemerkt, ist die durchschnittliche Lebensdauer

---

[74] insbesondere das Aktivum "Know-How" fällt in diese Kategorie, da es zum Grossteil aus "tacit knowledge" besteht, das zudem dem Phänomen des ARROWschen "Informationsparadoxons" ausgesetzt ist, ebd., S. 365

[75] ebd., S. 364/365

[76] ebd., S. 372

[77] ebd., S. 367

[78] ebd.; hierbei wird allerdings offengelassen, wie "kulturelle Distanz" definiert wurde. Es handelt sich um ein unveröffentlichtes Arbeitspapier von KOGUT und SINGH

[79] Allerdings scheint auch die nationale Kultur ein Akquisitionshindernis zu sein, das sich allerdings nicht innerhalb des Unternehmens, sondern auf politischer Ebene in Form "xenophobischer Reaktionen" manifestiere; ebd., S. 364

[80] ebd., S. 372

von JV relativ kurz, so dass die Frage, ob die genannten Ziele in der Regel erfüllt werden, offen bleibt. Ein Blick in die JV-Literatur muss hier jedoch eher skeptisch stimmen.[81]

Andererseits ist HENNARTs Anwendung der Transaktionskostentheorie eher undogmatisch und lässt Raum für weitergehende Interpretationen und offene Fragen. Dies betrifft insbesondere die erwähnten kulturellen Aspekte, die zwar bei HENNART nur vage umschrieben werden, aber doch deutlich machen, dass sie in engem Zusammenhang stehen mit Phänomenen, die bisher gewöhnlich mit Hilfe des Transaktionskostenansatzes behandelt werden.

III.2.2.2. Paradigmatische und praktische Bedeutung des Transaktionskostenansatzes

Nach all der Kritik und den durchaus stringenten Widerlegungen der WILLIAMSONschen Transaktionskostentheorie stellt sich die Frage, warum dieser Ansatz in der wissenschaftlichen Diskussion ein so hohes Interesse gefunden hat.

Eine Antwort auf diese Frage liegt in dem Wert der Theorie WILLIAMSONs, die Aufmerksamkeit auf die Kosten von Markttransaktionen gelenkt zu haben. Auch wenn diese Kosten als alleiniges Entscheidungskriterium versagen, so scheinen sie doch in einer bestimmten historischen Situation einen gewissen Wert für die Erklärung der Nützlichkeit alternativer Institutionen und Organisationsformen zur Transaktionsabwicklung zu besitzen.

Eine weitere wertvolle Leistung WILLIAMSONs ist die Erkenntnis der Zusammenhänge zwischen Marktstruktur, Spezifität der Aktiva, Opportunismus und Transaktionskosten. Wenn die Nützlichkeit des umfassenden Konzeptes der Transaktionskosten auch generell in Zweifel gezogen werden kann, so erscheint die Idee der Abhängigkeit der Transaktionskosten i.S.v. Informations-, Such-, Verhandlungs- und Kontrollkosten von dem sog. "small-numbers-problem" doch relativ einleuchtend.

Die Transaktionskostentheorie lenkt die Aufmerksamkeit der Ökonomen auf Bereiche, in denen Marktversagen herrscht. Zwar bleibt offen, ob der Transaktionskostenansatz die tatsächlichen Ursachen des Marktversagens erfasst, doch dessen Konsequenzen werden in ihren Interdependenzen klar dargestellt. Hierbei besteht die Originalität nicht sosehr in dem anthropologischen Axiom des Opportunismus', sondern in der Beschreibung von Umständen, unter denen der menschliche Opportunismus zum konkreten Problem wird.[82]

Es lässt sich somit festhalten, dass die Transaktionskostentheorie durch die Modifizierung der neoklassischen Annahmen der vollständigen Information, des homogenen Gutes und des vollkommenen Marktes, wie auch seine neo-institutionalistischen Vorgänger, einen wertvollen Beitrag zur überfälligen Korrektur des neoklassischen Paradigmas geleistet hat, seine Theorie jedoch nicht generalisiert, sondern, ebenso wie die (neo)klassische Theorie, bestimmten geeigneten Geltungsbereichen zugeordnet werden sollte.

---

[81] entsprechende Studien zeigen hier "Scheidungsraten" von bis zu 70%, s. Gomes-Casseres 1987, S. 97, vgl. auch Kogut 1988, S. 328

[82] In der klassischen Marktvision spielt die Frage des Opportunismus keine Rolle, denn selbst bei Annahme von prinzipiell opportunistischen Neigungen ist ein opportunistisches Verhalten zulasten eines anderen Wirtschaftssubjekts aufgrund der polypolistischen Marktstruktur ausgeschlossen.

Die hier vertretene Hypothese ist jedoch die, dass das allgemeine Interesse an der Transaktionskostentheorie zum Teil daher rührt, dass der relevante Geltungsbereich, nämlich ineffiziente Märkte, ein Kernproblem der westlichen Industrienationen seit den siebziger Jahren berührt, nämlich die steigende Bedeutung des Tertiären Sektors, insbesondere der Informationsdienstleistungen.

Als einen der wichtigsten Antezedenten der Transaktionskostentheorie nennt WILLIAMSON das "fundamentale Paradox" der Information unter der Annahme des Opportunismus: Der subjektive Wert der Information ist erst bekannt, wenn der Interessent die Information schon hat, dann aber hat er sie bereits kostenlos erhalten. Deshalb herrscht Marktversagen auf dem Informationsmarkt.[83]

In der Tat muss dieses Marktversagen auf dem Informationsmarkt als Kernproblematik der Transaktionskostentheorie bezeichent werden. Da Transaktionskosten vorwiegend Informations- bzw. Kommunikationskosten sind[84], fragt sie, was zu tun ist, wenn diese Kosten zum ausschlaggebenden Entscheidungskriterium werden. Dieser Prozess ist in den USA seit mehreren Jahrzehnten im Gange. Ein immer grösserer Anteil des Bruttosozialproduktes wird im Bereich der Informationsdienstleistungen erarbeitet. Für die Manager solcher Unternehmen sind die wichtigsten Entscheidungskriterien oft die Höhe der Telefon-, Fax-, Computer-, Marktforschungs- und Anwaltskosten auf der Kostenseite, und die Kundenkontakte, technischen Standards und die eigene Reputation auf der Marktseite.

Je mehr Unternehmen Informationsdienstleistungen anbieten, desto wichtiger wird die Frage nach der Funktionsfähigkeit des Informationsmarktes. Ist dieser, wie ARROW behauptet, aufgrund des "fundamentalen Informationsparadoxons" grundsätzlich ineffizient bzw. inexistent, so fehlen diesen Unternehmen die wichtigsten Rahmeninformationen für ihr Marketing, nämlich die Marktpreise.[85]

Das Fehlen von Marktpreisen führt zu einer Erhöhung der Marketing-Kosten, denn nun müssen die Kunden aktiv gesucht und überzeugt werden. Da bei den Verhandlungen neutrale Preisreferenzen fehlen, sind die Verhandlungen schwierig und tendenziell langwierig, also teuer, denn bei Patt-Situationen müssen externe Berater als Gutacher oder Schiedsrichter zu Rate gezogen und bezahlt werden. Dies bedeutet also eine Erhöhung der Transaktionskosten für die Unternehmen. Diese Erhöhung der Transaktionskosten auf dem Informationsmarkt verstärkt aber wiederum den Effekt des Marktversagens, was seinerseits die Marketing- und übrigens auch die Beschaffungskosten in die Höhe treibt: Ein Teufelskreis.

Wenn Märkte, die bis zu 70% der Wertschöpfung eines Landes betreffen, nicht mehr so funktionieren, wie die Ökonomen und Manager es gelernt haben, muss sich zwangsläufig die beunruhigende Erkenntnis durchsetzen, dass die klassische ökonomische Theorie mit all ihren Schlussfolgerungen und Denkschemata nur für (relativ homogene) materielle Güter anwendbar ist. In der Tat gab es die Aktivitäten, deren Kosten nun von WILLIAMSON als ausschlaggebend bezeichnet werden, schon immer: Planung, Steuerung, Kontrolle, Kompromisssuche, Disziplinierung, Motivation. Es sind die klassischen Aufgaben der Unternehmensführung bzw. des Managements. Vor Auftauchen des Transaktionskostenarguments waren die Kosten des Managements nie Gegenstand einer

---

[83] Williamson 1985, S.9
[84] Picot 1982, S. 270
[85] Arrow 1971, S. 152

breiteren wissenschaftlichen Diskussion. Da die klassische und neoklassische Theorie das Phänomen der Unternehmung elegant ausklammerte und sie lange Zeit einfach als "Wirtschaftssubjekte" an die Stelle der Individuen der SMITHschen Marktvisionen setzte, kam die Frage der "management costs" erst mit der Erfindung des Transaktionskostenansatzes durch COASE in der Zeit des "New Deal" auf.

Der Verlust an Interesse an solchen Fragestellungen und die 40jährige Pause, während der Institutionen und Unternehmen wieder von der ökonomischen Betrachung ausgeschlossen wurden, geht einher mit der Kriegs- und Nachkriegsperiode, d.h. einer Phase, in der das Wachstum der quantitativen Produktion wieder für eine Zeit im Mittelpunkt des Interesses lag, besonders in Europa. Institutionen waren nicht in der Krise, sondern im Aufbau begriffen. Erst die Krise bestehender Institutionen kreiert die Notwendigkeit, diese Institutionen zu legitimieren. Ebenso wie die klassische Theorie die Institution des Marktes legitimiert, kann die Transaktionskostentheorie Hierarchien legitimieren.

Ferner führt die Informationsgesellschaft zu einer Identitätskrise des Unternehmens selbst: Nach ARROW sind die Grenzen einer Organisation die, über die nur "preisgebundene" (price-intermediated) Transaktionen stattfinden.[86] Für Unternehmen des Informationsdienstleistungssektors gibt es aber oft keinen Marktpreis für ihr Produkt. Definiert man "Preis" als reine Zahlung, stimmt die Definition nicht mehr, denn innerhalb eines Unternehmens finden ebenfalls (Lohn-) Zahlungen statt. Definiert man den Preis als kostenbezogene Verrechnungsgrösse, so kann man ebenfalls unternehmensinterne Leistungen, die über Verrechnungspreise zwischen Abteilungen erbracht werden, darunter fassen.

Akzeptiert man die ARROWsche Definition des Unternehmens, so setzt seine korrekte Abgrenzung somit die Annahme eines effizienten Marktes für die Produkte *des Unternehmens*, und somit bereits eine bestehende Abgrenzung desselben voraus. Besteht in einem Sektor kein effizienter Markt, so wird eine exakte ökonomische Definition der Grenzen der Unternehmen, die sich in dem entsprechenden Sektor befinden, besonders problematisch. Es entspricht der Intuition, dass Märkte nur für solche Güter existieren können, für die das Preisausschlussprinzip gilt. Dies gilt jedoch nicht für die Information: Wer sich vom Anbieter von ihrem Nutzen überzeugen lässt, hat sie bereits erhalten, ohne zahlen zu müssen (Free-rider-Effekt).

Wenn wirklich der Vertrag, wie WILLIAMSON selbst sagt, und nicht das Unternehmen, die grundlegende Analyseeinheit darstellt, dann sind Transaktionskosten die Kosten der Vertragsvorbereitung, -erstellung und -überwachung, egal, ob der Vertrag innerhalb oder ausserhalb des Unternehmens abgeschlossen wird. Wird das Unternehmen aber nicht als reine Vertragsbeziehung aufgefasst, so entbehrt es jeglicher Definition. D.h. auch WILLIAMSON öffnet die "black box" des Unternehmens nicht, das Unternehmen bleibt eine extern gegebene Grösse, wie in der Neoklassik. Es wird darüberhinaus implizit sogar mystifiziert, denn die Annahme, dass Unternehmen existieren, weil sie unter bestimmten Bedingungen Transaktionskosten sparen können, wird aufrechterhalten, als ob Unternehmen eine magische Macht hätten, die ihnen die Möglichkeit gibt, die für eine gegebene Transaktion notwendigen Kosten zu senken.

Ein fundamentaler Denkfehler WILLIAMSONs liegt darin, dass nicht Unternehmen, sondern Verträge zur Analyseeinheit erhoben werden, die Schlussfolgerung jedoch auf eine Integration

---

[86] ebd., S. 232

von Arbeitsschritten im Unternehmen abzielt. Der Widerspruch in diesem Ansatz liegt daran, dass man Unternehmen nicht einerseits als irrelevant und andererseits als transaktionskostensparend bezeichnen kann: In einer Welt ohne Unternehmen gibt es auch keine "Make-or-Buy"-Entscheidungen und die Frage der vertikalen "Integration" macht keinen Sinn mehr.

Will man diesen Widerspruch auflösen und gleichzeitig WILLIAMSONs kontraktuelle Definition des Institutionenbegriffs aufrechterhalten, so gelangt man zu der allgemeineren Hypothese, dass die *Kosten einer kontraktuellen Koordination wirtschaftlicher Aktivitäten* ökonomische Strukturen determiniert und somit entscheidungsrelevant ist.

Unter diesem Blickwinkel betrachtet, müsste die Erhöhung dieser Kosten ceteris paribus entweder eine Substitution der kontraktuellen Koordination durch andere, z.B. koerzitive, Koordinationsformen bewirken oder eine Reduzierung des Grades der Arbeitsteilung und Spezialisierung in einem Wirtschaftssystem zur Folge haben.

Hier erst handelt es sich um nicht-triviale Aussagen, die auch unter paradigmatischen und praktischen Gesichtspunkten Bedeutung erlangen. Denn wenn die kontraktuelle Koordination aufgrund steigender Kosten scheitert, so stellt sich in der Tat die bedeutungsvolle Frage, wie der Koordinationsbedarf in einem Wirtschaftssystem gesenkt werden kann. An die Stelle der Frage der vertikalen Integration im Unternehmen tritt dann die generelle Frage der Reintegration von Arbeitsschritten, also die Senkung des Grades der Spezialisierung und Arbeitsteilung in einer Volkswirtschaft.

Inwieweit die Entwicklung der Informations- und Dienstleistungsgesellschaft zu einer Reduktion von Arbeitsteilung und Spezialisierung führt, ist zweifellos eine sowohl politisch als auch praktisch interessante Frage, bei der eine etwas weitergehende Interpretation der Transaktionskostentheorie möglicherweise nützliche Erkenntnisse liefern kann.[87]

Das Problem koerzitiver Koordinationsformen ist seinerseits aus paradigmatischer Sicht von Interesse. Hält man an der Hypothese des "homo oeconomicus" fest, so kann es in einem Wirtschaftssystem keine koerzitiven Strukturen geben. Besteht das Wirtschaftssystem nur aus individuellen Nutzenmaximierern, so ist das Entstehen oder Bestehen von Zwangsstrukturen per definitionem ausgeschlossen. Aus theoretischer Sicht wäre somit diese Form der Reduzierung des kontraktuellen Koordinationsbedarfs unmöglich. Liessen sich dennoch Tendenzen zu koerzitiven Koordinationsformen beobachten, so würde dies das Paradigma des "homo oeconomicus", möglicherweise sogar den methodologischen Individualismus, grundsätzlich in Frage stellen.

Weitere interessante Perspektiven ergeben sich, wenn man Transaktionskosten unter Zuhilfenahme der Kommunikationswissenschaft als "Kommunikationsprobleme" interpretiert. Nach WATZLAWICK ist ein Grossteil der menschlichen und institutionellen Kommunikation non-verbal. Ferner setzt sich Kommunikation aus inhaltlichen und relationellen Komponenten zusammen. Kommunikationsstörungen und Konflikte resultieren danach häufig nicht aus inhaltlichen Differenzen, sondern aus unterschiedlichen Interpretationen der Beziehung zwischen den kommunizierenden Einheiten untereinander sowie Interessenkonflikten bezüglich

---

[87] Sollte sich der Transaktionskostenansatz als nützliches Paradigma für die Informationsgesellschaft erweisen, wäre sogar Williamsons systematische Vernachlässigung der Produktionskosten als Entscheidungsvariable entschuldbar.

der Struktur dieser Beziehung, auch wenn der Konflikt äusserlich oft auf der inhaltlichen Ebene ausgetragen wird.[88] Die beziehungsmässigen Aspekte der Kommunikation werden auch in der sog. Transaktionsanalyse behandelt, die die formalen Signale von Kommunikationsinhalten in Bezug auf die bilaterale Rollendefinition analysiert.[89]

Doch auch auf der inhaltlichen Ebene können substanzielle Kommunikationsstörungen auftreten. Sie resultieren aus dem Nichtübereinstimmen der Symbolmengen und Bedeutungsinhalten des Senders und Empfängers. Bei der gesprochenen Sprache ist dies noch leicht verständlich, und die Transaktionskosten entsprächen den Kosten für einen Übersetzer. Versteht man aber, wie Philippe d'IRIBARNE, Kultur ebenfalls als Code von Zeichen, Gesten und Bedeutungen[90], so ist darüberhinaus noch eine kulturelle "Übersetzung" notwendig, um auch die unterschiedlichen Sinngehalte und Bedeutungen der verwendeten Begriffe für das jeweilige Wertesystem verständlich zu machen, und somit zu einer wirklichen, tieferen "Verständigung" zu gelangen. Diese Kosten steigen natürlich in einer Phase der Globalisierung des Wirtschaftslebens enorm an; je mehr andere Kulturen in das eigene Blickfeld rücken, desto eher wird man sich der Verständigungsschwierigkeiten bewusst und desto eher werden Theorien wie die Transaktionskostentheorie entwickelt, die in der Sprache der Ökonomie dem Gefühl der Unsicherheit und Orientierungslosigkeit in einer multikulturellen Umwelt Ausdruck zu geben vermögen. Betrachtet man das Aufkommen der Transaktionskostentheorie WILLIAMSONs in den siebziger Jahren in den USA somit als eine wissenschaftliche Reaktion auf die Expansion des Informationssektors sowie auf die zunehmende Internationalisierung der US-amerikanischen Wirtschaft, so wird ihre lebhafte Rezeption bereits verständlicher[91].

Ein anderer Weg, auf dem interkulturelle Aspekte potentiell Eingang in die Transaktionskostentheorie finden, ist das Konzept der "wahrgenommenen Eigenschaften" oder "Eigenschaften des Organismus' selbst" in der Definition der subjektiven Rationalität SIMONs:

"In a broad sense, rationality denotes a style of behavior that is appropriate to the achievement of given goals, within the limits imposed by certain conditions and constraints. (...). The conditions and constraints (...) may be objective characteristics of the environment external to the choosing organism, they may be perceived characteristics, or they may be characteristics of the organism itself that it takes as fixed and not subject to its own control. The line between the first case and the other two is sometimes drawn by distinguishing objective rationality, on the one hand, from subjective or bounded rationality on the other".[92]

Die Beschränkungen, an denen sich das Verhalten und die Entscheidungen des Wirtschaftssubjektes ausrichten, sind demnach nicht unbedingt objektiver, sondern möglicherweise subjektiver Natur.

Ein Beispiel für diese 'vermeintlichen' oder als solche wahrgenommenen Beschränkungen findet sich just in der Transaktionskostendiskussion. Bei Vorherrschen des "small numbers problem", Unsicherheit und beschränkter (subjektiver) Rationalität können die Kosten einer

---

[88] Watzlawick 1990, S. 79-91

[89] s. Harris 1973; es ist interessant, das zeitgleiche Aufkommen des Transaktionsmotivs als neues Paradigma in der Ökonomie und in der Psychologie zu beobachten.

[90] d'Iribarne 1989, S. VI

[91] Nur auf der Basis einer solchen qualitativen Interpretation der Transaktions"kosten" wird auch verständlich, warum die Sorge steigender Transaktionsprobleme gerade in einer Zeit um sich greift, in der die faktischen Kosten der Kommunikation durch die Verbreitung der Informations- und Kommunikationstechnologie drastisch sinken und selbst kleinste organisatorische Einheiten ohne weiteres Zugang zu hohen Informationsverarbeitungskapazitäten haben.

[92] Simon 1964, S. 573

Transaktion nach WILLIAMSON so hoch sein, dass die vertikale Integration wirtschaftlicher erscheint.

Die Tatsache, dass es sich in einem solchen Fall vorwiegend um "befürchtete" Transaktionskosten handelt, ist bisher allerdings kaum diskutiert worden, obwohl WILLIAMSON selbst auf die inhärente Subjektivität des Transaktionskostenbegriffs anspielt: "Businessmen operating in competitive industries in a high-trust culture who insist on contractual completeness and exacting execution will find that such transactional attitudes result in excessive costs and render their business non-viable."[93]

Die Erfahrung der Praxis zeigt, dass ein objektives Niveau von Transaktionskosten für eine gegebene Transaktion nicht existiert: Das Niveau der tatsächlich eingegangenen Kosten, im besonderen für die Vorbereitung und Durchsetzung von komplizierten Verträgen und die Schaffung von Informations- und Kontrollmechanismen, hängt vielmehr vom gewünschten Sicherheitsniveau, der verspürten Notwendigkeit von Sicherheitsvorkehrungen, kurz, von dem Grad des Misstrauens gegenüber dem Vertragspartner, ab.[94] Wenn sich dieses Misstrauen bis zur Paranoia steigert, können die Transaktionskosten im Prinzip bis ins Unendliche steigen.

Unter diesem Gesichtspunkt wird das Vertrauen zu einem wirtschaftlich entscheidenden Faktor. Wie CASSON in seinem Werk "The Economics of business culture" zeigt, kann der Zusammenhang zwischen Vertrauen und Transaktionskosten schwer geleugnet werden. Er beginnt das erste Kapitel "Why culture really matters" mit der einfachen Feststellung:

"This book has a simple point to make. Overall economic performance depends on transaction cost, and these mainly reflect the level of trust in the economy. The level of trust depends in turn on culture. An effective culture has a strong moral content. Morality can overcome problems that formal procedures (...) cannot. A strong culture therefore reduces transaction cost and enhances performance - the success of an economy depends on the quality of its culture." [95]

Wenn man also die These akzeptiert, dass gegenseitiges Vertrauen und gemeinsame ethische Prinzipien die Transaktionskosten beträchtlich senken und somit die Effizienz einer Volkswirtschaft erhöhen können, wird die Frage der Kultur zum ganz entscheidenden Faktor, selbst in einem strikt wirtschaftlichen Kontext, d.h. unter dem Gesichtspunkt der Effizienz.

Zusammenfassend lässt sich sagen, dass die Transaktionskostentheorie trotz erheblicher konzeptioneller Mängel den Verdienst hat, neoklassische Dogmen weiter zu relativieren und die Aufmerksamkeit auf Strukturen und Prozesse zu lenken, die durch Marktversagen gekennzeichnet sind und im Rahmen der Entwicklung der westlichen Industrieländer zu postindustriellen Informationsgesellschaften wahrscheinlich von hoher paradigmatischer Bedeutung sind. Ferner öffnet die Transaktionskostentheorie, sowohl durch die Annahme des SIMONschen Prinzips der "Bounded Rationality" als auch durch die kulturelle Bedingtheit von Vertrauen als transaktionskostenminimierendem Faktor, die ökonomische Theorie für eine Diskussion kultureller Faktoren. Es erscheint sogar für die weitergehende Forschung möglicherweise vielversprechend, hinter den angesprochenen "Transaktions"-Problemen und - Risiken Probleme interkultureller Kommunikation und Kooperation zu vermuten und zu suchen. Eine solche "kulturelle" Interpretation der Transaktionskostentheorie kann somit

---

[93] Williamson 1975, S. 107/108

[94] Diese Behauptung wird auch von ARROW gestützt, wie WILLIAMSON bereits im 1. Kapitel seiner "Institutionenlehre" zitiert: "The efficacy of alternative modes of contracting will thus vary among cultures because of differences of trust.", Arrow 1969, S. 62. zit. nach Williamson 1985, S. 9

[95] Casson 1991, S. 3

möglicherweise einen wertvollen Beitrag für die zukünftige ökonomische Forschung und Diskussion leisten, auch im Rahmen dieser Arbeit wird sie an späterer Stelle für die Beschreibung interkultureller Unternehmenskooperationen herangezogen werden.

III.3. Spieltheorie

III.3.1. *Möglichkeit der Anwendung spieltheoretischer Modelle*

Die Spieltheorie ist einer der Ansätze, die auf den ersten Blick besonders geeignet erscheinen, im Bereich der Unternehmenskooperationen zu Erkenntnissen zu führen, da die Kooperation eines ihrer Schlüsselkonzepte bildet.

Im folgenden sollen daher die Möglichkeiten der Anwendung spieltheoretischer Modelle auf relevante Fragen internationaler Unternehmenskooperationen untersucht und dargestellt werden, welche möglichen Anpassungen spieltheoretischer Modelle sinnvoll sind, um konkrete Probleme bei Unternehmenskooperationen und interkulturellen Kooperationsverhandlungen zu beleuchten.

Als Beispiel solcher Probleme sollen die folgenden Kurzfallstudien über Verhandlungs- und Kooperationssituationen im deutsch-französischen Management dienen:

In seinem Artikel "Luther gegen Descartes" berichtet Ludwig SIEGELE von einer Verhandlung zwischen deutschen und französischen Managern:

"Eine Katastrophe. Die Sitzung war nach kaum einer Stunde zuende. Die Manager trennten sich, ohne ein neues Treffen zu vereinbaren, die Wut im Bauch. 'Wir wir es erwartet hatten, es ist das Diktat der deutschen Dampfwalze', sagen sich die Franzosen. 'Typisch französisch ! Nichts Konkretes', schlussfolgern die Deutschen mit Verachtung. Und beide Seiten denken sich: 'Unmöglich, einen gemeinsamen Nenner zu finden. Wir regeln die Sache lieber alleine !'

Der Grund dieses Scheiterns: Ein klassischer Übersetzungsfehler. Das Wort 'Konzept' auf der Tagesordnung der deutschen Manager war in der französischen Version mit 'concept' übersetzt worden. Aber diese Worte haben keinesfalls dieselbe Bedeutung: Die Deutschen waren mit einem bis in die kleinsten Details ausgearbeiteten Produktionsprogramm angekommen, während die Franzosen sich eher auf ein vages brainstorming vorbereitet hatten."[1]

Die Literatur des interkulturellen Managements, besonders über die deutsch-französische Kooperation, ist reich an solcherlei Beispielen. J.P. BREUER und P. de BARTHA, auf deutsch-französische Unternehmenskooperationen spezialisierte Berater ("JPB-La synergie franco-allemande") berichten den folgenden Fall:

"In einem deutschen Konzern hatte Dr. Jens Hofmeister bereits eine eindrucksvolle Karriere hinter sich, als er nach vier weiteren Jahren in der amerikanischen Niederlassung die Leitung eines deutsch-französischen Joint-Ventures übernahm: einen Industriebetrieb mit 1.500 Beschäftigten, der sich bis dahin ganz in französischer Hand befunden und zuletzt tiefrote Zahlen geschrieben hatte. Seine Antrittsrede hielt der 36 jährige in brillantem Französisch. Ernst appelierte er dabei an die Vernunft der Mitarbeiter und ihren Gemeinschaftssinn, denn es gehe ja nun darum, wieder in die Gewinnzone zu kommen. Aber einen Tag später riefen die drei wortführenden Gewerkschaften zum Streik auf. Was war passiert ? Die Ansprache hatte französische Urängste vor 'deutschem Kolonialismus' bestätigt, und die Argumente des neuen Chefs waren als 'scheinheilig' und 'hinterhältig' empfunden worden. Der Streik legte die Produktion für 40 Tage lahm und verursachte Millionenverluste. Sechs Monate später warf Hofmeister entnervt das Handtuch."[2]

Ein Teilnehmer eines von JPB organisierten deutsch-französische Seminars beschreibt seine Erfahrungen wie folgt:

---

[1] Siegele, 1993, S. 30
[2] Breuer/De Bartha 1993, S. 9

"Am nächsten Morgen stehen die Franzosen vollzählig um fünf vor neun im Seminarraum - als wollten sie unter dem Schock des Vorabends wenigstens eines der Vorurteile widerlegen. Nach und nach treffen auch wir Deutsche ein. Schliesslich sind wir in Frankreich, wo man es mit der Uhrzeit nicht so genau nimmt. Nennt man dieses Phänomen 'interkulturelle Adaptation' ?"[3]

Was haben diese Beispiele gemeinsam ?

Es handelt sich um Situationen, in denen Missverständnisse eine Kooperation verhindern, obwohl beide Seiten anfangs kooperationswillig sind.

Die Modelle der Spieltheorie beschreiben das Verhalten rationaler Entscheidungsträger, die versuchen, ihren individuellen Nutzen zu maximieren. Sie wird u.a. angewandt, um Situationen zu beschreiben, in denen der Eintritt einer Kooperation zwischen zwei oder mehreren Entscheidungsträgern direkt von deren Verhalten abhängt. A priori müsste sie daher in der Lage sein, Lösungen von Problemen zu bieten, die sich bei Unternehmenskooperationen oder Geschäftsverhandlungen ergeben, die entweder (zum Vorteil beider Parteien) erfolgreich verlaufen oder (zum Nachteil beider Parteien) scheitern.

Geschäfts- und Kooperationsverhandlungen erscheinen umso mehr als geeignetes Untersuchungsfeld der Spieltheorie, als von den daran teilnehmenden Parteien a priori erwartet werden kann, dass sie rational handeln, um ihren persönlichen Nutzen oder den ihres Unternehmens zu maximieren.

In der Spieltheorie bezeichnet der Begriff der "Kooperation" eine von zwei Handlungsalternativen, und zwar diejenige, die den kollektiven Nutzen maximiert.

Das klassische Schema, um die Kooperationsentscheidung von Individuen oder Institutionen zu illustrieren, ist das Gefangenendilemma:

"Das Gefangenendilemma ist ein Spiel mit einem einzigen Zug, das die Polizei zwei Festgenommenen vorschlägt, von denen man keinen formellen Schuldbeweis hat, um sie zum Geständnis zu bringen. Nachdem man sie in zwei getrennte Zellen gebracht hat, um ihnen die Kommunikation unmöglich zu machen, eröffnet man ihnen, dass derjenige, der der Polizei durch sein Geständnis helfe, eine Strafminderung erhalte: Er bekomme z.B. nur einen Monat Gefängnis, während der andere vier Jahre bekommt. Wenn sie beide geständig seien, bekomme jeder drei Jahre Gefängnis. Und wenn keiner der beiden gestehe, könne man sie nur für geringfügige Delikte verurteilen, was etwa fünf Monate Gefängnis bedeute. Dieses Spiel wurde von M. Flood und M. Dresher erfunden, es wurde daraufhin in den fünfziger Jahren von A.W. Tucker formalisiert."[4]

Die entscheidenden Elemente dieses Schemas sind die folgenden:

- wenn ein Spieler kooperiert, hat der andere Interesse daran, nicht zu kooperieren;

- der kollektive Nutzen ist höher im Fall einer beiderseitigen Kooperation als im Fall einer nur einseitigen Kooperation.

Das Schema kann folgendermassen dargestellt werden (C = kooperiert ; D = kooperiert nicht):

---

[3] Jensen 1993, S.219
[4] Dulbecco 1993, S. 370

Non-interactive Monocultural Prisonners' Dilemma

Player 2

Player 1	Cooperate (Score)	Defect (Score)
Cooperate (Score)	**C1C2** (2;2)	**C1D2** (0;3)
Defect (Score)	**D1C2** (3;0)	**D1D2** (0;0)

JACQUEMIN stellt fest: "Eine solche Situation ist in der Wirtschaft sehr häufig und wirft die Frage auf nach den Bedingungen, unter denen ein Kooperationsprozess in einem dezentralisierten System in Gang kommen kann."[5]

Welches sind also die Situationen in der wirtschaftlichen Praxis, die diesem - konstruierten und unrealistischen - Schema des Gefangenendilemmas gleichen und welches sind die evtl. Unterschiede zwischen Hypothesen und Ergebnis dieses Schemas und der wirtschaftlichen Realität ?

Bei Verhandlungen zwischen Wirtschaftsmächten z.B. müssen die Verantwortlichen oft Entscheidungen treffen bezüglich des Ausmasses an Freihandel bzw. Protektionismus. In einer bilateralen Verhandlung (z.B. zwischen den USA und Japan), kann man annehmen, dass die Option des Freihandels (im Sinne des Modells komparativer Kostenvorteile von RICARDO) die kollektiv (pareto-) optimale Lösung darstellt. Dennoch befindet sich das Nash-Gleichgewicht in der Situation des beiderseitigen Protektionismus', denn wenn die eine Seite Freihandel anbietet, hat die andere stets ein Interesse daran, ihre Industrie zu beschützen, um den maximalen Vorteil aus der Situation zu ziehen. Der einzige Faktor, der sich dieser Entscheidung entgegenstellt, ist die Furcht vor Vergeltungsmassnahmen, mit anderen Worten die Perspektive einer zweiten Runde im Spiel des Gefangenendilemmas.

Die Kartellproblematik stellt sich oft ähnlich dar: Ein Mitglied des Kartells (z.B. OPEC) kann sich kurzfristig einen maximalen Vorteil verschaffen, indem es das Angebot ausweitet und die Preise senkt, unter der Bedingung, dass die anderen Mitglieder "kooperieren", d.h. das Kartellabkommen respektieren, das Angebot rationieren und die Preise auf einem hohen Niveau halten.

In welcher Hinsicht gleichen diese Beispiele dem Gefangenendilemma ?

Zunächst ist zu bemerken, dass in diesen Situationen keine zentrale Autorität existiert, die das

---

[5] Jacquemin 1987, S. 3

Verhalten der Parteien auswertet und beurteilt und diese gleichzeitig daran hindert, untereinander zu kommunizieren. In beiden Fällen ist die Kommunikation und somit die Koordination unter den Parteien möglich; eine der wenigen Bedingungen des Gefangenendilemmas ist somit nicht erfüllt. Somit bleibt unklar, warum das Gefangenendilemma trotzdem als ein so nützliches und für viele wirtschaftliche Situationen repräsentatives Modell betrachtet wird. Es stellt sich in der Tat die Frage: Wenn die Parteien sich des Dilemmas, in dem sie sich befinden, gemeinsam bewusst werden und einsehen können, dass die beiderseitige Kooperation die beste Lösung ist, warum enden die Verhandlungen in ähnlichen Situationen so oft in der Sackgasse ?

Hier zeigt sich, dass die Bedingung der Unmöglichkeit der Kommunikation nicht notwendig ist für das Entstehen der Nicht-Kooperation als Nash-Gleichgewicht. In der Tat können die beiden Parteien soviel kommunizieren wie sie wollen, die Nicht-Kooperation bleibt die dominante Strategie für jeden der beiden Spieler. Nicht einmal die Gleichzeitigkeit der Entscheidung ist eine notwendige Bedingung: Selbst unter Kenntnis der Entscheidung des anderen bleibt die Nicht-Kooperation bei einer Spielrunde die einzige individuell rationale Entscheidung.

AXELROD untersucht das Zustandekommen von Kooperation in einer Welt, die von den Regeln der Spieltheorie beherrscht wird, anhand einer dynamisierten Version des Prisoner's Dilemmas. Der Begriff "Cooperation" dient hier zur Bezeichnung einer von zwei Handlungsalternativen in der klassischen Situation des Gefangenendilemmas, welche darin besteht, entgegen dem Prinzip des Egoismus die Alternative zu wählen, welche nicht den individuellen, sondern den kollektiven Nutzen maximiert.

Das wiederholte Durchlaufen des Gefangenendilemmas mit Hilfe einer Computersimulation überwindet das Dilemma, welches sich bei einmaligem Durchlaufen stellt (unter der klassischen Bedingung, dass die Kommunikation zwischen den beiden Spielern nicht möglich ist).

Die Frage nach der besten Entscheidungsregel wird somit ersetzt durch die Frage nach der richtigen langfristigen Handlungsstrategie unter Einbeziehung und in Abhängigkeit von Erfahrungen vorangegangener Spielrunden mit demselben Partner.

Der Gewinner des Spiels in AXELRODs Simulationen bei einer unbegrenzten Anzahl von Spielrunden war regelmässig die sog. Tit-for-tat-Strategie. Diese Strategie war überraschenderweise die einfachste aller Entscheidungsstrategien und wies überdies eine verblüffende Ähnlichkeit mit KANTs Kategorischem Imperativ, aber auch mit dem Kodex des HAMMURABI ("Auge um Auge, Zahn um Zahn") auf. Sie besteht darin, in der ersten Runde zu kooperieren, aber dann zwischen den Alternativen "Kooperation" und "Ausbeutung" genauso zu wählen, wie es der Spielpartner in der vorangegangenen Spielrunde getan hat, also Gleiches mit Gleichem zu vergelten. Diese Regel ist deshalb in einer Spielfolge mit potentiell unbegrenzter Länge deshalb so erfolgreich, weil sie die Ausbeutung durch den anderen zwar bestraft und somit zur Kooperation motiviert, andererseits aber auch "verzeihen" kann (das "Gedächtnis" des Systems beträgt nur eine Spielrunde, ist also nicht nachtragend) und somit den Circulus Vitiosus eskalierender gegenseitiger Racheaktionen früh verhindern kann.

Schliesslich liegt ein weiterer Erfolgsfaktor in der Einfachheit der Entscheidungsregel, welche die Strategie für die anderen Spieler transparent und berechenbar macht.

Die Analogie zwischen diesen softwaregesteuerten Entscheidungsstrategien und menschlichen Charaktereigenschaften sind augenfällig: So konkurrierten einfache Programme mit komplexen,

54

versöhnliche mit rachsüchtigen, destruktive mit vertrauensheischenden und lernfähige mit sinnlosen ("Random"-Programmen). Die dominante Strategie jedoch blieb Tit-for-tat ("Wie du mir, so ich dir").[6]

Weitergehende Untersuchungen AXELRODs betreffen die "kollektive Stabilität" von Entscheidungsstrategien, d.h. die Frage, inwieweit eine Gruppe von Individuen, welche dieselbe Entscheidungsstrategie besitzen, einer anderen, eindringenden Entscheidungsstrategie gegenüber "immun" ist oder nicht.

"Kollektiv stabil" ist eine Entscheidungsstrategie, wenn keine fremde Entscheidungsstrategie in sie "eindringen" kann. "Eindringen" bedeutet, wenn eine fremde Strategie mit einer "einheimischen" Strategie eine höhere Punktzahl erreichen kann als eine andere einheimische Strategie.

AXELROD zeigt, dass Tit-for-tat meistens, aber nicht immer, "kollektiv stabil" ist: Die Frage hängt von dem Abzinsungsfaktor zukünftiger Nutzeneinheiten ab. Ist dieser Abzinsungsfaktor hoch genug, so ist es möglich, dass eine eindringende Strategie durch eine einmalige Ausnutzung eines Tit-for-tat-Spielers eine höhere Punktzahl erreicht (5) als Tit-for-tat mit seinesgleichen (3) und dieser Vorsprung durch die Bestrafung in der nächsten Runde sowie in allen folgenden Runden aufgrund des hohen Diskontfaktors nicht wieder wettgemacht werden kann.

Unterhalb eines kritischen Wertes für den Diskontfaktor ist Tit-for-tat jedoch in der Tat kollektiv stabil. Es gibt allerdings eine Regel, die immer kollektive Stabilität aufweist und sogar noch einfacher ist als Tit-for-tat: Dies ist die Regel All D (="All defect"), welche niemals kooperiert, sondern immer versucht, den Gegen(Mit-)spieler auszunutzen, so wie es der dominanten Strategie in der einmaligen Ausführung des Gefangenendilemmas entspricht.

Diese destruktive und kurzsichtige Regel kann zwar weder den kurzfristigen noch den langfristigen kollektiven Nutzen maximieren, ist jedoch die einzige Regel, die völlig immun gegenüber eindringenden Strategien ist und somit eine zynische Sonderstellung geniesst.[7]

Eine andere Variante des wiederholten Gefangenendilemmas bildet ein spieltheoretisches Experiment von HIRSHLEIFER und RASMUSEN[8]: Es handelt sich um ein wiederholtes Gefangenendilemma mit einer endlichen Anzahl von Spielrunden und Ostrakismos. Ensprechend dem antiken griechischen Scherbengericht besteht beim Ostrakismos die Möglichkeit, einen Mitspieler auszuschliessen. In jeder Spielrunde kann so jeder Mitspieler jeden anderen Mitspieler "eine Runde aussetzen lassen". Während des Spiels manifestieren sich mehrere Gründe zum Ausschluss eines Mitspielers, und zwar v.a. die Ausbeutung eines anderen Mitspielers, aber auch der unmotivierte Ausschluss eines anderen Mitspielers, der Nicht-Ausschluss eines nicht-kooperativen Mitglieds, Nicht-Ausschluss eines Mitspielers, der einen anderen Mitspieler ohne Grund ausschloss usw.

Die Autoren zeigen, dass das Prisoner's Dilemma mit Ostrakismos auch bei einer endlichen Anzahl von Spielrunden zu Kooperation führen kann, ja sogar unter bestimmten Umständen die ständige Kooperation aller Mitspieler bis zum Spielende zur Folge hat.

---

[6] Zur detaillierten Beschreibung der Spielregeln und -variationen sowie den einzelnen Bedingungen des Erfolgs von Tit-for-Tat s. Axelrod 1984, S. 27-70
[7] Zu den Untersuchungen der "kollektiven Stabilität" s. Axelrod 1984, S. 56-59
[8] Hirshleifer/Rasmusen 1989

Die interessante Neuerung der menschlichen Nutzenfunktion und somit des Menschenbildes in dem Modell von HIRSHLEIFER/RASMUSEN ist die Annahme, dass ein Ausschluss für eine Spielrunde dem Spieler einen Punktabzug beschert und somit noch nachteiliger ist als ein mitgespieltes, aber verlorenes Spiel.

Diese Einbeziehung des menschlichen Bedürfnisses nach Gruppenzusammengehörigkeit, welches sogar dem Bedürfnis nach Gewinnmaximierung durch die Interaktion mit anderen Gruppenmitgliedern übergeordnet ist, stellt einen wesentlichen Unterschied zu anderen spieltheoretischen Modellen dar.

Mit dieser Verhaltensannahme, die sie mit dem Hinweis auf Theorien des Gesellschaftvertrages sowie das aristotelische Konzept des Menschen als "Zoon politikon" rechtfertigen, schlagen HIRSHLEIFER/RASMUSEN die Brücke zu soziologischen und biologischen Konzeptionen der menschlichen Kooperation.

Vor dem Hintergrund dieser Ergebnisse kann festgehalten werden, dass das Entstehen von Kooperation in Situationen des Gefangenendilemmas die Unmöglichkeit, sich aus diesem Spiel zurückzuziehen (Zwang, mit demselben Spieler eine unbegrenzte Anzahl von Runden zu spielen) und/oder den Willen, so oft wie möglich an dem Spiel teilzunehmen, voraussetzt.

In den anfangs genannten Beispielen ist dies nicht der Fall. Das Scheitern einer Verhandlung führt zum Abbruch der Beziehungen; die Unternehmen trennen sich und verspüren keine zwingende Notwendigkeit, sich zu einigen.

In bestimmten Fällen kann die "Flucht" vor dem Spiel jedoch tatsächlich einen Nutzenverlust mit sich bringen, wie in dem Modell des Gefangenendilemmas mit Ostrakismos von HIRSHLEIFER/RASMUSEN. Im allgemeinen kann von einer solchen Situation ausgegangen werden, wenn die Parteien in der Vergangenheit nicht zur Kooperation fähig waren, seitdem mit jeweils anderen Partnern kooperiert haben, bis zu dem Punkt, wo die Nutzenpotentiale dieser alternativen Kooperationsbeziehungen erschöpft waren.

Die Kooperation zwischen Deutsche Telekom und France Télécom in den neunziger Jahren stellt z.B. eine solche Situation dar. Die von der Europäischen Kommission vorgesehene Dereglementierung und das Auftauchen potentieller Konkurrenten stellen eine wachsende Bedrohung für die beiden (Quasi-) Monopolisten dar. Die beiden Unternehmen, marktführend in Europa, sind mehr oder weniger zur Kooperation "verurteilt"; die potentiellen Gewinne aus einer solchen Kooperation (gemeinsamer Eintritt in den US-amerikanischen Markt, Ausschluss gegenseitiger Konkurrenz, Erreichen einer vorteilhaften kritischen Masse, um den Markt der Satellitenkommunikation beeinflussen zu können usw.) sind relativ hoch, die Nachteile einer Nicht-Kooperation relativ deutlich (Konkurrenz zwischen den beiden Gruppen, Mangel an interessanten anderen Partnern in Europa usw.). Hinzukommt, dass die Marktstruktur so beschaffen ist, dass keiner der Partner willens und in der Lage ist, aus dem "Spiel" auszuscheiden: Die beiden Unternehmen sind die beiden grössten Spieler in einem gegeben Markt, ihre Handlungen sind automatisch interdependent, und der Marktaustritt ist für beide Unternehmen weder möglich noch wünschenswert.

Eine solche Lage tritt im allgemeinen auf duopolistischen Märkten ein, auch wenn es sich um kleinere Unternehmen auf kleineren Märkten handelt, solange der Marktaustritt (Diversifikation, Umschichtung der Aktiva) hinreichend schwierig ist.

Bei Unternehmenskooperationen ist das Gefangenendilemma anwendbar, wenn eine "Flucht vor dem "Spiel" schwierig oder nachteilig ist und die Unternehmen in der Situation "gefangen" sind, weil sie dazu "verdammt" sind, lange und oft miteinander zu interagieren, wie oben beschrieben.

Die Anwendung des Schemas basiert jedoch auf der Annahme, dass die beiden Parteien denselben Spielregeln unterliegen, wie sie im klassischen Gefangenendilemma durch den Richter verkörpert werden, der über das Schicksal der Gefangenen entscheidet. Insbesondere die Ausbeutung des anderen (Nicht-Kooperation bei Kooperation des anderen Spielers) ist nur möglich durch diese Unterwerfung unter eine gemeinsame Autorität.

Überträgt man diesen Sachverhalt auf die Problematik von Unternehmenskooperationen, so bedeutet dies, dass die beiden Unternehmen einer gemeinsamen Gesetzgebung unterliegen, oder - im Fall internationaler Unternehmenskooperationen - bereits einen, wenn auch mündlichen oder informellen, Vertrag abgeschlossen haben, der als Messlatte für Kooperation (Respekt des Vertrages) oder Nicht-Kooperation (Verletzung des Vertrages) dient. Die beiderseitige Einhaltung dieses Vertrages entspricht somit der pareto-optimalen Lösung, während die einseitige Verletzung des Vertrages der Ausbeutung des anderen gleichkommt.

Vor Abschluss eines solchen Vertrages entsprechen die Beziehungen zwischen den Parteien nicht unbedingt dem Modell des Gefangenendilemmas, selbst wenn beide Seiten das Ziel verfolgen, mit der anderen Seite einen Vertrag abzuschliessen, der eine Situation des Gefangenendilemmas herstellen würde. Dies ist das Wesen der Kooperationsverhandlung.

Selbst wenn eine der beiden Parteien von Anfang an nur das Ziel verfolgt, die andere Seite zu betrügen oder auszubeuten, muss ihr Ziel bei den Verhandlungen dennoch darin bestehen, zunächst mit der anderen Seite zu kooperieren, um zum Abschluss eines Vertrages zu gelangen oder zumindest eines Abkommens, welches zu einem Vertragsabschluss führen soll. In dieser Lage ist es unmöglich, durch Ausbeutung des anderen einen höheren Nutzen zu erlangen als bei beiderseitiger Kooperation. Das einzige Mittel, überhaupt irgend einen Nutzen zu erlangen, besteht darin, eine beidseitige Kooperation anzustreben. Das Schema, das dieser Situation entspricht, ist demnach das folgende:

Negociators' scheme

Player 2

	Cooperate (Score)	Defect (Score)
Player 1		
Cooperate (Score)	C1C2 (2;2)	C1D2 (0;0)
Defect (Score)	D1C2 (0;0)	D1D2 (0;0)

Für jede der beiden Parteien ist die Kooperation die dominante Strategie, das Nash-Gleichgewicht befindet sich im Bereich der beidseitigen Kooperation. Vor diesem Hintergrund sollte man annehmen, dass Kooperationsverhandlungen eine reine Formalität sein und sehr schnell zu einem Vertrag führen müssten und die wirklichen Probleme erst danach eintreten dürften. Da dies nicht der Fall ist, liegt es nahe, nach weiteren Faktoren zu suchen, die die Realität der Kooperationsverhandlungen beeinträchtigen und die in diesem Schema noch nicht berücksichtigt sind.

Analysiert man die anfangs zitierten Beispiele sowie andere Fallstudien dieser Art, so lassen sich zwei Kategorien von interkulturellen Missverständnissen unterscheiden:

1. Beide Seiten wollen kooperieren, aber jede auf ihre eigene Art. Die Artikulation dieses Willens wird von der anderen Seite, aufgrund einer Unvereinbarkeit von Gesten oder Symbolen in den beiden Kulturen, nicht als solche verstanden (erstes und zweites Beispiel);

2. Beide Seiten wollen kooperieren, indem sie die Gesten und Gewohnheiten des anderen kopieren und "verpassen" sich gerade deshalb (drittes Beispiel).

Hinzu kommen, aus theoretischer Sicht, der Fall, dass eine der beiden Seiten nicht kooperieren will, sowie der Fall, dass beide Seiten kooperieren wollen und eine der beiden in der Lage ist, diesen Willen in einer für die andere Seite verständlichen Weise zu manifestieren.

Die im Rahmen einer spieltheoretischen Diskussion entscheidende Feststellung ist die, dass der Wille und die Entscheidung zur Kooperation nicht ausreichen, um eine solche tatsächlich herbeizuführen. Im Gegenteil, sie werden oft als Wille zur Nicht-Kooperation interpretiert, weil die beiden Seiten eine unterschiedliche Vorstellung davon haben, wie eine Kooperation aussieht oder aussehen soll.

Um diesem Umstand in der Spieltheorie Rechnung zu tragen, ist es notwendig, die klassischen spieltheoretischen Modelle entsprechend anzupassen. Eine Möglichkeit, interkulturelle Missverständnisse in einem spieltheoretischen Modell abzubilden, die folgende:

Intercultural Prisonners' Dilemma

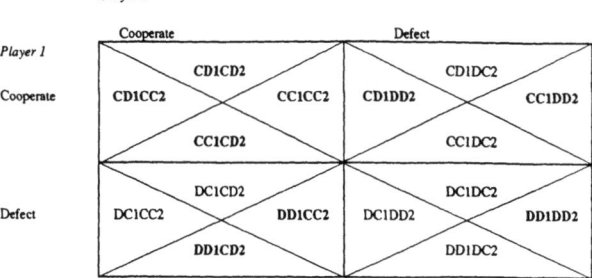

(CD1: Spieler 1 will kooperieren, aber wird von Spieler 2 als nicht-kooperativ wahrgenommen)

Bei diesem Modell stellt sich eine weitere Frage: die der Aufteilung der Punkte (des Nutzens). Im Gefangenendilemma resultiert die Punktzahl direkt aus der Entscheidung des Richters. Diese Entscheidung ist prädeterminiert durch die Bekundung der Entscheidung der beiden Gefangenen gegenüber diesem Richter. Der Richter verkörpert die Spielregeln (das Gesetz), denen beide Spieler unterworfen sind.

In der interkulturellen Realität sind diese Spielregeln oft alles andere als klar definiert. Selbst wenn eine implizite oder explizite Vereinbarung besteht, wird diese in der Regel von beiden Seiten unterschiedlich interpretiert. Das Beispiel des neuen deutschen Chefs, der die französische Fabrik übernehmen will, zeigt deutlich, dass beide Seiten eine unterschiedliche Vorstellung davon haben, was notwendig und akzeptabel ist, um zu einer beidseitigen Kooperation zu gelangen. Die Situation entspricht dem Dreieck CD1DD2 im zweiten Quadrant des Schemas: Der deutsche Manager will kooperieren, aber seine Botschaft kommt nicht an oder wird eher als eine Falle interpretiert. Die Gewerkschaften kooperieren nicht und gewinnen den Machtkampf durch die Kündigung des deutschen Managers. Das Ergebnis entspricht dem Feld C1D2 im klassischen Gefangenendilemma.

Dies erweckt den Eindruck, dass das kulturelle Missverständnis überhaupt keine Rolle gespielt habe; was auch immer der deutsche Chef getan hätte, die Gewerkschaften hätten ihn auf jeden Fall sabotiert, weil dies deren dominanter Strategie entspricht.

Aber diese Antwort zielt an den in diesem Beispiel geschilderten Ereignissen vorbei. Denn es scheint, dass das Verhalten des neuen Chefs in der Tat einen Einfluss auf das Verhalten der Gewerkschaften hatte. Im Übrigen ähnelt die Situation vielmehr einem wiederholten Gefangenendilemma, denn in einem Unternehmen sollte die Kooperation zwischen Geschäftsleitung und Belegschaft a priori als Normalfall angenommen werden, basierend auf dem Zwang zur wiederholten und dauerhaften Interaktion der beiden Lager bis zu einer unbestimmten Zukunft; insbesondere in der geschilderten Krisensituation sind beide Seiten umso mehr zur Kooperation "verurteilt".

Da eine Reaktion auf das Verhalten der anderen Seite vorliegt, erscheint das Modell des wiederholten Gefangenendilemmas hier weitaus angebrachter. Wie ist es jedoch möglich, dieses Modell auf eine ganz bestimmte, einmalige Situation anzuwenden?

Das "weitsichtige, interaktive und interkulturelle Gefangenendilemma" ist eine Verdichtung des wiederholten Gefangenendilemmas auf eine einzige Interaktion, mit der zusätzlichen Besonderheit der Berücksichtigung interkultureller Missverständnisse.

Der Gefangene ist weitsichtig, da er bei seiner Entscheidung die Reaktion des anderen miteinbezieht und eine langfristige Strategie verfolgt. Die Situation ist interaktiv, da die Entscheidung des zweiten Spielers eine Reaktion auf die des ersten Spielers ist.

Ein solches Schema lässt sich wie folgt veranschaulichen:

Interactive Intercultural Prisonners' Dilemma with foresight

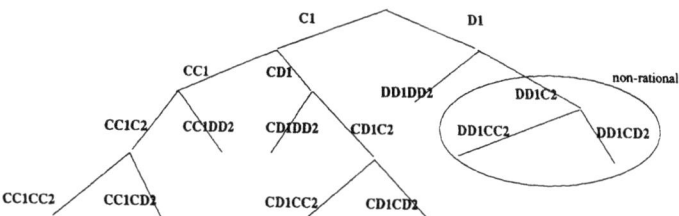

Dieses Schema beruht auf verschiedenen Hypothesen. Zunächst wird angenommen, dass bei der Äusserung des Willens, nicht zu kooperieren, jegliches Missverständnis ausgeschlossen ist (D1 = DD1). Um das Punktergebnis der beiden Spieler zu ermitteln, ist es notwendig, die Wahrscheinlichkeiten der möglichen Ergebnisse zu errechnen. Diese wiederum hängen von den Verhaltensannahmen über die Spieler ab. Das Verhalten eines Spielers kann dem Zufallsprinzip folgen, es kann systematisch unkooperativ oder systematisch kooperativ sein oder kann dem Prinzip der Strategie "Tit-fot-Tat" folgen. Es kann ebenso eine Mischung all dieser oder eine Annäherung an eines dieser Strategien sein.

Die folgenden Tabellen zeigen die Ergebnisse für eine Reihe von derartigen Verhaltenshypothesen ("Prob." = Eintrittswahrscheinlichkeit, "Score" = erzieltes Nutzenniveau, "EV" = Erwartungswert):

Interactive Intercultural Prisonners' Dilemma with foresight

mixed (random/tit-for-tat)

1	Prob.		Prob.		Prob.		Prob.	Prob. tot	Score 1	Score 2	Exp. val.1	Exp. val.2	EV total
C1	0,75	CC1	0,5	CC1C2	0,75	CC1CC2	0,5	0,14	2	2	0,28	0,28	0,56
						CC1CD2	0,5	0,14	0	3	0,00	0,42	0,42
					0,25	CC1DD2	1	0,09	0	3	0,00	0,28	0,28
		CD1	0,5	CD1D2	0,75	CD1DD2	1	0,28	0	0	0,00	0,00	0,00
				CD1C2	0,25	CD1CC2	0,5	0,05	3	0	0,14	0,00	0,14
						CD1CD2	0,5	0,05	0	0	0,00	0,00	0,00
D1	0,25	DD1D2	0,75	DD1DD2	1	DD1DD2	1	0,19	0	0	0,00	0,00	0,00
		DD1C2	0,25	DD1CC2	0,5	DD1CC2	1	0,03	3	0	0,09	0,00	0,09
				DD1CD2	0,5	DD1CD2	1	0,03	0	0	0,00	0,00	0,00
Total								1,00			0,52	0,98	**1,50**

random

2	Prob.		Prob.		Prob.		Prob.	Prob.tot	Score 1	Score 2	Exp. val.1	Exp. val.2	EV total
C1	0,5	CC1	0,5	CC1C2	0,5	CC1CC2	0,5	0,06	2	2	0,13	0,13	0,25
						CC1CD2	0,5	0,06	0	3	0,00	0,19	0,19
				CC1DD2	0,5	CC1DD2	1	0,13	0	3	0,00	0,38	0,38
		CD1	0,5	CD1D2	0,5	CD1DD2	1	0,13	0	0	0,00	0,00	0,00
				CD1C2	0,5	CD1CC2	0,5	0,06	3	0	0,19	0,00	0,19
						CD1CD2	0,5	0,06	0	0	0,00	0,00	0,00
D1	0,5	DD1D2	0,5	DD1DD2	1	DD1DD2	1	0,25	0	0	0,00	0,00	0,00
		DD1C2	0,5	DD1CC2	0,5	DD1CC2	1	0,13	3	0	0,38	0,00	0,38
				DD1CD2	0,5	DD1CD2	1	0,13	0	0	0,00	0,00	0,00
Total								1,00			0,69	0,69	**1,38**

tit for tat

3	Prob.		Prob.		Prob.		Prob.	Prob.tot	Score 1	Score 2	Exp. val.1	Exp. val.2	EV total
C1	1	CC1	0,5	CC1C2	1	CC1CC2	0,5	0,25	2	2	0,50	0,50	1,00
						CC1CD2	0,5	0,25	0	3	0,00	0,75	0,75
				CC1DD2	0	CC1DD2	1	0,00	0	3	0,00	0,00	0,00
		CD1	0,5	CD1D2	1	CD1DD2	1	0,50	0	0	0,00	0,00	0,00
				CD1C2	0	CD1CC2	0,5	0,00	3	0	0,00	0,00	0,00
						CD1CD2	0,5	0,00	0	0	0,00	0,00	0,00
D1	0	DD1D2	1	DD1DD2	1	DD1DD2	1	0,00	0	0	0,00	0,00	0,00
		DD1C2	0	DD1CC2	0,5	DD1CC2	1	0,00	3	0	0,00	0,00	0,00
				DD1CD2	0,5	DD1CD2	1	0,00	0	0	0,00	0,00	0,00
Total								1,00			0,50	1,25	**1,75**

all cooperate

4	Prob.		Prob.		Prob.		Prob.	Prob.tot	Score 1	Score 2	Exp. val.1	Exp. val.2	EV total
C1	1	CC1	0,5	CC1C2	1	CC1CC2	0,5	0,25	2	2	0,50	0,50	1,00
						CC1CD2	0,5	0,25	0	3	0,00	0,75	0,75
				CC1DD2	0	CC1DD2	1	0,00	0	3	0,00	0,00	0,00
		CD1	0,5	CD1D2	0	CD1DD2	1	0,00	0	0	0,00	0,00	0,00
				CD1C2	1	CD1CC2	0,5	0,25	3	0	0,75	0,00	0,75
						CD1CD2	0,5	0,25	0	0	0,00	0,00	0,00
D1	0	DD1D2	0	DD1DD2	1	DD1DD2	1	0,00	0	0	0,00	0,00	0,00
		DD1C2	1	DD1CC2	0,5	DD1CC2	1	0,00	3	0	0,00	0,00	0,00
				DD1CD2	0,5	DD1CD2	1	0,00	0	0	0,00	0,00	0,00
Total								1,00			1,25	1,25	**2,50**

all defect

5	Prob.		Prob.		Prob.		Prob.	Prob.tot	Score 1	Score 2	Exp. val.1	Exp. val.2	EV total
C1	0	CC1	0,5	CC1C2	0	CC1CC2	0,5	0,00	2	2	0,00	0,00	0,00
						CC1CD2	0,5	0,00	0	3	0,00	0,00	0,00
				CC1DD2	1	CC1DD2	1	0,00	0	3	0,00	0,00	0,00
		CD1	0,5	CD1D2	1	CD1DD2	1	0,00	0	0	0,00	0,00	0,00
				CD1C2	0	CD1CC2	0,5	0,00	3	0	0,00	0,00	0,00
						CD1CD2	0,5	0,00	0	0	0,00	0,00	0,00
D1	1	DD1D2	1	DD1DD2	1	DD1DD2	1	1,00	0	0	0,00	0,00	0,00
		DD1C2	0	DD1CC2	0,5	DD1CC2	1	0,00	3	0	0,00	0,00	0,00
				DD1CD2	0,5	DD1CD2	1	0,00	0	0	0,00	0,00	0,00
Total								1,00			0,00	0,00	**0,00**

Interactive Intercultural Prisonners' Dilemma with foresight (interculturally trained)

mixed		(random/tit-for-tat)											
6	Prob.		Prob.		Prob.		Prob.	Prob.tot	Score 1	Score 2	Exp. val.1	Exp. val.2	EV total
C1	0,75	CC1	0,75	CC1C2	0,75	CC1CC2	0,75	0,32	2	2	0,63	0,63	1,27
						CC1CD2	0,25	0,11	0	3	0,00	0,32	0,32
				CC1DD2	0,25	CC1DD2	1	0,14	0	3	0,00	0,42	0,42
		CD1	0,25	CD1D2	0,75	CD1DD2	1	0,14	0	0	0,00	0,00	0,00
				CD1C2	0,25	CD1CC2	0,75	0,04	3	0	0,11	0,00	0,11
						CD1CD2	0,25	0,01	0	0	0,00	0,00	0,00
D1	0,25	DD1D2	0,75	DD1DD2	1	DD1DD2	1	0,19	0	0	0,00	0,00	0,00
		DD1C2	0,25	DD1CC2	0,75	DD1CC2	1	0,05	3	0	0,14	0,00	0,14
				DD1CD2	0,25	DD1CD2	1	0,02	0	0	0,00	0,00	0,00
Total								1,00			0,88	1,37	**2,25**

random													
7	Prob.		Prob.		Prob.		Prob.	Prob.tot	Score 1	Score 2	Exp. val.1	Exp. val.2	EV total
C1	0,5	CC1	0,75	CC1C2	0,5	CC1CC2	0,75	0,14	2	2	0,28	0,28	0,56
						CC1CD2	0,25	0,05	0	3	0,00	0,14	0,14
				CC1DD2	0,5	CC1DD2	1	0,19	0	3	0,00	0,56	0,56
		CD1	0,25	CD1D2	0,5	CD1DD2	1	0,06	0	0	0,00	0,00	0,00
				CD1C2	0,5	CD1CC2	0,75	0,05	3	0	0,14	0,00	0,14
						CD1CD2	0,25	0,02	0	0	0,00	0,00	0,00
D1	0,5	DD1D2	0,5	DD1DD2	1	DD1DD2	1	0,25	0	0	0,00	0,00	0,00
		DD1C2	0,5	DD1CC2	0,75	DD1CC2	1	0,19	3	0	0,56	0,00	0,56
				DD1CD2	0,25	DD1CD2	1	0,06	0	0	0,00	0,00	0,00
Total								1,00			0,98	0,98	**1,97**

tit for tat													
8	Prob.		Prob.		Prob.		Prob.	Prob.tot	Score 1	Score 2	Exp.val. 1	Exp.val. 2	EV total
C1	1	CC1	0,75	CC1C2	1	CC1CC2	0,75	0,56	2	2	1,13	1,13	2,25
						CC1CD2	0,25	0,19	0	3	0,00	0,56	0,56
				CC1DD2	0	CC1DD2	1	0,00	0	3	0,00	0,00	0,00
		CD1	0,25	CD1D2	1	CD1DD2	1	0,25	0	0	0,00	0,00	0,00
				CD1C2	0	CD1CC2	0,75	0,00	3	0	0,00	0,00	0,00
						CD1CD2	0,25	0,00	0	0	0,00	0,00	0,00
D1	0	DD1D2	1	DD1DD2	1	DD1DD2	1	0,00	0	0	0,00	0,00	0,00
		DD1C2	0	DD1CC2	0,75	DD1CC2	1	0,00	3	0	0,00	0,00	0,00
				DD1CD2	0,25	DD1CD2	1	0,00	0	0	0,00	0,00	0,00
Total								1,00			1,13	1,69	**2,81**

all cooperate										
9	Prob.	Prob.	Prob.	Prob.	Prob.tot	Score 1	Score 2	Exp.val. 1	Exp.val. 2	EV total
C1 1	CC1 0,75	CC1C2 1	CC1CC2 0,75		0,56	2	2	1,13	1,13	2,25
			CC1CD2 0,25		0,19	0	3	0,00	0,56	0,56
		CC1DD2 0	CC1DD2 1		0,00	0	3	0,00	0,00	0,00
	CD1 0,25	CD1D2 0	CD1DD2 1		0,00	0	0	0,00	0,00	0,00
		CD1C2 1	CD1CC2 0,75		0,19	3	0	0,56	0,00	0,56
			CD1CD2 0,25		0,06	0	0	0,00	0,00	0,00
D1 0	DD1D2 0	DD1DD2 1	DD1DD2 1		0,00	0	0	0,00	0,00	0,00
	DD1C2 1	DD1CC2 0,75	DD1CC2 1		0,00	3	0	0,00	0,00	0,00
		DD1CD2 0,25	DD1CD2 1		0,00	0	0	0,00	0,00	0,00
Total					1,00			1,69	1,69	3,38

all defect										
10	Prob.	Prob.	Prob.	Prob.	Prob.tot	Score 1	Score 2	Exp.val. 1	Exp.val. 2	EV total
C1 0	CC1 0,75	CC1C2 0	CC1CC2 0,75		0,00	2	2	0,00	0,00	0,00
			CC1CD2 0,25		0,00	0	3	0,00	0,00	0,00
		CC1DD2 1	CC1DD2 1		0,00	0	3	0,00	0,00	0,00
	CD1 0,25	CD1D2 1	CD1DD2 1		0,00	0	0	0,00	0,00	0,00
		CD1C2 0	CD1CC2 0,75		0,00	3	0	0,00	0,00	0,00
			CD1CD2 0,25		0,00	0	0	0,00	0,00	0,00
D1 1	DD1D2 1	DD1DD2 1	DD1DD2 1		1,00	0	0	0,00	0,00	0,00
	DD1C2 0	DD1CC2 0,75	DD1CC2 1		0,00	3	0	0,00	0,00	0,00
		DD1CD2 0,25	DD1CD2 1		0,00	0	0	0,00	0,00	0,00
Total					1,00			0,00	0,00	0,00

Die Strategie "Tit-for-Tat" folgt dem "Tit-for-Tat"-Prinzip im klassischen wiederholten Gefangenendilemma: Eröffnung durch Kooperation, Reaktion durch Vergeltung vom Gleichem mit Gleichem. Die gemischte Strategie "mixed" kombiniert das Zufallsprinzip ("random") mit der Tit-for-Tat-Strategie zu jeweils 50%.

In der Standardversion dieses Modells beträgt die Wahrscheinlichkeit, dass eine Botschaft der Kooperation richtig verstanden wird, 50%. In der darauffolgenden Version der interkulturellen Kompetenz ("interculturally trained") wird angenommen, dass die Kooperationspartner Erfahrung in der interkulturellen Kommunikation besitzen; die Wahrscheinlichkeit des Gelingens der Kommunikation beträgt 75%.

Um zu generalisierbaren Ergebnissen und Empfehlungen zu gelangen, geht das Modell von einer symmetrischen Struktur aus, d.h. es wird angenommen, dass beide Spieler derselben Strategie folgen.

Es wird deutlich, dass eine systematische Kooperation sowohl auf individueller als auch auf kollektiver Ebene zu den besten Ergebnissen führt.

Weiterhin lässt sich feststellen, dass die Strategie Tit-for-Tat in bezug auf das kollektive Nutzenniveau auf dem zweiten Platz landet. Dieses Ergebnis ist jedoch nicht symmetrisch: Der zweite Spieler hat einen Vorteil ("second-mover-advantage"); in einem Tit-for-Tat-Spiel ist das Ergebnis des ersten Spielers schlechter als in einem Zufallsspiel, welches jedoch andererseits ein schlechteres kollektives Ergebnis aufweist als Tit-for-Tat.

Alle Strategien, die ein Tit-for-Tat-Element beinhalten (auch die Strategie "mixed"), weisen einen Second-mover-advantage auf. Dies ändert sich jedoch, wenn die Wahrscheinlichkeit interkultureller Missverständnisse gesenkt wird. Wenn die Beteiligten es schaffen, sich besser zu verständigen, wie in der zweiten Variante ("interculturally trained"), bringt die Einführung des Zufallsprinzips keine zusätzlichen Vorteile für den zweiten Spieler; die Akzeptanz der Tit-for-Tat-Strategie als allgemeine moralische Richtlinie ist individuell und kollektiv vorteilhafter als das Zufallsprinzip oder jegliche Kombination desselben mit der Strategie Tit-for-Tat.

In einer Situation vollständiger interkultureller Kompetenz der beiden Parteien sind die Strategien Tit-for-Tat und "all cooperate" (systematische Kooperation) gleichwertig. Jegliche Differenz der Ergebnisse der beiden Strategien resultiert somit allein aus dem Risiko, das für den ersten Spieler verbleibt, solange die interkulturelle Kompetenz nicht vollständig ist (75% Wahrscheinlichkeit für eine erfolgreiche Verständigung). Je weiter sich die interkulturelle Kompetenz erhöht, desto mehr nähert sich Tit-for-Tat in seinem Ergebnis an die systematische ("naive") Kooperation an.

Was bedeutet dies in bezug auf interkulturelle Verhandlungen oder Unternehmenskooperationen?

Eine Strategie, die ein Zufallselement enthält, entspricht einem Mangel an Seriosität und Zielgerichtetheit im Verhalten der Parteien. Ein solches Verhalten könnte eine durchaus nützliche Funktion erfüllen, wenn es darum geht, die Reaktionen der anderen Partei zu testen. Insbesondere stellt es eine Strategie dar, die dazu dienen kann, die andere Seite im Verlauf eines "Trial-and-error-Prozesses" besser kennenzulernen und gerade dadurch eine interkulturelle Kompetenz zu entwickeln. Es muss jedoch darauf hingewiesen werden, dass dieses Modell eher Situationen widerspiegelt, in denen die beiden Seiten bereits eine Vereinbarung getroffen haben und sich einer gemeinsamen Autorität beugen. Hier jedoch ist die Notwendigkeit, die Reaktionen des anderen zu testen, weniger entscheidend als während der ersten Verhandlungen.

Im Schema der interkulturellen Verhandlung existiert dagegen kein "Second-mover-advantage"; die Ergebnisse sind immer symmetrisch. Wie in dem Schema des weitsichtigen, interaktiven und interkulturellen Gefangenendilemmas, erhöht die interkulturelle Kompetenz überall die Chancen einer Kooperation und somit das individuelle und kollektive Nutzenniveau (mit Ausnahme der Strategie "all defect"):

Negociators' scheme

mixed (random/tit-for-tat)

1	Prob.		Prob.		Prob.		Prob.	Prob.tot	Score 1	Score 2	Exp.val.1	Exp.val.2	EV total
C1	0,75	CC1	0,5	CC1C2	0,75	CC1CC2	0,5	0,14	2	2	0,28	0,28	0,56
						CC1CD2	0,5	0,14	0	0	0,00	0,00	0,00
				CC1DD2	0,25	CC1DD2	1	0,09	0	0	0,00	0,00	0,00
		CD1	0,5	CD1D2	0,75	CD1DD2	1	0,28	0	0	0,00	0,00	0,00
				CD1C2	0,25	CD1CC2	0,5	0,05	0	0	0,00	0,00	0,00
						CD1CD2	0,5	0,05	0	0	0,00	0,00	0,00
D1	0,25	DD1D2	0,75	DD1DD2	1	DD1DD2	1	0,19	0	0	0,00	0,00	0,00
		DD1C2	0,25	DD1CC2	0,5	DD1CC2	1	0,03	0	0	0,00	0,00	0,00
				DD1CD2	0,5	DD1CD2	1	0,03	0	0	0,00	0,00	0,00
Total								1,00			0,28	0,28	0,56

random

2	Prob.		Prob.		Prob.		Prob.	Prob.tot	Score 1	Score 2	Exp.val.1	Exp.val.2	EV total
C1	0,5	CC1	0,5	CC1C2	0,5	CC1CC2	0,5	0,06	2	2	0,13	0,13	0,25
						CC1CD2	0,5	0,06	0	0	0,00	0,00	0,00
				CC1DD2	0,5	CC1DD2	1	0,13	0	0	0,00	0,00	0,00
		CD1	0,5	CD1D2	0,5	CD1DD2	1	0,13	0	0	0,00	0,00	0,00
				CD1C2	0,5	CD1CC2	0,5	0,06	0	0	0,00	0,00	0,00
						CD1CD2	0,5	0,06	0	0	0,00	0,00	0,00
D1	0,5	DD1D2	0,5	DD1DD2	1	DD1DD2	1	0,25	0	0	0,00	0,00	0,00
		DD1C2	0,5	DD1CC2	0,5	DD1CC2	1	0,13	0	0	0,00	0,00	0,00
				DD1CD2	0,5	DD1CD2	1	0,13	0	0	0,00	0,00	0,00
Total								1,00			0,13	0,13	0,25

tit for tat

3	Prob.		Prob.		Prob.		Prob.	Prob.tot	Score 1	Score 2	Exp.val.1	Exp.val.2	EV total
C1	1	CC1	0,5	CC1C2	1	CC1CC2	0,5	0,25	2	2	0,50	0,50	1,00
						CC1CD2	0,5	0,25	0	0	0,00	0,00	0,00
				CC1DD2	0	CC1DD2	1	0,00	0	0	0,00	0,00	0,00
		CD1	0,5	CD1D2	1	CD1DD2	1	0,50	0	0	0,00	0,00	0,00
				CD1C2	0	CD1CC2	0,5	0,00	0	0	0,00	0,00	0,00
						CD1CD2	0,5	0,00	0	0	0,00	0,00	0,00
D1	0	DD1D2	1	DD1DD2	1	DD1DD2	1	0,00	0	0	0,00	0,00	0,00
		DD1C2	0	DD1CC2	0,5	DD1CC2	1	0,00	0	0	0,00	0,00	0,00
				DD1CD2	0,5	DD1CD2	1	0,00	0	0	0,00	0,00	0,00
Total								1,00			0,50	0,50	1,00

all cooperate

4	Prob.		Prob.		Prob.		Prob.	Prob.tot	Score 1	Score 2	Exp.val.1	Exp.val.2	EV total
C1	1	CC1	0,5	CC1C2	1	CC1CC2	0,5	0,25	2	2	0,50	0,50	1,00
						CC1CD2	0,5	0,25	0	0	0,00	0,00	0,00
				CC1DD2	0	CC1DD2	1	0,00	0	0	0,00	0,00	0,00
		CD1	0,5	CD1D2	0	CD1DD2	1	0,00	0	0	0,00	0,00	0,00
				CD1C2	1	CD1CC2	0,5	0,25	0	0	0,00	0,00	0,00
						CD1CD2	0,5	0,25	0	0	0,00	0,00	0,00
D1	0	DD1D2	0	DD1DD2	1	DD1DD2	1	0,00	0	0	0,00	0,00	0,00
		DD1C2	1	DD1CC2	0,5	DD1CC2	1	0,00	0	0	0,00	0,00	0,00
				DD1CD2	0,5	DD1CD2	1	0,00	0	0	0,00	0,00	0,00
Total								1,00			0,50	0,50	1,00

all defect

5	Prob.		Prob.		Prob.		Prob.	Prob.tot	Score 1	Score 2	Exp.val.1	Exp.val.2	EV total
C1	0	CC1	0,5	CC1C2	0	CC1CC2	0,5	0,00	2	2	0,00	0,00	0,00
						CC1CD2	0,5	0,00	0	0	0,00	0,00	0,00
				CC1DD2	1	CC1DD2	1	0,00	0	0	0,00	0,00	0,00
		CD1	0,5	CD1D2	1	CD1DD2	1	0,00	0	0	0,00	0,00	0,00
				CD1C2	0	CD1CC2	0,5	0,00	0	0	0,00	0,00	0,00
						CD1CD2	0,5	0,00	0	0	0,00	0,00	0,00
D1	1	DD1D2	1	DD1DD2	1	DD1DD2	1	1,00	0	0	0,00	0,00	0,00
		DD1C2	0	DD1CC2	0,5	DD1CC2	1	0,00	0	0	0,00	0,00	0,00
				DD1CD2	0,5	DD1CD2	1	0,00	0	0	0,00	0,00	0,00
Total								1,00			0,00	0,00	0,00

Negociators' scheme (interculturally trained)

mixed (random/tit-for-tat)

6	Prob.		Prob.		Prob.		Prob.	Prob.tot	Score 1	Score 2	Exp.val.1	Exp.val.2	EV total
C1	0,75	CC1	0,75	CC1C2	0,75	CC1CC2	0,75	0,32	2	2	0,63	0,63	1,27
						CC1CD2	0,25	0,11	0	0	0,00	0,00	0,00
				CC1DD2	0,25	CC1DD2	1	0,14	0	0	0,00	0,00	0,00
		CD1	0,25	CD1D2	0,75	CD1DD2	1	0,14	0	0	0,00	0,00	0,00
				CD1C2	0,25	CD1CC2	0,75	0,04	0	0	0,00	0,00	0,00
						CD1CD2	0,25	0,01	0	0	0,00	0,00	0,00
D1	0,25	DD1D2	0,75	DD1DD2	1	DD1DD2	1	0,19	0	0	0,00	0,00	0,00
		DD1C2	0,25	DD1CC2	0,75	DD1CC2	1	0,05	0	0	0,00	0,00	0,00
				DD1CD2	0,25	DD1CD2	1	0,02	0	0	0,00	0,00	0,00
Total								1,00			0,63	0,63	1,27

random

7		Prob.		Prob.		Prob.		Prob.	Prob.tot	Score 1	Score 2	Exp.val.1	Exp.val.2	EV total
C1	0,5	CC1	0,75	CC1C2	0,5	CC1CC2	0,75	0,14	2	2	0,28	0,28	0,56
						CC1CD2	0,25	0,05	0	0	0,00	0,00	0,00
				CC1DD2	0,5	CC1DD2	1	0,19	0	0	0,00	0,00	0,00
		CD1	0,25	CD1D2	0,5	CD1DD2	1	0,06	0	0	0,00	0,00	0,00
				CD1C2	0,5	CD1CC2	0,75	0,05	0	0	0,00	0,00	0,00
						CD1CD2	0,25	0,02	0	0	0,00	0,00	0,00
D1	0,5	DD1D2	0,5	DD1DD2	1	DD1DD2	1	0,25	0	0	0,00	0,00	0,00
		DD1C2	0,5	DD1CC2	0,75	DD1CC2	1	0,19	0	0	0,00	0,00	0,00
				DD1CD2	0,25	DD1CD2	1	0,06	0	0	0,00	0,00	0,00
Total								1,00			0,28	0,28	0,56

tit for tat

8		Prob.		Prob.		Prob.		Prob.	Prob.tot	Score 1	Score 2	Exp.val.1	Exp.val.2	EV total
C1	1	CC1	0,75	CC1C2	1	CC1CC2	0,75	0,56	2	2	1,13	1,13	2,25
						CC1CD2	0,25	0,19	0	0	0,00	0,00	0,00
				CC1DD2	0	CC1DD2	1	0,00	0	0	0,00	0,00	0,00
		CD1	0,25	CD1D2	1	CD1DD2	1	0,25	0	0	0,00	0,00	0,00
				CD1C2	0	CD1CC2	0,75	0,00	0	0	0,00	0,00	0,00
						CD1CD2	0,25	0,00	0	0	0,00	0,00	0,00
D1	0	DD1D2	1	DD1DD2	1	DD1DD2	1	0,00	0	0	0,00	0,00	0,00
		DD1C2	0	DD1CC2	0,75	DD1CC2	1	0,00	0	0	0,00	0,00	0,00
				DD1CD2	0,25	DD1CD2	1	0,00	0	0	0,00	0,00	0,00
Total								1,00			1,13	1,13	2,25

all cooperate

9		Prob.		Prob.		Prob.		Prob.	Prob.tot	Score 1	Score 2	Exp.val.1	Exp.val.2	EV total
C1	1	CC1	0,75	CC1C2	1	CC1CC2	0,75	0,56	2	2	1,13	1,13	2,25
						CC1CD2	0,25	0,19	0	0	0,00	0,00	0,00
				CC1DD2	0	CC1DD2	1	0,00	0	0	0,00	0,00	0,00
		CD1	0,25	CD1D2	0	CD1DD2	1	0,00	0	0	0,00	0,00	0,00
				CD1C2	1	CD1CC2	0,75	0,19	0	0	0,00	0,00	0,00
						CD1CD2	0,25	0,06	0	0	0,00	0,00	0,00
D1	0	DD1D2	0	DD1DD2	1	DD1DD2	1	0,00	0	0	0,00	0,00	0,00
		DD1C2	1	DD1CC2	0,75	DD1CC2	1	0,00	0	0	0,00	0,00	0,00
				DD1CD2	0,25	DD1CD2	1	0,00	0	0	0,00	0,00	0,00
Total								1,00			1,13	1,13	2,25

all defect											
10		Prob.		Prob.		Prob.		Prob.	Prob.tot	Score 1	Score 2	Exp.val.1	Exp.val.2	EV total
C1	0	CC1	0,75	CC1C2	0	CC1CC2	0,75	0,00	2	2	0,00	0,00	0,00
						CC1CD2	0,25	0,00	0	0	0,00	0,00	0,00
				CC1DD2	1	CC1DD2	1	0,00	0	0	0,00	0,00	0,00
		CD1	0,25	CD1D2	1	CD1DD2	1	0,00	0	0	0,00	0,00	0,00
				CD1C2	0	CD1CC2	0,75	0,00	0	0	0,00	0,00	0,00
						CD1CD2	0,25	0,00	0	0	0,00	0,00	0,00
D1	1	DD1D2	1	DD1DD2	1	DD1DD2	1	1,00	0	0	0,00	0,00	0,00
		DD1C2	0	DD1CC2	0,75	DD1CC2	1	0,00	0	0	0,00	0,00	0,00
				DD1CD2	0,25	DD1CD2	1	0,00	0	0	0,00	0,00	0,00
Total								1,00			0,00	0,00	0,00

Die Strategie Tit-for-Tat ist der der naiven Kooperation gleichwertig, und die Wahl des Zufallsprinzips ist die nachteiligste aller möglichen Optionen.

Hier zeigt sich eines der wichtigsten Probleme internationaler Kooperationen: Just in der Phase, in der es wichtig wäre, die andere Seite durch ein unernstes und spielerisches Vortasten besser kennenzulernen, ist die Wahrscheinlichkeit, dass diese Strategie zum Misserfolg führt, relativ hoch. Während im weitsichtigen interaktiven und interkulturellen Gefangenendilemma die Optionen Tit-for-Tat und "Random" vom Ergebnis her recht nahe beieinanderliegen, so befinden sie sich im interkulturellen Verhandlungsschema an den zwei entgegengesetzten Enden der Nutzenskala. Dies bedeutet, dass bei den ersten Verhandlungen die Notwendigkeit, Tit-for-Tat zu spielen, sehr viel grösser, und das Risiko, durch Unachtsamkeit oder Mangel an Erfahrung alles zu verderben (random) sehr viel höher ist.

Im Übrigen ist der Vorteil, der die interkulturelle Kompetenz verschafft, in einer Verhandlungssituation erheblich höher als im Fall einer bereits getroffenen Vereinbarung: Im Schema der interkulturellen Verhandlung erhöht die Hinzunahme interkultureller Kompetenz den Erwartungswert des Kollektivnutzens um 126%, während die entsprechende Verbesserung im weitsichtigen interaktiven und interkulturellen Gefangenendilemma nur 61% bei Tit-for-Tat und 43% bei "random" beträgt.

III.3.2.   Schlussfolgerungen

Die entscheidende Schlussfolgerung aus dem vorgestellten Modell ist, dass interkulturelle Kompetenz den kollektiven und den individuellen Nutzenwert einer jeglichen Interaktion erhöht, mit Ausnahme einer Interaktion der gegenseitigen Zerstörung, welche in beiden Fällen gleichsam nutzlos ist.

Die interkulturelle Kompetenz, die eine Verringerung von Missverständnissen und Interpretationsfehlern erlaubt, ist bei "offenen" Verhandlungen, also Situationen, in denen beide Seiten noch keine Vereinbarung getroffen haben und den Verhandlungstisch ohne nennenswerten Nutzenverlust verlassen können, wichtiger als in einer "lock-in"-Situation, in der beide Seiten sich bereits einer gemeinsamen Autorität unterworfen haben. In solchen "offenen" Situationen ermöglicht die interkulturelle Kompetenz eine erhebliche Verbesserung der Erfolgschancen. Eine konzeptionslose, zufallsbestimmte Strategie kann hier, im Gegensatz zur bereits bestehenden Vertragsbeziehung, grossen Schaden anrichten.

Eine Strategie systematischer (naiver) Kooperation ist in jedem dargestellten Fall die beste Lösung. Diese Strategie kann deshalb jedoch nicht empfohlen werden, da sie erhebliche Risiken birgt. Diese Risiken erscheinen jedoch nur in einer asymmetrischen Struktur, ein Fall, der hier nicht erörtert wurde. Berücksichtigt man den Irrealismus der naiven Kooperation, so erscheint Tit-for-Tat als die beste Strategie auf kollektiver Ebene. Tit-for-Tat generiert jedoch, und zwar in allen seinen Varianten, einen Second-mover-advantage. In Situationen mit bereits getroffenen Vereinbarungen kann daher der erste Spieler der Versuchung erliegen, ein zufallsbestimmtes Verhalten an den Tag zu legen, welches seine eigenen Chancen zum Nachteil des anderen erhöht. Dieses Risiko jedoch wird mit einer Erhöhung der interkulturellen Kompetenz verringert und schliesslich eliminiert.

Es lässt sich also festhalten, dass das klassische Gefangenendilemma Ähnlichkeiten mit einer Reihe ökonomischer Situationen aufweist, dass jedoch einige seiner Hypothesen für deren Analyse unnötig sind, während andere erst hinzugefügt werden müssen, um bestimmte Situationen der ökonomische Realität annähernd korrekt abbilden zu können.

Die Modelle der Spieltheorie können so angepasst werden, dass es möglich wird, aufschlussreiche Ergebnisse im Bereich von Unternehmenskooperationen und interkulturellen Verhandlungen zu erhalten. Im besonderen ist es hier sinnvoll, Entscheidungsbäume zu benutzen, die vereinfachende Dichotomie "Kooperation"-"Nicht-Kooperation" des klassischen Gefangenendilemmas zu verfeinern sowie dieses zu dynamisieren.

Es wurde gezeigt, dass sich die Modelle der Spieltheorie so anpassen bzw. modifizieren lassen, dass es möglich ist, bezüglich gewisser Aspekte internationaler Verhandlungen und Kooperationen Erkenntnisse zu gewinnen. Diese Erkenntnisse ergeben sich allerdings erst aus den Modifikationen selbst, nicht aus den ursprünglichen Modellen der Spieltheorie. So ist die Konstruktion, durch die Missverständnisse bei der Interpretation des Verhaltens des anderen Spielers berücksichtigt werden, neuartig und nicht aus der Spieltheorie selbst hervorgegangen. Selbst die Dynamisierung des Gefangenendilemmas beginnt bereits, die Grenzen der Spieltheorie zu überschreiten, denn in einem wiederholten Gefangenendilemma gibt es kein Nash-Gleichgewicht mehr.[9]

---

[9] Bei der Feststellung der Vorteilhaftigkeit der Tit-for-tat-Strategie handelt es sich auch um keine deterministische Regel, sondern um das Ergebnis eines von AXELROD durchgeführten empirischen Experimentes.

Diese Modifikationen der ursprünglichen spieltheoretischen Schemata erlauben es, bestimmte Situationen realitätsnäher abzubilden, sie bringen jedoch auch weitere Probleme mit sich: So müssen eine Reihe von neuen Hypothesen getroffen werden, insbesondere in bezug auf die Wahrscheinlichkeit interkultureller Missverständnisse und die Senkung derselben durch "interkulturelle Kompetenz".

Das, was letztlich von den spieltheoretischen Prämissen verbleibt, erweist sich dann auch eher als Hindernis denn als Hilfe zur Abbildung realer Situationen bei internationalen Unternehmenskooperationen. Hierbei handelt es sich vor allem um das Prinzip der individuellen Rationalität und die Simplifizierung der Ziele des Wirtschaftssubjektes. Insbesondere die Tatsache, dass es in der Spieltheorie i.d.R. nur die zwei Optionen der Kooperation oder der Nicht-Kooperation gibt, wird der Tatsache nicht gerecht, dass das Problem bei Unternehmenskooperationen häufig gerade darin liegt, dass die Partner zwar beide kooperieren wollen, jedoch unterschiedliche Vorstellungen von einer solchen Kooperation besitzen und innerhalb einer bestehenden Kooperation oft kollidierende Interessen vertreten.

Wollte man ein quantitatives Modell konstruieren, dass diese Probleme berücksichtigt, würde die Komplexität desselben wiederum derart steigen, dass die spieltheoretische Prämisse der individuellen Rationalität keine Anwendung mehr finden kann. Selbst in dem einfachen oben dargestellten Modell ist es nicht mehr möglich, von individueller Rationalität zu sprechen, denn es existiert keine objektiv optimale Strategie mehr. Die Optimalität von Strategien hängt von diversen Hypothesen ab, darunter Annahmen über die Wahrscheinlichkeitsverteilung der Reaktionen des Anderen.[10]

Trotz aller dieser Mängel lässt sich jedoch ein theoretischer Wert der Spieltheorie, speziell des Gefangenendilemmas, und zwar auf normativ-anthropologischer Ebene, verbuchen, der in dem hier behandelten Zusammenhang, speziell im Vergleich mit der Agency-Theorie und der Transaktionskostentheorie, von entscheidender Bedeutung ist. Er besteht darin, dass die Spieltheorie anhand des Gefangenendilemmas gerade die verhängnisvolle Begrenztheit der individuellen Rationalität deutlich vor Augen führt. Es zeigt den Zielkonflikt zwischen individueller Optimalität und kollektiver Optimalität und somit auch den zwischen individueller und kollektiver Rationalität. All die Möglichkeiten der Lösung des Gefangenendilemmas, die hier diskutiert wurden, laufen darauf hinaus, das Dogma der individuellen Rationalität in Frage zu stellen. Wie auch immer das Gefangenendilemma gelöst wird (Kommunikation, Aufbau von Vertrauen oder Ostrakismos), es geschieht auf der Basis von Entscheidungen, die nicht mehr in der Isolation gefällt werden, sondern von einer kollektiven Rationalität beeinflusst sind.

Daher ist das Gefangenendilemma bezeichnend nicht etwa für ein wirtschaftliches Problem, sondern für ein paradigmatisches und anthropologisches: Denn die wirkliche Frage ist ja nicht die, wie in einer Welt von Egoisten Kooperation gefördert werden kann, sondern vielmehr die, wie die in der Realität beobachtbare Kooperation theoretisch erklärt werden kann.

In bezug auf diesen Punkt führen die Erkenntnisse der Spieltheorie und insbesondere ihrer Modifikationen und Erweiterungen zu einer These, die auch hier vertreten wird, nämlich die, dass

---

[10] Die Prämisse der individuellen Rationalität basiert in der Tat ausschliesslich auf der Einfachheit der nichtdynamischen spieltheoretischen Grundmodelle: So lässt sich die pareto-suboptimale Entscheidung im Gefangenendilemma nur deswegen als individuell rational bezeichnen, weil sie den eigenen Nutzen sowohl bei Kooperation als auch bei Nicht-Kooperation des Gegenspielers maximiert. Dieser Sonderfall ist bereits bei einer Dynamisierung sowie weiterer Erweiterung des Schemas nicht mehr gegeben.

Kooperation, dort, wo sie tatsächlich stattfindet, auf der Basis der Prämisse der individuellen Rationalität im Sinne des "homo oeconomicus" nicht hinreichend erklärt werden kann.

Allerdings gleichen nicht alle Situationen im Wirtschaftsleben der des Gefangenendilemmas. PARKHE nennt als Beispiele für in Unternehmenskooperationen vorkommenen Spielmodelle das Spiel *Staghunt*, welches weniger konfliktuell als das Gefangenendilemma ist (hier ist die beiderseitige Kooperation eine dominante Strategie), und das höchst konfliktuelle Spiel *Deadlock*, bei der die Nichtkooperation immer die dominante Strategie ist. PARKHE zeigt empirisch, dass die Nutzenfunktionen bei Unternehmenskooperationen (Payoff-Höhe) im Zeitablauf erheblich schwanken können und sich so ein Spielschema in ein anderes verwandelt (Änderung der Payoff-Struktur).[11]

Jedoch wird sofort klar, dass konfliktuelle Spiele wie *Deadlock* schnell zum Abbruch der Kooperationsbeziehung führen. Was nicht-konfliktuelle Spiele betrifft, die dem obigen Schema der Verhandlung (negotiator's scheme) oder dem *Staghunt* entsprechen, so mögen sie eine Weile andauern, verwandeln sich jedoch bei negativer Änderung der Rahmenbedingungen beinahe zwangsläufig ins Gefangen*dilemma* (bei den beiden anderen Spielen handelt es sich wohlgemerkt nicht um Dilemmata). Und erst hier stellt sich das qualitativ neue Problem der Entscheidung zwischen individueller und kollektiver Rationalität. Befinden sich die Rahmenbedingungen in einem negativen Trend, so wird dieses Dilemma entweder gelöst, und zwar durch Annahme einer kollektiv rationalen Verhaltensweise, oder es verwandelt sich in ein konfliktuelleres Spiel, was letztlich zum Abbrch der Kooperation (im Sinne einer vertraglichen Bindung) führt.

In diesem Sinne ist das Gefangenendilemma das wichtigste Grundmodell für die Untersuchung dauerhafter Kooperation, nur dieses Modell (und seine dynamisierten und modifizierten Formen) erlauben das Verständnis des praktischen Quantensprungs in einer wirtschaftlichen Kooperation, der ihr Stabilität verleiht, und den Hinweis auf den theoretischen Quantensprung, der vollzogen werden muss, um diese Phänomene zu verstehen.

Eine derartige Interpretation der Aussagen der Spieltheorie geht deshalb auch deutlich über den hermeneutischen Wert der beiden anderen, bereits untersuchten, Theoriezweige, die Small-numbers-Probleme bei Marktversagen thematisieren, hinaus: Der Agency-Theorie und der Transaktionskostentheorie. Während die Spieltheorie auf der Gleichheit der Subjekte aufbaut[12], postuliert der Principal-Agent-Ansatz die Verschiedenheit der Subjekte, implizit wird gar eine vertikale Arbeitsteilung, also eine hierarchische Beziehung angenommen, wodurch die menschliche Beziehung als Subjekt-Objekt-Verhältnis abgebildet wird (Das Subjekt ist Initiator und definiert Arbeitsinhalt und Arbeitsbedingungen, das Objekt ist weitgehend ausführendes Organ). Durch die Subjekt-Objekt-Aufteilung ist es dem Principal-Agent-Modell unmöglich, zum Konzept der kollektiven Rationalität zu gelangen: Der höchste Massstab sind die Ziele des Principal (des Subjekts), die des Agents sind nur Nebenbedingungen für die Maximierung des Nutzens des Principals.

Ähnliches gilt für die Transaktionskostentheorie. Durch eine anthropologische Inkonsistenz werden auch hier wieder Subjekte und Objekte gegenübergestellt: So wird das Transaktionskostenkalkül grundsätzlich aus der Sicht des Unternehmers oder des Managers vorgenommen, eines Idealtypus',

---

[11] Parkhe 1993, S. 799, 814

[12] Die Subjekte sind gleich insofern als sie gleichermassen individuell rationale Nutzenmaximierer sind. Wird die Prämisse der individuellen Rationalität überwunden, so bleibt als zentrale anthropologische Basis die Gleichheit der Individuen.

der, wie oben bereits ausgeführt, eine Ausnahme von dem allgemeinen Prinzip der *bounded rationality* bildet. Erst dadurch ergeben sich im Anschluss die bereits beschriebenen methodologischen Inkonsistenzen und die Vernachlässigung der "Transaktionskosten" aus der Sicht des Arbeitsnehmers.

Aus dem Gesagten folgt, dass das Konzept der rein individuellen Rationalität, gepaart mit der konzeptionellen Aufteilung zwischen Subjekt und Objekt, keine Hilfe, sondern ein Hindernis zum Verständnis von Unternehmenskooperationen darstellt. Diese lassen sich vielmehr nur verstehen, wenn man - statt von individuellen - von kollektiven Entscheidungsregeln ausgeht. Ob diese Entscheidungsregeln oder -prinzipien dann noch rational (im Sinne einer kollektiven Rationalität) genannt werden können, ist ein weiteres Problem.[13]

Zunächst bleibt jedoch festzuhalten, dass die Aufgabe des Paradigmas der individuellen Rationalität die Annahme irrationaler Motive auf der Ebene des Individuums selbst ermöglicht.[14] Diese Annahme wiederum öffnet den Zugang zum Konzept der *Kultur* innerhalb der ökonomischen Analyse und erlaubt es somit, dort weiterzugehen, wo die Spieltheorie haltmacht, nämlich bei der Art des Übergangs von individuell rationalen zu kollektiv rationalen und zu individuell irrationalen Entscheidungsprinzipien und Verhaltensweisen.. Im folgenden soll daher beschrieben werden, wie die interkulturelle Problematik bisher in der Ökonomie behandelt wird und welche Konzepte sie verwendet.

---

[13] Fasst man Individuen, die kollektiven Entscheidungsregeln folgen, zu Gruppen (z.B. Unternehmen) zusammen, ergeben sich dieselben Probleme bei der Kooperation verschiedener Gruppen. Die kollektive Rationalität der Individuen manifestiert sich dann in einer "individuellen" Rationalität des Unternehmens, welches seinerseits das Gefangenendilemma bei der Kooperation mit anderen Unternehmen nur durch die Unterwerfung unter neue kollektive Entscheidungsregeln auf einer höheren Ebene lösen kann. Führt man die vorherige Argumentation in diesem Sinne weiter, so ergibt sich, dass sich das Phänomen der Kooperation bei Marktversagen (und übrigens auch das Phänomen des Unternehmens im Sinne der "Theory of the firm") allgemein nur auf der Basis eines Bruchs mit dem Prinzip der "Rationalität", und zwar nicht nur auf individueller, sondern auf jeder Ebene, erklären lässt.

[14] So argumentiert HOSMER, dass eine vergleichende Interpretation der Transaktionskostentheorie, des Principal-Agent-Ansatzes und der Spieltheorie im Grunde auf die Notwendigkeit der Existenz von *Vertrauen* für das Zustandekommen von Kooperation hinausläuft. Vertrauen jedoch wird von irrationalen Motiven beeinflusst; vgl. Hosmer 1995, S. 379-394.

III.4.   Interkulturelles Management

III.4.1.   *Forschungsstand und Problematik der interkulturellen Managementforschung*

Eine Übersicht über Inhalt, Ausrichtung und Stand der interkulturellen Managementforschung zu geben, ist ausserordentlich schwierig. Forschungsarbeiten, die sich mit diesem Thema befassen, finden sich breit verstreut in den verschiedensten Publikationen verschiedener akademischer Disziplinen in den verschiedensten Ländern und folgen den verschiedensten wissenschaftlichen sowie nicht-wissenschaftlichen Zielen, Methoden und Traditionen.

Zudem muss sich eine zusammenfassende Übersicht auf Synthesekriterien gründen, die selbst wieder auf bestimmten Annahmen beruhen, die einer bestimmten wissenschaftlichen Tradition entstammen, welche mit den Ansätzen, auf denen die Arbeiten selbst beruhen, im Widerspruch stehen kann.

Daher beruhen die folgenden Ausführungen zum Grossteil auf den Arbeiten von v.KELLER, der in mühsamer jahrelanger Kleinarbeit die Forschungsarbeiten zu diesem Thema zusammengetragen und ausgewertet hat. Sein umfassendes Werk "Management in fremden Kulturen"[1] stellt sicher den wichtigsten Meilenstein in diesem Forschungsbereich in der deutschsprachigen Literatur, wenn nicht gar weltweit, dar.

V. KELLER begründet die Notwendigkeit der interkulturellen Managementforschung mit der zunehmenden internationalen Verflechtung des Handels und der Investitionen seit dem Zweiten Weltkrieg und dem Hinweis auf die dramatischen und kostenträchtigen Konsequenzen, die interkulturelle Missverständnisse auf wirtschaftliche Entscheidungen haben können und welche an einigen Beispielen geschildert werden. Sein Ziel ist eine umfassende Bestandsaufnahme und Kritik der interkulturellen Managementforschung in bezug auf ihre Ergebnisse, Ziele und Methoden und die Ableitung von theoretischen, forschungsprogrammatischen und praktischen Schlussfolgerungen und Forderungen.

Er beginnt mit einer Auswertung unterschiedlicher Kulturbegriffe und fasst ihren gemeinsamen Nenner in der folgenden Definition zusammen:

"Unter Kultur versteht man sämtliche kollektiv geteilten, impliziten oder expliziten Verhaltensnormen, Verhaltensmuster, Verhaltensäusserungen und Verhaltensresultate, die von den Mitgliedern einer sozialen Gruppe erlernt und mittels Symbolen von Generation zu Generation weitervererbt werden. Diese - nach innerer Konsistenz strebenden - kollektiven Verhaltensmuster und -normen dienen dem inneren und äusseren Zusammenhalt und der Funktionsfähigkeit einer sozialen Gruppe und stellen eine spezifische, generationserprobte Lösung des Problems der Anpassung an ihre physischen, ökonomischen und sonstigen Umweltbedingungen dar. Kulturen neigen dazu, sich einer Veränderung in diesen Bedingungen anzupassen.[2]

Auf der Basis dieses Kulturbegriffes existieren im wesentlichen zwei verschiedene Kulturkonzepte, das deskriptive und das explikative Kulturkonzept. Ersteres betrachtet Kultur als Perzepta (architektonische Bauten, Begrüssungsformeln und andere beobachtbare Manifestationen), letzteres als Konzepta (geistige Kultur: Normen, Werte, Motivmuster; nicht direkt beobachtbarer immaterieller Hintergrund der Perzepta).

---

[1] v. Keller 1982
[2] ebd., S. 118

Ebenso wie die kulturvergleichende Psychologie und Soziologie stützt sich die kulturvergleichende Managementforschung auf das explikative Konzept und betrachtet Kultur als unabhängige Variable, die die Managementprozesse (bzw. die Persönlichkeit und soziale Prozesse und Institutionen) beeinflusst. Hiermit heben sich diese drei Disziplinen von der Ethnographie und der Kunturanthropologie ab, die auf dem deskriptiven Kulturkonzept beruhen und die die Kultur als abhängige Variable und die Umwelt bzw. die Lebensbedingungen als unabhängige Variable einstufen.[3]

Die Auswertung von knapp 800 Veröffentlichungen bis 1980, die dem Themenbereich der interkulturellen Managementforschung (IKMF) thematisch zugeordnet werden können, zeigt, dass:

- die Entwicklung der IKMF dem typischen Verlauf einer Produkt-Lebenszykluskurve ähnelt, mit einem Höhepunkt des Forschungsinteresses in den späten sechziger Jahren (s. folgende Graphik);

- dass etwa 90% des zusammengetragenen Forschungsmaterials amerikanischer Provenienz ist,

- dass der grösste Teil der Forschungsbeiträge empirischer Natur ist und innerhalb dieser Gruppe die Beiträge "empirisch-quantitativer" Natur bei weitem überwiegen,

- dass die praxisorientierten Probleme des Transfers von Managementtechniken und Managern in der Forschung kaum berücksichtigt werden,

- dass bei über zwei Drittel der ländervergleichenden Beiträge die USA einbezogen sind und amerikanische Managementtechniken, Verhaltensweisen und Wertvorstellungen dort mehr oder weniger explizit als Vergleichsmassstab dienen,

- dass sich die Länderauswahl vorwiegend durch ökonomische Gründe und Interessen (Höhe der amerikanischen Direktinvestitionen), ein gewisses exotisches Interesse sowie die Herkunft des Forschers erklären lässt und dass

- im deutschen Lehr- und Forschungsbetrieb die Verbreitung und das Interesse an der IKMF noch sehr gering ist.[4]

---

[3] zu den Zielen und konzeptionellen Grundvorstellungen der interkulturellen Managementforschung ebd., S. 3-137
[4] ebd., S. 228-238

Interkulturelles Management - Anzahl der jährlich veröffentlichten
Forschungsbeiträge 1959-1979 nach v. Keller

Nach v. KELLER lässt sich die dominierende Stellung der quantitativ-empirischen Beiträge - gegenüber theoretisch und normativ ausgerichteten, wie sie in der deutschen Forschung vorherrschen, - auf das an den Naturwissenschaften ausgerichtete Wissenschaftsideal der amerikanischen Sozialforschung zurückführen. Nach KELLER beruhen diese Forschungsbeiträge im wesentlichen auf drei impliziten methodischen Prämissen. Sie gehen davon aus, dass:

"1.   die 'Kultur' selbst und ihr Einfluss messbar sind, dass
2.   einheitliche kulturunabhängige Vergleichsmassstäbe existieren und - eng damit verbunden - dass
3.   nur vergleichbare Subjekte unter vergleichbaren Bedingungen anhand vergleichbarer Instrumente miteinander verglichen werden."[5]

Im Anschluss zählt er die methodischen Probleme auf, die diese Annahmen mit sich bringen:

a)   Stichprobenproblem

Abgesehen von der Vielschichtigkeit und Komplexität einer nationalen Bevölkerung, die die Konstituierung einer "repräsentativen" Stichprobe praktisch annähernd unmöglich macht (dies gilt sogar für eingegrenzte Bevölkerungsgruppen wie z.B. "Manager"), besteht das grundsätzliche Problem der Bildung repräsentativer Stichproben darin, dass ihre Bildung bereits Hypothesen über die analytische Relevanz verschiedener Klassifizierungsmerkmale und somit über bestimmte soziokulturelle Kausalzusammenhänge voraussetzt. Die Stichprobenbildung ist somit bereits theoriegeladen und verletzt daher die Ziele der empirisch-induktiven Methode. Ein systematischer *"bias"* ergibt sich insbesondere bei der Befragung von

---

[5] ebd., S. 277

Managern in Ländern, in denen sich die Gruppe der Manager vorwiegend dadurch auszeichnet, dass sie im Ausland, z.B. an amerikanischen Universitäten, ausgebildet worden sind. Ferner besteht das Problem der Repräsentativität auch auf der Meta-Ebene, d.h. bei der Auswahl der untersuchten Länder. Diese Auswahl findet *de facto* auf der Basis von Umständen statt, die systematischen Verzerrungen unterliegen, nämlich die Nationalität des Forschers, Verfügbarkeit von Informationsquellen, Reisegeldern, Kontakten usw.

b)   Funktionelle Äquivalenz der Merkmale, Kategorien und Messinstrumente

Die zu messenden Merkmale (z.B. Macht, Reichtum, Kollegialität, Individualismus, Autorität, Ehrgeiz) unterscheiden sich von Kultur zu Kultur in ihren konkreten Inhalten und Ausprägungen sowie in ihrer sozialen und kulturellen Funktion und Bedeutung. Dies ist nicht nur augenfällig, sondern geht geradezu aus den konzeptionellen Grundannahmen der IKMF selbst hervor. Die Verwendung solcher Kategorien als kulturübergreifende Messkriterien ignoriert jedoch diese Tatsache und hält an der Illusion der Existenz universell gültiger, also kulturunabhängiger Konzepte und Kategorien fest. Dasselbe Problem besteht im Bereich der Messinstrumente. Während die Messung des Delegationsgrades in den USA meist auf der Basis von Stellenbeschreibungen vorgenommen wird, macht dieses Verfahren in Japan keinen Sinn, da dort Entscheidungsprozesse *de facto* völlig anders ablaufen und mit Stellenbeschreibungen nichts zu tun haben. Dort müsste eine Messung des "Delegationgrades" eher anhand einer Analyse der durch alle Abteilungen zirkulierenden Vorschlags-oder Plannotizen, der sog. "ringi-shos" erfolgen. Auch die oft verwendeten Intelligenz- und Methodentests sind natürlich nicht *"culture-free"*, sondern an Sprache und kulturabhängige Bedeutungsmuster gebunden (selbst bei visualisierten Tests). Das Problem der funktionellen Äquivalenz betrifft auch das Übersetzungsproblem, ein aufgrund kulturspezifischer Unterschiede in den Bedeutungsinhalten der verwendeten Begriffe im Prinzip unlösbares Problem bei der Befragung und der Erstellung von Fragebögen.

c)   Das Problem der Untersuchungsbedingungen

Die Herstellung von "Laborbedingungen" im naturwissenschaftlichen Sinne ist bei der IMF besonders problematisch. Kulturspezifische Erwartungen und Rollenverhalten beeinflussen die Beantwortung von Fragebögen und mündlichen Fragen. Eine Fülle von Beobachtungen weist darauf hin, dass die Antworten bzgl. Führungsverhalten oder Einstellungen oft ein idealisiertes Selbstbild der Versuchsperson widerspiegeln und häufig weit von der Realität entfernt sind. Ein weiteres praktisches Problem der Forschungsbedingungen besteht in der Zugänglichkeit zuverlässigen statistischen Materials und der häufigen Fälschung von Statistiken durch staatliche Stellen.

d)   Problem der Dateninterpretation

Aufgrund all dieser Probleme ist eine zielgerechte Interpretation der gewonnen Daten im Regelfall unmöglich. Insbesondere besteht die Gefahr, signifikante Merkmalsausprägungen in einem Land als kulturbedingt auszulegen, obwohl es sich möglicherweise nur um Verzerrungen handelt, die durch eine bestimmte Testsituation, bestimmte Erwartungen oder ein bestimmtes rollenspezifisches Antwortverhalten seitens der befragten Personen oder ähnliche Einflüsse bedingt sind.[6]

---

[6] zu den methodischen Problemen s. ebd., S. 277-302

V.KELLER demonstriert all diese Unzulänglichkeiten im Einzelnen am Beispiel der klassischen Studie von HAIRE/GHISELLI/PORTER (1963/1966) sowie ihren Folgestudien über führungsstilrelevante Einstellungen, basierend auf der Befragung von 3.641 mittleren Managern in 14 Ländern. Die Untersuchung basiert im wesentlichen auf den vier Merkmalen "capacity for leadership and initiative", "sharing information and objectives", "participation" und "internal control", sowie auf den Kategorien der MASLOW-Pyramide "Sicherheitsbedürfnis", "Zugehörigkeitsbedürfnis", "Anerkennungsbedürfnis", "Unabhängigkeitsbedürfnis" und "Selbstverwirklichungsbedürfnis", deren Ausprägungen jeweils anhand einer Skala quantifiziert werden.

Wie die meisten anderen quantitativ-empirischen Studien generieren diese Untersuchungen gigantische Zahlenberge, die im Einzelnen aufgrund der genannten methodischen Probleme nach KELLER weitgehend aussagelos sind. Abgesehen von einigen allgemeinen, globalen Ergebnissen[7] seien diese Studien somit als weitgehend wertlos einzustufen.[8]

Als Gegenprogramm zur empirisch-quantitativen Methode schlägt v. KELLER nicht-quantitative empirische Untersuchungen, Fallstudien und anekdotisches Material vor, dass anhand der Schilderung von konkreten Situationen ein "einfühlendes Verstehen" subtiler und komplexer Probleme und Prozesse im Bereich des interkulturellen Managements erlaubt und somit nicht nur "spannender und interessanter" zu lesen, sondern de facto auch weitaus informativer und aussagekräftiger ist als die auf zweifelhaften und inhaltsleeren Messkriterien beruhenden Zahlenmengen.

So zitiert er eine Studie von RUEDI/LAWRENCE aus dem Jahre 1970, die die Autoritätsverhältnisse in einem der drei grossen deutschen Chemiekonzerne mit denen in zehn grossen amerikanischen Unternehmen vergleicht. Er zitiert eine Anekdote, die den Einfluss der Befragungssituation auf das Antwortverhalten verdeutlicht:

"Und während eines seiner Intervies mit einem Abteilungsleiter machte Ruedi folgende enthüllende Beobachtung: Der Abteilungsleiter hatte gerade verkündet 'Mein Chef und ich haben so guten Kontakt zueinander, dass wir offen über alle Probleme sprechen können...' als das Telefon läutete. Er ignorierte es beharrlich, bis die Sekretärin hereinkam: 'Ein Telefonanruf für Sie...' - 'Ich will jetzt nicht gestört werden' unterbricht er sie -,'aber es ist der Assistent von (einem Vorstandsmitglied)'. Darauf er: 'Aha, ja, dann nehme ich es'. Am Telefon machte er dann eine ziemlich steife und unbehagliche Figur und sagte während der ganzen Unterhaltung eigentlich nur immer: 'ja, Herr Soundso; jawohl, Herr Soundso, jawohl...'. Nach dem Telefongespräch erklärte er dem Interviewer in einem gelasseneren Tonfall: 'Das war Herr Soundso. Wir sehen uns etwa zwei Mal die Woche in Routine-Konferenzen, und er war gerade an einer bestimmten Sache interessiert...'"[9].

Einige in dieser Studie hervorgehobenen Leitmotive im deutschen Management zu dieser Zeit (die im Vergleich mit amerikanischen Verhältnissen auffallen), seien die folgenden:

---

[7] so ergibt sich aus der Studie von Haire/Ghiselli/Porter, dass internationale Gemeinsamkeiten innerhalb der Gruppe der Manager gegenüber nationalen Unterschieden überwiegen und dass sich sechs intern relativ homogene Kulturkreise identifizieren lassen: Nord-Europa (Deutschland, Dänemark, Schweden, Norwegen), anglo-amerikanische Länder (USA, England, Australien, engl.-Kanada), romanische Länder (Italien, Frankreich, Spanien, Belgien, frz. Kanada), Japan, südost-asiatische Entwicklungsländer (Philippinen, Malaysia, Singapur, Indonesien, Korea, Hongkong, Thailand) und andere Entwicklungsländer (Griechenland, Argentinien, Chile, Brasilien, Mexiko, Indien); s. ebd., S. 316-318.

[8] Zur Kritik dieser Studien s. ebd., S. 302-410.

[9] Ruedi/Lawrence 1970, S. 73f, zit. nach v. Keller 1982, S. 421

- das deutsche Autoritätsverhältnis gleicht der Hassliebe des machtsuchenden Sohnes gegenüber dem dominierenden Vater und ist eng mit abstrakten Idealen wie "Pflicht", "Berufung", "Wille" und "Selbstdisziplin" verbunden;

- die spontane Aufnahme direkter Kontakte zwischen Abteilungen sei in Deutschland viel seltener als in den USA,

- die Einhaltung des formalen Dienstweges sei sehr wichtig,

- es herrsche die informelle Norm, sich von anderen Abteilungen nicht in die Karten schauen zu lassen,

- gegenüber den Amerikanern hätten die Deutschen ein stärkeres Bedürfnis nach stabilen und klar festgesetzten sozialen Beziehungen, Strukturen und Verhaltensformen, ein tendenziell niedrigeres Leistungsmotiv, eine wesentlich stärkere Tendenz zu individuellen Aktivitäten und zur Vermeidung von Gruppenaktivitäten und eine höhere Angst vor Misserfolgen und davor, ihrem Vorgesetzten zu missfallen.[10]

Für Frankreich führt v. KELLER die lesenswerte Studie von CROZIER über Autoritätsbeziehungen in französischen Organisationen an. Er fasst deren Kernaussagen wie folgt zusammen:

Die typischen französischen Organisationsmerkmale sind die weitverbreitete Existenz und hohe Bedeutung von unpersönlichen, organisatorischen Regelungen und Normen, der hohe Zentralisierungsgrad, die grosse Distanz zwischen den verschiedenen Organisationsebenen, der hohe Konformitätsdruck unter den Mitgliedern derselben Hierarchieebene, die rituelle Einhaltung der Gruppensolidarität, die Ausbildung von einflussreichen parallelen Machtstrukturen (Experten- oder Stabstellen) und ein bürokratischer "Circulus vitiosus", durch den alle diese Phänomene sich gegenseitig verstärken.

Diese Strukturen gehen einher mit spezifisch französischen kulturellen Werten und Präferenzen, nämlich dem Mangel an konstruktivem Gemeinschaftsgeist, der Angst vor direkten persönlichen ("face-à-face"-) Konfliktsituationen und der Tendenz zu zentralistischen Machtstrukturen, bei einer - paradoxerweise - gleichzeitig schwachen Stellung der Machtzentren.[11]

---

[10] s. v. Keller 1981, S. 414-423; das spezifische Problem der "Zusammenfassung" der Ergebnisse qualitativer Studien besteht in der Eliminierung der plastischen Details, die jedoch gerade die Besonderheit solcher Studien ausmachen. Die hier und im folgenden zitierten qualitativen, heuristischen und spekulativ-deutenden Beiträge zur IKMF seien deshalb hier besonders zur unmittelbaren Lektüre empfohlen. Diese Studien zeichnen sich auch aufgrund ihres hohen Anteils an Fallstudien und anekdotischen Beispielen dadurch aus, dass ihre Aussagen durch zusammenfassende Übersichten weitgehend verloren gehen.

[11] v. Keller 1982, S. 425-435; auch diese Zusammenfassung fällt im Vergleich zu der Fülle von Eindrücken, die in Croziers Werk wiedergegeben sind, kläglich aus. Die Synthetisierung dieser Fülle von Informationen scheitert insbesondere an dem Postulat der Widerspruchsfreiheit bei der Bildung von analytischen Kategorien. In der Tat sind viele der Aussagen Croziers in sich widersprüchlich und verlieren dadurch dennoch nichts von ihrer Lebendigkeit, Realitätsnähe und ihrem Einfühlungsvermögen (s. Crozier 1963). Derselbe Eindruck und dasselbe Problem ergeben sich aus der brillanten Schilderung der französischen Gesellschaft im 18./19. Jahrhundert von TOCQUEVILLE (Tocqueville 1988) sowie aus dem Kulturvergleich von Mme DE STAËL (de Staël 1985) Anfang des 19. Jahrhunderts. Frappierend bei der Lektüre dieser Klassiker ist das Gefühl der Aktualität der angesprochenen Probleme, bei dem gleichzeitigen Scheitern all dieser Autoren, zu widerspruchslosen allgemeinen Aussagen über kulturelle Merkmale und Unterschiede zu gelangen.

Schliesslich sei eine Regel festgehalten, die v.KELLER den Autoren der quantitativ-empirischen Forschungsrichtung entgegenhält, und die auch im Fortgang dieser Arbeit ihre Wichtigkeit zeigen wird:

"Und in der Tat kann man in allen Bereichen der Sozialwissenschaften, und so auch in der kulturvergleichenden Managementforschung, feststellen, dass die Potenz einer Aussage zur Erklärung oder zielgerechten Handhabung einer konkreten Situation - also ihr konkreter explikativer und pragmatischer Informationsgehalt - in etwa dem Masse abnimmt, in dem ihre Allgemeingültigkeit steigt. Es stimmt eben de facto nicht, (...), dass sich situationsspezifische "Wenn-Dann-Aussagen" ja aus den allgemeingültigeren ableiten liessen (...). Und zwar stimmt es deshalb nicht, weil derartige sehr allgemeingültige Aussagen in ihrer "Wenn"- und in ihrer "Dann"-Komponente regelmässig Konzepte und Begriffe enthalten (müssen), die annähernd beliebig weit interpretierbar sind."[12]

III.4.2. *Das naturwissenschaftliche Modell in den Sozialwissenschaften*

Als eine der Quellen der Unbrauchbarkeit der Ergebnisse quantitativ-empirischer Studien sieht v. KELLER den Mangel von klaren theoretischen und pragmatischen Zielvorstellungen und die reine Orientierung an verfügbaren methodischen Instrumenten. Anders als z.B. HOLZMÜLLER, der noch von dem Optimismus beseelt wird, die methodischen Probleme durch graduelle Verbesserung der Untersuchungs-"Techniken" zu verringern und durch eine Optimierung der Instrumente zu einer "Verringerung des Ethnozentrismus'" und zu einem "methodisch richtigen Kulturvergleich" zu gelangen[13], betont v. KELLER vielmehr die prinzipielle Unmöglichkeit "richtiger" Kulturvergleiche und verwirft das Streben nach einem "Optimum" bei der Definition von Analysekategorien und der Wahl von Untersuchungsmethoden.

Seiner Ansicht nach fliessen kulturelle Vorurteile systematisch auf jeder Ebene in die Forschungsarbeit mit ein, es existieren keine interkulturell gültigen Kriterien und Messskalen, wissenschaftliche Methoden sind immer und prinzipiell kulturabhängig, die Überschätzung von 'harten' Daten und Methoden beruhe auf der angelsächsischen Tradition des Positivismus und Szientismus und verstellt den Blick für die wirklich wesentlichen Realitätsausschnitte und Problemaspekte, und naturwissenschaftliche Methoden lassen sich grundsätzlich nicht in die Sozialwissenschaften übertragen. Die "morbide Furcht" vor persönlichen und anekdotischen Erfahrungen resultiere aus dem zwanghaften Glauben an eine situations- und beobachterunabhängige "objektive Realität" und nähre die Illusion der Möglichkeit wertfreier Forschung. [14]

Diese Schwächen könnten auch nicht durch situative Kontingenzansätze geheilt werden, da diese einer mechanistischen Logik und "Einweg-Kausalität" verhaftet blieben und deshalb blind seien für "multikausal vernetze menschliche und soziale Prozesse, die dynamisch, dialektisch und auf kumulative Weise verlaufen".[15] Das Problem kann daher nicht einfach durch ein quantitatives "Mehr an Komplexität" gelöst werden, denn

---

[12] v. Keller 1982, S. 596
[13] s. Holzmüller 1995, S. 145, 155 sowie S. 143-275
[14] v. Keller 1982, S. 507-596
[15] ebd., S. 601

80

"es handelt sich um einen prinzipiellen qualitativen Unterschied im Erkenntnisobjekt, der sich unter anderem in dem historischen - und das heisst in dem unverwechselbaren einmaligen - Charakter aller sozialen Ereignisse und in deren menschlichen Sinnhaftigkeit niederschlägt."[16]

Als weitere gravierende Probleme sieht er die mangelnde Praxisorientierung aller Beiträge aufgrund der mangelnden betrieblichen - und Auslandserfahrung der Autoren, den Mangel an Interdisziplinarität in der Forschung, der Geringschätzung und Vernachlässigung kulturanthropologischer, religionswissenschaftlicher und historischer Erkenntnisse und Ansätze, dem Fehlen adaptierter Forschungsprogramme und Institutionen der IKMF, der mangelnden interkulturellen Ausbildung und Sensibilität der Akademiker und der systematischen Geringschätzung der oft viel interessanteren Beiträge populärer Manager-Zeitschriften über das Thema der IKMF.[17] V. KELLERs Kritik an dem Wissenschaftsbetrieb seiner Zeit ist ziemlich radikal. So bemerkt er:

"Niemand könnte je aus der Lektüre der Masse der empirisch-quantitativen Untersuchungen auf die tatsächlichen und brennenden Probleme des internationalen Managements rückschliessen. Schlimmer noch, selbst wenn er diese Probleme kennte, könnte er durch die Lektüre wissenschaftlicher Periodicals, Symposienbeiträge und Dissertationen sein Verständnis für diese Probleme kaum vertiefen, geschweige denn praxisnahe Lösungsansätze finden.(...) Diese Feststellung trifft allerdings auf die wissenschaftliche Produktion in der Betriebswirtschaftslehre und in vielen anderen Bereichen der Sozialwissenschaften ganz allgemein zu. Vielversprechende neue pragmatische Lösungsansätze und neuartige theoretische Initiativen kommen unseres Erachtens längst schon fast ausschliesslich aus der Praxis (jüngstes Beispiel: Die Portfolio-Theorie). Die universitäre Forschung hat als theoretischer Schrittmacher weitgehend abgedankt. Es wäre sicher lohnend, sich über das 'Warum' dieses Tatbestands einige Gedanken zu machen."[18]

Aus dieser Kritik leitet v. KELLER seine umfassenden forschungsprogrammatischen Folgerungen ab: Mehr qualitative Studien und einfühlende Deskription zur Förderung eines komplexeren und ganzheitlichen Verständnisses der inneren funktionellen Zusammenhänge, mehr Fallstudien, Wagnis und Einbezug persönlicher Erfahrungen, interdisziplinäre und interkulturelle Forschungsteams, stärkere Zusammenarbeit mit der Praxis, Aufnahme der IKMF in den Lehr- und Forschungsprinzip, bessere Institutionalisierung der IKMF und Revision des "szientistischen Forschungsparadigmas".[19]

In der vorliegenden Arbeit soll nun versucht werden, all diesen Forderungen der wichtigsten Koriphäe der deutschsprachigen interkulturellen Managementforschung soweit wie möglich gerecht zu werden, einige seit 1982 hinzugekommene Beiträge zu behandeln und gleichzeitig auf dem gewiesenen Weg einen Schritt weiterzugehen.

---

[16] ebd., S. 602
[17] ebd., S. 602-611
[18] ebd., S. 604
[19] ebd., S. 618-639

III.5.   Schlussfolgerung und weiteres Vorgehen

Es ist gezeigt worden, dass einer sachgerechten und aufschlussreichen Untersuchung des Phänomens internationaler Unternehmenskooperationen eine Reihe von hergebrachten Paradigmen und Prämissen im Wege stehen. So wurden mehrere interdisziplinäre sozialwissenschaftliche Theorieansätze gezeigt, bei denen in der Vergangenheit der Versuch gemacht wurde, sie auf Unternehmenskooperationen anzuwenden. Dabei wurde deutlich, dass diese Versuche an methodischen Inkonsistenzen oder mangelnder Adaptation dieser Ansätze weitgehend gescheitert sind. Bei der klassischen Theorie handelt es sich um die einfache Ausblendung des Phänomens der Unternehmung und einen zu enger Kooperationsbegriff, bei den neoinstitutionalistischen Theorien um das Festhalten an dem Prinzip der individuellen Rationalität und Nutzenmaximierung (homo oeconomicus) sowie die konzeptionelle Aufteilung von Akteuren in Subjekte und Objekte und bei den empirisch-quantitativen Arbeiten der interkulturellen Managementforschung um eine übertriebene Quantifizierung von Eigenschaften sowie die Anwendung des naturwissenschaftlichen Forschungsparadigmas auf sozialwissenschaftliche Probleme.

An späterer Stelle sollen alle diese Probleme daraufhin untersucht werden, ob sie nicht im Grunde auf einige wenige paradigmatische Grundmotive zurückgehen. Zunächst aber soll nun der einzige Weg gegangen werden, der nach der Überprüfung der genannten theoretischen Ansätze noch Hoffnung auf eine problemgerechte Behandlung des Untersuchungsgegenstandes lässt und der von v. KELLER gewiesen wurde. Um seine Erfahrungen und Warnungen zu beherzigen und seine forschungsprogrammatischen Forderungen so weit wie möglich zu erfüllen, wird folgendermassen vorgegangen:

Änderung der Zielsetzung der interkulturellen Managementforschung

Das vorrangige Ziel der IKMF amerikanischen Zuschnitts war der Kulturvergleich. Dieses Ziel basierte auf dem Glauben an kulturübergreifend gültigen Vergleichskriterien. Da wir diesen Glauben (im Gefolge von v.KELLER) nicht teilen und somit die ausschliessliche Zielsetzung des interkulturellen Vergleiches für sinnlos halten, konzentrieren wir uns im folgenden auf ein pragmatisch-normatives Ziel, nämlich das der Förderung der interkulturellen Kommunikation und Kooperation, welches mit dem Thema der Unternehmenskooperationen auch den Ausgangspunkt der Arbeit bildet. Um diese Zielsetzung in den Vordergrund zu rücken, soll daher im nächsten Kapitel zunächst die Realität der deutsch-französischen Unternehmenskooperationen behandelt werden.

Konzentration auf zwei Länder/Kulturen

Um das Gesetz der steigenden Inhaltsleere von Aussagen bei steigendem Abstraktions- und Generalisierungsgrad, welches von v. KELLER aufgestellt wurde, welches aber auch der Erfahrung entspricht, zu berücksichtigen, wird versucht, die interkulturelle Problematik auf das Verhältnis Deutschland/Frankreich, und zwar mit einem Schwerpunkt auf der wirtschaftlichen Kooperation sowie der Kommunikation zwischen Managern, zu beschränken. Dem Versuch, universalistische Regeln aufzustellen, wird abgeschworen. Die Wahl dieser beiden Länder ist von normativen, pragmatischen, politischen und persönlichen Motiven bestimmt. Es handelt sich um die beiden grössten Volkswirtschaften der EU. Die EU ist aus dem politischen Ziel entstanden, durch wirtschaftliche Integration (v.a. der strategischen Industrien) einen Krieg zwischen den beiden Ländern zukünftig auszuschliessen. Aufgrund der historischen und wirtschaftspolitischen Bedeutung des deutsch-französischen Verhältnisses wird der Wahl dieser beiden Länder eine gewisse Priorität eingeräumt.

Weiterführung der Bestandsaufnahme der IKMF

In bezug auf diese beiden Länder sollen daher die wesentlichen seit 1982 hinzugekommenen Forschungsergebnisse, sowohl quantitativer als auch qualitativer Art, dargestellt werden. Die von v.KELLER analysierten Problempunkte der quantitativen Studien (insbesondere der wichtigsten von ihnen, der Studie von HOFSTEDE) werden dabei für den deutsch-französischen Fall konkret deutlich.

Hinzunahme von qualitativen Studien, Fallbeispielen, historischen und kultursoziologischen Ansätzen

Die Hinzunahme dieser Beiträge wird zeigen, dass zwischen ihnen gewisse Gemeinsamkeiten in bezug auf paradigmatische Grundannahmen und Zielsetzungen bestehen, die bisher systematisch ignoriert oder vernachlässigt wurden. Die in diesen Beiträgen vorgenommene Betonung von Konzepten wie z.B. Zeit, Raum, Religion und non-verbale Kommunikation führen zu fruchtbaren anthropologischen Fragestellungen, die mit der Frage wissenschaftlicher Paradigmata in einem interessanten Zusammenhang stehen.

Einbringung von persönlicher interkultureller Erfahrung und Praxiserfahrung

Im Anschluss werde ich eine Reihe von Fallstudien präsentieren, die aus meiner persönlichen Beratungserfahrung mit mittelständischen und Grossunternehmen sowie öffentlichen Institutionen in Deutschland und Frankreich stammen. Ferner werde ich es wagen, bestimmte Themen und Probleme anzusprechen, die meiner Ansicht nach in der Literatur Ansätze finden, aber nicht genug ausgearbeitet worden oder etwas vernachlässigt worden sind. Dies geschieht in vollem Bewusstsein der Subjektivität und evtl. "Zeitgeist"-Bedingtheit dieser Beobachtungen und Überlegungen, die sich aus meinem 4 1/2 jährigen Studien-, Arbeits-, Beratungs- und Forschungsaufenthalt in Frankreich sowie vierjähriger Erfahrung mit der deutsch-französischen Kooperationsförderung ergeben haben. Ferner werden auch Beiträge aus der Praxis aufgenommen und die Behandlung der Ansätze interkultureller Unternehmens- und Managementberater nicht gescheut.

Weiterführung der Paradigmenkritik und der forschungsprogrammatischen Vorschläge

Obwohl wir im Prinzip die Kritik v. KELLERs an den Regeln des Forschungsbetriebs teilen, muss gesagt werden, dass sich in bezug auf Praxisorientierung, Interdisziplinarität und interkulturelle Sensibilität seit dem Erscheinen seines Werkes vieles zum Positiven hin entwickelt hat. Auch methodisch zeigt die Forschung fruchtbare Ansätze in der gewiesenen Richtung (Praxisorientierung, Schärfung des Bewusstseins für non-verbale Kommunikation).[20] Auf der anderen Seite öffnet z.B. die Einbeziehung kultursoziologischer und anthropologischer

---

[20] so z.B. Bergemann/Sourisseaux 1992

Sichtweisen zwar interessante neue Perspektiven, wirft aber auch neue methodische Probleme und Kontroversen auf.[21] Die Überwindung solcher Kontroversen erfordert im Prinzip eine Kritik, die noch radikaler ist als die v. KELLERs, welche sich ja nur gegen die Anwendung des szientifistischen Paradigmas auf die Sozialwissenschaften erstreckte. Diese Kritik (bzw. das Aufzeigen neuer Horizonte), die sich auf das Gesellschaftsbild, das Geschichtsbild und das Menschenbild der Moderne bezieht, soll trotzdem gewagt werden, da sie - nach Erfüllung der Forderungen nach Interdisziplinarität, Praxisorientierung und "Dequantifizierung" der Sozialwissenschaften - unserer Meinung nach die nächste *"frontier"* der Weiterentwicklung der sozialwissenschaftlichen Forschung darstellt.

Hilfe für die Praxis

Anschliessend soll Entscheidungsträgern eine Hilfe für die Praxis gegeben werden. Hierbei wird als "Hilfe" eine kommunikative Einflussnahme verstanden, die sich sowohl quantitativ als auch qualitativ nicht in dem erschöpft, was bereits existiert bzw. bekannt ist. Insbesondere soll der bisherige instrumentelle Ansatz der Unterstützung von internationalen Kooperationsentscheidungen in Frage gestellt werden. Ablaufpläne, Checklisten und Adressverzeichnisse zu diesem Thema existieren zuhauf, entsprechende Werke sollen auch zitiert und empfohlen werden. Es soll jedoch nicht die Illusion genährt werden, dass das Abhaken von Planungspunkten und das Folgen der "richtigen" Entscheidungsprozedur gerade bei deutsch-französischen Unternehmenskooperationen die zentrale erfolgsrelevante Strategie ist. Es soll stattdessen eine stärkere Betonung auf die Dynamik des interkulturellen Lernprozesses auf allen Ebenen des Unternehmens und die Bedingungen des Meisterns der existenziellen Erfahrung des Kulturschocks und einer entsprechenden Bewusstseinsbildung gelegt werden.

---

[21] Inwieweit diese Probleme wirklich "neu" sind oder in versteckter Form bereits innerhalb der Sozialwissenschaften oder gar der Ökonomie existierten, soll an späterer Stelle behandelt werden.

IV.   Die Realität deutsch-französischer Unternehmenskooperationen

IV.1. Datenlage und Vorgehensweise

Es ist schwierig, sich über das reelle Ausmass der Kooperationen zwischen deutschen und französischen Unternehmen ein Bild zu machen. Unternehmenskooperationen, wie auch immer sie im Einzelnen definiert werden, zeichnen sich dadurch aus, dass sie in keiner Statistik erfasst werden. Es lassen sich daher nur Schätzungen, Tendenzaussagen und Vermutungen aufstellen, die sich auf andere Hilfsgrössen und darauf aufbauende Hypothesen sowie Expertenmeinungen stützen. Zunächst soll ein Blick auf die M&A-Aktivität zwischen den beiden Ländern geworfen werden. Zwischen der Menge der Unternehmenskooperationen, so wie sie in Kapitel II. definiert wurden, und der Menge der Fusionen und Akquisitionen gibt es grosse Unterschiede, aber auch Überschneidungen. Dieser Überschneidungsbereich besteht in Fusionen und Akquisitionen, die von beiden Unternehmen gewünscht und geplant worden sind. Insbesondere Minderheitsakquisitionen und Joint Ventures fallen in der Regel in diese Kategorie. Ausgeschlossen sind dagegen nicht abgestimmte Kapitalmarktoperationen ("feindliche Übernahmen" oder *hostile takeovers*), selbst wenn sie nur eine Minderheitsbeteiligung des Zielunternehmens betreffen. Diese *hostile takeovers* sind jedoch zwischen Deutschland und Frankreich die seltene Ausnahme. Dem Verfasser ist kein einziger Fall eines unfreundlichen Übernahmegebots eines französischen an ein deutsches börsennotiertes Unternehmen bekannt, in umgekehrter Richtung handelt es sich um eine seltene Ausnahme (so das Angebot Gehes (Haniel-Konzern) zur Übernahme des französischen Pharmagrosshändlers OCP im Jahre 1994). Beide Länder zeichnen sich, v.a. im Kontrast zu den USA und Grossbritannien, wo *hostile takeovers* an der Tagesordnung sind, durch eine im Vergleich zum Bruttosozialprodukt sehr geringe Bedeutung börsennotierter Unternehmen aus. So betrug der Börsenwert aller notierten heimischen Aktiengesellschaften zwischen 1984 und 1988 in Deutschland durchschnittlich 22,2% und in Frankreich 18,8% des Bruttosozialproduktes, gegenüber 84,3% in Grossbritannien.[1]

Bei dem überwiegenden Grossteil der deutsch-französischen Fusionen und Akquisitionen handelt es sich daher zweifellos um ausgehandelte, freundliche Übernahmen von nicht-börsennotierten Unternehmen. Allerdings wäre es ein Fehler, diese Operationen als Unternehmenskooperationen zu bezeichnen. Dies wäre definitionsgemäss nur der Fall, wenn das Zielunternehmen nicht vollständig in das akquirierende Unternehmen eingegliedert wird. Bei Minderheitsakquisitionen liesse sich wohl meistens, aber auch nicht immer von einer Kooperation sprechen. Akquiriert z.B. ein französisches Unternehmen einen Minderheitsanteil an einem deutschen Unternehmen von einem britischen Unternehmen, so kann von einer "freiwilligen" Partnerschaft zwischen dem deutschen und dem französischen Unternehmen keine Rede sein. Dies wäre höchstens der Fall, wenn z.B. der deutsche Mehrkeitsaktionär des Zielunternehmens ein Vorkaufsrecht auf den Anteil besitzt, aber auf dessen Ausübung zugunsten des französischen Interessenten verzichtet. Dann könnte man in der Tat von einer freiwilligen Kooperation des deutschen Mehrheitsaktionärs mit dem französischen Minderheitsaktionär sprechen. Abgesehen von solchen Fällen dürfte es allerdings plausibel sein, im deutsch-französischen Raum aufgrund der oben genannten Gründe für die grosse Mehrheit der Minderheitsakquisitionen von dem Tatbestand einer Unternehmenskooperation

---

[1] Morgan Grenfell 1989, S. 29, 73, 103

auszugehen, die in der Regel mit einer industriellen Partnerschaft, kommerziellen oder sonstigen Abkommen einhergeht.

Bei einer reinen Zession einer Tochtergesellschaft oder einer Fabrik (Mehrheitsakquisition) wäre es unsinnig, von einer Unternehmenskooperation zwischen dem Käufer und dem Verkäufer zu sprechen, denn hier handelt es sich um ein reines Tauschgeschäft.

Es zeigt sich, dass bei der Gegenüberstellung von M&A-Operationen und Unternehmenskooperationen ein gewisser Ermessensspielraum besteht und die Grenzen zum Teil fliessend sind.[2] Ferner ist die Transparenz des M&A-Marktes gerade in Ländern mit geringer Bedeutung der Börsenoperationen sehr gering. Die meisten "deals" werden privat und geheim ausgehandelt, die Akquisitionspreise, ebenso wie die begleitenden industriellen oder kommerziellen Vereinbarungen, bleiben der Öffentlichkeit verborgen. Nur grössere Operationen werden in der Wirtschaftspresse veröffentlicht, die daher auch für Berechnungen und Analysen der M&A-Tätigkeit die einzige Informationsquelle darstellt.

Schliesslich muss hinzugefügt werden, dass nur ein Teil der geschlossenen Unternehmenskooperationen auch M&A-Transaktionen sind, wobei über die relative Bedeutung solcher kapitalwirtschaftlich unterlegter Kooperationen nur Vermutungen oder Schätzungen, z.B. auf der Basis von Umfragen, gewagt werden können. Aussagen über die M&A-Tätigkeit sagen noch nichts über den Umfang von rein vertraglichen Unternehmenskooperationen, wie z.B. Forschungskooperationen im Rahmen europäischer Forschungsprogramme, Lizenzabkommen, langfristige Lieferverträge usw. aus.

Im Anschluss werden die Direktinvestitionen zwischen den beiden Ländern betrachtet. Der Vorteil dieser Grösse besteht darin, dass sie statistisch verfügbar ist: Die Bundesbank und die Banque de France führen präzise Statistiken über den Bestand und die Änderungen des ausländischen Kapitalbesitzes in ihrem jeweiligen Land in Form von Beteiligungen an Unternehmen. Der Nachteil besteht darin, dass sie neben der Akquisition von Unternehmen oder Unternehmensanteilen auch Unternehmensneugründungen, wie z.B. den Aufbau einer ausländischen Tochtergesellschaft, also auch Operationen des "internen Wachstums", beinhalten, also Aktivitäten, die nichts mit Unternehmenskooperationen zu tun haben.

Des weiteren wird ein Blick auf den Umfang der Lizenzverträge zwischen deutschen und französischen Unternehmen geworfen.

Schliesslich werden einige weitere Beiträge zum Thema deutsch-französischer Unternehmenskooperationen aus der wissenschaftlichen Literatur sowie der Fachpresse untersucht.

Unter Berücksichtigung all dieser Quellen, Informationen, Schätzungen und Meinungen soll dann versucht werden, ein Bild der deutsch-französischen Kooperationslandschaft zu gewinnen, sowie einige Schlussfolgerungen zu ziehen.

---

[2] siehe dazu auch die Fallstudie über AEG-Schneider, Kap. VII

IV.2. Fusionen und Akquisitionen

Bei Fusionen und Akquisitionen sieht die Datenlage wahrscheinlich am ungünstigsten aus. Der Hauptgrund liegt darin, dass die Akquisitionsbeträge meist geheim bleiben, und sich daher alle Statistiken ausschliesslich auf die Anzahl von Fusionen oder Akquisitionen beschränken, also grosse und kleine Akquisitionen vermischt werden.

Nach Angaben der Zeitschrift "M&A-Review" hat sich die Anzahl der deutsch-französischen Fusionen und Akquisitionen von 1985 bis 1994 folgendermassen entwickelt:

Anzahl deutsch-französischer M&A-Transaktionen (in beiden Richtungen)

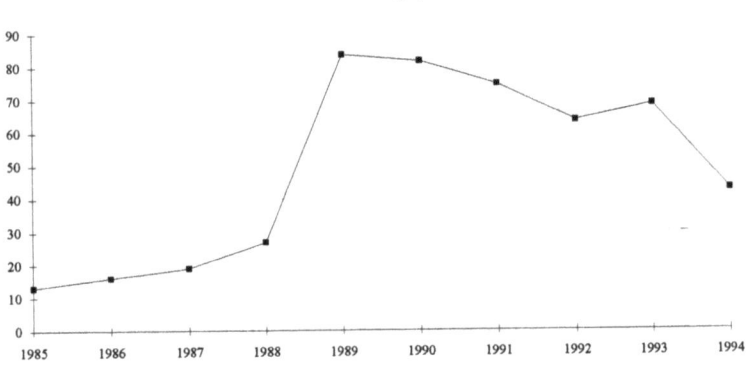

Anzahl von M&A-Transaktionen zwischen Deutschland und Frankreich (in beide Richtungen)

Quelle: M&A-Review

Die Kurve scheint auf eine Hausse der Operationen in den Jahren der deutschen Wiedervereinigung hinzuweisen.

Eine Auswertung der Datenbank AMDATA der britischen Zeitschrift "Acquisitions Monthly" vom 1.1. 1989- 1.10.1994 zeigt, dass in diesem Zeitraum die Anzahl der französischen Akquisitionen in Deutschland etwa doppelt so hoch war wie die der deutschen in Frankreich. Da die Datenbank ebenfalls den Umsatz des akquirierenden Unternehmens angibt, gibt diese Auswertung ebenfalls einen Eindruck des Grössenprofils der Akquisitoren. Es zeigt sich, dass auf französischer Seite in diesem Zeitraum v.a. die (zum Grossteil noch staatlichen) Grossunternehmen als Unternehmenskäufer in Deutschland auftraten, während im umgekehrten Sinne die "mittelständischen" Unternehmen die wichtigste Gruppe unter den Akquisiteuren darstellten.

Grössenprofil deutsch-französischer Unternehmenskäufer

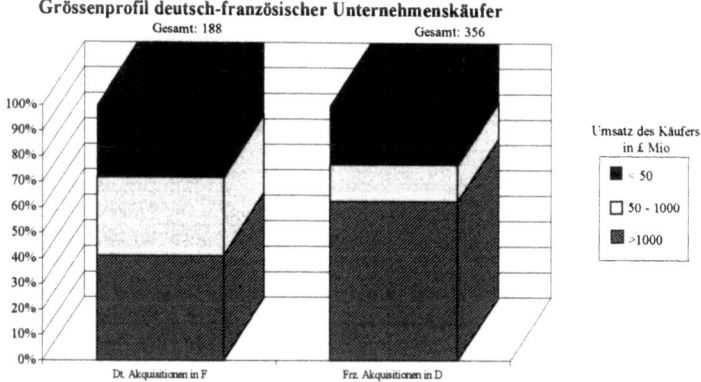

Grössenprofil deutsch-französischer Unternehmenskäufer

Quelle: AMDATA

IV.3. Direktinvestitionen

Die folgende Graphik zeigt die Entwicklung der deutsch-französischen Direktinvestitionen von 1980-1990:[3]

Deutsch-französische Direktinvestitionen 1980-1990

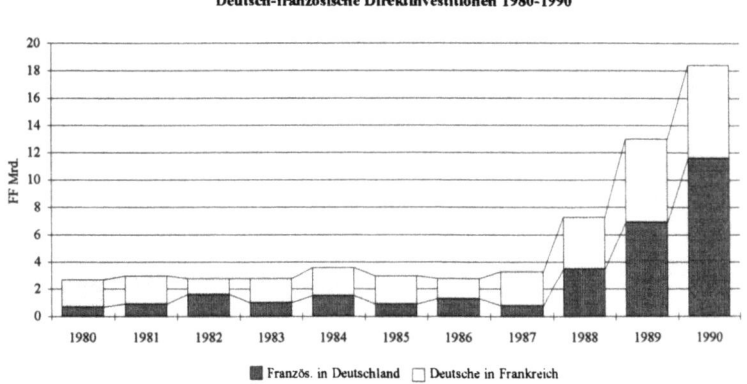

Quelle: Marnata/Sarrazin 1991

---

[3] basierend auf den Statistiken der Banque de France. s. Marnata/Sarrazin 1991. S. 30

Der ähnliche Verlauf der Kurven der Direktinvestitionen und der M&A-Aktivität für die Jahre 1985-1990 weist darauf hin, dass die beiden Grössen eine ähnliche Tendenz aufweisen und somit für Deutschland und Frankreich zumindest eine gewisse Korrelation zwischen Anzahl der M&A-Transaktionen und Höhe der Direktinvestitionen zu vermuten ist. Diese Annahme wird gestützt durch eine Analyse der von MARNATA/SARRAZIN aufgelisteten wichtigsten deutsch-französischen Direktinvestitionen von 1988-1990. Von den 56 grössten französischen Direktinvestitionen in Deutschland in diesem Zeitraum waren 45 Operationen Mehrheitsakquisitionen, nur 4 Minderheitsakquisitionen, nur zwei 50%-Akquisitionen, eine gemeinsame Holding, eine Überkreuzbeteiligung, zwei Beteiligungen unbekannter Höhe und nur zwei Fälle der Gründung von Tochtergesellschaften. Unter den 26 grössten deutschen Direktinvestitionen in Frankreich befanden sich 19 Mehrheitsakquisitionen, zwei Minderheitsbeteiligungen, drei 50%-Beteiligungen und zwei Beteiligungen unbekannter Höhe.[4]

Um die Grössenordnung der deutsch-französischen Direktinvestitionen zu beurteilen, empfiehlt es sich, deren Umfang mit den Direktinvestitionen in Drittländer in Beziehung zu setzen, wie in den folgenden beiden Graphiken:[5]

Französische Netto-Direkt-Investitionen im Ausland 1980-1990

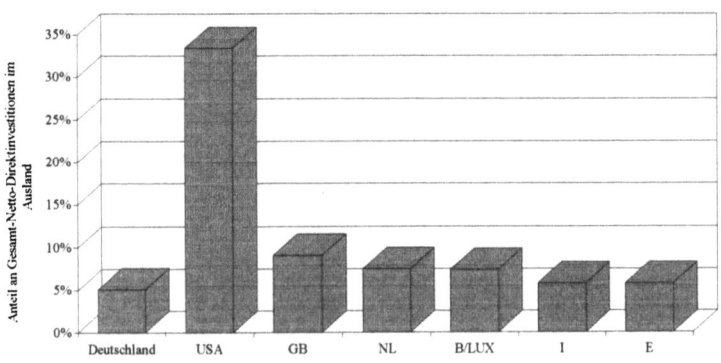

Französische Netto-Direktinvestitionen im Ausland 1980 - 1990

Quelle: Marnata/Sarrazin 1991

---

[4] ebd., S. 32-34
[5] ebd., S. 31

Deutsche Netto-Direktinvestitionen im Ausland 1982-1990

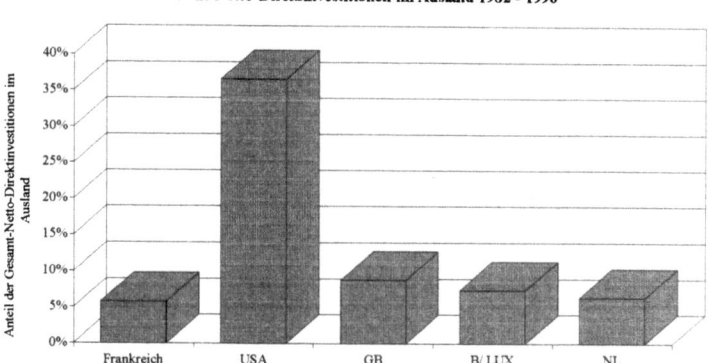

Quelle: Marnata/Sarrazin 1991

Das Bild, das sich nach Untersuchung dieser Zahlen ergibt, ist relativ klar: Die Direktinvestitionen zwischen Deutschland und Frankreich können nur als sehr gering bezeichnet werden. Selbst in der Phase 1980-1990, die die beiden aussergewöhnlichen Boom-Jahre der deutschen Wiedervereinigung einschliessen, steht Deutschland als Zielland für französische Direktinvestitionen nur an siebenter Stelle, Frankreich als Zielland für deutsche Investitionen an fünfter Stelle, jeweils hinter den USA, Grossbritannien, Belgien/Luxemburg und den Niederlanden. Deutschland erweist sich für französische Investoren sogar als noch weniger attraktiv als Italien und Spanien. Diese Rangordnung mag an sich bereits überraschen, sie wird umso frappierender, wenn diese Höhe der Direktinvestitionen in Beziehung zur Wirtschaftskraft (dem Bruttosozialprodukt) der betroffenen Länder in Beziehung gesetzt wird.

Es ist nicht verwunderlich, dass die USA bei beiden Ländern an der Spitze der Investitions-Rangliste stehen. Es handelt sich schliesslich um den weltgrössten und wahrscheinlich effizientesten Kapitalmarkt. Die Effizienz des Kapitalmarktes mag als Erklärungsfaktor auch auf Grossbritannien zutreffen. Dass aber selbst die Benelux-Länder absolut gesehen mehr Direktinvestitionen aus den beiden grössten Volkswirtschaften Europas anziehen als diese beiden Länder selbst, kann nur als äusserst frappierend, wenn nicht gar alarmierend bezeichnet werden. Die Autoren zeigen sich selbst verwundert, wenn sie, etwas euphemistisch, bemerken:

"Während beide Länder ihre Direktinvestitionen mehr und mehr in den Ländern der Europäischen Gemeinschaft konzentrieren, die in den letzten beiden Jahren 60% der Ströme absorbierten, ist das Interesse, das die beiden Länder füreinander zeigen, immer noch mittelmässig".[6]

---

[6] ebd.

Besonders auffällig ist das Missverhältnis zwischen Handel und Direktinvestitionen. Deutschland und Frankreich sind bekanntermassen jeweils die beiden grössten Handelspartner füreinander. Die gegenseitigen Direktinvestitionen sind jedoch auffallend gering. Die französische Statistik-Behörde INSEE machte bereits im Jahre 1974 auf dieses Missverhältnis aufmerksam. Sie stützt sich auf die Statistik der Bundesbank bezüglich der Bedeutung der verschiedenen Länder als Investoren in Deutschland in den Jahren 1961-1973, die in folgender Graphik wiedergegeben ist:[7]

Ausländische Direktinvestitionen in Deutschland 1961-1973:

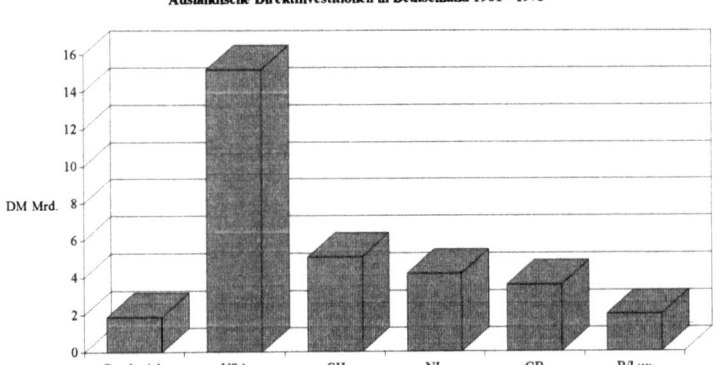

Ausländische Direktinvestitionen in Deutschland 1961 - 1973

Der Kommentar bemerkt dazu:

"Bei der Analyse der INSEE wird ein sog. Penetrationsindex zugrunde gelegt, der den Anteil am Kapital, der Beschäftigung, der Investitionen und Exporte in einem bestimmten Industriezweig widerspiegelt. Während nun die Bundesrepublik mit Abstand der wichtigste Handelspartner Frankreichs ist (23,5% der französischen Exporte und 24,5% der französischen Importe), ist ihre Beteiligung an der französischen Industrie wesentlich schwächer, wird in der INSEE-Studie betont. Der deutsche Penetrationsindex in Frankreich beträgt nur 5% (im Verhältnis zur Gesamtzahl ausländischer Investoren).

Das Verhältnis 'Aussenhandel - Auslandsinvestitionen' ist in den Beziehungen der USA zum französischen Markt dagegen genau entgegengesetzt: Die Vereinigten Staaten kontrollieren oder beeinflussen mehr als ein Drittel der französischen Industrie, während ihr Handel nur 6 Prozent der französischen Exporte und 11 Prozent der französischen Importe betrifft.

Kommentar von INSEE: Offensichtlich handelt es sich bei den amerikanischen und deutschen Firmen um völlig entgegengesetzte Strategien, die sich aus historischen und geographischen Gegebenheiten erklären lassen."[8]

---

[7] o.V. 1974, S. 14/15
[8] ebd.

Die Frage, inwieweit Handelsbeziehungen und Direktinvestitionen alternative Substitute zur langfristigen Erreichung des Marktzugangs und -erhalts darstellen, ist schwierig zu beantworten. Im deutsch-französischen Fall kann die offensichtlich chronische gegenseitige Abstinenz bei den Direktinvestitionen bei gleichzeitig hoher Handelsintegration jedoch nicht mit der geographischen Nähe erklärt werden, wie der Kontrast zu den Benelux-Staaten zeigt.

IV.4. Lizenzabkommen

Der Lizenzverkehr ist ein Hinweis auf den Umfang eines Teils der Unternehmenskooperationen, die nicht in den Statistiken über M&A-Aktivitäten auftauchen. Die folgende Graphik gibt einen Eindruck des Gewichts der deutsch-französischen Aktivitäten in diesem Bereich im Vergleich mit anderen Ländern:[9]

Lizenzverkehr der Bundesrepublik mit ausgewählten Ländern 1983

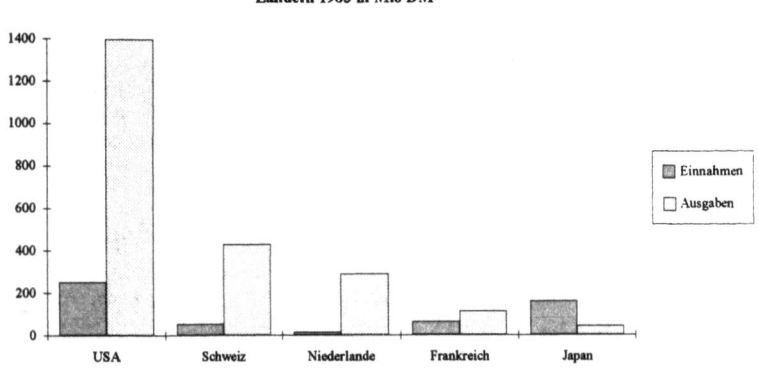

Patent- und Lizenzverkehr der Bundesrepublik Deutschland mit ausgewählten
Ländern 1983 in Mio DM

Es zeigt sich, zumindest für Deutschland, dass Frankreich als Partner für diese Art von Unternehmenskooperationen für deutsche Unternehmen, auch und gerade im Vergleich mit bei weitem kleineren Volkswirtschaften, relativ unbedeutend ist.

IV.5. Sonstige Beiträge zur deutsch-französischen Kooperationstätigkeit

Eine Beurteilung des Ausmasses deutsch-französischer Unternehmenskooperationen wurde wiederholt auf politischer Ebene vorgenommen. Sie war dementsprechend von politischen Zielen beeinflusst und kam in der Regel zu dem Schluss, dass von diesem normativ-politischen

---

[9] Prognos 1986. S. 63

Standpunkt aus das Niveau solcher Kooperationen unzureichend sei und die Politik einen Beitrag zur Erleichterung derselben leisten müsse.

So trafen sich im Juni 1965, mitten in der diplomatischen Krise zwischen Deutschland und Frankreich[10], der deutsche und der französische Finanzminister (V. GISCARD d'ESTAING und R. DAHLGRÜN), "um die ihrer Meinung nach unzureichende Kooperation zwischen französischen und deutschen Privatunternehmen zu verstärken".[11]

In einem Aufsatz aus dem Jahre 1966 beschreibt O. GISCARD d'ESTAING die Ziele und Hemmnisse solcher Kooperationen. Hier wird deutlich, dass die politischen Sorgen und Ziele v.a. die europäische Wettbewerbsfähigkeit gegenüber den USA und die technologische Position und Innovationsfähigkeit Europas betreffen. Als Hemmnisse identifiziert der Autor Probleme juristischer (Kartell-, Handels- und Steuerrecht), "technischer" (damit ist der gegenüber der Konjunktur antizyklische Verlauf der Kooperationsneigung bei Unternehmern gemeint) und psychologischer Art. Was letzteren Punkt anbetrifft, so bemerkt der Autor:

"Schon Cäsar zog es vor, der erste in einer kleinen Stadt als der zweite in Rom zu sein. In gleicher Weise zieht man es vor, Chef in einem kleinen statt der zweite in einem mittleren Unternehmen zu sein. Dies galt schon im nationalen Bereich und gilt noch mehr im internationalen. In Untersuchungen über das psychologische Verhalten der Führungskräfte internationaler Unternehmen sind wir auf einen zweifachen Komplex von Furcht und Stolz gestossen. Dieser Komplex, der sehr viel stärker ist als in nationalen Unternehmen, wirkt sich dahin aus, dass in einem Dialog, zwischen einem Amerikaner und einem Franzosen oder zwischen einem Deutschen und einem Franzosen oder zwischen einem Engländer und einem Deutschen, sich jedesmal zwei Nationalitäten gegenüberstehen und ein bestimmter Nationalstolz überwunden werden muss. Dieser Komplex besteht in der Entschlossenheit, sich von jemandem, der nicht der eigenen Nationalität angehört, keine Bedingungen stellen und keine Anweisungen geben zu lassen. Hinzu kommt noch die Furcht vor Entscheidungen, die fern von einem in einer fremden Sprache getroffen werden und von denen man den Eindruck hat, man könnte sie nicht mehr so beeinflussen, wie man es bei Landsleuten tun könnte."[12]

Das Treffen der Finanzminister führte zur Gründung der bereits erwähnten "Deutsch-Französischen Studiengruppe für industrielle Zusammenarbeit" auf Ministerebene, die versuchte, das deutsch-französische Kooperationsgeschehen in Art, Umfang und Problematik zu analysieren. Das Resultat der Untersuchung, das "Handbuch für deutsch-französische Kooperation für die Unternehmungspraxis"[13] bietet ein Inventar der unternehmerischen Tätigkeit im Partnerland, welches allerdings aufgrund der "geheimen Finanzabkommen und Kapitalbindungen keinen Anspruch auf Vollständigkeit erheben kann".[14]

Zunächst stellen die Autoren fest, dass sich seit Beginn des Jahres 1965 die bisherige Tendenz, dass vorwiegend französische Unternehmen Niederlassungen in Deutschland gründeten, umkehrte und die deutsch-französischen Direktinvestitionen die französisch-deutschen quasi überholten. Weiterhin bemerken sie:

---

[10] Diese Krise manifestierte sich in der unterschiedlichen Auslegung des von ADENAUER noch kurz vor Ende seiner Amtszeit abgeschlossenen Elysée-Vertrages, insbesondere auf militärpolitischer und zollpolitischer Ebene zwischen DE GAULLE und ERHARD, vgl. Manfrass-Sirjacques 1993, S. 101, Gerbet 1993, S. 38-40
[11] Giscard d'Estaing 1966, S. 439
[12] ebd., S. 444
[13] Studiengruppe 1967
[14] ebd., S. 269

93

"Nach vorliegenden Informationen hat bisher das alleinige Vorgehen eines deutschen oder französischen Unternehmens im Wirtschaftsgebiete des Partnerlandes gegenüber der echten Kooperation den Vorrang gehabt. (...) Im Herbst 1966 machten die Betriebsgründungen ohne Beteiligung eines Partnerunternehmens die Hälfte aller unternehmerischen Tätigkeiten in Frankreich und zwei Drittel der entsprechenden Fälle in der Bundesrepublik Deutschland aus."[15] Allerdings können nicht alle übrigen Fälle als Unternehmenskooperationen gelten, da sie auch die Fälle der Kapitalbeteiligung enthalten, wobei nicht gesagt ist, dass "mit ihr immer eine echte Zusammenarbeit verbunden ist".[16]

Unter Berücksichtigung dieses Sachverhaltes ergibt sich ein ähnliches Bild wie aus der Untersuchung von MARNATA/SARRAZIN für die Jahre 1988-1990, aus der hervorgeht, das nur etwa 10%-20% der französischen Direktinvestitionen in Deutschland und nur 20%-30% der deutschen Direktinvestitionen in Frankreich als Kooperationen bezeichnet werden können (s.o.). Zudem kommt die Prognos-Studie von 1986 zu dem Ergebnis, dass die Mehrheit der deutsch-französischen Unternehmenskooperationen in Verbindung mit Kapitalverflechtungen auftreten.[17] Wenn die Studiengruppe also die Hälfte der deutschen Engagements in Frankreich und ein Drittel des französischen Engagements in Deutschland als nicht-internes Wachstum identifiziert, so fällt zunächst die Konstanz im dem deutsch-französischen Unterschied bei der Gewichtung der gewählten Formen des Auslandsengagements zwischen 1966 und 1990 auf. Berücksichtigt man die Tatsache, dass in den Fällen der Studiengruppe auch nicht-kapitalmässig unterlegte Kooperationsverträge abgedeckt sind, so erscheint es nicht völlig abwegig, die Bedeutung wirklicher Unternehmenskooperationen auf um die 20% (in französisch-deutscher Richtung) bzw. um die 30% (in deutsch-französischer Richtung) der Fälle des Auslandsengagements deutscher und französischer Unternehmen zu schätzen.

Unter den eigentlichen Unternehmenskooperationen identifiziert die Studiengruppe gut ein Drittel Gemeinschaftsgründungen, wobei die Verkaufsniederlassungen bei weitem im Vordergrund stehen. Rund 20% der Kooperationsfälle umfassen technische bzw. kommerzielle Abkommen; Lizenzabkommen spielen kaum eine nennenswerte Rolle. Ferner haben die französischen Unternehmen in Deutschland vor allem Verkaufsniederlassungen gegründet, während die deutschen Unternehmen in Frankreich ausserdem noch zahlreiche Produktionsbetriebe errichtet haben.[18]

Was die sektorielle Aufteilung des Auslandsengagement betrifft, zeigen sich schon 1966 keine auffälligen Asymmetrien. An erster und zweiter Stelle (in beiden Richtungen) stehen die Chemie und Maschinen/Apparate, in deutsch-französischer Richtung gefolgt von Metall/ Metallwaren, Banken/Versicherungen/Transport/Verkehr und Elektrotechnik/Elektronik, in französisch-deutscher Richtung gefolgt von Nahrungs-/Genussmittel, Handel, Textil/Beklei-dung, Metall/Metallwaren und Elektrotechnik/Elektronik.[19]

Bei der 1986 von Prognos untersuchten Stichprobe deutsch-französischer Unter-nehmenskooperationen in der Industrie steht die Kategorie "Maschinen- und Anlagenbau,

[15] ebd.
[16] ebd.
[17] Prognos 1986. S. 38
[18] Studiengruppe 1967. S. 271
[19] ebd., S. 270

Stahl- und Leichtmetallbau" an erster Stelle, gefolgt von "Elektrotechnik/Elektronik" und "Chemisch-pharmazeutische Industrie, Kunststoff- und Gummiindustrie, Mineralölindustrie".[20]

Als wichtigste Sektoren bei den deutsch-französischen Direktinvestitionen nennen MARNATA/SARRAZIN für die 80er Jahre in französisch-deutscher Richtung an erster Stelle "Chemie-, Gummi-/Kunststoffindustrie", gefolgt von "Nahrungsmittelindustrie" und "Stahl- und Metallverarbeitende Industrie", und in deutsch-französischer Richtung "Chemie", gefolgt von "Stahl- und Metallverarbeitende Industrie" und "Industrielle und landwirtschaftliche Maschinen", wobei bei beiden Seiten die Industrie ein gutes Drittel der gesamten Direktinvestitionen im jeweils anderen Land ausmacht.[21]

Nach der Darstellung einiger Fallstudien geglückter deutsch-französischer Kooperationen nahm die Studiengruppe von 1966 die von GISCARD d'ESTAING identifizierten Problemkategorien auf und kam, wie bereits erwähnt, zu dem Schluss, dass die eigentlichen Hindernisse nicht mehr so sehr juristischer, steuerlicher oder technischer Art, sondern v.a. psychologischer Natur seien (s. Kapitel II.).

Ähnliche Erkenntnisse ergaben sich im Übrigen nicht nur in bezug auf Unternehmenskooperationen, sondern auch auf die politische Einigung Europas. So erklärte Jean MONNET, Architekt der Europäischen Gemeinschaft für Kohle und Stahl, der Europäischen Verteidigungsgemeinschaft und des Gemeinsamen Marktes am Ende seines Lebens (1979): "Sollte ich noch einmal von vorne beginnen, ich würde bei der Kultur anfangen."[22]

Nicht nur aus einer politischen, sondern auch aus einer technisch-organisatorischen Perspektive heraus setzten sich solche Einsichten durch und somit die verspürte Notwendigkeit, die kulturellen Ursachen der - bei der Organisation deutsch-französischer Teams im Rahmen der technisch notwendigen Zusammenarbeit - beobachteten Konflikte zu ergründen. So finanzierte die Robert-Bosch-Stiftung in Zusammenarbeit mit der Technologischen Universität Compiègne (UTC) ein Forschungsprojekt, um "die seltsame Alchimie zu analysieren, die in einem Unternehmen am Werk ist, wenn Deutsche und Franzosen zusammenarbeiten sollen".[23]

Was die ökonomische Perspektive betrifft, so hat sich unter den Kennern der deutsch-französischen Wirtschaftsbeziehungen die kulturelle Problematik bei der Beurteilung von Unternehmenskooperationen im Laufe der Jahre eindeutig als wichtigstes Leitmotiv durchgesetzt. Bereits die Prognos-Studie von 1986 betonte die wichtige Bedeutung von "Sprach- und Mentalitätsdifferenzen".[24] DEMEULENAERE empfiehlt, sich bei deutsch-französischen Unternehmenskooperationen zuerst von einer "kulturellen Logik", und erst dann von einer "industriellen, politischen oder finanziellen Logik" leiten zu lassen.[25]

R. LASSERRE beendet seine Analyse der deutsch-französischen Wirtschaftsbeziehungen 1993 mit den Worten:

---

[20] Prognos 1986, S. 28
[21] Marnata/Sarrazin 1991, S. 35
[22] Picht 1987, S. 25
[23] Pateau 1995, S. 133
[24] Prognos 1986, S. 165
[25] Demeulenaere 1992, S. 34

95

"Es muss festgestellt werden, dass trotz dieser Fortschritte die Kooperation und Verflechtung zwischen deutschen und französischen Unternehmen, besonders der Grossunternehmen, noch sehr wenig entwickelt ist und nicht immer gesucht wird. Es erscheint in der Tat, dass für die deutschen und in zunehmendem Masse auch für die französischen Unternehmen die bilaterale oder europäische Dimension keinen relavanten Rahmen für ihre Entwicklungsstrategie darstellt, welche sich auf ein weltweites Niveau ausgedehnt hat. Daher suchen sie häufig lieber amerikanische oder japanische Allianzen als europäische. Im Übrigen mangelt es den Kooperationsversuchen zwischen deutschen und französischen Unternehmen oft an Tragweite, und sie führen häufig zu Misserfolgen. (...), trotz der vierzigjährigen deutsch-französischen Freundschaft und Kooperation verbleiben viel Misstrauen und viele Barrieren zu überwinden, nicht zuletzt im Bereich der Information, der Kultur und der Sprache."[26]

Am Beispiel des Joint Ventures "Eurocopter" bemerkt PICHT in der deutschen Wirtschaftspresse:

"Die Idee ist überzeugend. Gemeinsam haben Deutschland und Frankreich ein wissenschaftlich-technologisches Potential, das sich aufs beste ergänzt und aller internationalen Konkurrenz standhalten könnte. Dennoch bleiben deutsch-französische Synergien bei Neuentwicklungen die Ausnahme. Betrachtet man Erfolge und Misserfolge deutsch-französischer Kooperationen genauer, wie es Jacques Pateau, Professor an der Universität Compiègne, am Vergleich von 30 Unternehmen getan hat, zeigt sich rasch, worauf es ankommt: auf den menschlichen Faktor in einem ganz präzisen Sinne, auf Mitarbeiter, die gelernt haben, sich in beiden Ländern, also in beiden Systemen, so sicher zu bewegen, dass Kreativität entstehen kann. Dies ist keineswegs selbstverständlich."[27]

PICHT führt die Kooperationshindernisse im wesentlichen auf historisch bedingte Mentalitätsunterschiede und durch die diametral gegensätzlichen Ausbildungssysteme bedingten Unterschiede der Denk- und Organisationsweisen zurück.[28]

Ähnlich äussert sich Siegfried SOBOTTA, Copräsident der Eurocopter S.A., wobei er v.a. nationale Unterschiede in den Management-Methoden betont.[29] Bei seiner Skizzierung der deutsch-französischen Kooperationslandschaft bemerkt JENSEN:

"Die Anfangseuphorie vieler Partnerschaften ist häufig dem Frust gewichen. Kulturell bedingte Missverständnisse führen nicht selten zu totalen Blockaden. (...) Der Misserfolg gipfelt nicht selten in der Erkenntnis: 'Mit Franzosen (mit Deutschen) kann man einfach nicht zusammenarbeiten. Auslandsfilialen werden wieder geschlossen, Töchter verkauft, Allianzen aufgekündigt. Prominentestes Beispiel: Die Trennung der Europartner Commerzbank und Crédit Lyonnais vor zwei Jahren. Doch die Zahl der Firmen, die aufgeben, taucht in keiner Statistik auf. Patentrezepte für die Lösung dieser Probleme gibt es nicht(...), die tieferen Ursachen der Divergenzen liegen meist auf der menschlichen Ebene."[30]

Interessanterweise sind die von diesen und anderen Autoren identifizierten Mentalitätsunterschiede und Probleme bei Unternehmenskooperationen exakt dieselben, die auch, von völlig verschiedenen Autoren, bei nicht-privatwirtschaftlichen Organisationen

---

[26] Lasserre 1993, S. 149f
[27] Picht 1994, S. 28
[28] ebd., S. 29
[29] oV. 1995, S. 32/33
[30] Jensen 1993, S. 153f

beobachtet werden, so z.B. bei dem Team des deutsch-französischen Fernsehsenders ARTE[31] und bei der deutsch-französischen Brigade des "Eurocorps".[32]

IV.6. Schlussfolgerungen

Die hohe Handels-, aber geringe Kapitalverflechtung der deutschen und französischen Wirtschaft lässt mehrere mögliche Schlussfolgerungen zu. Die einfachste Schlussfolgerung wäre die, dass Export und ausländische Direktinvestitionen aus Sicht der Unternehmen substitutive Optionen der internationalen Expansion sind. Dies erklärt jedoch noch nicht, warum im deutsch-französischen Fall die Option "Export" der Option "Direktinvestition" systematisch vorgezogen wird. Wie bereits gezeigt, ist das Argument der geographischen Nähe wenig überzeugend.

Theoretisch ist diese Frage nicht endgültig gelöst; die jüngsten Beiträge kommen jedoch zu dem Schluss, dass sich Direktinvestition, Export und Kooperation generell nicht in einem substitutiven, sondern eher in einem komplementären Verhältnis zueinander befinden.[33] Im deutsch-französischen Bereich kommt die Prognos-Studie zu dem Ergebnis eines teils komplementären, teils substitutiven Verhältnisses zwischen Export und Unternehmenskooperation. Was das Ziel der Marktbearbeitung betrifft, scheinen die Hersteller von Massenhandels- und Konsumgütern (Leder-, Textil- und Bekleidungsindustrie, Ernährungsgewerbe, Holz-, Papier- und Pappeindustrie, Druck- und Möbelindustrie) den Export tendenziell vorzuziehen, da deren Kunden, die Handelsketten, problemlos auch direkt im Ausland angesprochen werden können. Eine deutlich höhere Kooperationsneigung zeigen dagegen die Chemie-, Pharma-, Kunststoff-, Gummi-, Baustoff-, Stahl-, Metallwaren- und Elektroindustrie. Allgemein lässt sich bei den Unternehmen tatsächlich eine Nutzenabwägung zwischen Export und Kooperation nachweisen; dieses Nutzenkalkül zieht jedoch bereits die potentiellen oder erfahrungsmässigen Risiken einer Kooperation in Betracht, von denen die nach Aussage der Unternehmen wichtigsten das der Unsicherheit über die Loyalität des Partners, die Schwierigkeiten in der Interessenabstimmung und ein nicht gesicherter umfassender Informationsaustausch genannt werden. Im übrigen lässt sich ein Komplementaritätsverhältnis klar erkennen, da Exportbeziehungen die nötigen Kontaktmöglichkeiten bieten und oft im Laufe der Zeit zu Kooperationen ausgebaut werden.[34]

Eine andere Perspektive ergibt sich, wenn Unternehmenskooperationen, Direktinvestitionen und Export nicht als Alternativen der Internationalisierungsstrategie der Unternehmen, sondern als Transaktionen auf unterschiedlichen Märkten betrachtet werden: Während der Export eine Transaktion auf dem Gütermarkt darstellt, handelt es sich sowohl bei Direktinvestitionen als auch bei Unternehmenskooperationen um Transaktionen auf dem *market for corporate control*. Diese Sicht der Dinge erlaubt möglicherweise ein klareres Verständnis der Kombination von hoher Handelsverflechtung, geringer Kapitalverflechtung und ständigen Problemen und Misserfolgen bei Unternehmenskooperationen. Denn sie zeigt, dass die Gütermärkte in Europa bereits relativ effizient und homogen sind, bei den Faktormärkten

---

[31] vgl. Humblot 1996, S. 2-4
[32] o.V., 1995, S. 130-140
[33] vgl. Colombo 1994, S. 39
[34] Prognos 1986, S. 56-58

jedoch noch erhebliche "Handelshemmnisse" und (evtl. sogar protektionistische) Barrieren bestehen.

Kapital und dispositive Arbeit sind klassische Produktionsfaktoren, und diese Produktionsfaktoren befinden sich zwischen Deutschland und Frankreich offensichtlich alles andere als in freiem Fluss. Eine Unternehmenskooperation ist jedoch immer ein Tausch auf dem Markt für Produktionsfaktoren, meist auf dem Markt für "*corporate control*": Ein Teil der freien Dispositionsmöglichkeit über die materiellen und immateriellen Ressourcen des eigenen Unternehmens wird eingetauscht gegen Kapital, gegen Dispositionsrechte über die Ressourcen des anderen Unternehmens, gegen Technologie oder Information.[35]

Diese etwas theoretische und konstruierte Darstellungsweise hat den Vorteil, bei der Identifikation der Hindernisse, die sich sowohl den deutsch-französischen Direktinvestitionen als auch den deutsch-französischen Unternehmenskooperationen in den Weg stellen, einen Schritt weiterzugehen, hat jedoch gleichzeitig den Nachteil, den Blick auf die für die deutsche und die französische Wirtschaft eigentlich relevanten Faktoren zu verstellen. Der Begriff "*market für corporate control*" stammt aus der anglo-amerikanischen Ökonomie und bezeichnet eine anglo-amerikanische Wirklichkeit. Die Grösse und Effizienz des Kapitalmarktes, der Einfluss der Aktionäre auf die Unternehmensführung und die Management-Kultur in den USA und Grossbritannien lassen den Ausdruck "market für corporate control" in diesen Ländern nicht nur als theoretisches Konstrukt, sondern auch als Annäherung an die wirtschaftliche Praxis als legitim erscheinen.

In Deutschland und Frankreich dagegen, wo diese wirtschaftlichen Verhältnisse anders geartet sind, suggeriert die Verwendung des Begriffs "market for corporate control" eine Welt, die mit der Realität nur wenig zu tun hat. Sie würde daher die Tatsache verschleiern, dass im deutschen und im französischen Management Marktgesetze nur sehr begrenzt wirksam sind und dass in und erst recht zwischen diesen Ländern ein wirklicher "Markt" für Unternehmen, Unternehmensteile und Managementressourcen eben nicht existiert.

Für Deutschland und Frankreich empfiehlt es sich daher, sich auf die Analyse derjenigen Mechanismen und Phänomene zu konzentrieren, die in diesen Ländern an die Stelle des anglo-amerikanischen "*market for corporate control*" treten, die jedoch in der ökonomischen Literatur kaum behandelt werden, nämlich u.a. *Macht, Vertrauen, Moral* und *Kultur*.

Die diversen bisher erwähnten Statistiken, Berechnungen, Schätzungen, Hinweise und Beurteilungen lassen die folgenden Schlussfolgerungen bzw. Thesen zu:

1. Anzahl und Ausmass funktionierender deutsch-französischer Unternehmenskooperationen sind seit Jahrzehnten sehr gering, gemessen an der Grösse der beiden Volkswirtschaften, der Intensität ihrer Handelsbeziehungen, der manifestierten politischen Wünschbarkeit, aber auch nicht zuletzt, wie die massiven Schwierigkeiten, Frustrationen und Misserfolge bezeugen, gemessen an dem gewünschten Niveau solcher Beziehungen auf Seiten der Unternehmen und Manager.

---

[35] Information gilt in der modernen Ökonomie ebenfalls als Produktionsfaktor.

2. Die Ursachen des Scheiterns sowie der Probleme und Schwierigkeiten, die deutsch-französische Unternehmenskooperationen verhindern, behindern oder belasten, sind nicht vorwiegend rechtlicher, technologischer oder institutioneller, sondern vorwiegend kultureller und psychologischer Natur.

3. Diese Problembereiche haben langfristig relle wirtschaftliche Auswirkungen, sind über eine lange Zeit in Wissenschaft, Management und Politik der westlichen Länder jedoch systematisch vernachlässigt und ignoriert worden, was ebenfalls mit kulturellen und psychologischen Barrieren zusammenhängt.

In den folgenden Kapiteln soll nun versucht werden, diese Thesen anhand diverser Studien zu stützen und zu konkretisieren und anschliessend zu theoretischen und praktischen Schlussfolgerungen auszubauen.

V. Umfragen und Studien zum deutsch-französischen Management

V.1. Vorbemerkung

Dieses Kapitel gibt einen Überblick über die wichtigsten Forschungsarbeiten und sonstige Beiträge, die sich entweder direkt mit den Problemen und Chancen befassen, die im deutsch-französischen Management und bei deutsch-französischen Unternehmenskooperationen auftreten, oder wichtige Erkenntnisse in diesem Bereich liefern. Die meisten dieser Studien entstammen dem Forschungszweig des interkulturellen Managements, einige auch der vergleichenden Soziologie sowie der Praxis der Unternehmensberatung.

Die Präsentation dieser Studien folgt einer groben Einteilung in quantitativ (V.2.) und qualitativ (V.3.) ausgerichteten Studien. Sie gibt gleichzeitig einen Überblick über die strukturellen und kulturellen deutsch-französischen Kooperationsbarrieren und die diversen Möglichkeiten, diese Unterschiede zu systematisieren. Eine zusammenfassende Beurteilung der unterschiedlichen methodischen Richtungen und theoretischen Hintergründe dieser Arbeiten erfolgt in V.4.

V.2. Umfragen und Statistiken

V.2.1. Die Studie von JPB - La synergie franco-allemande

Das Beratungsunternehmen "JPB - La synergie franco-allemande", gegründet von dem Franzosen Pierre de Bartha und dem Deutsche Jochen-Peter Breuer, ist spezialisiert auf deutsch-französisches "Synergiemanagement", insbesondere bei Unternehmenskooperationen.

Ihre "Studie über deutsch-französisches Management" von 1990 beruht auf Interviews mit 216 Unternehmen, davon 44 französische Muttergesellschaften, 47 deutsche Muttergesellschaften, 47 französische Tochtergesellschaften in Deutschland und 78 deutsche Tochtergesellschaften in Frankreich.

"Bei einer Zahl von etwa 2.600 deutsch-französischen Engagements (1.800 deutsche Töchter in Frankreich und 800 französische Filialen in der Bundesrepublik) entspricht dies ca. 8% der Grundgesamtheit. Dabei handelt es sich um Unternehmen, deren Filialen mehr als blosse Verkaufsrepräsentanzen sind. Über 90% der Antworten kamen von den Leitern des Auslandsgeschäfts bei den Müttern und von den Geschäftsführern der Töchter.

Die Tätigkeitsbereiche der Firmen umfassen sowohl den Industriegüterbereich als auch den Konsumgüter-und/oder Dienstleistungsbereich. 36% der befragten Filialen beschäftigen mehr als 100 Mitarbeiter, 60% der Muttergesellschaften mehr als 1.000 Mitarbeiter"[1].

Bei allen vier Unternehmenskategorien haben zwischen 50% und 60% der Unternehmen auf die Feststellung: "Die Mentalitätsunterschiede zwischen Deutschen und Franzosen führen bei uns oft zu Spannungen" mit "stimmt völlig" oder "stimmt eher" geantwortet.

Die folgenden Fragen beziehen sich auf drei Problembereiche:

---

[1] JPB 1990, S. 13

1. Ursachen für die Entstehung von Reibungsverlusten
2. Wesentliche Engpässe in der Zusammenarbeit mit unserer Muttergesellschaft/Tochtergesellschaft
3. Wünsche an unsere Mutter-/Tochtergesellschaft

Da die Fragebögen für die Mutter- und die Tochtergesellschaften sowohl für die deutschen als auch für die französischen Unternehmen leicht variieren, lassen sich nur für einen Teil der Fragen Gesamtübersichten und statistische Werte ermitteln. Im folgenden werden die wichtigsten der jeweils vergleichbaren Ergebnisse dargestellt.

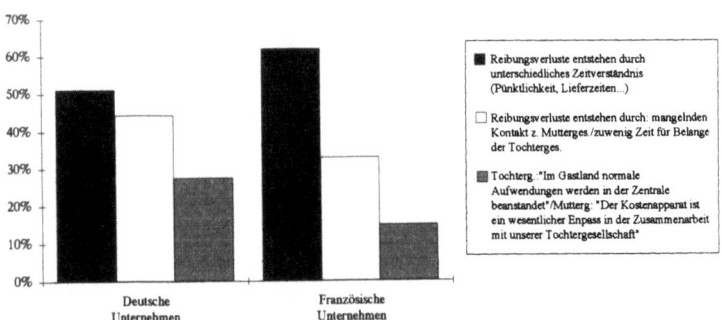

Wichtigste Unterschiede in der Problembewertung zwischen deutschen und französischen Unternehmen

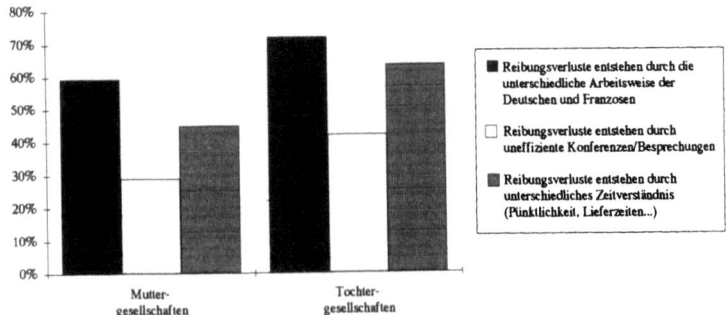

Wichtigste Unterschiede im Problemverständnis zwischen Mutter- und Tochtergesellschaften

Die wichtigsten Engpässe in der Zusammenarbeit mit den Muttergesellschaften sind:

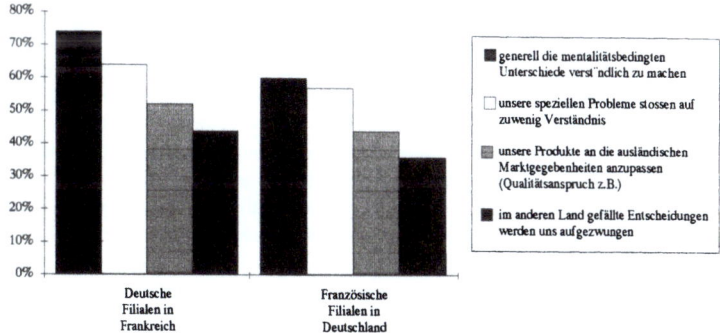

Die Ambitionen von JPB - la Synergie Franco-Allemande sind weitgehend praktischer Natur. Daher ergänzen die Autoren ihre Umfrageergebnisse eher durch Fallstudien und Empfehlungen als durch konzeptionelle oder theoretische Ausführungen. Dennoch ist es möglich, die implizite theoretische Fundierung ihrer Aussagen aus diesen herauszulesen und somit auch theoretisch von dem reichen Erfahrungsschatz der Berater zu profitieren. So heisst es in der Einleitung der Studie:

"Zum besseren Verständnis sollte zunächst einmal erläutert werden, wie denn eigentlich ein interkultureller Konflikt entsteht. Dafür eignet sich trefflich ein Beispiel aus der Tierwelt: Ein Hund sieht eine Katze, die mit dem Schwanz wedelt. Freudig erwidert er den vermeintlichen Gruss, nicht wissend, dass die Katze dieses Signal als Warnung versteht: 'Stop, nicht weiter, sonst zeig' ich Dir die Krallen !' Das Ende der Geschichte kennt jeder: Die Katze kratzt und der Hund beisst... und die 'Erbfeindschaft' nimmt ihren Lauf. Dieses Beispiel soll verdeutlichen, dass interkulturelle Spannungen durch Fehlinterpretation von Signalen und Verhaltensweisen entstehen. (...) Da diese Missverständnisse meist im unterbewussten und non-verbalen Bereich entstehen, machen wir uns selten die Mühe, deren Ursache zu ergründen. Wir flüchten uns eher in Allgemeinplätze und Vorurteile, und begnügen uns damit, nur das für uns Angenehme an der fremden Kultur anzunehmen."[2]

Hier wie auch an anderen Äusserungen[3] wird ein dynamischer, kommunikationsorientierter und psychologischer Ansatz deutlich. Dieser (in der Praxis sehr erfolgreiche) Ansatz geht von Kommunikationswegen aus, die zu "Teufelskreisen", also sich selbst verstärkenden negativen Effekten sowie zu positiven Effekten ("Synergien") führen können. Die psychologische Konstante in diesem Ansatz besteht darin, dass ein Grossteil der relevanten Kommunikations- und Denkprozesse im Unbewussten ablaufen und von diesem gesteuert werden, was die Grenzen wissenschaftlicher und anderer verbaler Methoden zur Konfliktlösung verdeutlicht.

JPB gehen von durch Sozialisation erworbenen und dann "automatisierten" Verhaltensweisen aus, die innerhalb einer Kultur verbindend, aber zwischen unterschiedlichen Kulturen trennend oder gar kontraproduktiv wirken. Dies wirft die Frage nach den Formen kultureller Evolution auf.

---

[2] ebd., S. 4
[3] Zum "Jetzt erst recht" - Reflex s. ebd., S. 72

Durch den Begriff der "Erbfeindschaft" sowie die Analogie mit tierischem Verhalten wird eine Art "Evolutionsgesetz" impliziert, wobei den genetischen Evolutionsmechanismen des Organismus' "kulturelle" Evolutionsmechanismen auf gesellschaftlicher Ebene entsprechen.

Ein weiteres theoretisch relevantes Element der Studie ist die Klassifizierung der Konfliktursachen bei der deutsch-französischen Kooperation. Die Problemfelder "Arbeitsweise", "Hierarchieverständnis", "Zeitverständnis" und "ständige Missverständnisse" haben sich zu den Klassikern der deutsch-französischen Managementforschung entwickelt. Die meisten deutsch-französischen Manager kennen diese Schlüsselbegriffe bereits aufgrund der auf ihnen immer wieder aufbauenden Studien und Seminaren. Dies hat einen positiven und einen negativen Effekt. Der positive Effekt liegt in der Bewusstmachung einiger Kernprobleme und der daraus folgenden Reflexion, der negative liegt in einer Verengung der Sichtweise und einer gewissen Verabsolutierung dieser Kategorien, was einer konkreten Problemüberwindung im Einzelfall im Wege stehen kann.

V.2.2.   Die Studie von Roland Berger

Die Studie "Auf der Suche nach Europas Stärken" der Beratungsgesellschaft Roland Berger &
Partner untersucht europäische Managementkulturen auf der Basis einer Befragung von Top- und
Mittelmanagern aus Frankreich, Deutschland, England, Italien und Spanien.

Leider lässt Deutschlands grösste Unternehmensberatung hier die Angabe der Stichprobengrösse
sowie die Beilegung der Fragebögen vermissen. Eine Analyse der Prozentangaben unter
Berücksichtigung der Nachkommastellen zeigt jedoch, dass die Stichprobengrösse der deutschen
Manager mindestens 45 beträgt.

Die Umfrage bietet eine Fülle von Einzelinformationen zu den Themen Karriereentwicklung,
Unternehmensstrukturen, Marktorientierung, Führungsstile, Leitbilder, Rahmenbedingungen,
strategische   Instrumente,   Wettbewerbsorientierung,   Internationalisierung   und
Manageranforderungen.

Auf den folgenden Seiten werden einige wichtige und interpretationsfähige Ergebnisse für
Frankreich und Deutschland dargestellt. Diese sollten jedoch aufgrund der methodischen und
konzeptionellen Unklarheiten der Studie mit Vorsicht betrachtet werden. So ist z.B. bei einigen
Aussagen wie "Zugangskriterien zum Top-Management" nicht klar, ob die Frage auf den
deskriptiven oden den normativen Aspekt abzielt. Ferner wird bei einigen Ergebnisgraphiken
nicht klargestellt, ob es sich um Managerantworten oder bereits um sekundäre Interpretationen
der Autoren handelt.

Zugangskriterien für Top-Manager aus der Sicht deutscher und französischer Führungskräfte

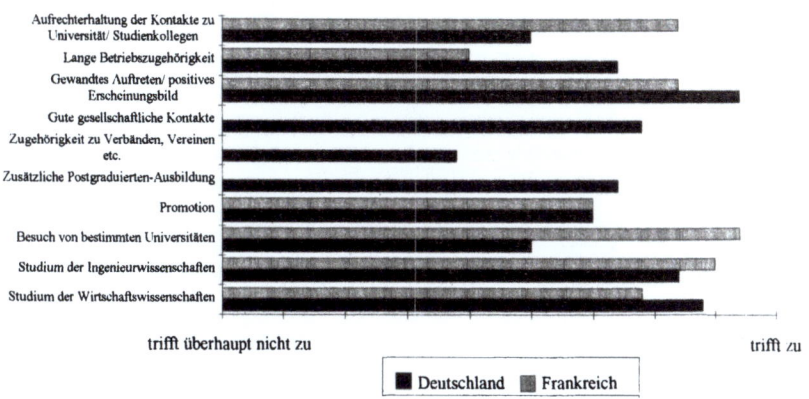

Charakteristika des eigenen Unternehmens aus der Sicht deutscher und französischer Führungskräfte

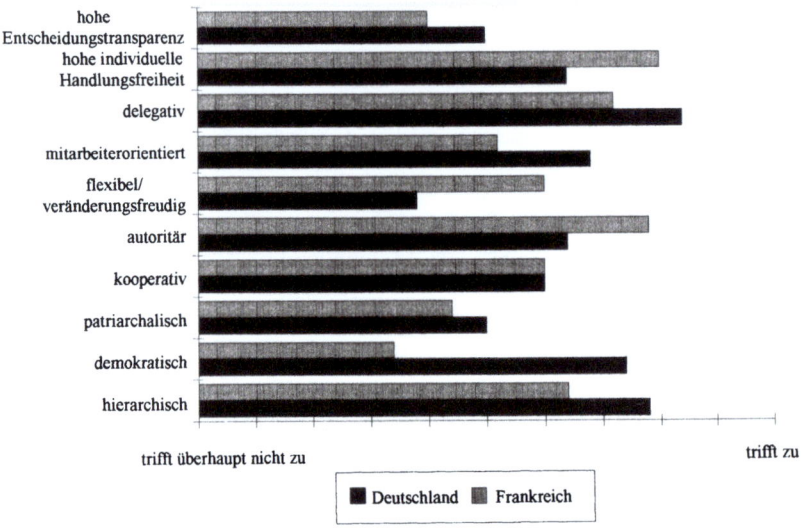

hohe Entscheidungstransparenz
hohe individuelle Handlungsfreiheit
delegativ
mitarbeiterorientiert
flexibel/ veränderungsfreudig
autoritär
kooperativ
patriarchalisch
demokratisch
hierarchisch

trifft überhaupt nicht zu   trifft zu

■ Deutschland ■ Frankreich

Anforderungs- (Ideal-) Profil an Manager aus der Sicht deutscher und französischer Führungskräfte

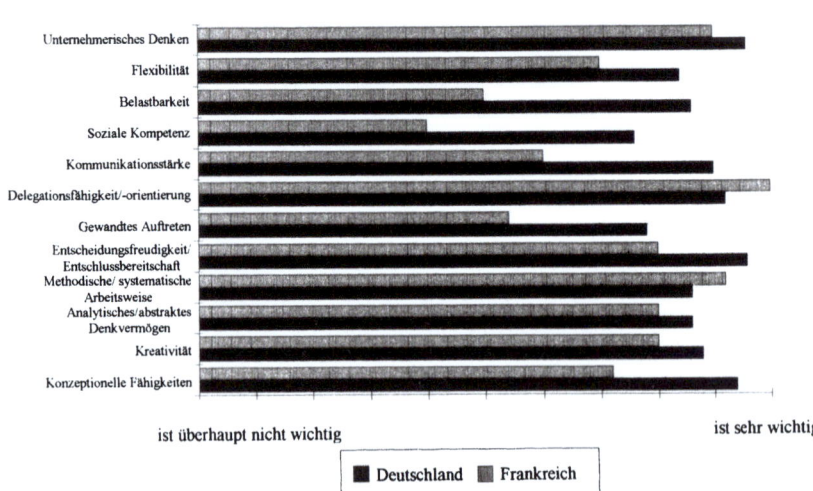

Unternehmerisches Denken
Flexibilität
Belastbarkeit
Soziale Kompetenz
Kommunikationsstärke
Delegationsfähigkeit/-orientierung
Gewandtes Auftreten
Entscheidungsfreudigkeit/ Entschlussbereitschaft
Methodische/ systematische Arbeitsweise
Analytisches/abstraktes Denkvermögen
Kreativität
Konzeptionelle Fähigkeiten

ist überhaupt nicht wichtig   ist sehr wichtig

■ Deutschland ■ Frankreich

Persönliche Motivationsfaktoren deutscher und französischer Führungskräfte

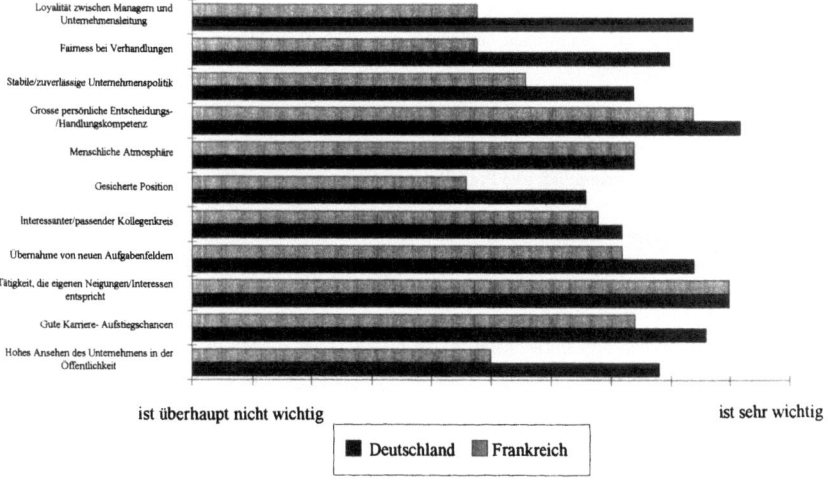

Loyalität zwischen Managern und Unternehmensleitung

Fairness bei Verhandlungen

Stabile/zuverlässige Unternehmenspolitik

Grosse persönliche Entscheidungs-/Handlungskompetenz

Menschliche Atmosphäre

Gesicherte Position

Interessanter/passender Kollegenkreis

Übernahme von neuen Aufgabenfeldern

Tätigkeit, die eigenen Neigungen/Interessen entspricht

Gute Karriere- Aufstiegschancen

Hohes Ansehen des Unternehmens in der Öffentlichkeit

ist überhaupt nicht wichtig   ist sehr wichtig

■ Deutschland   ■ Frankreich

Was das Verhältnis zwischen deutschen und französischen Managern betrifft, unterstreichen die Autoren besonders die konfliktuelle Seite:

"In seiner Individualität sieht der Franzose zu Recht einen fest verankerten gesellschaftlichen Wert: Ein Verhaltensmuster, das von Gesprächspartnern mit anderem kulturellen Hintergrund nicht selten als egozentrisch interpretiert wird. Für sie birgt seine mangelnde Konsensorientierung ein ständiges Konfliktpotential.(...) Ganz anders als Franzosen verhalten sich in dieser Hinsicht die Deutschen. Insbesondere die zweimalige Entwertung gesellschaftlicher Werte und Traditionen dieses Jahrhunderts hat in der Bundesrepublik zu einer Kulturunsicherheit geführt, die deutsche Manager allzu häufig entweder durch überzogene Anpassung zu unterdrücken oder aber mit übertrieben selbstbewusstem Auftreten zu kompensieren versuchen.

Das dürfte einer der Gründe dafür sein, weshalb gerade Deutsche und Franzosen manchmal so schlecht miteinander können. Auf den angepassten deutschen Manager reagieren die 'cadres' eher mit Unverständnis. Überzogenes Selbstbewusstsein dagegen löst bei ihnen - ebenfalls historisch belegte - Ängste vor der deutschen 'Dampfwalze' aus.(...) Mit grossem Abstand hängen deutsche Manager am treuesten an ihrer Company, gefolgt von den italienischen und spanischen. Die eklatantesten Differenzen zeigen sich dabei wieder zwischen Deutschland und Frankreich. So hält es fast jede zweite französische Top-Führungskraft (47% der Antworten) nur fünf bis sechs Jahre in einem Unternehmen (Deutschland 3,7%). Von den deutschen Managern der mittleren Ebene wechseln 56% erst nach sieben bis zehn Jahren - in Frankreich kommt diese Gruppe auf nur knapp 24%."[4]

Die meisten der Interpretationen der Untersuchungsergebnisse erfolgen ad hoc und ohne konzeptionellen Zusammenhang. So wird je nach Bedarf bei der Begründung der Phänomene

---

[4] Roland Berger, 1993, S. 42-43

jahrhundertelangen "Kleinstaaterei"[5]) oder nur um einige Jahrzehnte (mangelnde Europäisierung der spanischen Wirtschaft aufgrund des Franco-Regimes[6]) zurückgegriffen.

Der Wert dieser Studie besteht somit weniger in seiner konzeptionellen Stringenz als in der Fülle von einzelnen praktischen Informationen und Ratschlägen, die einer reichen Beratungspraxis entstammen.

Interessant ist schliesslich aus theoretischer Sicht die Argumentation der Autoren bzgl. der Motivation der Studie sowie deren Rechtfertigung vor dem Hintergrund aktueller Entwicklungen in Wissenschaft und Praxis:

"In unseren heutigen Gesellschaften (...), und erst recht in einem sozialen Umfeld nach der Jahrtausendwende, erhalten sog. kulturelle oder 'weiche' Faktoren als Grundlage der Unternehmensführung ein immer höheres Gewicht."[7]

Die Autoren nennen drei Entwicklungen, die diesen Trend stützen: Erhöhte Dynamik und Komplexität, Forderung nach höherer Flexibilität durch die Entwicklung der Informationsgesellschaft und Verlust der Bedeutung materieller Anreize durch den gesellschaftlichen Wertewandel. Vor allem in Hinblick auf die Herausforderung durch die japanische Managementkultur wird das interkulturelle Management als Schlüsselgrösse für die Wettbewerbsfähigkeit Europas betrachtet. Eine interessante Feststellung in diesem Zusammenhang ist die folgende:

"Ungebrochen definieren sich sowohl Franzosen als auch Deutsche als die jeweils wahren Vertreter von Rationalität, Methodik und Systematik - ohne jemals registriert zu haben, dass diese Begriffe in den beiden Ländern andere Inhalte und Verhaltensmuster abdecken."[8]

Die hier nur angedeuteten Problembereiche werden an späterer Stelle noch einer grundlegenderen Diskussion unterzogen werden.

---

[5] ebd., S. 45
[6] ebd., S. 47
[7] ebd., S. 15
[8] ebd., S. 17

V.2.3.   *Die Studie von Geert HOFSTEDE*

Die bekannte Studie von Geert HOFSTEDE beruht auf einer Befragung von über 60.000 Angestellten des multinationalen Konzerns IBM in 71 Ländern durch einen schriftlichen Fragebogen in zwanzig verschiedenen Sprachen. Diese Studie wurde mit Unterstützung des Unternehmens in dem Zeitraum von 1966 bis 1973 von einem sechsköpfigen Forscherteam unter Leitung von Geert HOFSTEDE durchgeführt und deckte in jedem Land mehrere Hierarchieebenen, Aktivitätsbereiche sowie beide Geschlechter ab.

Diese Forschungsmethode beruht auf dem Argument, dass gerade durch die Konzentration auf ein multinationales Unternehmen Charakteristika der Nationalkultur herauskristallisiert und Einflüsse der branchenspezifischen und unternehmensspezifischen Kultur ausgeblendet werden können.

Das Ziel der Studie war der empirische Erhalt universeller Unterscheidungskategorien für National- und Regionalkulturen sowie die Einordnung und Beschreibung derselben mit Hilfe dieser Kategorien.

Die Datenauswertung beruht auf 50 Ländern sowie drei aus kleineren Ländern zusammengesetzte Regionen (arabische Länder, Ostafrika und Westafrika).

Die Fragebögen bestanden aus vier Teilen zu den folgenden Themen:

1.   Zufriedenheit mit und bei der Arbeit
2.   Ansichten über verschiedene Probleme und Aspekte der Arbeit
3.   Persönliche Ziele und Meinungen
4.   Soziodemographische Angaben (Alter, Geschlecht, Ausbildung etc.)[9]

Auf der Basis einer Korrelationsanalyse der Antworten bzw. Grade der Zustimmung wurden die Fragen zu Gruppen zusammengefasst. Dies führte zur Bildung der folgenden vier signifikanten Kriterien:

Kriterium	Wichtigste Fragen
"Hierarchische Distanz"	Fürchtet das Personal bei Ihnen häufig, den Vorgesetzten zu widersprechen ?
"Unsicherheitskontrolle"	Die Regeln eines Unternehmens dürfen nicht verletzt werden, selbst wenn der Angestellte meint, dies sei im Interesse des Unternehmens Wielange glauben Sie, noch für dieses Unternehmen in der Zukunft zu arbeiten ? Fühlen Sie sich während der Arbeit häufig angespannt oder nervös ?

---

[9] Zur Erhebungsmethodik und statistischen Analyse s. Hofstede 1987, S. 35-77

"Individualismus"	Es ist für mich wichtig, ...
	- genügend Freizeit für mein persönliches oder familiäres Leben zu haben;
	- eine grosse Freiheit für die Organisation meiner Arbeit zu besitzen;
	- eine stimulierende Arbeit zu haben, die mir das Gefühl gibt, mich zu verwirklichen.

"Maskulinität"	Für mich ist es wichtig, ...
	- gute Möglichkeiten zum beruflichen Aufstieg zu haben;
	- ein hohes Gehalt zu beziehen;
	- die Möglichkeit zu haben zu lernen und mich weiterzubilden;
	- über technische Entwicklungen auf dem laufenden zu bleiben.[10]

Es ist wichtig, hier zu betonen, dass die Benennung der vier Kategorien zwar (möglicherweise) unter Einfluss früherer Klassifizierungsmodelle steht[11], jedoch im Prinzip keine Bedeutung hat; es handelt sich um Vereinfachungen zur Darstellung statistisch gewonnener Erkenntnisse.

Für jedes Kriterium wurde ein Index entwickelt, und für jede nationale oder regionale Kultur konnte der entsprechende Index für jede der vier Kategorien angegeben werden.

Die folgenden Graphiken zeigen die Stellung Deutschlands und Frankreichs in den Koordinatensystemen der vier Kategorien, zur Orientierung wurde ebenfalls die Position der USA hinzugefügt.

---

[10] Für eine vollständige Darstellung der zugrundeliegenden Fragen und der Korrelationsanalyse s. ebd., S. 79-135

[11] Hofstede verweist auf die Ergebnisse von INKELES und LEVINSON, bezeichnet die Ähnlichkeit mit deren Kriterien jedoch nicht als Ergebnis einer Beeinflussung, sondern als erfreuliche Stützung seiner empirischen Resultate; s. Hofstede 1994, S. 30-31

Unsicherheitskontrolle und hierarchische Distanz in Deutschland, Frankreich und den USA

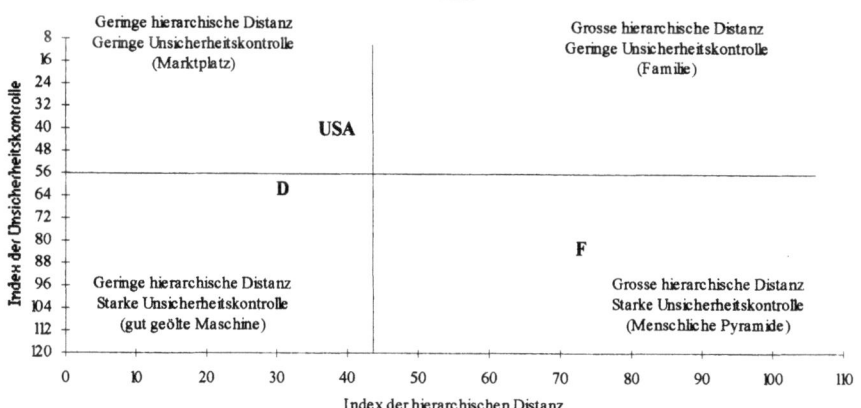

Individualismus und Maskulinität in Deutschland, Frankreich und den USA

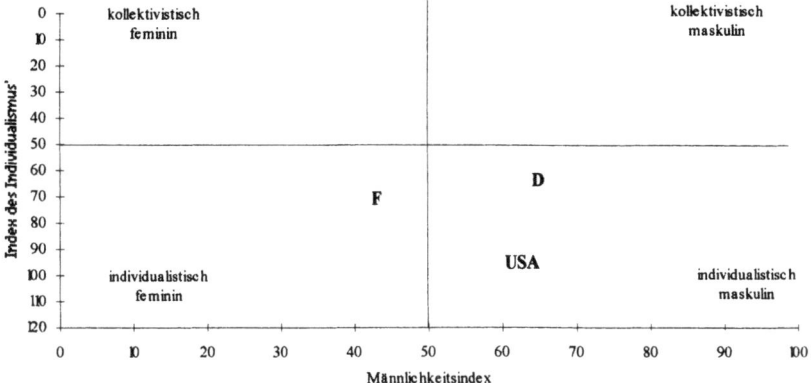

Auch wenn sich die Ergebnisse der IBM-Studie unabhängig von HOFSTEDEs theoretischen Ausführungen und Hypothesen verwenden und analysieren lassen, so lohnt es sich doch, diese in ihren Grundzügen kurz darzustellen, um die wesentlichen theoretischen Debatten innerhalb der interkulturellen Managementforschung zu beleuchten.

Bei HOFSTEDEs höchst umfangreicher Studie handelt es sich zweifellos um einen Meilenstein in dieser Forschungsrichtung und somit um eine Standardreferenz. Dies ist vielleicht der Grund für die vielen kritischen Stimmen,[12] die mal seine Untersuchungsmethode, mal seine Schlussfolgerungen oder gar die Zweckhaftigkeit einer Diskussion über nationale Kulturen in generell in Frage stellen. HOFSTEDE begegnet der Kritik im voraus durch folgende Feststellungen:

"*Sex* war das grosse Tabu der viktorianischen Epoche. *Macht* - zumindest in der Organisations- und Managementliteratur - bildete ein weiteres bis in die sechziger Jahre. Diese beiden Tabus sind seit dreissig Jahren mehr oder weniger gebrochen. Die *Kultur* eines Landes bestimmt implizit ein bestimmtes Managementmodell. Sie kann als weiteres grosses Tabu unserer Epoche betrachtet werden."[13]

"Ein guter Grund für die Sammlung der Daten auf nationaler Ebene ist, dass eines der Ziele dieser Forschungsarbeit darin besteht, die Kooperation zwischen den Nationen zu fördern. (...) Die etwa zweihundert heute existierenden Nationen teilen sich einen einzigen Planeten und sind dazu verurteilt, *gemeinsam* zu überleben oder unterzugehen. Somit ist es höchst nützlich, sich für die kulturellen Faktoren zu interessieren, die die Nationen verbinden oder trennen."[14]

Bei seinen Erklärungsansätzen für kulturelle Eigenschaften und Unterschiede verfährt HOFSTEDE interdisziplinär und zitiert diverse historische Gegebenheiten aus allen Epochen, bezieht sich auf die grossen Philosophen und Religionsstifter der Menschheit sowie auf zeitgenössische Ökonomen, Ethnologen und Soziologen. Er illustriert seine Hypothesen durch Anekdoten und literarische und filmische Beispiele, oft in humorvoller Art und Weise.

Ein Beispiel für HOFSTEDEs Argumentationsweise liefert die folgende Ausführung über das Kriterium der Unsicherheitskontrolle:

"Im Bereich der Philosophie und der Wissenschaften werden Länder mit einem hohen Index der Unsicherheitskontrolle universalistische philosophische Systeme hervorbringen. In Europa haben Deutschland und Frankreich mehr grosse Philosophen hervorgebracht als Grossbritannien oder Schweden: nennen wir einfach Pascal, Descartes, Kant, Hegel, Marx, Nietzsche und Sartre. Die Länder mit einem niedrigen Index der Unsicherheitskontrolle haben einen pragmatischeren Ansatz und ihre Denker ziehen ihre Schlussfolgerungen eher aus der Beobachtung und dem Experiment als aus der Reflexion (z.B. Newton, Linné und Darwin)."[15]

Vor dem Hintergrund der Universalität seiner Hypothesen und seinem unkonventionellen Stil kann es nicht verwundern, dass HOFSTEDEs Werk harter Kritik von diversen Seiten unterzogen wurde. So verwirft der Soziologe Philippe d'IRIBARNE seine Erklärungsmuster als zu

---

[12] z.B. Triandis, 1992, S. 89; Blankenberg, 1983, S. 390
[13] Hofstede 1987, S. 15, eigene Übersetzung
[14] ebd., S. 29, eigene Übersetzung
[15] Hofstede 1994, S. 176

111

simplifizierend[16], ähnlich Jacqueline PALMADE, die gleichzeitig vor ideologischen Irrwegen in in der interkulturellen Managementforschung warnt.[17]

Trotz der häufigen Kritik bleibt die Studie HOFSTEDEs die umfangreichste und statistisch solideste Untersuchung dieser Art, so dass bei vergleichenden Untersuchungen immer wieder auf seine vier klassischen Kategorien zurückgegriffen wird. Selbst wenn man die Analogieschlüsse und weitreichenden kulturhistorischen Assoziationen, die HOFSTEDE aus seinen Ergebnissen ableitet, als zu oberflächlich oder allgemein betrachtet, so kommt man schwerlich umhin, die Studie selbst als "state of the art" dieses Forschungssektors zu akzeptieren.

Die Problematik der HOFSTEDEschen Kategorien besteht vielmehr darin, dass sie zwar auf weltweiter Ebene statistisch signifikant sind, jedoch für beschränkte Vergleichsuntersuchungen, wie etwa beim deutsch-französischen Managementvergleich, nur geringe Anhaltspunkte bieten und möglicherweise andere Kategorien, die von besonderer Bedeutung für zwei bestimmte Nationalkulturen sind, ausblendet. Die Grenzen des HOFSTEDEschen Modells liegen also v.a. in seiner Praktikabilität bei auf wenige Objekte konzentrierten interkulturellen Analysen.

An grundlegenden Hypothesen, auf denen selbst die Untersuchungsmethode aufbaut, sind folgende Annahmen festzuhalten:

HOFSTEDE lehnt genetische Erklärungsmodelle für Kultur ab und nennt als Determinanten die Sozialisierung, v.a. im Kindesalter. Er bezeichnet Kultur als "geistige Programmierung" (mental software) und stützt sich auf eine umfassende, anthropologisch orientierte Definition:

"...Die kollektive Programmierung des Geistes, die die Mitglieder einer Gruppe oder einer Kategorie von Personen von einer anderen unterscheidet"[18].

HOFSTEDE erklärt sich als Anhänger eines kulturellen Relativismus' in der Tradition LEVI-STRAUSS', interpretiert diesen jedoch vorwiegend normativ, d.h. als Gebot zur Vorsicht bei der Anwendung oder Einforderungen von Normen, die der eigenen Kultur entspringen, auf andere Kulturen oder deren Mitglieder.[19] Die Kultur manifestiert sich, in absteigender Reihenfolge der Tiefe der Verankerung in der Persönlichkeit, in Werten, Ritualen, Helden und Symbolen.[20] Schliesslich geht er von der prinzipiellen Veränderbarkeit der Kulturen aus und wendet sich gegen jeglichen kulturellen Fatalismus.[21]

---

[16] d'Iribarne 1991, S. 98, d'Iribarne 1989, S. XXX
[17] Palmade 1992
[18] ebd., S. 20, eigene Übersetzung
[19] ebd., S. 22/23
[20] ebd., S. 24
[21] ebd., S. 329

V.2.4. *Die Studie PMI'93*

Die Studie PMI'93 von Roland Berger und Algoë Management mit Unterstützung der Deutschen Bank untersucht im Auftrag des französischen Industrieministeriums die strategischen Verhaltensmuster mittelständischer Industrieunternehmen in Frankreich und Deutschland. Sie beruht "auf der Analyse der Antworten von 500 französischen und 500 deutschen Führungskräften, die eine repräsentative Stichprobe der mittelständischen Industrieunternehmen beider Staaten bilden. (...) In Deutschland umfasst die Stichprobe 5% der 9.950 Unternehmen mit 100 bis 2.000 Beschäftigten, die in Westdeutschland bekannt sind. In Frankreich umfasst die Stichprobe 8,3% der 6.150 Unternehmen mit 100 bis 2.000 Beschäftigten, die 1992 gezählt worden waren."[22]

Diese Studie beeindruckt nicht nur durch den Umfang der Stichprobe, sondern auch durch die grosse Masse an Daten. Es zeigt sich jedoch, dass ein grosser Teil der komplexen Typologien und Cluster-Analysen keine nennenswerten Unterschiede zwischen den deutschen und französischen Unternehmen erkennen lassen und die entdeckten Zusammenhänge nur in einigen Fällen Aussagen erlauben, die über das Tautologische hinausgehen.

Einige der aussagekräftigen, signifikanten und für die Themenstellung relevanten Ergebnisse der Studie sind in den folgenden Graphiken dargestellt. Es handelt sich vorwiegend um strukturelle Unterschiede, jedoch auch um einige Aussagen, die Rückschlüsse auf unterschiedliche Präferenzen, Meinungen und Prinzipien zulassen und somit eine Betrachtung des wichtigen Grenzbereichs zwischen strategischen und kulturellen Faktoren der Unternehmensführung erlauben.

Zunächst fallen einige strukturelle Unterschiede zwischen deutschen und französischen Industrie-Mittelständlern auf. So besitzen nur knapp über die Hälfte der befragten französischen "Mittelständler" eine Autonomie bei strategischen Entscheidungen, gegenüber fast 80% der deutschen.

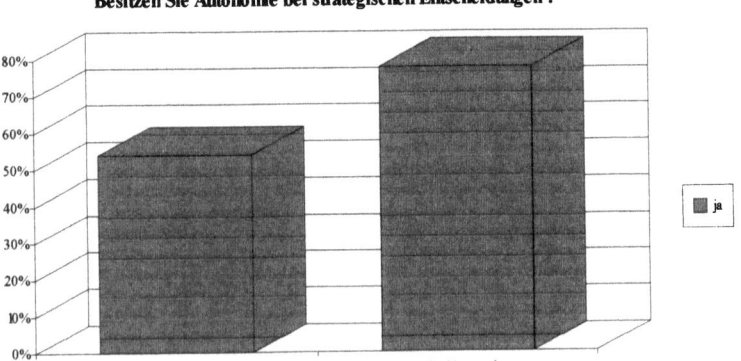

---

[22] PMI'93, S.1

Hier zeigt sich die Ambiguität des Begriffs Mittelstand, eines kulturellen Schlüsselbegriffs, der ganz andere Assoziationen weckt als der französische Begriff "PMI" (petites et moyennes industries). Letztere fallen, aufgrund der hier verwendeten Definition anhand von Beschäftigtenzahlen, in dieselbe Kategorie wie die deutschen "Mittelständler", aber ihr Entscheidungsspielraum entspricht nicht dem des typischen deutschen Mittelständlers, da der Anteil der Tochtergesellschaften von Grossunternehmen hier grösser ist als bei den deutschen Mittelständlern und letztere (möglicherweise), selbst wenn sie zu einem Grossunternehmen gehören, über eine höhere Autonomie verfügen.

Was die Auslandsaktivitäten betrifft, so zeigt sich erwartungsgemäss, dass die französischen "PMI" stärker in Entwicklungsländern (ehemaligen Kolonien, v.a. in Afrika) tätig sind, während die deutschen Mittelständler stärker in Osteuropa vertreten sind.

Deutsche und französische Mittelständler - Typologie nach überrepräsentierten Exportgebieten

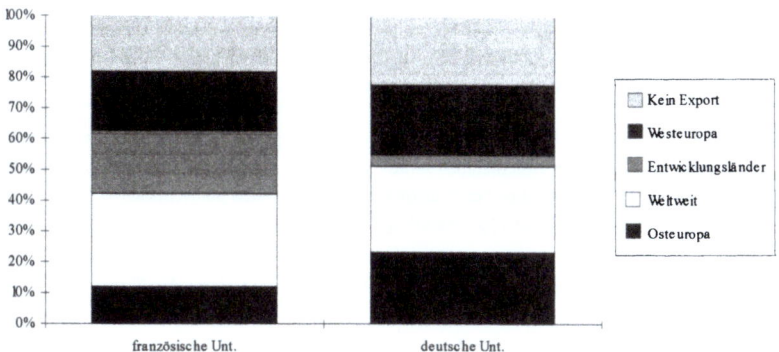

Während die französischen Unternehmen beim Export noch dieselbe globale Präsenz aufweisen wie die deutschen, ändert sich dieses Bild, wenn man die Ausdehnung der wichtigsten Geschäftstätigkeit betrachtet, also Produktions-, Forschungs- und andere Aktivitäten mit berücksichtigt.

Ausdehnung der Hauptaktivität

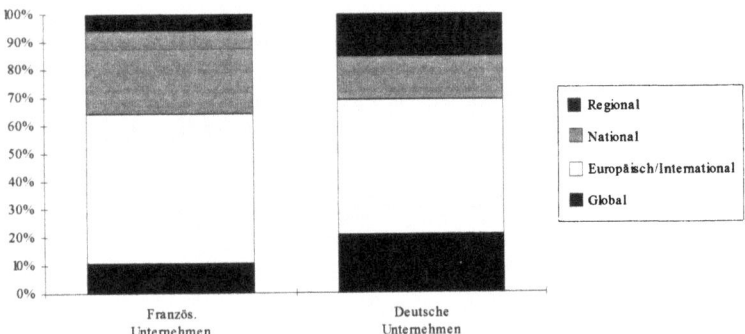

Hier zeigt sich eine deutlich geringere globale Präsenz der französischen Unternehmen, deren ökonomischer Aktivitätsraum eher national, und - im Rahmen der europäischen Integration - zunehmend europäisch ist, während bei den deutschen Unternehmen sowohl der regionale als auch der globale Wirtschaftsraum überrepräsentiert sind.

Die von den Autoren vorgenommene strategische Typologie zeigt ebenfalls die höhere Integration der deutschen Unternehmen in den weltweiten Wirtschaftsraum. Der Typ "Globaler Nischenspezialist" ist gegenüber den französischen Unternehmen überrepräsentiert, während bei den Franzosen der strategische Typ "Marktfolger Heimmarkt" ein deutliches Übergewicht besitzt.

Mittelständler in Deutschland und Frankreich- Verteilung strategischer Typen

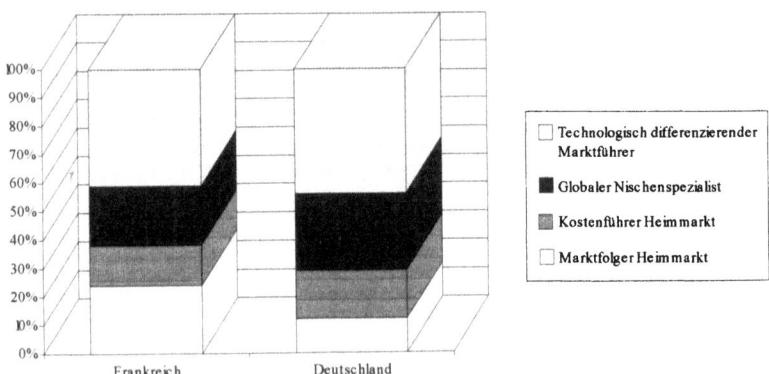

Die Unternehmensleitung liegt öfter als in Deutschland in der Hand einer einzigen Person, ein Befund, der durch zahlreiche andere Studien bestätigt wird.[23]

Die Unternehmensleitung liegt in den Händen von...

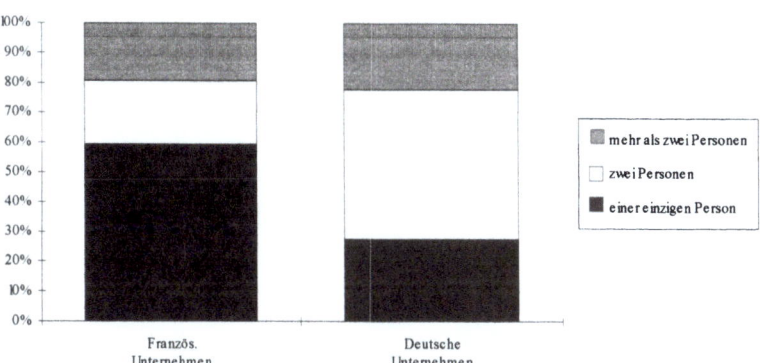

Weiterhin zeigt sich ein deutlicher Unterschied in dem Grad der Vorwärtsintegration. Dieser scheint bei den deutschen industriellen Mittelständlern höher zu sein als bei den PMI; die Deutschen ziehen einen Direktkontakt mit dem Endkunden oder die Zwischenschaltung eines einzigen Intermediärs vor, während bei fast der Hälfte der Franzosen zwei Intermediäre zwischen dem Unternehmen und dem Endkunden stehen.

Anzahl von Zwischenstufen zwischen dem Unternehmen und dem Endkunden (für das wichtigste Produkt)

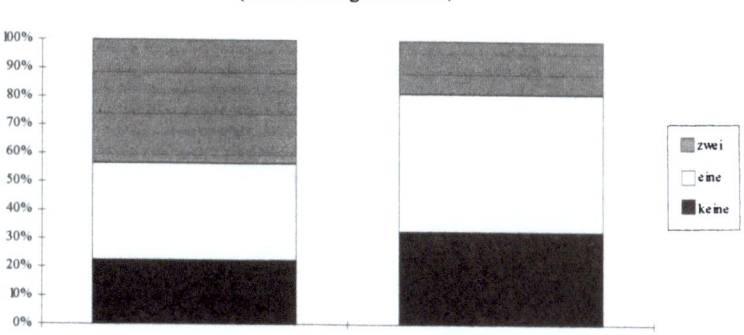

Den Anforderungen der höheren Flexibilität angesichts einer dynamischeren und konkurrentielleren Umwelt wird in Frankreich und in Deutschland auf unterschiedliche Weise

---

[23] s. V.3.

begegnet. Während die wichtigste Strategie der französischen Unternehmen in internen organisatorischen Massnahmen besteht, setzen die deutschen vorwiegend auf ein Outsourcing-Netzwerk. Dieser Unterschied beruht vermutlich auf dem grösseren Spielraum der traditionell stark vertikal integrierten deutschen Mittelständler zum Outsourcing gegenüber den vertikal bereits stärker fragmentierten französischen PMI.

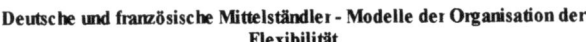

Deutsche und französische Mittelständler - Modelle der Organisation der Flexibilität

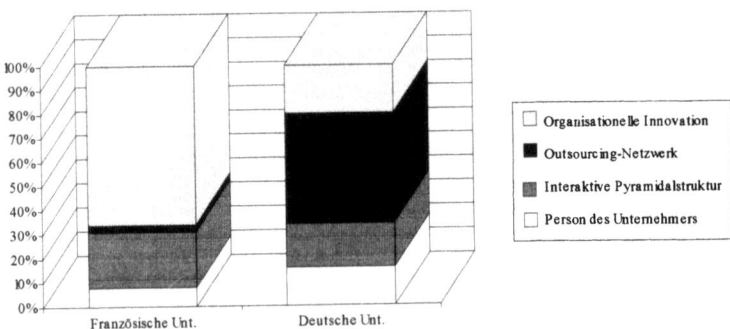

Diese stärkere vertikale Fragmentierung wird durch stärkere zwischenbetriebliche Beziehungen ausgegelichen: Die Franzosen halten tendenziell engere Beziehungen mit ihren Lieferanten und Kunden als die Deutschen.

Deutsche und französische Mittelständler - Intensität der Beziehungen mit Lieferanten und Kunden

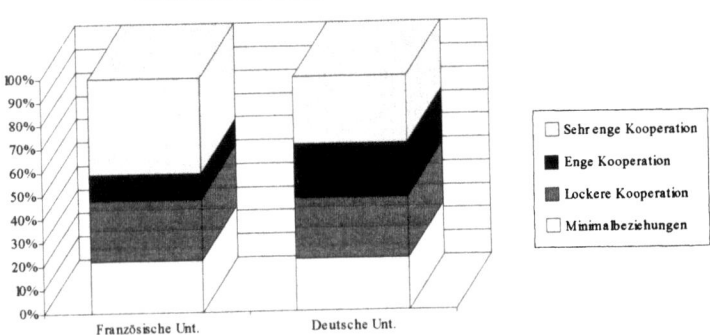

Was die strategischen Präferenzen der deutschen und französischen mittelständischen Industrieunternehmen betrifft, lässt sich zunächst eine stärkerer Drang der deutschen Unternehmen zur autonomen, integrierten F&E-Tätigkeit feststellen.

Deutsche und französische Mittelständler - Vergleich der F&E-Strategien

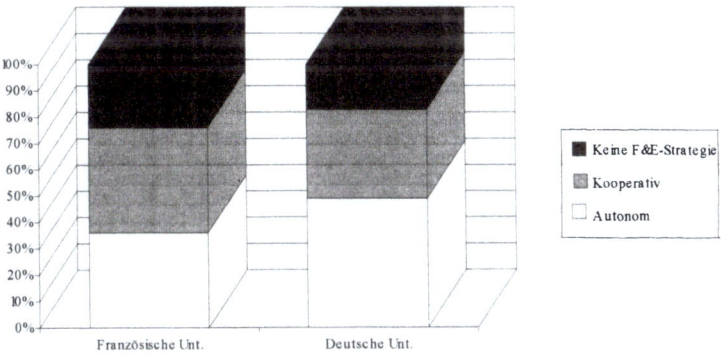

Die Franzosen haben eine stärkere Tendenz zu externen Kooperationsbeziehungen im Bereich Forschung und Entwicklung, wie sich auch beim Vergleich der Beteiligung an europäischen Forschungsprogrammen zeigt.

Beteiligung an europäischen Forschungsprogrammen

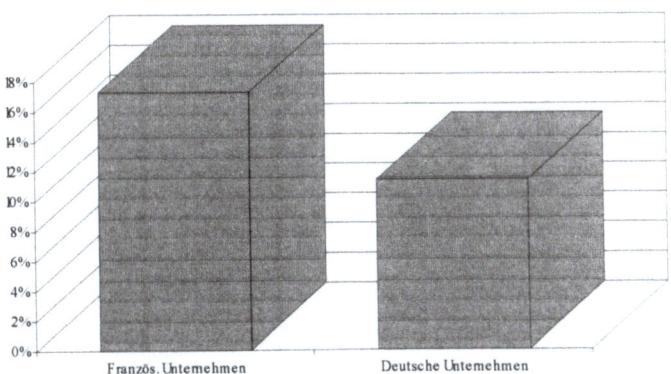

Die wichtigsten Kooperationsprobleme für die französischen Unternehmen bestehen in persönlichen Faktoren, während die meisten Kooperationen der deutschen Unternehmen an "zu langsamen Entscheidungen" scheiterten.

Erlebte Schwierigkeiten bei gescheiterten Kooperationsprojekten*

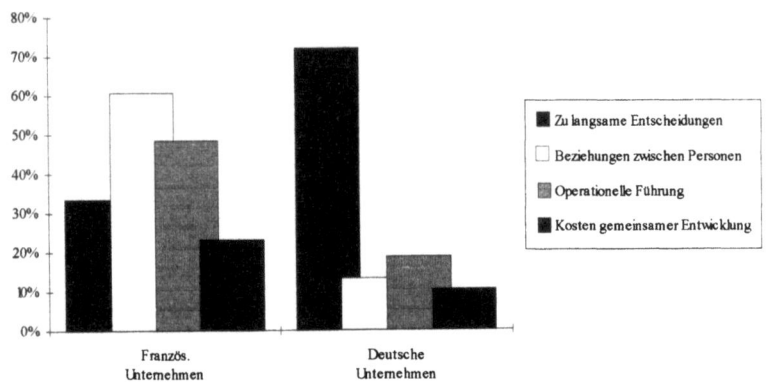

* Mehrfachnennungen

Was zukünftige Kooperationspläne angeht, orientieren sich die französischen Unternehmen, ohnehin bereits stärker von Grossunternehmen abhängig, erneut eher an Grossunternehmen, während der der deutsche Mittelstand seine Partner eher unter Seinesgleichen sucht.

Mit welchen Unternehmen planen Sie, Kooperationsbeziehungen aufzunehmen?

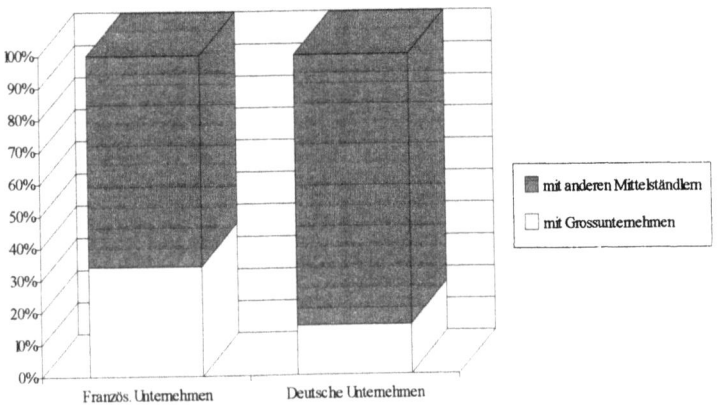

V.2.5.   *Die Studie des Prognos-Instituts*

Die Studie des Basler Prognos-Instituts im Auftrag des deutschen Bundeswirtschaftsministers von 1986 untersucht die Kooperation zwischen deutschen und französischen Industrieunternehmen und basiert auf einer Befragung von 121 Unternehmen, davon etwa zwei Drittel deutsche und ein Drittel französische Unternehmen. Die Auswahl erfolgte anhand von Verzeichnissen deutsch-französischer Handelskammern und ähnlicher Institute im Hinblick auf zu vermutende Aktivitäten im jeweils anderen Land. Die Stichprobe ist repräsentativ in bezug auf die industriellen Branchen und Betriebsgrössen, erlaubt jedoch keine Hochrechnung auf die gesamte deutsch-französische Kooperationsaktivität.[24]

Die Studie konzentriert sich vorwiegend auf die qualitative Darstellung von Motivationen, Strategien, Erfahrungen und Problemen. Die Autoren definieren die Kooperation wie folgt:

"Generell gilt, dass von einer Kooperation gesprochen werden kann, wenn:

- eine Zusammenarbeit langfristig (unbefristet/befristet) auf mündlicher und/oder
vertraglicher Basis vereinbart ist,

- bei kapitalverflochtenen Partnern (unabhängig von der Beteiligungshöhe) mehr als
eine der wichtigen Unternehmensfunktionen (Vertrieb/Beschaffung, Produktion, F&E)
eigenständig wahrgenommen wird, diese zusammenarbeiten und für beide Teile der
Zusammenarbeit ein wirtschaftlicher Nutzen zu erkennen ist.

Das Kriterium der rechtlichen Selbständigkeit ist bei grenzüberschreitenden Zusammenarbeitsverhältnissen -
auch bei Konzernen - immer erfüllt und scheidet deshalb als Abgrenzungskriterium aus."[25]

Die qualitativen Ergebnisse werden in den folgenden zwölf Befunden dargestellt:

1.   Die Initiative zu Kooperationen ist in den meisten der beobachteten Fälle von deutschen Unternehmen ausgegangen

2.   Französische Unternehmen sind stärker national orientiert und binden sich weniger international

3.   Kooperationsbeziehungen treten in der Mehrheit der Fälle in Verbindung mit Kapitalverflechtungen auf, bei den von deutschen Unternehmen initiierten Kooperationen allerdings stärker als bei den von französischen Unternehmen angestossenen Kooperationen.

4.   Die Marktbearbeitung ist das zentrale Motiv für deutsch-französische Kooperationsinitiativen

5.   Die gegenseitige Handelsverflechtung zwischen Frankreich und Deutschland erhöht die Anlässe für Kooperationen, erleichtert aber auch den Direktexport als Alternative

---

[24] s. Prognos 1986, S. 23-25
[25] ebd. S. 21

6.   Ausserhalb konzerninterner Arbeitsteilung findet eine Kooperation im F&E-Bereich fast ausschliesslich im Rahmen öffentlicher Programme statt.

7.   Das Angebot an potentiellen Kooperationspartnern in Frankreich ist vergleichsweise gering

8.   Die unternehmerische Entscheidungsfreiheit der Unternehmen in Frankreich erscheint deutschen Unternehmen zu stark eingeschränkt und wird als zusätzliches Kooperationsrisiko empfunden.

9.   Sprach- und Mentalitätsdifferenzen erschweren die Kooperationen

10. Unterschiede in der Wirtschafts- und Ordnungspolitik wirken dämpfend auf die Kooperation.

11. Behinderungen im deutsch-französischen Aussenhandel beeinträchtigen   Kooperationen

12. Der Produktionsstandort Frankreich wird von deutschen Unternehmen oft zu negativ eingeschätzt

Die wichtigsten quantitativen Ergebnisse der Studie sind in der folgenden Graphik dargestellt. Hier werden die Unterschiede in den strategischen Motivationen der deutschen und französischen Unternehmen deutlich. Der Markteintritt ist für beide das wichtigste Kooperationsmotiv, an zweiter Stelle stehen jedoch bei den Franzosen der Zugang zu neuen Produkten und Technologien, bei den Deutschen die Sicherung der Marktposition und die Internationalisierung.

Wichtige Motive deutsch-französischer Kooperationsfälle in %*

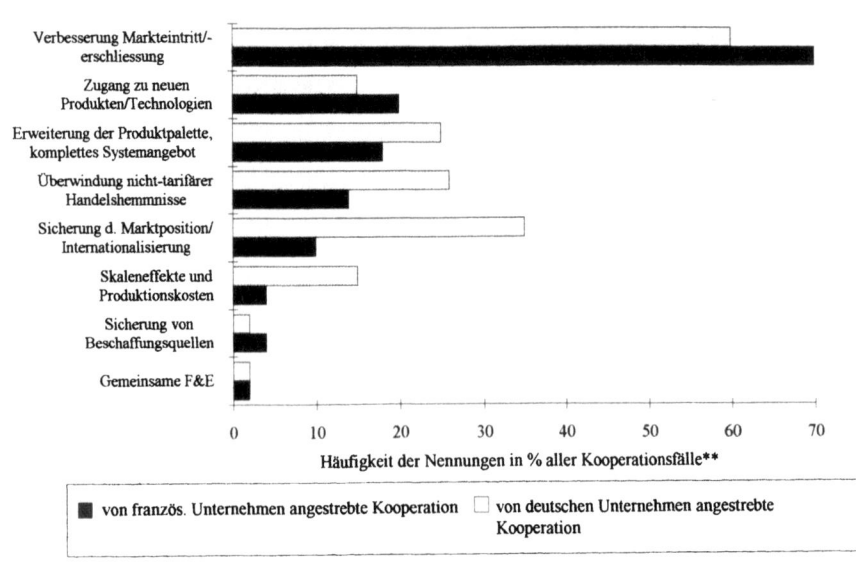

* ohne Luft- und Raumfahrt/Verteidigung
** Doppelnennungen möglich

Quelle: Prognos 1986

**Kooperationsart nach Nationalität des Kooperationsinitianten in % der Kooperationsfälle
(ohne Luft- und Raumfahrt/Verteidigung)**

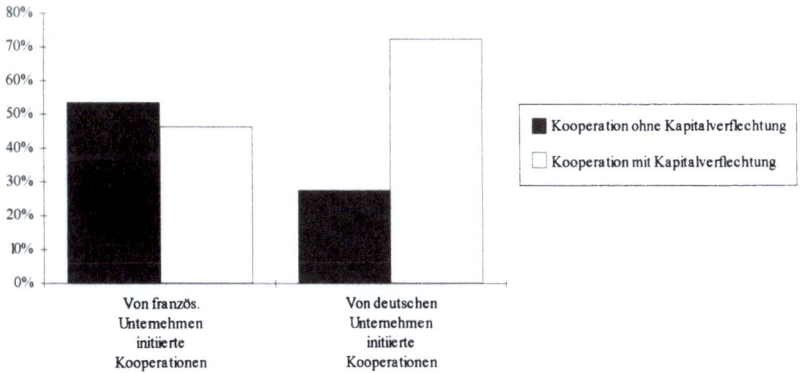

**Kooperationsfälle nach Nationalität und Beschäftigtenzahl des Kooperationsinitianten
(ohne Luft- und Raumfahrt/Verteidigung)**

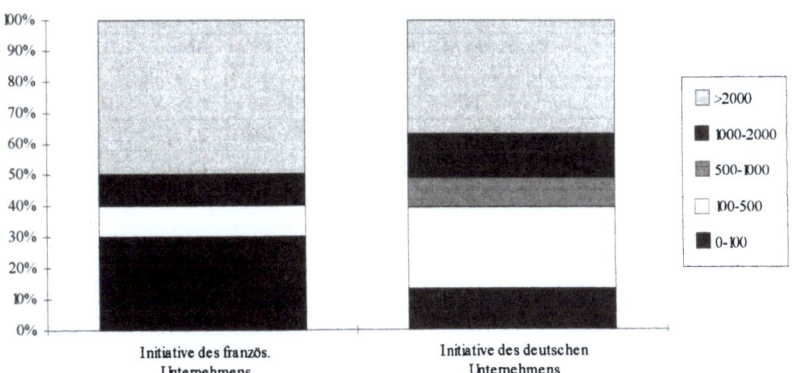

V.2.6.   *Die Studie von Jacques Pateau*

Jacques Pateau, Professor an der Universität von Compiègne, begann 1989 mit der Durchführung einer Studie mit Unterstützung der Robert-Bosch-Stiftung. Ziel der Studie war es, die Mentalitätsunterschiede in deutsch-französischen Unternehmen herauszuarbeiten, deren Konsequenzen darzustellen und den Unternehmen Möglichkeiten zu zeigen, zu einer höheren Effizienz bei der interkulturellen Zusammenarbeit zu gelangen.

Die Ergebnisse dieses Projektes sollten Anfang 1994 erscheinen.[26] Dies ist jedoch nie geschehen. Der steigenden Nachfrage folgend, widmete sich PATEAU verstärkt der Beratungs- und Seminartätigkeit, so dass nur einige Fragmente der Untersuchungsergebnisse vorliegen.

PATEAUs Arbeiten beruhen auf einer dreifachen Methode:

"-die teilnehmende Beobachtung, die die Aussagen von Praktikanten und jungen Mitarbeitern beider Länder berücksichtigt, die mit dem 'Kulturschock' konfrontiert worden sind;
- die in 15 Partnerunternehmen durchgeführten Interviews (250 ein- bis zweistündige Gespräche mit Mitarbeitern aus beiden Ländern);
- die Auswertung eines von 1.500 Mitgliedern des mittleren Managements der französischen und deutschen Unternehmen ausgefüllten Fragebogens."[27]

Das klassische Problem der Vergleichbarkeit der Führungspositionen[28] wurde dahingehend gelöst, dass die französischen "cadres" und ihre deutschen "Amtskollegen" innerhalb der Organisation der deutsch-französischen Unternehmen ausgewählt wurden.

Die Ergebnisse der quantitativen Erhebung auf der Basis der 1.500 Antworten dieser so definierten Mitglieder des Mittelmanagements werden in den folgenden Graphiken dargestellt.

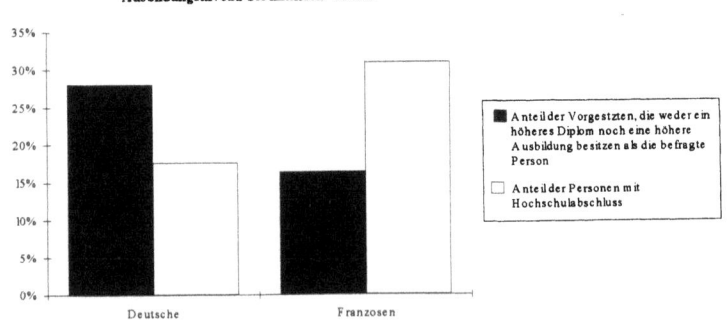

Ausbildungsniveau bei mittleren "cadres"[*]

* Basis: 1.500 Antworten von "mittleren cadres" in 15 deutsch-französischen Unternehmen

---

[26] Pateau 1993, S. 1
[27] Pateau 1995, S. 134
[28] zur Partikularität des "Cadre"-Status' vgl. Maurice/Sellier/Silvestre 1982, sowie Krais 1992

Ausbildungsniveau bei leitenden cadres

Anteil der Personen mit Hochschulabschluss

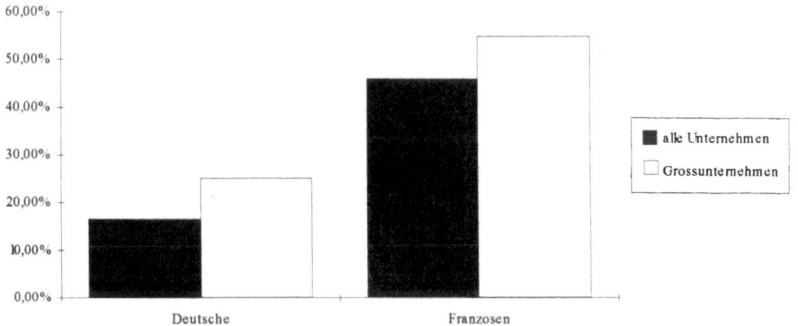

Anteil der Führungskräfte, die ihren höchsten Berufsabschluss nach Eintritt ins
Erwerbsleben erworben haben

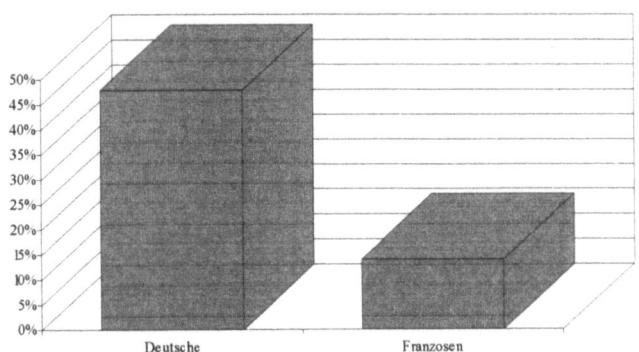

Theoretisch gesehen, versucht PATEAU, in dem Ideenstreit zwischen d'IRIBARNE und
MAURICE/SELLIER/SILVESTRE zu vermitteln. Er beschreibt den Gegensatz zwischen
d'IRIBARNES kulturtheoretischem und MAURICE/SELLIER/SILVESTREs soziologischem
Ansatz. Letzere beschreiben die organisationellen Unterschiede in Deutschland und Frankreich als
ein Resultat komplexer Interaktionen und institutioneller Restriktionen, die die Identität der Akteure
konditionieren. Dementsprechend konzentriert sich ihre umfangreiche Untersuchung, die erste von
Soziologen durchgeführte vergleichende deutsch-französische Studie, auf rechtliche,

124

organisatorische und soziologische Strukturen und Prozesse mit hohem empirischen Aufwand und ohne nennenswerten Rückgriff auf historische und kulturelle Erklärungsfaktoren.[29]

D'IRIBARNE betont die Kultur als originäre und entscheidende Kraft, die die Jahrhunderte überdauert und die institutionellen Rahmenbedingungen konditioniert. Entsprechend geht er bei seinen Erklärungsansätzen bis ins Mittelalter zurück.[30]

PATEAU versucht, einen Kompromiss zu finden, indem er sowohl historische Ursachen (Kleinstaaterei, germanische Erbfolgeregeln) als auch aktuelle konkrete Sachzwänge (Bildungssysteme) als Erklärungsfaktoren anerkennt. Er ahnt, dass es sich bei der Kontroverse möglicherweise nur um einen oberflächlichen Widerspruch handeln könne, gelangt jedoch nicht zu einer befriedigenden Synthese,[31] sondern beschränkt sich, unter Berufung auf KANT, auf die Betonung von Handlungempfehlungen und einer Apologie der menschlichen Freiheit gegenüber einem kulturellen oder institutionellen Determinismus.[32]

---

[29] s. V.3.5.
[30] Pateau 1995, S. 136, s. auch V.3.4.
[31] Der Disput dieser drei französischen Wissenschaftlern um die Frage, ob die kulturelle Identität die Institutionen konditioniert oder andersherum, entspricht natürlich dem Streit um Henne oder Ei und zeugt von einem linear-kausalistischen Denkschema in der Tradition des kartesianisch-newtonschen Weltbildes; s. auch IX.
[32] Pateau 1995, S. 137, 148-151

V.2.7. Die Studie von Géraldine Schmidt

Diese Studie beschäftigt sich mit Managementmodellen in Frankreich, in Deutschland und in Portugal auf der Basis einer Befragung von 112 französischen, 55 deutschen und 23 portugiesischen Unternehmen.

In bezug auf die relevante Literatur stellt die Autorin in der Einleitung fest:

"Auf der einen Seite findet man mit Präzision und Strenge aufgebaute Forschungsarbeiten, die auf klar definierten Forschungsmodellen und Arbeitshypothesen aufbauen, (...) auf der anderen Seite finden sich eine Reihe von Arbeiten, in denen eine terminologische, konzeptionelle, problembezogene und methodologische Wässrigkeit besteht, die die Forschungsziele verwischt, die Klarheit und Gültigkeit der Schlussfolgerung verringert und den theoretischen und praktischen Wert der gesamten Studie einschränkt."[33]

Bedauerlicherweise scheint ihre eigene Untersuchung eher der zweiten Kategorie anzugehören. So führt die Untersuchung, deren Fragebögen leider nicht beiliegen, zu einer Situierung von Managementstilen auf einem Koordinatensystem, deren Achsen Kategorien wie "Fortschrittlichkeit, Modernität, Konservatismus und Kollegialität" darstellen, z.T. jedoch auch gar nicht beschriftet sind.

Das Fehlen von Definitionen für diese Begriffe macht eine Interpretation der Ergebnisse leider annähernd unmöglich, zumal es sich hier um klassische Beispiele für interkulturelle Schlüsselbegriffe handelt, also solche Begriffe, die kulturspezifische Bedeutungswelten beinhalten und deshalb nicht ohne weiteres übersetzbar sind.[34]

Für Frankreich identifiziert die Autorin die folgenden vier Gruppen von Unternehmen:

"Die gemässigten Autokraten (31 Unternehmen): Eine klassische Politik der Personalführung und eine reduzierte Motivationspolitik; eine zentralisierte Vision der Macht, eine formelle und anonyme interne Kommunikation; limitierte Partizipation bei der Entscheidungsfindung, ein gemässigtes Wertesystem;

die modernistischen Demokraten (41 Unternehmen): Modernismus als Leitfaden der Personalführung und der Kommunikation; Partizipation als Leitmotiv der Entscheidung und Mobilisierung, formalisierte Methoden als Basis für die Reflexion strategischer Entscheidungen, Dynamik als Orientierung des Wertsystems;

die informellen Individualisten (35 Unternehmen): Hierarchische Strukturen und Kommunikationswege sind nicht genau festgelegt, Entscheidung und Macht sind individuell und informell, das Wertesystem ist kaum ausgeprägt und das Umfeld stabil;

die zentralisierten Konservativen (5 Unternehmen): Die Tradition bestimmt die Führungs- und Motivationssysteme, die Partizipation bleibt beschränkt in einer stark zentralisierten Struktur und einem autokratischen Führunsgsstil, Kommunikation und Entscheidungsfindung lehnen jeden Formalismus ab, die Werte betonen das Individuum, die Macht, die Geschichte und das Geld."[35]

Die deutschen Unternehmen werden in die folgenden vier Kategorien aufgeteilt:

---

[33] Schmidt 1994, S. 17, eigene Übersetzung
[34] s. Blumenthal 1987, S. 116
[35] Schmidt 1994, S. 19/20

126

"die organisierten Polyvalenten (32 Unternehmen): Polyvalente Fürungs- und Motivationspolitik, geplante, methodische und geteilte Entscheidungen, ein intermediärer Führungsstil zwischen Autokratie und Demokratie, in jeder Hinsicht gemässigte Strukturen und Wertesysteme;

die verführerischen Modernisten (16 Unternehmen): Modernistische Kommunikation, Personalführung und - motivation, vorbereitete, methodische und geteilte Entscheidungen, delegative Autoritätssysteme, getragen von flexiblen Strukturen, gepflegte und auf Leistung ausgerichtete organisationelle Werte, hohe Leistungen in einem komplexen Umfeld;

die strategischen Zentralisten (5 Unternehmen): Beschränkte und kaum organisierte Motivations- und Kommunikationspolitik, Zentralisierung und Hierarchisierung der Macht und der Entscheidungen, mehr Aufmerksamkeit für ökonomisches und technologisches Umfeld als für ihr organisatorisches Wertesystem;

die direktiven Formalisten (2 Unternehmen): 'Kultur des Hauses' ist allgegenwärtig im Managementsystem, organisatorischer Formalismus bestimmt die interne Kommunikation, direktiver und individualistischer Entscheidungsstil"[36]

Leider lassen sich aufgrund der terminologischen und methodischen Unklarheiten keine weiteren Schlussfolgerung ziehen. Es lässt sich lediglich festhalten, dass in Frankreich eine grössere Heterogeneität von Organisationsformen und Managementstilen festgestellt wird als in Deutschland.

---

[36] ebd., S. 24

V.2.8.   *Die Studie von Christoph Traub*

Im Rahmen einer Diplomarbeit führte Christoph Traub eine schriftliche Befragung von 38 Muttergesellschaften deutscher Unternehmen mit Präsenz in Frankreich und 14 französischen Tochtergesellschaften in Deutschland durch.

Die deutschen Muttergesellschaften stammten zu 89% aus der Industrie und zu 11% aus Handel und Dienstleistungen, die französischen Tochtergesellschaften hatten zu 29% eine industrielle Tätigkeit und zu 71% eine Handels- oder Dienstleistungstätigkeit.

Die Unternehmen wurden per Fragebogen zu ihren Erfahrungen im deutsch-französischen Management befragt, die Antworten entsprechen der folgenden Klassifizierung:

5	=	sehr grosse Bedeutung
4	=	grosse Bedeutung
3	=	weder noch
2	=	geringe Bedeutung
1	=	keine Bedeutung

Bei der Auswertung wurde ermittelt, wieviel Prozent der Befragten mit 5 ("sehr grosse Bedeutung") und 4 ("grosse Bedeutung") antworteten.

Die Ergebnisse sind in den folgenden Graphiken dargestellt.

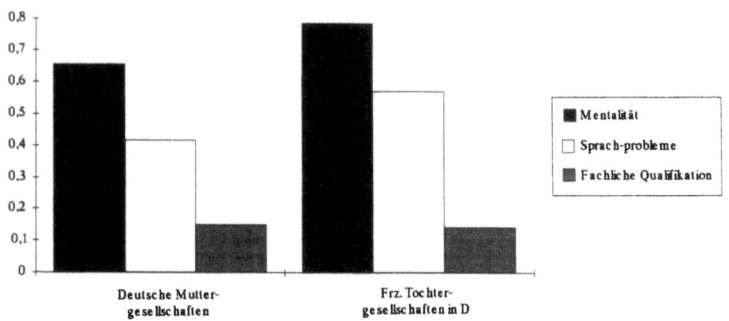

Einmal mehr zeigt sich, dass Mentalitätsunterschiede in der deutsch-französischen Zusammenarbeit eine bedeutende Rolle als Problemquelle spielen. Innerhalb der Kategorie "Mentalitätsunterschiede" erweisen sich die unterschiedliche Arbeitsweise und das unterschiedliche Führungsverhalten als besonders problematisch. Die Reihenfolge der Problembewertungen ist beachtenswerterweise dieselbe für die deutschen und die französischen Unternehmen. Ebenfalls beachtenswert ist, dass alle Probleme von den französischen Unternehmen höher bewertet werden als von den deutschen.

128

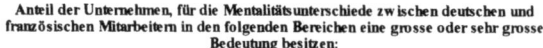

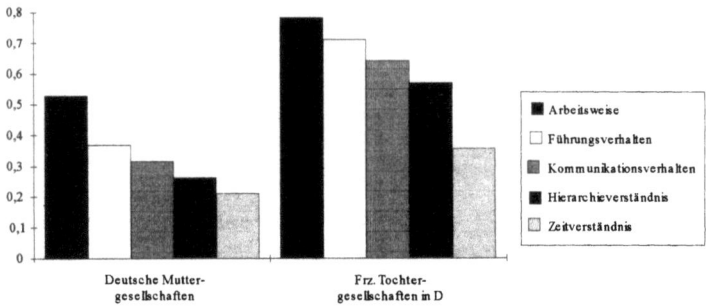

Hieraus kann jedoch noch keine generelle Schlussfolgerung bezüglich systematisch unterschiedlicher Grade des Problembewusstseins bei deutschen und französischen Managern gezogen werden: Diese Unterschiede können auch systematisch zwischen Muttergesellschaften und ausländischen Tochtergesellschaften auftreten. Eine derartige Interpretation würde durch die Ergebnisse der Studie von JPB-la synergie franco-allemande gestützt, wo genau diese Unterschiede zutage treten (s. V.2.1.).

Konzeptionell lehnt sich TRAUB an die Modelle von JPB - la synergie franco-allemande und HOFSTEDE an. Er macht darüberhinaus jedoch auch den lobenswerten und wichtigen Versuch eines Brückenschlages zwischen interkulturellem Management und Betriebswirtschaftslehre, etwa indem er auf die praktische Abwesenheit gewisser Organisations- und Führungsmodelle deutschen oder amerikanischen Ursprungs in Frankreich hinweist, wie z.B. die Matrixorganisation oder Management by Objectives.[37]

Schliesslich weist TRAUB auf ein Phänomen hin, das sich in mehreren anderen Studien wiederfindet[38]: Die mangelnde sprachliche und interkulturelle Vorbereitung der ins Ausland endsandten Manager:

Vorbereitungsmassnahmen deutscher Muttergesellschaften* (n=6)	zur Zeit	in Zukunft
Sprachkurs	3	3
Fachliche Vorbereitung	4	2
Landeskundliche Vorbereitung	1	2
Gespräch mit Landeskennern	1	1
Look & See Trip	2	2
Interkulturelles Training	1	0

* Mehrfachnennungen möglich

[37] Traub 1995, S. 29-50
[38] vgl. Scholl/Hillig, 1994, S. 58; Frigerio 1995, S. 7, 16

Eine erste Betrachtung zeigt, dass nur drei von sechs Unternehmen eine sprachliche Vorbereitung als notwendig erachten.(...) Interessanterweise nimmt die fachliche Vorbereitung den wichtigsten Stellenwert innerhalb der Vorbereitungsmassnahmen ein, obwohl die allgemeine Auswertung (...) zu dem Ergebnis führte, dass gerade dieser Bereich eine geringe Bedeutung für das Entstehen von Konfliktsituationen zwischen Deutschen und Franzosen hat."[39]

Dies ist ein weiterer Beleg für die noch recht stiefmütterliche Behandlung dieses bei internationalen Kooperationen erwiesenermassen entscheidenden Themas durch die Unternehmen.

---

[39] Traub 1995. S. 89

V.2.9.   Die Studie von Marc Fuhry

Im Rahmen einer Diplomarbeit führte Marc FUHRY eine schriftliche Befragung von deutschen und französischen Unternehmen durch, die sich in einer Kooperation mit einem Unternehmen im jeweils anderen Land befinden. Als Kooperation ("alliance") definiert FUHRY eine Struktur, in der "mehrere unabhängige Unternehmen durch Austausch oder Zusammenlegung von Ressourcen nicht-marktliche Verbindungen eingehen, um beiderseitige Vorteile zu erzielen, die individuell nicht erzielbar wären, wobei sie ausserhalb der Kooperation souverän bleiben."[40] 32 Fragebögen wurden verschickt, die Rücklaufquote betrug 46,9%[41], so dass die Ergebnisse auf Antworten von 14 Unternehmen beruhen.

Die Unternehmen stammen aus den Bereichen Banken (20%), Dienstleistungen (20%), Luft- und Raumfahrt (13%), Rüstung (34%) und Energie und Elektronik (13%). Die erste wichtige Feststellung ist, dass es sich bei allen Kooperationen um Beziehungen zwischen Konkurrenten handelt.[42]

71% der Befragten empfinden ihren Kooperationspartner gleichzeitig als Bedrohung (eine mögliche Konsequenz dieser Mischung aus Kooperation und Konkurrenz). 90% dieser Unternehmen sprechen sich dennoch gegen eine Ausweitung rechtlicher und vertraglicher Massnahmen zum Selbstschutz aus.

Ein deutlicher Unterschied erscheint hinsichtlich der Bewertung des menschlichen Faktors auf die Organisation:

"alors que les Français s'accordent pour une influence déterminante des personnes actuellement impliquées dans la coopération sur la structure organisationelle de celle-ci, les Allemands sont beaucoup plus réservés, presque indifférents à cette proposition. On supposerait que pour eux, c'est l'organisation qui détermine le mode de travail des personnes et non l'inverse."[43]

Weiterhin zeigt sich, dass die Franzosen bei der Gestaltung einer Kooperation tendenziell eine flexible Organisation bevorzugen, während bei den Deutschen eher das Gegenteil der Fall ist.[44]

Schliesslich zeugt die Studie von einer bewussten und intensiven Vorbereitung des Personals. 57% der Unternehmen haben eine interkulturelle Ausbildung vorgenommen. Die deutliche Diskrepanz dieser Ergebnisse mit den Befunden von TRAUB weist auf die mögliche Existenz einer Art Quantensprunges bei Managementanforderungen zwischen reinen Filialbeziehungen und wirklichen Kooperationen hin.

---

[40] Fuhry 1996, S. 12
[41] Dies ist eine für Fragebogenaktionen ungewöhnlich hohe Rücklaufquote; ein ähnliches Phänomen findet sich bei der Studie von TRAUB (s. V.2.6), wo die Rücklaufquote 40% beträgt, was auf ein hohes Interesse deutscher und französischer Manager an der Fragestellung hinweist.
[42] Fuhry 1996, S. 109/110
[43] ebd., S. 114
[44] ebd., S. 114

V.2.10.   *Die Studie von Kaufmann/Kokalj/May-Strobl*

Diese Studie besteht in einer Befragung von 485 deutschen mittelständischen Unternehmen (Beschäftigtenzahl kleiner als 1.000). Das Thema der Untersuchung ist die grenzüberschreitende Kooperationstätigkeit, so dass die Unternehmen anhand von Datenbanken mit Hinblick auf Exporttätigkeit und vermutliche Auslandskooperationen hin ausgewählt wurden.[45] Die Stichprobe ist repräsentativ in bezug auf Betriebsgrössen und Wirtschaftsbereiche (verarbeitendes Gewerbe, Handel, andere).

Auch wenn die Untersuchung sich auf Europa konzentriert und keine speziellen Angaben über die deutsch-französische Situation macht, enthält sie doch einige interessante Informationen, die Aufschluss über das Kooperationsverhalten deutscher Mittelständler geben können. Die Studie verwendet eine sehr weite Definition des Kooperationsbegriffs:

"Konstitutives Merkmal einer wirtschaftlichen Kooperation ist also die Autonomie der beteiligten Unternehmen, zugleich aber deren gegenseitige wirtschaftliche Abhängigkeit oder Interdependenz bei bei existenzieller Unabhängigkeit".[46]

Die im gegebenen Zusammenhang wichtigsten Ergebnisse sind in den folgenden Graphiken dargestellt.

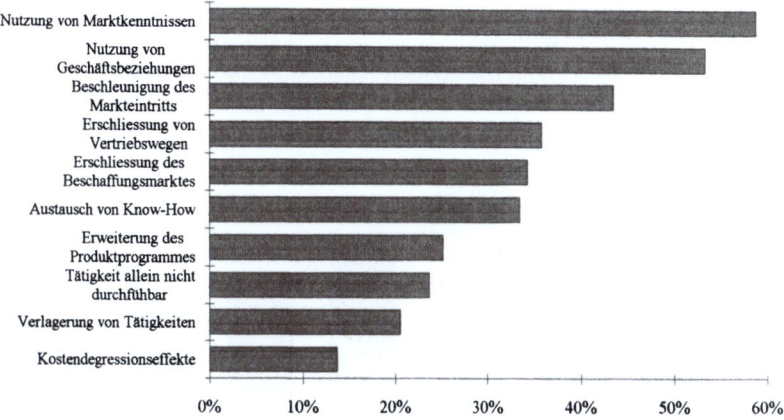

Kooperationsgründe deutscher Mittelständler (Mehrfachnennungen)

Sie bestätigen, dass das Hauptmotiv deutscher Mittelständler für Auslandskooperationen eindeutig in der Marktbearbeitung liegt; bei produktionstechnisch ausgerichteten Kooperationen zeigt sich der deutsche Mittelstand äusserst zurückhaltend. Dementsprechend dürftig präsentiert sich der deutsche Markt für Kooperationsberater: Die Mittelständler verlassen sich vorwiegend auf ihre eigenen Ressourcen und Kontakte.

---

[45] zum Quellenproblem bei Unternehmenskooperationen s. IV.1
[46] Kaufmann/Kokalj/May-Strobl 1990, S. 4

Kooperationsverhalten deutscher Mittelständler
Nutzung von Kooperationsmitteln (Mehrfachnennungen)

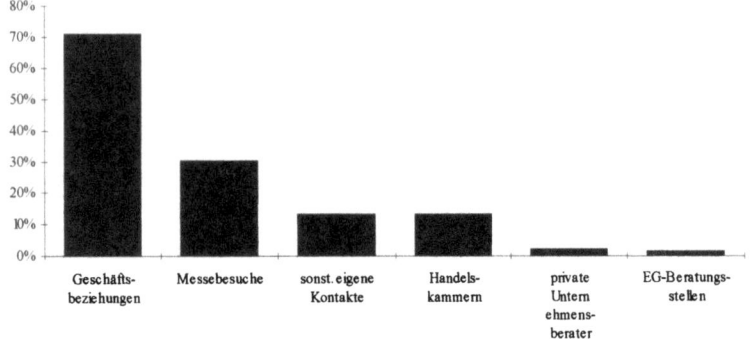

Beim Sitz deutscher Kooperationspartner im Ausland liegt Frankreich zwar mit Grossbritannien an erster Stelle, gemessen am Bruttosozialprodukt ist es damit jedoch gegenüber Grossbritannien, den Niederlanden und der Schweiz klar unterrepräsentiert. Zudem ist bei Frankreich der Anteil der marktnahen Kooperationen (Einkauf/Vertrieb) am höchsten, so dass zu vermuten ist, dass bei einer engeren Definition des Kooperationsbegriffs durch die Autoren Frankreich als Partnerland deutscher Unternehmen weit zurückfallen würde.

Kooperationsverhalten deutscher Mittelständler
Sitz des Kooperationspartners im Ausland (Mehrfachnennungen)

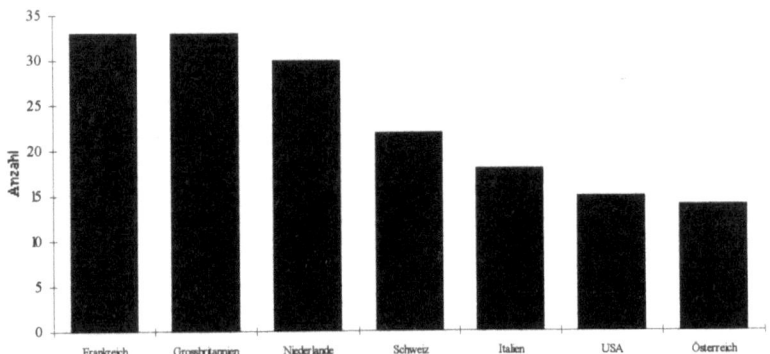

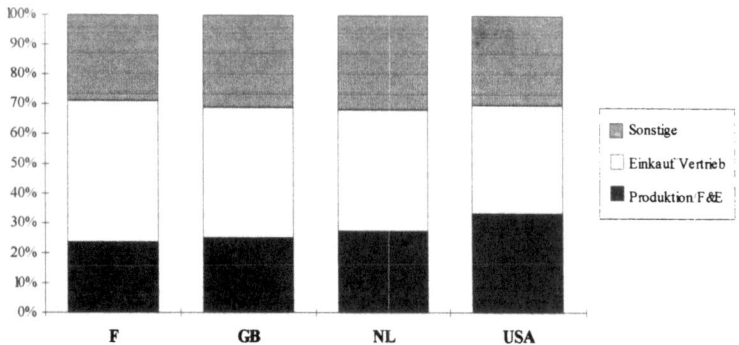

Kooperationsverhalten deutscher Mittelständler
Auslandskooperationen nach Kooperationsart

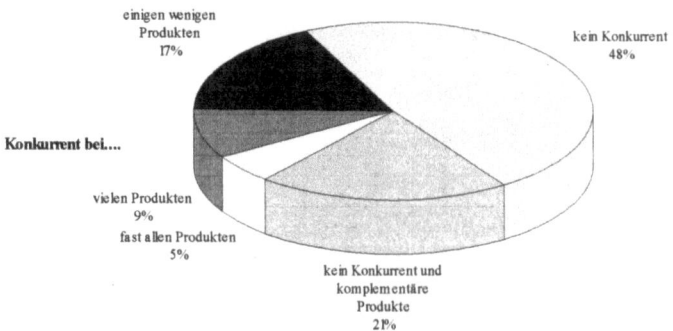

Kooperationsverhalten deutscher Mittelständler
Wettbewerbsbeziehungen zwischen Kooperationspartnern

In bezug auf das Konkurrenzverhältnis mit ausländischen Kooperationspartnern stützen die Ergebnisse eher die These, dass deutsche Unternehmen generell bei europäischen Partnerschaften Unternehmen bevorzugen, die nicht Konkurrenten sind. Etwa zwei Drittel der europäischen Partner deutscher Mittelständler stehen in keinem Wettbewerbsverhältnis mit dem Unternehmen. Dieser Befund kontrastiert mit den Ergebnissen der Studie von FUHRY[47]. Unter der Voraussetzung, dass diese repräsentativ für die kooperierenden deutschen Unternehmen sind, liessen sich zwei Hypothesen bilden:

---

[47] s. V.2.7.

1. Die Tendenz deutscher Unternehmen, mit Konkurrenten zu kooperieren, ist für Frankreich stärker als generell in Europa, oder/und

2. Die Tendenz deutscher Unternehmen, mit Konkurrenten zu kooperieren, ist grösser als die Tendenz deutscher Mittelständler, mit Konkurrenten zu kooperieren.

Für die Plausibilität der zweiten These spricht die hohe Bedeutung von Unternehmen in Industrien, die durch positive externe Effekte, Skalenerträge und Eintrittsbarrieren gekennzeichnet sind, in FUHRYs Stichprobe. Dies würde bedeuten, dass Grossunternehmen eher als Mittelständler die Tendenz haben, Kooperationen einzugehen, die die Wettbewerbsstrukturen zu ihren Gunsten verändern. Eine Vermutung, die eine gewisse Plausibilität erhält durch die systematiche Präponderanz des "small-numbers-problem" in Märkten, die durch positive externe Effekte, Skalenerträge und Eintrittsbarrieren gekennzeichnet sind.[48]

Schliesslich liefert die Studie eine wichtige Erkenntnis für Unternehmenskooperationen in Deutschland: Die wichtigsten Schwierigkeiten, die bei Unternehmenskooperationen in Europa auftreten, sind weder juristischer noch administrativer Natur, sondern hängen mit Kultur und Vertrauen zusammen: "Schaffung der Vertrauensbasis", "künftige wirtschaftliche Entwicklung", "Einschätzung der Bonität" und "Geschäftsusancen".

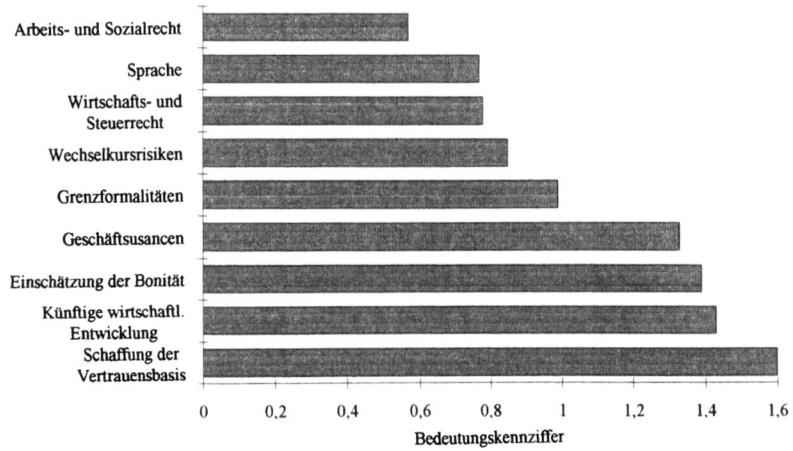

Wichtigste Schwierigkeiten bei Auslandskooperationen für deutsche Mittelständler (errechnet als Bedeutungskennziffern)

Insbesondere im Rahmen der europäischen Politik sind diese Ergebnisse von Bedeutung, denn interpretiert man diese Probleme als Transaktionsprobleme oder Eintrittsbarrieren auf dem Markt für "Corporate Control", so muss man feststellen, dass die europäische Politik im Rahmen der Schaffung eines gemeinsamen Marktes und der Abschaffung von Markthemmnissen im Hinblick auf diese Probleme keinerlei Lösung zu bieten hat.

---

[48] vgl. auch III.2. und VII

V.3.   Qualitativ-heuristische Studien und Modelle

V.3.1.   Die Eurocopter-Fallstudie von Scholl/Hillig

Die "Eurocopter-Fallstudie 1994" von Hartmut SCHOLL und Andreas HILLIG von der Universität St. Gallen ist eine Beschreibung des Zusammenwachsens Eurocopters von den ersten Anfängen an. Sie basiert auf Interviews mit deutschen und französischen Eurocopter-Managern und beginnt mit einem historischen Überblick über die Entstehung des Joint Ventures. Es wird deutlich, dass geostrategische und politische Überlegungen und Initiativen, insbesondere die gemeinsamen Pläne von Helmut SCHMIDT und Valéry GISCARD d'ESTAING, einen wichtigen Anstoss zur Kooperation gaben, dass aber erst die schwere Krise des Hubschraubermarktes die Partner genügend unter Druck setzte, um über die lockere technische Zusammenarbeit hinauszugehen und ernsthaft und konkret über ein Joint Venture zu verhandeln, um das beiderseitige Überleben zu sichern[49], ein Weg, der ihnen jedoch bereits zuvor von den Politikern gezeigt worden war.

In der allgemeinen Unsicherheit bezüglich der strategischen Optionen, die für beide Partner auch nordamerikanische Produzenten einschlossen, wurde die Entscheidung Aérospatiales für MBB und vice versa offensichtlich auch von der politischen Situation in Europa, d.h. dem deutlich erkennbaren Willen der Mitgliedsländer zur Gründung eines gemeinsamen Wirtschaftsraumes, sowie Pläne zur engeren militärpolitischen Kooperation in Europa, beeinflusst.[50]

Ferner wird das komplexe strategische Spiel beschrieben, das nach langwierigen Verhandlungen und einigen Ängsten und Irritationen auf französischer Seite nach der Übernahme MBBs durch Daimler-Benz zur Gründung eines 50%-50%-Joint Ventures mit einer komplizierten Struktur führten.[51]

Bis hierhin sind alle relevanten Geschehnisse auf der Basis einer strategisch-rationalen Sicht der Dinge verständlich: Die Top-Manager, von rationalen und strategischen Erwägungen geleitet, akzeptierten die divergierenden Interessen der jeweiligen Stakeholder und fanden einen Interessenausgleich in einem komplexen vertraglichen Schema, das sich auf dieser Ebene als stabiler Kompromiss erwies.

In der folgenden Phase des "Zusammenwachsens" geht es nun darum, eine organisatorische Struktur für das neue Joint-Venture zu finden und durchzusetzen. Man entscheidet sich für eine deutsch-französisch besetzte operative Holding mit einer funktionalen Organisation, wobei die Ressorts Operations, Marketing, Controlling und Entwicklung von Franzosen und die Ressorts Programme und Finanzen von Deutschen besetzt werden.[52]

Nun geht man daran, in einer Art "Top-down-Ansatz" den neuen Partner auch auf dem mittleren Management-Level besser kennenzulernen. Es werden Seminare und Diskussionen veranstaltet, um die neue strategische Lage zu verinnerlichen und die strategischen Interessen des neuen Partners zu verstehen. Bei diesen Diskussionen, die in der Studie wiedergegeben sind und sich in einer Phase der verschärften Absatzkrise und Entlassungen abspielen, kommt es zum Teil zu erheblichen Meinungsverschiedenheiten, und krass divergierende Sichtweisen treten zutage. Auf

---

[49] Scholl/Hillig 1994. S. 5,6
[50] ebd., S. 6-8
[51] ebd., S. 12-15
[52] ebd., S. 17

Auf deutscher Seite herrscht Uneinigkeit darüber, ob man nicht doch lieber mit dem amerikanischen Konkurrenten hätte fusionieren sollen oder nicht. Die Furcht geht um, die Franzosen wollten sich nur die deutsche Entwicklungskompetenz aneignen. Die harte Verhandlungsstrategie Aérospatiales wird kritisiert: Es ist nicht klar, ob das französische Militär und die französische Regierung sich gegen eine weitere Verlagerung von Aérospatiale-Aktiva nach Deutschland aus Gründen der nationalen Sicherheit gestellt haben oder ob dies von Aérospatiale nur vorgegeben wurde, um eine bessere Verhandlungslösung zu erzielen.[53]

Beim Versuch, die Teams der beiden Partnerunternehmen noch weiter zu integrieren, tauchen unerwartete Probleme auf. Ein neu rekrutierter (deutscher) Manager beschreibt den Zustand des Unternehmens Eurocopter in dieser Phase wie folgt:

"It would only be a slight exaggeration to say that I was more than surprised at what I experienced. What I saw was much stronger than I would ever have expected: Reciprocal lack of familiarity, decision-making processes taking strange detours, and factors such as trust and distrust and attitudes towards collaboration were all a part of the decision-making world in this company.(...) there are often two directors for one area, and consequently two authorities, usually one French and one German, who want to be heard (...). The structure is such that specific topics cannot be approached without the smell of politic-making penetrating the discussion. *Politics is the key term for everything that does not involve a specific, specialized topic.* (...) When others look at the other half of Eurocopter, they see a real black box. (...) We have observed that in the preparatory phases of important decisions it is the national directors who are first spoken to." [54]

Die Diskussionen in dieser Phase der Konfusion und Verunsicherung liessen nun eine Unzufriedenheit bzw. Skepsis gegenüber dem Top-down-Ansatz der Joint-Venture-Planung durchscheinen:

"That was without a doubt somewhat euphoric. Collaboration functions because of people. It doesn't matter how wonderfully the collaboration project is conceived - if the people don't feel it, the collaboration won't work."[55]

Und weiterhin:

"At the time we had no idea what the background of the collaboration was or how it had come to be. There were a lot of things people didn't know - what the other one wanted or was capable of, and so on.(...) And things began to change only after it became known that we would all be working closer together and merging."[56]

Und schliesslich:

"It took us a year to realize that there was a cultural problem. We contacted a consultant in Paris who was specialized in the field of cooperation between German and French companies."[57]

Im Rahmen dieser Diskussionen werden verschiedene Konfliktbereiche angesprochen:

- in französischen Teams funktioniert die Koordination durch eine ständige intensive Kommunikation, während man einem deutschen Team von vorneherein ein Ziel mit einer

---

[53] ebd., S. 30
[54] ebd., S. 47/48, Hervorhebungen von mir
[55] ebd., S. 52
[56] ebd., S. 58
[57] ebd.

klaren Aufgabenverteilung und einem Zeitplan vorgeben muss, um Zielerreichung und Koordination zu gewährleisten.[58]

- In Frankreich herrscht keine "Frage-Antwort"-Kultur. Die Menschen sind stärker hierarchieorientiert. Dem Boss wird nicht widersprochen (selbst wenn Diskutieren nicht mit Widerspruch gleichgesetzt werden kann).[59]

- Es existieren spezifische französische Ängste, die in einem Zusammenhang stehen mit ihrer Einstellung gegenüber Staat und Privatwirtschaft: "There was this fear of being 'devoured' by the Germans, in other words by Daimler. Especially when it came to the whole discussion on privatization."[60]

- Die altgedienten deutschen Manager waren es nicht gewohnt, auf einer Ebene mit den jungen "Grande-Ecole"-Absolventen zu verhandeln.[61]

- Deutsche Manager und Mitarbeiter waren befremdet durch die strenge Hiearchie und die enge Verquickung des französischen Managements mit dem Staat.

- Auf der anderen Seite sorgte die ungewohnte deutsche Matrixorganisation und die "Doppelfunktionen" der Top-Manager für Verwirrung.[62]

Weitere Kooperationsbarrieren auf diversen Hierarchieebenen entstanden aus der Tatsache, dass das jeweils andere Unternehmen aus der gewohnten Rolle des Konkurrenten in die des Kooperationspartners schlüpfte:

"It's difficult because that's where you face the toughest challenge during an integration, when you have people who have been competing for years before they worked together. So it's at the same time the easiest and the most difficult task ..."[63]

Ferner wurde als Problem empfunden, dass Konflikte schwerer als üblich lösbar sind, da "keine objektive Autorität" existiert, die eine Schiedsrichterfunktion übernehmen könnte.[64]

Gleichzeitig lassen sich aus den Eurocopter-Interviews auch Ansätze für Problemlösungsstrategien herausfiltern. Eine erste Strategie, um aus politisch oder emotional befrachteten Dilemmata herauszukommen, besteht in der Konzentration auf den rein technischen und ingenieursmässigen Bereich:

"It was really irritating then. But in spite of this, we all tried to do good work on the engineering level. But we were always being used to substantiate decisions that had not yet been openly declared at the political level."[65]

Diese Zusammenarbeit auf einem Gebiet, das "objektiv" erscheint und somit wenig Raum für divergierende Interpretationen lässt, erscheint als vorübergehende Lösung. Die obige Bemerkung

[58] ebd., S. 59
[59] ebd., S. 60
[60] ebd. S. 61
[61] ebd., S. 61
[62] ebd., S. 56
[63] ebd., S. 58
[64] ebd., S. 60
[65] ebd., S. 52

138

stellt jedoch die interessante Frage der möglichen Kompetenzüberschneidungen zwischen dem technischen und dem politischen Bereich und die noch brisantere Frage, inwiefern Techniker und Spezialisten in der Lage sind, Politiker "vor vollendete Tatsachen zu stellen" und inwieweit letzere in der Lage sind, ihren Entscheidungsbereich zu verteidigen. In diesem Zusammenhang ist ein weiteres Zitat interessant, das Aufschluss über die Strategien der mit der interkulturellen Teamintegration befassten Verantwortlichen gibt:

"At first we thought about how we could organize this type of thing. And the first thing that popped up in our minds was Development, because that was where the most interfaces were on both sides. And thus the first integration team came to be. However, all the politics were shoved into that team".[66]

Eine zweite, eher persönliche Strategie besteht in der psychologischen Anpassung, der Gewöhnung an fundamentale Denkstrukturen der jeweils anderen Kultur. Ein deutscher Mitarbeiter fasst so seine interkulturelle Erfahrung wie folgt zusammen:

"The first thing one has to do is get used to the idea that things simply do not move along 'straight' paths. That's something I certainly was not familiar with before my days here at EC."[67]

Eine dritte Strategie, die letztlich wahrscheinlich zu denselben Ergebnissen kommt, ist die bereits erwähnte Konsultation interkultureller Unternehmensberater.

V.3.2. *Kurzfallstudien und Modelle von JPB - La synergie franco-allemande*

Die deutsch-französische Unternehmensberatung JPB - La synergie franco-allemande wählt in ihren Publikationen die Fallstudientechnik, um typische Konflikt- oder Synergiesituationen zwischen deutschen und französischen Managern oder Mitarbeitern zu illustrieren und Verhaltensänderungen nach erfolgreichen "Synergieseminaren" auf angewandte Beratungsmethoden zurückzuführen.

Ein Beispiel für den ersten Typ ist die folgende Kurzfallstudie, die den Zusammenhang von Unterschieden zwischen nationalen Organisationsprinzipien und dem Entstehen von Konfliktsituationen veranschulicht:

"Am Ende einer Besprechung über eine Kooperation zwischen einem deutschen und einem französischen Dienstleistungsunternehmen gelingt es dem PDG und dem Vorstandssprecher, sich auf eine gemeinsame Definition von strategischen Zielen zu einigen. Zum Abschluss sagt der Deutsche: 'Ich bin sehr zufrieden, ich werde all dies meinen Vorstandskollegen unterbreiten, und wir werden Sie auf dem Laufenden halten.' Der französische Patron reagiert sofort negativ: Denn für ihn gilt eine von ihm getroffene Entscheidung bereits als gesicherte Errungenschaft, und die Haltung der Deutschen erscheint ihm als Hinhaltetaktik für eine erneute Prüfung des Projektes hinter verschlossenen Türen. So verdächtigt er seinen deutschen Amtskollegen des Misstrauens."[68]

Der zweite Typ von Kurzfallstudien gestaltet sich wie in folgendem Beispiel:

---

[66] ebd., S; 57
[67] ebd., S. 48
[68] Breuer/de Bartha 1993a, S. 54

"Siegfried Höfer (44) hatte einige Jahre in Frankreich studiert und war nach einer Trainee-Ausbildung als Vorstandsassistent in einen deutschen Maschinenbaukonzern eingetreten. Seit acht Jahren ist er Generalsekretär einer aufgekauften französischen Filiale, steht dem französischen Geschäftsführer zur Seite und fungiert als Bindeglied zur Muttergesellschaft. Auch er besuchte einen deutsch-französischen Workshop auf Anweisung von oben, auch er ging äusserst skeptisch hin, fest davon überzeugt, damit nur Zeit zu verschwenden.

Aber im Verlauf der drei Tage verwandelte er sich völlig: Der eher verschlossene und misstrauische Manager taute zunehmend auf, so dass ein französischer Arbeitskollege überrascht ausrief: 'So fröhlich habe ich den Höfer ja noch nie erlebt.' Dieser wiederum befand nach dem Ende des Workshops: 'Den grössten Nutzen habe ich für mich persönlich aus der Begegnung mit den französischen Kollegen gezogen. Ich habe begriffen, dass ich am besten ankomme, wenn ich mich einfach so gebe, wie ich bin.'"[69]

Für ihre Seminararbeit verwenden die Berater eine Vielzahl von Techniken, Methoden und Theorien. Zu den theoretischen Grundlinien gehören die Trennung von nationaler Kultur, Unternehmenskultur und persönlicher Kultur (Persönlichkeitsstruktur) und die Verwendung des "Struktogrammes" des deutschen Anthropologen Rolf SCHIRM:

Das Struktogramm stellt die drei menschlichen Gehirnfunktionen Grosshirn (rational-logisches Denken), Mittelhirn (Entscheidungs- und Risikofreude) und Stammhirn (relational-intuitives Denken) als drei Segmente eines Kreises dar, die unterschiedlich stark ausgeprägt sind. Ebenso wie sich einzelne Individuen durch eine jeweils unterschiedliche Ausprägung dieser drei Gehirnfunktionen unterscheiden, können auch Unternehmen und nationale Kulturen anhand ihrer unterschiedlichen Kombinationen beschrieben werden.

So zeichnet sich nach Ansicht der Autoren die französiche Geschäftskultur ("culture des affaires") durch eine Präponderanz der Funktionen des Mittelhirns und des Stammhirns aus, während die deutsche klar von den Spezifika des Grosshirns dominiert wird.[70]

Der Zusammenhang zwischen nationaler, persönlicher und Unternehmenskultur basiert auf unterschiedlichen Organisations-, Führungs- und Motivationsmethoden:

"Man führt und motiviert Deutsche und Franzosen nicht auf dieselbe Art und Weise. In Deutschland ist man in geschäftlichen Dingen pragmatisch und stellt das Ziel und den Nutzen in den Vordergrund. Die Franzosen haben einen emotionaleren Ansatz in geschäftlichen Dingen. Die Sympathie und das Erlebnis spielen eine entscheidende Rolle in den geschäftlichen Beziehungen. Dies irritiert die deutschen Geschäftsleute, die Privatleben und Geschäftsleben ganz klar voneinander trennen. Die Franzosen, die bei der Arbeit 'auch leben', erscheinen ihnen als nicht sehr seriös. Aber sie würden gerne das 'Geheimnis' kennenlernen, das es dem Partnerland offensichtlich dennoch ermöglicht, eine grosse Industrienation zu sein.[71]

Nach Erfahrung der Autoren sind diejenigen deutschen Manager in Frankreich am erfolgreichsten, deren persönliches Struktogramm sich dem durchschnittlichen französischen

---

[69] Breuer/de Bartha 1993b, S. 14
[70] Breuer/de Bartha 1993, S. 77/78
[71] ebd., S. 78/79, eigene Übersetzung

Struktogramm annähert und andersherum und leiten aus diesen Überlegungen Empfehlungen für die Auswahl zu entsendender Manager ab.[72]

Dieser aus der Anthropologie und Gehirnphysiologie entliehene Ansatz bietet ein gutes Beispiel für das in VI.2.2. vorgestellte Konzept der Figuration. Er beschreibt sowohl Mikro- als auch Makrostrukturen in ihren Ähnlichkeiten und wechselseitigen Einflüssen. Er geht jedoch darüber hinaus, indem er Hypothesen bzgl. der "Transmissionsriemen" zwischen Mikro- und Makrostruktur aufstellt. Es wird zwar offengelassen, in welcher Richtung die Angleichung zwischen Mikro- und Makro-Strukturen vor sich geht und ob sie sich durch Selektionsprozesse (Personalauswahl: "top-down"), Institutionenbildung ("bottom-up") oder ein-oder beidseitige Anpassung im Zeitverlauf vollzieht,[73] aber es wird zumindest angenommen, dass es sich bei den "Transmissionsriemen" um Modelle und Prozesse der Führung, Organisation und Motivation handelt.

Die von JPB vertretenen Ansätze finden sich auch in der Organisationspsychologie. So benutzen KETS DE VRIES/MILLER den Begriff "organizational culture", um persönliche Charaktermerkmale mit strategischen Ausrichtungen und diese wiederum mit der Unternehmenskultur zu verknüpfen:

"(...) It was argued that the personality of the top executive could influence strategy only in centralized firms; now, it is believed that through culture this can happen even in decentralized organizations. (...) Although neurotic styles can have an impact at all levels of the organization, we will limit our scope to top management. At this stage it is not completely clear how the neurotic styles of different organizational members interact to influence overall strategy and structure."[74]

Mangels anderweitiger allseits anerkannter Erklärungsansätze bezüglich der Interdependenz von Mikro- und Makrostrukturen konzentrieren sich also die Autoren in einer klassischen unidirektionellen Top-down-Perspektive auf den Einfluss der Manager auf ihre Mitarbeiter.

So unterschieden sie in ihrer Typologie fünf Grundtypen, die gleichzeitig Persönlichkeitsmerkmale und Unternehmenskulturen konstituieren: Verfolgungswahn ("paranoid cultures - paranoid firms"), Hilflosigkeit/Hoffnungslosigkeit ("avoidance cultures - depressive organizations"), Grossmannssucht ("charismatic cultures - dramatic firms"), Kontrollbedürfnis ("bureaucratic cultures - compulsive organizations") und Distanzierungs-/Rückzugsbedürfnis ("politized cultures - schizoid organizations").[75]

Die Frage, in welcher Richtung und mittels welcher Mechanismen Prozesse sozialer Beeinflussung ablaufen, ist natürlich eine der Grundfragen der Sozialwissenschaften, und eine Antwort kann hier nicht gewagt werden. Aufgrund der vorangegangenen Ausführungen sollte jedoch deutlich geworden sein, dass die *Art dieser Fragestellung selbst* auf einem unidirektionellen Kausalitätsverständnis und somit auf der Möglichkeit der logischen Trennung von Subjekt und Objekt basiert, dass diese Annahmen sich jedoch in der interkulturellen Managementforschung (wie übrigens auch in anderen Bereichen) als zunehmend unbrauchbar erweisen.

---

[72] ebd., S; 80
[73] Wie an späterer Stelle noch ausgeführt werden wird, ist die Annahme von einseitigen Kausalbeziehungen sowie die Subjekt-Objekt-Aufteilung bei Anwendung des Figurationskonzepts problematisch.
[74] Kets de Vries/Miller 1986, S. 266/267
[75] ebd., S. 276; man bemerke auch die Ähnlichkeit mit HOFSTEDEs Strukturen.

141

Eine weitere von den Autoren verwendete Figuration ist die Gegenüberstellung der beiden grundlegenden Hierarchiemodelle in Deutschland und Frankreich. Das französische Modell gleicht einer Pyramide mit mehreren Hierarchiestufen, das deutsche Modell einem Trapez mit einer geringeren Anzahl von Hierarchiestufen, aber einer strikteren Spezialisierung und Fragmentierung innerhalb jeder Hierarchiestufe, wie die folgende Graphik veranschaulicht:[76]

Französisches Hierarchiemodell   Deutsches Hierarchiemodell

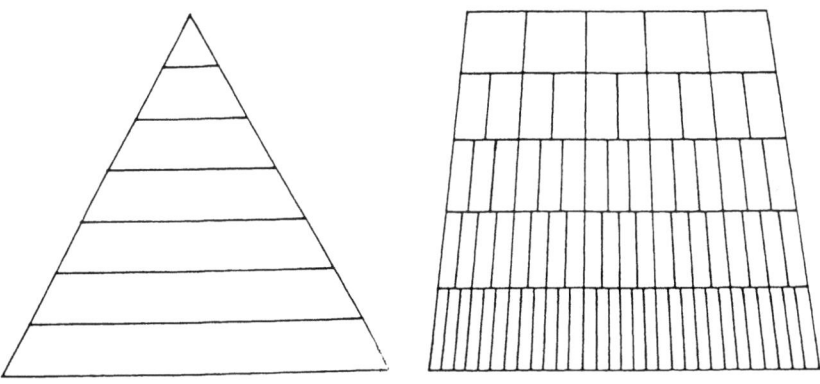

Schliesslich legen die Autoren grossen Wert auf die Bedeutung zirkularer bzw. spiralförmiger Kausalitätsstrukturen: So führt im negativen Fall ein Missverständnis zu Misstrauen, dieses zu einem "Dialog unter Tauben", dieser wiederum zu Stress, dieser zu kraftraubenden Konflikten, Demotivierung, Resignation, Nichterfüllung der Ziele und letztlich zum Scheitern des Projektes. Positive Synergieeffekte dagegen führen von einem Verstehen der Unterschiede über eine verstärkte Motivation zu effizienten Besprechungen und anschliessend von konkreten Erfolgen über Vertrauensgewinn, Komplizität und Freude bei der Kooperation zur Zielerfüllung.[77]

So legen die Autoren gleich grossen Wert auf statische und auf dynamische Strukturen, die jeweils graphisch-intuitiv vermittelt werden und somit ein besseres Verstehen von Problemen und Unterschieden als auch Initiativen zur Problemüberwindung ermöglichen soll.

---

[76] Breuer/de Bartha 1993, S. 54
[77] ebd., S. 52

V.3.3.   HALLs Analyserahmen in "Understanding Cultural Differences"

V.3.3.1.   Grundausrichtung und Definitionen

In diesem Werk untersucht der amerikanische Anthropologe Edward T. HALL mit seiner Gattin Mildred Reed HALL die Unterschiede zwischen den Managementkulturen in Deutschland, Frankreich und den USA mit dem vorrangigen Ziel, amerikanischen Managern Ratschläge für ihre Europa-Geschäfte zu geben.

Die Ausführungen basieren auf 180 ausführlichen, nicht-standardisierten Interviews mit Managern, Künstlern und Intellektuellen in den USA, Deutschland und Frankreich. Sie beruhen auf den beiden Grundkonzepten "Kultur" und "Kommunikation". Ähnlich wie HOFSTEDE sieht HALL Kultur als Verhaltensprogramm ("program for behavior")[78] und bemerkt:

"Culture can be likened to a giant, extraordinary complex, subtle computer" unter der Überschrift "Culture is communication"[79].

Kommunikation jedoch sei zu etwa 90% non-verbal. Non-verbale Inhalte wiederum haben einen situationalen Charakter und seien meist emotionsgebunden.[80] HALL betont die Bedeutung der interkulturellen Unterschiede im Bereich dieser nicht-verbalisierbaren Gesten und Signale ("The silent language") und verwirft entsprechend jegliche abstrakt-philosophische Erklärungsansätze.[81]

Er analysiert Kulturen sowie Kommunikationsweisen anhand einer Reihe von Schlüsselkonzepten, die im folgenden dargestellt werden.

V.3.3.2.   Schnelligkeit von Nachrichten

HALL sieht die Übereinstimmung der "Schnelligkeit" von Nachrichten zwischen Sender und Empfänger als eine Grundvoraussetzung einer geglückten Kommunikation. Diese Schnelligkeit bemisst sich auf der Basis der notwendigen Dauer für ihre Entschlüsselung und die Umsetzung in eine Handlung. Folgende Nachrichten ("messages"; bei einigen dieser Kategorien erscheint allerdings der Begriff des Mediums angebrachter) werden auf diese Weise kategorisiert:
"

Fast messages	Slow messages
Prose	Poetry
Headlines	Books
A communique	An ambassador
Propaganda	Art
Cartoons	Etchings
TV commercials	TV documentary
Television	Print
Easy familiarity	Deep relationships
Manners	Culture

"82

---

[78] Hall 1990, S. XIV
[79] ebd., S. 3
[80] ebd., S. XIV
[81] ebd., S. 3
[82] ebd., S. 5

V.3.3.3.   Kontextniveau von Nachrichten

Hierbei handelt es sich wohl um das wichtigste und interessanteste Konzept HALLs, daher lohnt es sich, die Definition vollständig zu zitieren:

"A high context (HC) communication or message is one in which most of the information is already in the person, while very little is in the coded, explicit, transmitted part of the message. A low context (LC) communication is just the opposite; i.e., the mass of the information is vested in the explicit code. Twins who have grown up together can and do communicate more economically (HC) than two lawyers in a courtroom during a trial (LC), a mathematician programming a computer, two politicians drafting legislation"[83]

Ein Merkmal von LC-Kulturen nach HALL ist ihre Tendenz, die meisten Aspekte ihres Lebens und ihrer Arbeit zu kategorisieren und in spezielle Kompartimente einzuteilen. Er benutzt hier den umfassenden, jedoch schwer übersetzbaren Begriff *"compartmentalization"*. Im folgenden soll hierfür der zwar etwas umgangssprachliche, aber dem englischen Original semantisch und semiotisch vielleicht am ehesten entsprechende Begriff "Schubladendenken" verwendet werden.

Die Notwendigkeit zur Kontextergänzung - der Auffüllung einer Situation mit Hintergrundinformationen - variiert von Situation zu Situation und von Kultur zu Kultur. Eine Änderung des Kontextniveaus während einer Kommunikation nimmt wichtige Funktionen wahr: So resultiert eine Erhöhung des Kontextniveaus in einer "Erwärmung", die Senkung desselben in einer "Abkühlung" der Beziehung; sie ist somit selber eine Form der Kommunikation.[84]

Anhand des Beispiels der (missglückten) Organisation einer japanisch-amerikanischen Konferenz erklärt HALL, dass HC-Kulturen (wie z.B. Japan) weniger Wert auf den expliziten, verbalen Teil einer Kommunikationssituation legen als LC-Kulturen:

"In Japan the mere presence of certain individuals endows the group and its activities with autority and status, which is far more important than the topic of the conference".[85]

In HC-Kulturen sind Funktionen vorwiegend Prestigesache. Dies bedeutet, dass hochrangige Persönlichkeiten zu Konferenzen meist kurzfristig eingeladen werden, man geht davon aus, dass sie alle bisher eingegangenen Verpflichtungen annullieren, wenn ihnen der Anlass wichtig genug erscheint, in anderen Worten: Freiwillig eingegangene Verpflichtungen, etwa terminlicher Art, wiegen weniger schwer als Verpflichtungen, die sich objektiv aus dem Rang, dem Status und dem damit verbundenen Prestige einer Person ergeben.

Allgemein stellt die Findung der angemessenen Kontexthöhe in dem so definierten Sinne nach HALL eine der wichtigsten Herausforderungen für die zwischenmenschliche Kommunikation dar. Da Kulturen sich insbesondere durch ihr Kontextniveau unterscheiden, spielt diese Anpassung des Kontextniveaus an die jeweilige Situation und den jeweiligen Gesprächspartner nach HALL eine entscheidende Rolle bei der interkulturellen Kommunikation und Kooperation.[86]

---

[83] ebd., S. 6
[84] ebd., S. 7
[85] ebd., S. 8
[86] ebd., S. 9

V.3.3.4. Raumverständnis

Die Beanspruchung von "Territorien" als persönlicher Besitz ist eine der Kategorien, die nach HALL in verschiedenen Kulturen unterschiedlich ausgeprägt sind. Raum kann ebenfalls Macht verkörpern, z.b. bei sichtbaren Merkmalen organisatorischer Stellung. Der persönliche Raum entspricht der in einer Kultur üblichen Körperdistanz; darüberhinaus spielt die unterschiedliche Ausformung von Sinnesräumen (Räume, innerhalb derer Informationsdurchlässigkeit für bestimmte Sinne besteht) in den Kulturen eine unterschiedlich Rolle. Schliesslich bestehen Unterschiede in dem Verhalten, das in Zusammenhang mit räumlicher Nähe erwartet und gezeigt wird.

V.3.3.5. Zeitverständnis

Das wichtigste zeitbezogene Schlüsselkonzept HALLs ist die Unterscheidung zwischen monochronen und polychronen Kulturen. Dieses Konzept, welches sich inzwischen zum Klassiker deutsch-französischer Management-Seminare entwickelt hat, besagt, dass monochrone Kulturen auf einem linearen und segmentierten Zeitverständnis beruhen und monochrone Menschen jeweils nur eine Sache gleichzeitig tun können bzw. wollen. HALL stellt diese Eigenschaften folgendermassen gegenüber:

"

Monochronic people	polychronic people
do one thing at a time	do many things at once
concentrate on the job	are highly distractible and subject to interruptions
take time commitments	consider time commitments an objective to be
(deadlines, schedules) seriously	achieved, if possible
are low-context and need information	are high-context and already have information
are commited to the job	are committed to people and human relations
adhere religiously to plans	change plans often and easily
are concerned about not concerning others; follow	are more concerned with those who are closely
rules of privacy and consideration	related (family, friends, close business associates)
	than with privacy
show great respect for private property; seldom	borrow and lend things often and easily
borrow or lend	
emphasize promtness	base promtness on the relationship
are accustomed to short-term relationships	have strong tendency to build lifetime relationships"[87]

Eine weitere Unterscheidung wird getroffen zwischen vergangenheits- und zukunftsorientierten Kulturen.

Schliesslich zeigt HALL die verschiedenen Ausprägungen der "Zeitsprache", einer non-verbalen Kommunikationsform, die auf Tempo, Rhythmus und Synchronizität beruht. Die wichtigsten dieser kulturabhängigen Ausprägungen sind die Geschwindigkeit der Entscheidungsfindung, die Vorbereitungs- und Vorlaufzeit für Termine, Geschäfte oder sonstige Ereignisse, Pünktlichkeit, die Rhythmen der Mahlzeiten und der Ferien.

---

[87] ebd., S. 15

145

V.3.3.6. Deutsches und französisches Managerverhalten

Was die Schnelligkeit von Nachrichten betrifft, so macht der Autor einen Unterschied zwischen den Amerikanern und den Europäern. Deutsche und Franzosen ähneln sich demnach in ihrer Art, persönliche Kontakte aufzubauen. Diese erfordert nach HALL sehr viel mehr Zeit und Mühe als in den USA. Dennoch scheinen die deutsche und die französische Kultur unterschiedliche Medien zu bevorzugen. So wird die deutsche Kultur als ausgesprochen "druckorientiert" beschrieben, wie etwa in folgendem Beispiel:

"A French manufacturer of automotive accessories kept urging the German managing director of its subsidiary in Germany to advertise their product on German television. The German manager resisted for two reasons: he knew the target audience watched little television and the product was new in Germany. He suggested print ads instead. (...) The print ads were far and away the most effective."[88]

Die Franzosen beschreibt der Autor dagegen mit folgenden Worten:

"(...) image in advertising is far more important to the French than factual details"[89]

Auch im Unternehmen spielt die gedruckte Information in Deutschland eine besondere Rolle, was besonders japanischen Managern als Besonderheit ins Auge stach:

"Germans pay attention to written communications.(...) I advise foreign managers to learn to express their thoughts clearly and in detail and to put them in writing. Otherwise they will never reach German employees"[90]

Im Bereich des Kontextniveaus werden Japaner, Araber und metiterrane Kulturen als "high-context" (HC), Nordeuropäer und Amerikaner als "low-context" eingestuft. Hierbei werden die Deutschen klar als extrem LC eingestuft, stärker als die Amerikaner. Dem entspricht das extrem ausgeprägte "Schubladendenken" der Deutschen. Die Franzosen dagegen sind HC, und Schubladendenken spielt praktisch keine Rolle.

Was das Raumverständnis betrifft, so zeigen die Deutschen und die Amerikaner ein ausgeprägtes Territorialdenken, welches sich bei den Deutschen auch auf den persönlichen Besitz (Auto) ausdehnt. Mediterrane Kulturen wie Frankreich dagegen haben eine natürliche Tendenz, persönlichen Besitz zu teilen, auch der persönlich beanspruchte Raum ist kleiner, wie sich in der geringeren Körperdistanz beim Sprechakt ausdrückt. Ferner drückt die Raumordnung das allgegenwärtige Prinzip der französischen Zentralisierung aus, nicht nur im Verkehrssystem, sondern auch bei der Büroanordnung:

"In both German and American business, the top floors are reserved for high-ranking officials and executives. In contrast, important French officials occupy a position in the middle, surrounded by subordinates, the emphasis there is on occupying the central position in an information network, where one can stay informed and can control what is happening"[91]

Im Gegensatz zu Franzosen haben Deutsche darüberhinaus die Tendenz, Sinnesräume aufzuteilen und voneinander zu trennen ("*compartmentalize*"), z.B. sich im Büro einzuschliessen, um sich zu

---

[88] ebd., S. 72
[89] ebd., S. 95
[90] ebd., S. 63/64
[91] ebd., S. 11

konzentrieren und nicht vom allgemeinen Lärm gestört zu werden. Was das normale Verhalten bei physischer Nähe betrifft, ähneln sich die Franzosen und die Deutschen darin, dass sie physische Nähe nicht als Anlass für soziale Interaktion betrachten:

"Americans have strong feelings about proximity and the attendant rights, responsibilities, and obligations associated with being a neighbor. Neighbors should be friendly and agreeable, cut their lawns, keep their places up, and do their bit for the neighborhood. By contrast, in France and Germany, simply sharing adjacent houses does not necessarily mean that people will interact with each other, particularly if they have not met socially"[92]

In bezug auf das Zeitverständnis wird Frankreich als polychrone und Deutschland als das Extrembeispiel für eine monochrone Kultur dargestellt. Neben dem Problem der Pünktlichkeit betrifft dies auch z.B. den Arbeitsrhythmus, wie ein deutscher Manager zitiert wird:

"The French start slowly and build; they peak at late afternoon and continue going strong far into the evening. The Germans start right out in the early morning and maintain a steady workpace with a slowdown at the end of the day. They are much more apt to have a short lunch hour and leave at 5:00 p.m." [93]

Das monochrone Verhalten deutscher Manager wird als Manifestation des möglicherweise übergeordneten deutschen Schubladendenkens beschrieben. Ebenso wie der Raum, wird auch die Zeit in Segmente eingeteilt, die als unverletztbares "Territorium" gelten. Dieses Schubladendenken hängt wiederum mit der Kontexthöhe zusammen: "Polychronic people feel that private space disrupts the flow of information by shutting people off from one another."[94] Die in Deutschland übliche kommunikationelle Isolation und Separation von Personen, Abteilungen und Funktionen wird als Gegenpol zum französischen Kommunikationsstil gesehen, der die Gesprächspartner mit allen fünf Sinnen involviert, so dass sie oft ihre Umwelt völlig zu vergessen scheinen.[95]

Im Gegensatz zur amerikanischen Mentalität werden die deutsche und die französische Kultur als "vergangenheitsbezogen" betrachtet (wie übrigens ebenso orientalische und fernöstliche Kulturen), eine Erklärung oder Weiterführung dieses Punktes bleibt jedoch aus. [96]

In HC-Kulturen wie Frankreich zirkuliert Information frei, sobald Menschen räumlich miteinander involviert sind. In Deutschland ist das Gegenteil der Fall, wie in einem Beispiel veranschaulicht wird:

"One German manager working for a French firm was fired after his first year because he didn't perform as expected. The German manager was stunned. His response was, 'But nobody told me what they wanted me to do'. The opposite problem was encountered by a Frenchman who resigned from a German firm because he was constantly being told what he already knew by his German superior. Both his intelligence and his pride were threatened."[97]

Neben den Ausprägungen in bezug auf seine Analysekategorien schreibt der Autor den beiden Kulturen eine Fülle von weiteren Eigenschaften zu, von denen hier nur die wichtigsten erwähnt werden können. Dazu gehören der französische Ethnozentrismus und Chauvinismus ("The

---

[92] ebd., S. 12
[93] ebd., S. 90
[94] ebd., S. 16
[95] ebd., S. 89
[96] ebd., S. 17
[97] ebd., S. 28

French have been very slow to learn foreign languages. For the French, the center is the position of power and importance, and France is the center. Why then should they have to learn a foreign language ?"[98]), deutsche Detailtreue und Perfektionismus[99], die wirtschaftliche Bedeutung der Banken in Deutschland[100] gegenüber dem Staat in Frankreich[101] und weitere vereinzelte Feststellungen, die jedoch aufgrund ihrer mangelnden Operationabilität hier nicht weiter verfolgt werden.

V.3.3.7. Kritik und Weiterführung der HALLschen Kriterien

Bei HALLs Kriterien fällt zunächst auf, dass die untersuchten drei Kulturen sich bei den drei wichtigsten Kriterien auf demselben Niveau befinden: Die Franzosen sind polychronisch und "high-context" und kaum "compartmentalized". Die Deutschen befinden sich am gegenüberliegenden Ende der Skala bei jedem dieser Kriterien. Die Amerikaner befinden sich in demselben Feld wie die Deutschen, jedoch nicht, wie diese, an dessen Extrempunkt.

Die Austauschbarkeit dieser drei Konzepte legt die Versuchung nahe, für sie einen gemeinsamen Namen oder eine gemeinsame Ursache zu finden, sowie ihre Trennung in Frage zu stellen. In der Tat scheint HALL bereits bei der Gegenüberstellung mono- und polychronischer Merkmale seine Konzepte ein wenig durcheinanderzubringen. So leuchtet nicht ein, warum der Respekt von Privateigentum und die Seltenheit von Ausleihungen einem monochronem Verhalten entspricht, scheint es doch nichts über das Zeitverständnis auszusagen, sondern vielmehr ein Ausfluss des Schubladendenkens zu sein.

Ebenso widerspricht die Zuordnung kurzfristiger Beziehungen zu monochronen und langfristiger Beziehungen zu polychronen Kulturen HALLs eigenen Aussagen über die deutsche Kultur und scheint eher - unbewusst - die Haltung seiner eigenen Kultur gegenüber der französischen zu reflektieren.

Es erscheint somit notwendig, HALL's ad-hoc-Kategorien etwas zurechtzurücken und ihre konzeptionell relevante Substanz herauszufiltern. Dann wird schnell ersichtlich, dass alle erwähnten Unterschiede in Zeit- und Raumverständnis auf eine unterschiedlich starke Ausprägung des Schubladendenkens in bezug auf Zeit und Raum zurückgehen. Ebenso wie die Schublade beruht die Aufteilung von Raum und Zeit auf dem Prinzip der Linearität bzw. Proportionalität, d.h. der ein-eindeutigen Zuordnung eines Objektes zu jeweils einer Raum- bzw. Zeiteinheit, wie z.B. die Entsprechung einer im voraus definierten Zeitperiode mit einer Tätigkeit oder einem Projektabschnitt in einem Zeitplan.

Was das Kontextniveau betrifft, so wird dessen Relativität deutlich, wenn man sich vor Augen hält, dass HC-Kulturen aus ihrer Natur heraus ständig in Kontakt mit einem umfassenden Informationsnetzwerk stehen, welches enge Freunde, Familienangehörige und gute Kunden umfasst:

---

[98] ebd., S. 94
[99] ebd., S. 95
[100] ebd., S. 69/70
[101] ebd., S. 111/112

"As a result, for most normal transactions in daily life, they do not require, nor do they expect, much indepth, background information. This is because they keep themselves informed about everything having to do with the people who are important in their lives."[102]

Angehörige von LC-Kulturen dagegen benötigten jedesmal, wenn sie mit anderen Personen interagierten, detaillierte Hintergrundinformationen. Da sich der niedrige Informationsbedarf der HC-Personen aus dem langjährigen Bestehen von Informationsnetzwerken, bestehend aus existentiell wichtigen Personen, herleitet, bedeutet dies nichts anderes als dass HC-Personen eine Abneigung gegen Interaktionen mit solchen Personen haben, die keine Verbindung mit dem eigenen langjährigen Beziehungsnetz besitzen. Denn im Falle einer geschäftlichen Interaktion mit vollständig milieufremden Personen oder Gruppen wären natürlich auch HC-Personen gezwungen, diese zunächst nach diversen Hintergrundinformationen auszufragen, bevor sie eine Geschäftsverbindung eingehen.

HALLs Unterteilung zwischen HC-Kulturen und LC-Kulturen ist somit vielmehr eine Unterscheidung zwischen Managern, die ihre Geschäftskontakte als Teil oder Ausfluss ihrer natürlichen sozialen Kontakte betrachten und solchen, die Geschäftskontake auch ausserhalb ihres kultur- oder milieubedingten sozialen Umfelds suchen und pflegen.

Die Relativität des HC/LC-Konzeptes besteht somit darin, dass jeder Manager, egal welcher Provenienz, wenn er mit völlig fremden Verhandlungspartnern in einem Zustand völliger Unkenntnis interagieren will, gezwungen ist, durch Information einen Kontext zu schaffen. Wenn trotzdem ein kultureller Unterschied postuliert wird und dieser darin besteht, dass in bestimmten Kulturen Entscheidungsträger im Rahmen ihres normalen Geschäftsverlaufes keine Hintergrundinformationen über ihre Interaktionspartner benötigen, so kann dies nur bedeuten, dass diese Entscheidungsträger sich ihre Geschäftspartner vorwiegend unter solchen Personen auswählen, die auch unter nicht-geschäftlichen Gesichtspunkten für sie von Interesse sind. Dies wiederum ist nichts anderes als eine weitere Ausprägung des Schubladendenkens: Da menschliche Kontakte - wie alles andere auch - nach Themen und Inhalten geordnet sind, ist in LC-Kulturen die Existenz rein geschäftlicher sowie rein privater Kontakte häufiger als in HC-Kulturen, in denen die Reduktion von Individuen auf einen spezialisierten Teilaspekt im Kommunikationsakt nicht akzeptabel ist und die ganzheitliche Involviertheit der Personen sich in der gleichzeitigen Aktivierung aller Wahrnehmungssinne manifestiert.[103]

Was schliesslich die Präferenz der Kulturen für unterschiedliche Kommunikationsmedien betrifft, so ist die besondere Rolle, welches das gedruckte Wort für die Nachkommen GUTENBERGs spielt, bereits erwähnt worden. Darüberhinaus erwähnt HALL Daten und Fakten als in Deutschland wichtige Informationsmedien:

"A television ad that is effective in the United States will have to be translated into a print media message to reach Germans. Germans are print-oriented, which explains in part why there is so little advertising on German TV. Also, Germans are always looking for what is 'true' and to them numbers are a way of signaling that a product is exactly as it has been represented. Germans demand facts, facts, and more facts."[104]

Weitere Aussagen über dieses Thema sind von HALL nicht zu erhalten. Es erscheint daher notwendig, dieses Thema später anhand der Theorien von McLUHAN weiterzuverfolgen.

---

[102] ebd., S. 6/7
[103] ebd., S. 89
[104] ebd., S. 30

V.3.4.   Die Arbeiten von d'Iribarne

Das Hauptwerk des französischen Soziologen Philippe d'IRIBARNE, "*La logique de l'honneur*", basiert auf einem Vergleich von drei technisch identischen Fabriken in Frankreich, den Niederlanden und den USA.[105]

D'IRIBARNE untersucht die Verhaltensweisen, Organisationsstrukturen und Prinzipien, die das faktische Betriebsleben in diesen drei Produktionsstätten bestimmen, anhand eines aufwendigen Forschungsprojektes, basierend auf diversen ausführlichen, nicht-standardisierten Interviews. Sein Ziel ist es, Aussagen über nationale kulturelle Besonderheiten zu machen und die markanten Charakteristika der untersuchten drei nationalen Kulturen herauszuarbeiten. Insbesondere geht es ihm um ein tieferes Verständnis und eine fundierte Definition der französischen kulturellen Identität, weshalb die Ausführungen über Frankreich den grössten Teil des Werkes ausmachen und dessen Titel das Hauptresultat dieser Forschung trägt: Die Logik der Ehre.

Erst die Annahme eines vorrevolutionären Wertekodex', der auf den Rechten und Pflichten des Rangs bzw. der Klasse aufbaut, lieferte, nach Angaben des Autors, ein kohärentes Bild, innerhalb dessen die zahlreichen während dieser Studie gesammelten Einzelinformationen und -eindrücke einen Sinn ergaben.[106]

Der Autor beschreibt die Werte des *Ancien Régime* als wichtigste Quelle für die in der französischen Fabrik beobachteten Verhaltensweisen. Diese seien, im Gegensatz zur amerikanischen Schwesterfabrik, kaum formell oder explizit festgelegt, sondern ergäben sich aus einem impliziten, fest verankerten Wertekodex, in dessen Zentrum die Unterscheidung zwischen dem "Edlen" und dem "Gemeinen" stehe. So ergeben sich die Rechte und Pflichten des einzelnen Mitarbeiters nicht vorwiegend aus Dokumenten wie dem Arbeitsvertrag, der Stellenbeschreibung oder dem Arbeitsrecht, sondern vor allem aus den Rechten, Pflichten und Verhaltensweisen, die qua Tradition mit einem bestimmten Rang verbunden sind.

Dieser Korpsgeist betrifft natürlich die "Klasse" der "*cadres*", geht jedoch weit über diese hinaus und findet sich ebenso bei der Klasse der Meister, der Ingenieure, der Arbeiter etc., bis in die untersten Ränge der betrieblichen Hierarchie.

Für jeden Angehörigen einer Klasse ist es eine Frage der Ehre und des Stolzes, die standesgemässen Pflichten zu erfüllen, und die Angst vor dem Gesichtsverlust bzw. dem Verlust der Standesehre ist stärker als die Furcht vor disziplinarischen Massnahmen oder das Streben nach wirtschaftlichem Erfolg. Überschneidungen bzw. Interessenkonflikte bei der Definition oder Interpretation der nirgends genau festgelegten Kompetenzen und Verantwortungsbereiche resultieren in - z.T. heftigen und emotionalen - verbalen Auseinandersetzungen, die in der Regel zu Kompromissen oder Arrangements führen, durch die ein neuer *modus vivendi* gefunden wird, welcher ein neues Gleichgewicht zwischen Rechten, Pflichten, Verhaltensweisen und hierarchischen Stellungen generiert.

Diese Ranglogik bedingt eine strenge hierarchische Ordnung: Innerhalb eines Rangs ist das Zusammengehörigkeitsgefühl stark und die Umgangsformen kollegial und informell. Zwischen den Hierarchieebenen herrscht nur sehr geringe Durchlässigkeit, die seltenen Fälle eines

---

[105] d'Iribarne 1989
[106] ebd., S. XIII

hierarchischen Aufstiegs werden von aufwendigen Initiationsriten begleitet und ändern das Leben des Betroffenen grundlegend.[107]

In Anlehnung an MONTESQUIEU und TOCQUEVILLE verfolgt d'IRIBARNE diese Verhaltensmuster bis ins Mittelalter zurück. Eines seiner Hauptanliegen ist die Widerlegung universalistischer Management-Methoden, v.a. solcher amerikanischen Ursprungs. Er sieht die Herausforderung der Modernisierung und Globalisierung darin, neue Anforderungen mit diesen uralten Gebräuchen in Einklang zu bringen, und zwar in jedem Land individuell unterschiedlich.[108]

Aus theoretischer Sicht sind die Arbeiten Philippe d'IRIBARNEs in mehrfacher Hinsicht bemerkenswert. Am Beispiel Deutschland - Frankreich erklärt er seinen kulturorientierten Ansatz, der nicht die institutionellen Realitäten in den Vordergrund rückt, sondern die kulturellen Unterschiede, welche sich über lange Zeiträume hinweg erhalten und deren institutionelle Manifestation sich lediglich im Zeitablauf ändert.

So helfe es nichts, die unterschiedlichen Hierarchieverständnisse auf Unterschiede im Ausbildungssystem zurückzuführen, denn damit sei noch nicht erklärt, warum das eine Land gerade dieses und das andere gerade jenes System hervorgebracht hat. Gegen die Erklärungskraft der institutionellen Analyse spreche, dass die beobachtbaren Gegensätze bereits in vormoderner Zeit beobachtbar waren, als Frankreich bereits ein streng hierarchisierter Ständestaat war, während "Deutschland" aus einem Flickenteppich von schwach hierarchisierten Territorien bestand.[109]

Somit sei es letztlich die Kultur, die die Institutionen determiniere und nicht umgekehrt. Was den Kulturbegriff betrifft, lasse sich daher auch nur ein klares Bild gewinnen, wenn nicht ein soziologischer, sondern ein ethnologisch-anthropologischer Kulturbegriff verwandt werde. Dementsprechend definiert er Kultur als eine Sprache bzw. einen Code, der es erlaubt, wahrgenommene Signale in eine Ordnung zu bringen, ihr einen Sinn zu geben. Diese Sprache liefert Orientierung und Bezugspunkte zur Einordnung, Klassifizierung und Kombination von Bedeutungen und ihrer Interpretation als wünschenswerte oder nicht wünschenswerte Elemente.[110]

Hier taucht selbstverständlich die Frage auf, inwieweit es möglich ist, kulturelle Identität apriorisch und ohne Vergleiche mit anderen Kulturen zu definieren. So fällt auf, dass d'IRIBARNE die kulturellen Inhalte der französischen Identität erst nach der Sammlung sämtlicher Informationen aus allen drei Fabriken definiert. Das französische Rangmodell der "Ehrenlogik" scheint sich insbesondere erst durch den Vergleich mit dem amerikanischen Modell des "fairen Austauschs unter gleichen Vertragspartnern" als solches herauszukristallisieren.[111]

Auch in anderen Beiträgen zeigt sich d'IRIBARNE sowohl in Inhalt als auch in der Zielsetzung seiner Forschung als Bekämpfer universalistischer Management-Modelle amerikanischen Ursprungs. So beginnt er seine Betrachtung der beobachteten französischen Organisationskultur

---

[107] ebd., S. 9-54
[108] ebd., S. 56 - 126
[109] ebd., S. IX
[110] ebd., S. VI
[111] ebd., S. XIII, 129

mit der zusammenfassenden Feststellung, dass diese vor allem "völlig verschieden" von der amerikanischen sei.[112]

Nicht nur die gegenwärtige Managementliteratur, sondern auch die internationale Handelsordnung sei von diesem amerikanischen Modell geprägt, welches auf den Grundannahmen beruhe, die Verhaltensweisen der Konsumenten seien homogen, und die des Menschen allgemein seien allein von der Natur und der Vernunft bestimmt.[113]

Damit eweist sich d'IRIBARNE als Gegner dessen, was er als die "*idéologie moderne*", bezeichnet, nämlich eine Art Vulgäraufklärung, die die Aussagen MONTESQUIEUs und ROUSSEAUs im Namen eines universellen Rationalismus' falsch interpretiere.[114]

Diese Ideologie entspringe dem Selbstbild der sogenannten "modernen" Gesellschaften, deren Gründungsmythos auf der Fiktion der freien, vertraglichen Setzung von Regeln durch das Individuum aufbaue. Für diese Gesellschaften entspreche die Idee der "Kultur" tendenziell der einer magischen Kraft und werde unwillkürlich mit sog. 'primitiven Gesellschaften' in Zusammenhang gebracht.[115]

Dieses Stereotyp, welchem sich auch M. MAURICE verschrieben habe, verstehe die Kultur als statisches Merkmal, welches zu irrationalen und unbeeinflussbaren Verhaltensweisen führe. Dem widerspreche jedoch der anthropologische Kulturbegriff, so dass d'IRIBARNE, in Anlehnung an GEERTZ, den Kulturbegriff weiter präzisiert, indem er feststellt, Kultur sei ein Kontext, ein Bedeutungsrahmen, innerhalb dessen die Verhaltensweisen in verständlicher Form beschrieben werden können.[116]

Bei genauerer Untersuchung dieses von d'IRIBARNE verwendeten Kulturbegriffs fällt auf, dass er die Definition einer kulturellen Identität, eines der Anliegen des Autors, letztlich nicht erlaubt: Wenn Kultur der Bedeutungsrahmen für verständliche Kommunikation ist, sind kulturelle Merkmale zwangsläufig relativ, d.h. sie erscheinen nur als solche aus der Sicht einer bestimmten anderen Kultur. Die Analogie mit der Sprache hat zur Folge, dass die so definierte Kultur nur eine bestimmte Kommunikationssituation widerspiegelt. Ändert sich der Kommunikationspartner, so ändern sich die wahrgenommenen kulturellen Merkmale; der Deutsche hat vom Franzosen ein anderes Bild als der Amerikaner. Auch wenn d'IRIBARNE verschiedene Kulturen vergleicht und die Entwicklung seiner kulturellen Merkmale wahrscheinlich implizit diesem Vergleich entspringt, so hält er doch letztlich an dem Konzept der zwar wandelbaren, aber dem Subjekt inhärenten Kultur fest: Die Ehrenlogik ist nicht eine Verständnishilfe für amerikanische oder niederländische Betrachter der französischen Kultur, sondern existiert tatsächlich, und zwar unabhängig vom externen Beobachter.

Diese Haltung lässt sich als Schwäche des Werks d'IRIBARNEs deuten, nicht in erster Linie weil sie an der DESCARTESschen Idee der apriorischen Identität des Subjektes festhält, sondern weil sie bei konsequenter Betrachtung im Widerspruch mit seinen eigenen, der Anthropologie und Kommunikationstheorie entlehnten, Kulturbegriffen steht.

---

[112] d'Iribarne 1990, S. 48
[113] ebd., S. 54/55
[114] d'Iribarne 1989, S. XIII/XIV
[115] d'Iribarne 1992, S. 135/136
[116] ebd., S. 137

V.3.5.   Die Arbeiten von Maurice/Sellier/Silvestre

V.3.5.1.   Inhaltliche Schwerpunkte

Die Arbeiten dieser drei französischen Autoren gehören sicherlich zu den bedeutendsten vergleichenden Studien in bezug auf Deutschland und Frankreich. Die wichtigsten Ergebnisse sind in dem 1982 erschienenen Werk "Politique d'Education et Organisation Industrielle en France et en Allemagne" zusammengefasst und sollen im folgenden wiedergegeben und kommentiert werden.

Dieses Werk basiert auf zwei Untersuchungen: Der Untersuchung I (1971 - 73) in 14 deutschen und französischen Unternehmen (der Sektoren Werkzeugmaschinen, Papier/Karton, Gerberei und Stahl) und der Untersuchung II (1974-77) in 12 deutschen und französischen Unternehmen (der Schwerindustrie, Petrochemie, Autoreifen und Stahlröhren). Ferner werden, insbesondere für makroökonomische Daten, offizielle Statistiken und arbeitssoziologische Studien des LEST (Laboratoire d'Economie et de Sociologie du Travail, Aix-en-Provence, 1971-1978) hinzugezogen. [117]

Die Daten mögen somit etwas veraltet erscheinen, aber wie noch zu zeigen ist, geht es den Autoren erstens vorwiegend um den Vergleich zwischen Deutschland und Frankreich, d.h. um relative Merkmalsausprägungen, und zweitens um dynamische Prozesse, die sich über Generationen hinziehen. Daher haben die Schlussfolgerungen nichts von ihrer Brisanz und Aktualität verloren, auch wenn sich die absoluten Daten, die verwendet werden, inzwischen geändert haben.[118]

Die Autoren gliedern ihre Untersuchung in Analysen der Ausbildungsstrukturen, der Organisationsstrukturen, der Industriestrukturen und der Gehaltsstrukturen.

Was die Ausbildungsstrukturen betrifft, so betonen sie die unterschiedliche Bedeutung beruflicher Ausbildungszertifikate in Deutschland und Frankreich. So besitzen 67% der Arbeiter in Deutschland ein berufliches Zertifikat, in Frankreich nur 31%. Bei den Nicht-Arbeitern beträgt der Anteil in Deutschland 90% und in Frankreich 60%.[119]

Insgesamt besitzen 40% der französischen und 75% der deutschen Gehaltsempfänger eine abgeschlossene Berufsausbildung mit entsprechendem Diplom bzw. Zertifikat. In Deutschland basiert die gesamte betriebliche Hierarchie in hohem Masse auf der Qualität der beruflichen Ausbildung und der erhaltenen Diplome. Insbesondere die Unterscheidung zwischen Arbeitern und Angestellten basiert auf Unterschieden in der beruflichen Ausbildung.

---

[117] Maurice/Sellier/Silvestre 1982, S. 13

[118] Das konzeptionelle Instrumentarium der Autoren erlaubt im Gegenteil, die Veränderungen in den letzten 20 Jahren zu interpretieren und Prognosen bezüglich ihres Einflusses auf das institutionelle Gefüge in den beiden Ländern zu wagen.

[119] Es werden die folgenden Kategorien verwendet: 1. Cadres bzw. aussertarifliche Angestellte, 2. Höhere Angestellte (incl. Meister, Techniker), 3. Ausführende Angestellte, 4. qualifizierte Arbeiter, 5. nicht-qualifizierte Arbeiter. In bezug auf die Ausbildung werden unterschieden: 1. Berufliche Grundausbildung (industrielle/kaufmänn. Lehre in Deutschland; CAP - Certificat d'aptitude professionnelle in Frankreich), 2. Weiterführende berufliche Ausbildung (Zwischenstufe zwischen beruflicher Grundausbildung und Hochschulausbildung), 3. Hauptschulabschluss (bzw. CEP-Certificat d'études primaires oder Schulabbruch in Frankreich), 4. Mittlere Reife (bzw. BEPC in Frankreich) und 5. Abitur (bzw. baccalauréat in Frankreich).

Diese "Strukturierungskapazität" der beruflichen Ausbildung fehlt in Frankreich weitgehend. Sie wird dort jedoch ausgeglichen durch die hohe Strukturierungskapazität der allgemeinen, d.h. nicht-beruflichen Ausbildung (Schulbildung). So lässt sich feststellen, dass 50% der französischen Arbeiter, jedoch nur 15% der Nicht-Arbeiter (Kategorien 1-3) überhaupt keinen Schulabschluss besitzen. Die französischen Leitenden Angestellten heben sich (in der chemischen und mechanischen Industrie, Untersuchung II) von den Facharbeitern dadurch ab, dass sie zu etwa 60% einen über den Hauptschulabschluss hinausgehenden Abschluss besitzen, was nur für 28% der deutschen Arbeiter zutrifft.[120]

Der zweite wichtige hierarchiebildende Faktor in Frankreich, der das Fehlen eines differenzierten beruflichen Ausbildungssystems kompensiert, ist der des Alters bzw. der Betriebszugehörigkeit. So sind die Nicht-Arbeiter in Frankreich im Schnitt um vier Jahre älter als die Arbeiter, in Deutschland beträgt diese Differenz nur 1,5 Jahre. Diese Unterschiede werden noch deutlicher, wenn man nicht das Alter, sondern die Dauer der Betriebszugehörigkeit ("ancienneté") betrachtet, wie in folgender Tabelle:[121]

A=Arbeiter; NA=Nicht-Arbeiter	Frankreich			Deutschland			
	1	2	3	4	5	6	7
	A	NA	2/1	A	NA	5/4	6/3
Durchschn. Betriebszugehörigkeit	8,0	12,3	1,5	8,8	11,3	1,3	1,2
% "Betriebsveteranen"*	28,0	51,0	1,8	36,0	48,0	1,3	1,4
% "Neulinge"*	38,0	19,0	0,5	33,0	23,0	0,7	1,4

jeweils mehr als 10 bzw. weniger als drei Jahre Betriebszugehörigkeit

Die Dauer der Betriebszugehörigkeit ist somit in Frankreich ein entscheidender Faktor, der den Übergang vom Arbeiter- zum Angestelltenstatus beeinflussen kann. Die hohe Bedeutung der Dauer der Betriebszugehörigkeit in Frankreich für die Hierarchiebildung lässt sich in allen Wirtschaftssektoren und allen Unternehmensgrössen feststellen und stellt einen der wichtigsten Unterschiede zum deutschen System dar, wo die Korrelation zwischen Betriebszugehörigkeit und hierarchischer Stellung sehr schwach ist und erstere ebensogut in eine Herabstufung (Obsoletwerden der Qualifikation) wie in eine Beförderung münden kann.[122]

In bezug auf die Gehaltsstrukturen lässt sich feststellen, dass die Gehälter sowohl in Frankreich als auch in Deutschland im Dienstleistungssektor höher sind als in der Industrie. Dieser Unterschied ist jedoch in Frankreich höher als in Deutschland, was ausschliesslich auf die relative Abwertung der industriellen Arbeitsleistung in Frankreich zurückzuführen ist: Das Verhältnis des Durchschnittsgehaltes des Nicht-Arbeiters in der Industrie zum allgemeinen Durchschnittsgehalt im Tertiärsektor beträgt 1,25 in Frankreich, jedoch nur 1,14 in Deutschland. Für die Industriearbeiter beträgt diese Kennzahl 0,72 in Frankreich und 0,86 in Deutschland.

Das Durchschnittsgehalt wird beeinflusst durch die Gehaltshöhe der Arbeiter und Nichtarbeiter sowie durch ihr jeweiliges Gewicht. Was die Gehaltshöhe betrifft, sind die Unterschiede in Frankreich deutlich höher: Insgesamt liegt das Durchschnittsgehalt der Nicht-Arbeiter in Frankreich um 75% über dem der Arbeiter, in Deutschland nur um 33% darüber. Facharbeiter verdienen in Frankreich 29% mehr als nicht-qualifizierte Arbeiter (die beiden Kategorien

---

[120] ebd., S. 23/24
[121] ebd., S. 26
[122] ebd., S. 27, 37-39

unterscheiden sich in Frankreich nicht durch unterschiedliche Abschlüsse, sondern vorwiegend durch die Länge der Betriebszugehörigkeit), in Deutschland nur 15% mehr als diese. Was das Gewicht betrifft, so sind die Nicht-Arbeiter in Frankreich - gegenüber Deutschland - stark überrepräsentiert. So finden sich in der deutschen Industrie im Schnitt 20 Nicht-Arbeiter auf 100 Arbeiter, in der französischen Industrie sind es 33. Dieser Unterschied lässt sich auch an der sog. Kontrollspanne ablesen, die in Deutschland systematisch höher ist: So beaufsichtigt ein französischer Meister im Durchschnitt 16 Arbeiter, ein deutscher jedoch 25. So kommt es, dass die Angestelltengehälter in Frankreich 41% der Lohn- und Gehaltskosten betragen, in Deutschland nur 32%. [123]

Eine einfache Art und Weise, die Unterschiede in Gehaltsstufen, Kontrollspannen und Hierarchiestrukturen, die sich aus diesen Daten ergeben, schematisch darzustellen, ist die folgende Graphik (Ordinate = Gehaltsniveau):

Frankreich   Deutschland

```
          o                                   
         / \        Nicht-Arbeiter      o       o
        o   o                          / | \   / | \
       /I\  /I\                        o o o o o o
       oooooo     Arbeiter
```

Eigene Darstellung

Während in Deutschland die Gruppe der Nicht-Arbeiter in bezug auf Gehalt und Ausbildung relativ homogen ist, ist diese Gruppe in Frankreich von starken inneren Kontrasten geprägt. Diese betreffen insbesondere den Gegensatz zwischen den "Cadres" und den sonstigen Angestellten, wobei die dominierende Gruppe innerhalb der "Cadres" die der Absolventen der "Grandes Ecoles" ist.[124]

Während in Deutschland in bezug auf Qualifikationsniveau, soziale Herkunft und Einkommen nur ein leichter Bruch zwischen Arbeitern und Nicht-Arbeitern festzustellen ist, besteht in Frankreich ein deutlicher Bruch zwischen "Cadres" und "Non-cadres". Zwischen diesen beiden Kategorien bestehen erhebliche Unterschiede in sozialer Herkunft, Einkommen und Ausbildungsniveau. Innerhalb dieser beiden sozialen Klassen erfolgt die Hierarchiebildung vorwiegend aufgrund des Anziennitätsprinzips, weshalb die Leitenden Angestellten in Frankreich im Durchschnitt älter sind als in Deutschland, insbesondere auch im Verhältnis zu den anderen Beschäftigtenkategorien. Es handelt sich um die letzte hierarchische Stufe, die sie aufgrund des Anziennitätsprinzips erklimmen können, denn die Hürde zum "Cadre"-Status ist nur in Ausnahmefällen überwindbar.

Da in Deutschland die Nicht-Arbeiter soziologisch homogener sind, kommt das Anziennitätsprinzip hier eher bei der Unterscheidung zwischen "Cadre" (aussertariflichem Angestellten) und "Nicht-Cadre" (sonstigen Angestellten) ins Spiel, eine Unterscheidung, bei der in Frankreich die Anziennität wiederum keine Rolle spielt, sondern v.a. der Grande Ecole - Abschluss. [125]

Ein Teil dieser Unterschiede lässt sich bis in das Schulsystem zurückverfolgen. Während zwischen 1950 und 1970 70%-85% der 10-13jährigen Deutschen nach der Grundschule die

[123] ebd., S. 32-34
[124] ebd., S. 45
[125] ebd., S. 49-51

Hauptschule besuchten, wählten 1962 nur 45% der Franzosen in dieser Altersklasse die entsprechende Schulform (école primaire). Der Grossteil eines französischen Jahrgangs strömt dagegen in die Schulformen, die mehr oder weniger der deutschen Realschule und dem Gymnasium entsprechen.

Infolgedessen weisen diese beiden Schulformen in Frankreich auch eine höhere soziale Heterogenität auf: Sie beherbergen etwa 50% der Arbeiterkinder im Alter von 12 und 13 Jahren in Frankreich, gegenüber nur 20% in Deutschland.

Die höhere soziale Heterogenität der französischen Abiturienten führt dazu, dass die soziale Selektion erst später einsetzt, nämlich kurz vor dem Abitur. Dieses erhalten französische Arbeiter- und Bauernkinder, die es geschafft haben, ins Gymnasium aufgenommen zu werden, nur zu einer Wahrscheinlichkeit von 11% (Kinder führender "Cadres": 60%). So beträgt die Durchfallquote beim Abitur in Frankreich 45%, in Deutschland 10%. Bei den erfolgreichen Absolventen des Abiturs ähneln sich die sozialen Profile in Deutschland und Frankreich wieder: Vorwiegend Angestellten- und kaum Arbeiter- oder Bauernkinder. Der Unterschied besteht darin, dass die Selektion in Frankreich über das Scheitern (bzw. den Zeitpunkt des Scheiterns) in einem allen Bevölkerungsgruppen offenen, und letztlich bis zum sozialen Gipfel führenden Bildungssystem erfolgt und definiert wird, während sie in Deutschland früher erfolgt und auf unterschiedlichen, aber positiv formulierten inhaltlichen Definitionen aufbaut.

Die der deutschen Hauptschule entsprechende Ecole Primaire besitzt somit, wie auch das deutsche Gymnasium, eine hohe soziale Homogenität. Die von ihnen später gestellte Beschäftigtengruppe innerhalb der betrieblichen Hierarchie (Arbeiter) benötigt somit, wie auch die Gruppe der Angestellten in Deutschland, keine weitere strikte Untergliederung und kommt mit dem Anziennitätsprinzip als einzigem weiteren Hierarchiefaktor aus.[126]

Der wichtigste Unterschied zwischen den beiden Ländern besteht jedoch in der allgemeinen Stellung der beruflichen Ausbildung: So wählten in Deutschland in den sechziger Jahren 68% einer Altersklasse den Weg der beruflichen Lehre, jedoch nur 18% in Frankreich. In Deutschland, wo 60% der Abiturienten, die ihre Aubildung nicht an der Hochschule fortsetzten, eine Lehre antreten, ist das berufliche Ausbildungssystem daher verständlicher- und bekannterweise sehr stark organisiert, ganz im Gegensatz zu Frankreich, wo der Grossteil der Nicht-Gymnasiasten (d.h. an den Anforderungen des Gymnasiums gescheiterten Schülern) sich direkt um einen Arbeitsplatz bemüht, ohne die - ohnehin kaum entwickelten - Berufsschulen aufzusuchen. Der Beginn einer manuellen Tätigkeit ist somit in Frankreich weitgehend gleichbedeutend und koinzidiert mit dem Scheitern innerhalb des allgemeinen Ausbildungssystems, nicht mit einer gestalteten und weiterhin gestaltbaren Karriere.

Die starke Ausprägung und komplexe Organisation des beruflichen Ausbildungssystems in Deutschland geht einher mit einem erheblichen Einfluss der (Gross-)Unternehmen auf diesen Ausbildungsgang. Die kleine Minderheit der Franzosen, die den Weg der beruflichen Lehre geht, verbringt diese zu 98% in - oft handwerklichen - Kleinbetrieben, während die deutschen "Azubis" ihre Lehre meist in - oft grossen - Industrieunternehmen verbringen. [127]

Die hier aufgezeigten sozialen, organisatorischen und ausbildungstechnischen Zusammenhänge sind nach Ansicht der Autoren relativ stabil und verstärken sich gegenseitig: Die deutsche

---

[126] ebd., S. 58/59
[127] ebd., S. 59-64

Hauptschule hält einen gewissen Status aufrecht, da ihr wichtigster Abnehmer, die Industrie, ihren Absolventen einen sozial anerkannten Ausbildungsweg und später akzeptable Löhne bietet. Dieser soziale Status verleiht der Hauptschule eine gewisse Grundattraktivität, die verhindert, dass die Gymnasien zu stark überlaufen werden. Dies wiederum führt zu einer hohen sozialen Homogeneität der Gymnasiasten und späteren Angestellten, die verhindert, dass, wie in Frankreich, eine weitere Ausbildungsform für die spezielle Ausbildung der gesellschaftlichen Elite geschaffen wird.

Die relativ guten Einkommens- und Karriereperspektiven der Arbeiter führen dazu, dass ihr Status einen gewissen gesellschaftlichen Wert besitzt und nicht mit dem der "Verlierer" im schulischen Wettbewerb gleichgesetzt wird. Die Industrie organisiert einen grossen Teil der Berufsausbildung selbst und sorgt damit für die Aufrechterhaltung des sozialen Status' der Hauptschule und des Arbeiters.

In Frankreich dagegen sind die "Cadres" die Gewinner in einem Wettkampf, an dem fast alle - bis zum Zeitpunkt ihres Scheiterns - teilgenommen haben und der die fachliche Ausbildung vernachlässigt. Diese Cadres haben kein Interesse an der Entwicklung eines konkurrierenden, von der Industrie getragenen Ausbildungssystems. Ein solches kann deshalb nicht entstehen, weshalb die Industriearbeiter das Produkt einer Negativauswahl sind. Diese Arbeiter, deren Fortkommen nur noch von der Anziennetät abhängt, bilden daher keine Karriereambitionen, kein Selbstbewusstsein und keine einflussreichen Institutionen. Dadurch leidet die Nachfrage nach Fortbildung und somit der Drang der Unternehmen, gemeinsame Ausbildungsinstitutionen zu gründen. Die mangelnde Assoziation der Unternehmen untereinander führt wiederum zu einer notorischen Schwäche des beruflichen Ausbildungssystems, so dass - mangels beruflicher Zertifikate - immer wieder auf das Anziennitätsprinzip als hierarchiebildendes Kriterium zurückgegriffen wird.[128]

Die starke Ausprägung der berufsbildenden Institutionen und Zertifikate in Deutschland führt zu einer hohen Mobilität der Arbeiter und Angestellten zwischen den Unternehmen innerhalb der Industrie. In Frankreich, wo die wenigen beruflichen Zertifikate meist "Hausdiplome" sind ("Diplômes maison") und somit nicht allgemein anerkannt, ist die horizontale Mobilität, zumindest bei den Nicht-Cadres, stark eingeschränkt. Im Gegenzug besteht eine höhere vertikale Mobilität in bezug auf die untersten Stufen der betrieblichen Hierarchie. So beträgt die Wahrscheinlichkeit für einen französischen Arbeiter, innerhalb eines Jahres zum Nicht-Arbeiter aufzusteigen, 2,5%, die des deutschen Arbeiters, auch wenn er leichter das Unternehmen wechseln kann, nur 1,75%. Dies führt zu einer höheren Fluktuation in der französischen Arbeiterschaft, die daher keine eigene Identität und keine leistungsfähigen Institutionen hervorbringen kann.[129]

Die industrieweite Mobilität der deutschen Arbeiter und ausführenden Angestellten wird insbesondere durch die starke Entwicklung der weiterführenden beruflichen Ausbildungsgänge bewirkt, die nach Eintritt ins Berufsleben absolviert werden. Dies betrifft insbesondere die technische Berufe: In dieser Berufsgruppe haben in Deutschland 70% ihren höchsten Berufsabschluss nach Eintritt ins Berufsleben erhalten, in Frankreich nur 15%. Diese in Deutschland weit verbreiteten Massnahmen der beruflichen Weiterbildung bilden in Frankreich

---

[128] ebd., S. 65-72
[129] ebd., S. 77-81

die Ausnahme und stellen oft nur vom Vorgesetzten initiierte Begleitmassnahmen für bereits getroffene Beförderungsentscheidungen dar.[130]

In bezug auf die Organisationsstrukturen betonen die Autoren den Kontrast zwischen der deutschen "Polyvalenz" und dem französischen Koeffizientensystem. So führt das vom deutschen Meister geleitete und überwachte Rotationssystem zu einer Vielseitigkeit der praktischen Fähigkeiten des Arbeiters und bildet somit, obwohl es die tägliche Routinearbeit betrifft, eine Form der Fortbildung, die den Übergang zum Facharbeiterstatus vorbereiten kann. Die Autoren sehen in diesem System der Polyvalenz durch Rotation eines der wichtigsten Charakteristika der industriellen Organisation in Deutschland. Im Gegensatz zur französischen Situation liegt eines der Ziele der Organisation darin, die Arbeiter in die Lage zu versetzen, den Produktionsprozess in allen seinen Einzelheiten zu beherrschen und somit, im Falle eines technischen Defektes, auch die manuellen, oft handwerklichen, Grundfunktionen, die diesem Prozess zugrundeliegen, durchführen zu können. Diese Aufrechterhaltung des zugrundeliegenden handwerklichen Know-Hows führt dazu, dass einige Funktionen, die automatisiert werden könnten, bewusst im manuellen Betrieb belassen werden, damit die Arbeiter das Gefühl für die zu steuernden Prozesse nicht verlieren.[131]

Generell stellen die Autoren fest, dass in Deutschland die Aus- und Fortbildung der Beförderung vorausgeht und diese bedingt, während sie in Frankreich nur angewandt wird, um einen bereits beförderten Arbeiter mit den neuen Anforderungen und der neuen sozialen Umgebung vertraut zu machen. Diese Logik geht einher mit dem französischen System der auf Koeffizienten basierenden betrieblichen Hierarchie. Für jeden Posten gibt es einen Koeffizienten, der einer präzisen Stellenbeschreibung, einer Position in der Hierarchie und einem Gehaltsniveau entspricht. Dieses Koeffizientensystem ist praktisch unveränderbar und entspricht sektorweiten oder gar national einheitlichen Modellen. Dies bedeutet, dass die Laufbahn eines Arbeiters nicht von diesem selbst in Abhängigkeit von seinen Qualifikationen und Neigungen gestaltet werden kann, sondern sich an der Koeffizientenhierarchie ausrichtet, insbesondere der Freiwerdung von Stellen. Da die gesamte Organisation auf diesem Koeffizientensystem aufbaut, können Rotation und Polyvalenz sich in der französischen Industrie nicht entwickeln. Die Struktur ist statisch, und der Arbeiter ist an seinen Posten gebunden. Die Autoren erklären dieses Verfahren als eine Prozedur der Konfliktvermeidung: Bei auftretenden Vakanzen erhält immer jeweils der dienstälteste den freiwerdenden Posten. Die Bezahlung entspricht nicht dem Wert des Arbeiters, sondern immer nur dem jeweiligen Posten. Durch diese entpersönlichte Entscheidungsregel werden Neidgefühle und Konflikte vermieden und eine gewisse politische Gerechtigkeitsidee verwirklicht. Es liegt auf der Hand, dass dies eine kategorische Ablehnung des Leistungsprinzips darstellt.[132]

Die wenigen polyvalenten Arbeiter im französischen System werden als "Springer" eingesetzt, um Vakanzen auszufüllen. Ihre Vielseitigkeit und ihr Überblick über den Produktionsprozess wird jedoch keinesfalls als Führungspotential oder Vorbereitung auf einen hierarchischen Aufstieg betrachtet, da letzterer nur im Rahmen des gegeben Koeffizientensystems möglich und meist von der Dauer der Betriebszugehörigkeit determiniert ist, ein deutlicher Kontrast zum "Leistungsprinzip", welches nach Ansicht der Autoren einen der wichtigsten Schlüsselbegriffe in der deutschen Industrie darstellt.[133]

[130] ebd., S. 84-96
[131] ebd., S. 113-118
[132] ebd., S. 202/203
[133] ebd., S. 120-138

Neben den beiden Schlüsselbegriffen "Leistung" und "Bildung" sehen die Autoren in der Überschneidung von technischer Kompetenz und hierarchischer Autorität eines der wichtigsten Charakteristika der deutschen Führungsphilisophie: Diese Integration von disziplinarischer und technischer Autorität sei am besten in der Person des Meisters mit Facharbeiterbrief verkörpert, einer Institution, die eine hohe soziale Homogenität und Stabilität aufweist und so im französischen System keine Entsprechung hat.[134]

Die von mehreren Hierarchieebenen geteilte technische Kompetenz ermöglicht im deutschen System eine effiziente Kommunikation und Kooperation auch über Hierarchieebenen hinweg. So entstehen vertikale und horizontale Kommunikations- und Kooperationswege, die sich eher an technischen Kompetenzfeldern orientieren als an formellen Hierarchiestrukturen. Auf der Managementebene manifestiert sich dieser Unterschied in der Gegenüberstellung der in Deutschland häufigen Matrix-Organisation und der für Frankreich typischen, auf FAYOL zurückgehenden, strikten Einheitlichkeit der Weisung und Unteilbarkeit der Linienautorität.[135]

Die sich an der Unternehmensspitze befindenden französischen "Cadres" sind zu 46% Hochschulabsolventen, bei den deutschen "aussertariflichen Angestellten" beträgt dieser Anteil nur 16,5%. Die leitenden Cadres zeichnen sich durch einen hohen Grad an sozialer Reproduktion aus: Er beträgt 50% in Frankreich gegenüber nur etwa 33% in Deutschland. In den untersuchten Metallurgiebetrieben waren sogar 24% der deutschen Leitenden Angestellten ehemalige Arbeiter, jedoch kein einziger der entsprechenden französischen "Cadres supérieurs".[136]

Die in Deutschland insgesamt niedrigere Hierarchisierung der Beschäftigten drückt sich ebenfalls in den Einkommensunterschieden zwischen allen Hierarchiestufen aus. Hier werden in Deutschland de facto die Unterschiede durch systematisch höhere Boni und Zuschläge für die unteren Hierarchiestufen gegenüber den Tarifsätzen gemildert, wie die folgende Tabelle zeigt:[137]

---

[134] ebd., S. 152-155
[135] ebd., S. 163-166
[136] ebd., S. 186-188
[137] ebd., S. 194, eigene Übersetzung

	Frankreich		Deutschland	
	Index Effektiv- gehalt	Effektiv- gehalt/ Tarif- gehalt	Index Effektiv- gehalt	Effektiv- gehalt/ Tarif- gehalt
Petrochemie				
Nicht-qualifizierter Arbeiter	100	1,71	100	1,64
Halbqualifizierter Arbeiter	103	1,55	116	1,74
Qualifizierter Arbeiter	128	1,62	132	1,72
Meister	196	1,69	168	1,78
Niederer Techniker	131	1,63	146	1,57
Höherer Techniker	178	1,61	164	1,31
Niederer Verwaltungsangestellter	118	1,65	104	1,17
Höherer Verwaltungsangestellter	190	1,71	145	1,23
Cadres/aussertarifl. Angestellter	435	1,77	205	
Metallurgie				
Nicht-qualifizierter Arbeiter	100	1,45	100	1,37
Halbqualifizierter Arbeiter	110	1,67	118	1,44
Qualifizierter Arbeiter	138	1,68	120	1,36
Meister	190	1,68	158	1,08
Niederer Techniker	144	1,35	89	1,03
Höherer Techniker	197	1,52	157	1,05
Niederer Verwaltungsangestellter	101	1,34	93	1,06
Höherer Verwaltungsangestellter	162	1,36	131	1,03
Cadres/aussertarifl. Angestellter	305		220	1,30

Die Tarifverträge werden in Deutschland auf Zeit, in Frankreich jedoch traditionell unbefristet abgeschlossen. Dies hat enorme Auswirkungen: In Deutschland integriert sich die Neuverhandlung in einen institutionellen Rahmen, der die regelmässigen Kontakte zwischen Arbeitgeberverbänden und Gewerkschaften auf Industrieebene regelt. In Frankreich fühlen die Arbeitgeber sich a priori durch nichts verpflichtet, an den Verhandlungstisch zurückzukehren, so dass neue Verhandlungen tendenziell durch wilde Streiks auf Unternehmensebene erzwungen werden müssen. Dies führt zu Verhandlungen auf Unternehmensebene mit dem Ergebnis, dass die Tarifverträge in Frankreich von Unternehmen zu Unternehmen innerhalb derselben Branche stark variieren können, je nachdem, wie stark die Arbeiterschaft organisiert ist und wie aggressiv sich die Gewerkschaften gebärden. Somit bleibt das Betriebsleben selbst in Deutschland von sozialen Kämpfen weitgehen verschont, während der Betrieb in Frankreich gerade umgekehrt die wichtigste Arena solcher Konflikte bildet.[138]

In engem Zusammenhang mit der deutschen Tendenz, die Konflikte aus dem Betrieb herauszuhalten, steht die Komplexität der Institutionen der deutschen Mitbestimmung, der Vertrauensleute und dem Betriebsrat und des omnipräsenten Modells des sozialen Konsens',

---

[138] ebd., S. 208-215

eines der Kennzeichen der deutschen Wirtschaft und gleichzeitig ein diametrales Kontrastprogramm zum französischen Modell.[139]

Die Klassifikation der Posten in einem hierarchischen Koeffizientensystem führt zu der für Frankreich typischen Kombination von Kollektivismus und Individualismus: Auf der kollektiven Seite fühlt sich jeder Arbeiter als gleichberechtigt mit allen anderen Arbeitern, deren Posten denselben Koeffizienten besitzen. Er ist Teil dieser Gruppe und kann innerhalb dieser Gleichbehandlung und Gleichberechtigung durch die Autorität verlangen. Ähnlich wie das WEBERsche Bürokratismusmodell garantiert somit das strikte Koeffizientensystem Chancengleichheit und Schutz vor Willkür. Die individualistische Note besteht darin, dass der Einzelne nur diesem hierarchischen System und seiner Logik unterworfen ist; d.h. er kann sich von den ihn umgebenden Sachzwängen unabhängig fühlen. Da seine Identität durch das Koeffizientensystem, also seinen Platz in der Hierarchie, genau definiert und somit determiniert ist, entfällt der Zwang zu einer Integration in die Kooperationsbeziehungen, die sich aus dem Arbeitsablauf und den technischen Bedingungen ergeben. Ebenso wird der Einzelne von der administrativen Zentrale immer nur als Einzelner betrachtet, beurteilt und verwaltet, völlig unabhängig von seinen Beziehungen zu den anderen Mitarbeitern.[140]

Ähnlich wie in Deutschland das Leistungsprinzip, wird dieses für die gesamte nationale Organisationskultur so entscheidende Koeffizientensystem in Frankreich sowohl von den Arbeitgebern als auch von den Gewerkschaften verfochten und verteidigt.[141]

Die Autoren benutzen die Begriffe der "professionellen Logik" und der "administrativen Logik", um das deutsche und das französische Modell der industriellen Organisation gegenüberzustellen. Die professionelle Logik entspricht einer relativ hohen Autonomie der Arbeiter, deren Karriere vom Leistungsprinzip beherrscht ist. Dieses Modell favorisiert eine technisch-instrumentelle Qualifikation und eine sach- und aufgabengemässe Kooperation anstelle einer hierarchischen Unterordnung. Die französische administrative Logik zeichne sich dagegen eher durch eine strikte Trennung der adminstritativ-organisatorisch-präparativen Aktivitäten von den manuell-ausführenden Aktivitäten aus; dadurch gewinnen die hierarchischen Beziehungen an Bedeutung, so dass sich die Arbeitsbeziehungen insgesamt eher vertikal als horizontal ausrichten.[142]

In dieser vertikalen Ausrichtung und der Ausgeliefertheit gegenüber der Unternehmensleitung (mangels allgemein anerkannter Diplome ist der Unternehmenswechsel für den Arbeiter fast unmöglich) gleichen sich die französischen Arbeiter wiederum untereinander, was zu einer hohen Homogenität der Arbeiterklasse führt. Diese wiederum steht einer starken Heterogenität innerhalb der Industrie gegenüber: Die Gehälter variieren stark zwischen den Unternehmen innerhalb einer Industrie sowie zwischen Industrien, was seinerseits zu der Unmöglichkeit einer koordinierten Gewerkschaftspolitik führt.[143]

---

[139] ebd., S. 220-233
[140] ebd., S. 266-268
[141] ebd., S. 138, 270
[142] ebd., S. 276-277
[143] ebd., S. 287

V.3.5.2. Methodischer Ansatz

Diese Ausführungen zeigen, dass die Autoren die komplexen Zusammenhänge, die zwischen verschiedenen Kategorien von Subjekten und Objekten bestehen, darstellen, ohne diese durch Reduzierung auf vereinfachende universelle Kausalitätsgesetze zu deformieren oder auszublenden.

So wenden sich die Autoren methodologisch gesehen insbesondere gegen einen technologischen Determinismus und stützen sich auf die Vielzahl von Studien, die fundamentale Unterschiede in der Organisationsweise selbst bei identischer Technologie festgestellt haben. Zwar erkennen sie den Einfluss der Technologie (z.b. Serienfertigung vs. Einzelfertigung) auf die Organisation (z.b. Kontrollspanne) an, bemerken jedoch, dass dieser Einfluss in unterschiedlichen Ländern unterschiedlich hoch ist und sich in unterschiedlicher Weise manifestiert, was die Autonomie unterschiedlicher Organisationsprinzipien und sozialer Interaktionsformen in verschiedenen Gesellschaften unterstreicht. [144]

Die Autonomie und Widerstandskraft spezifisch nationaler Formen der Technologieanwendung sehen die Autoren durch die Probleme, die häufig beim Technologietransfer auftauchen, bestätigt. So bedinge jede Technologie eine spezifische Organisationsform und bestimmte soziale Beziehungen, so dass eine neue Technologie oft auf Widerstände stösst, die diese als Form kulturellen Imperialismus' oder Hegemoniestrebens des Technologieexporteurs interpretiere.[145]

Am Beispiel der Tatsache, dass der Anteil der Arbeiter gegenüber den Nicht-Arbeitern in allen Branchen in Deutschland systematisch höher ist als in Frankreich, erläutern die Autoren die unzureichende Erklärungskraft rein technologischer Faktoren. Gleichzeitig zeigen sie sich erstaunt über die Analogie der Autonomie des deutschen Arbeiterstatus' und der Wichtigkeit der 'Produktion' gegenüber anderen betriebswirtschaftlichen Funktionen in der deutschen Wertehierarchie. Hier machen sie einige vorsichtige Ansätze, diese Erscheinungen auf grundlegende "kulturelle" Faktoren zurückzuführen, verwehren sich jedoch sogleich gegen einen blinden "Kulturalismus". Immerhin geben sie sich nicht damit zufrieden, diese Analogien allein mit historischen Faktoren zu erklären, gerade indem sie auf die historische Konstanz dieser industriellen Kultur hinweisen.[146]

Ebenso wenden sie sich jedoch in ihrer Analyse explizit gegen vereinfachende Erklärungsmodelle der Prozesse der industriellen Organisation, wie insbesondere die klassische Theorie des Arbeitsmarktes sowie die marxistischen Ansätze zur Beschreibung der Beziehungen zwischen den sozialen "Klassen". Ihre erste Neuerung ist die Einführung des Begriffs des "Raumes", innerhalb dessen sich soziale Mobilität verwirklicht: Hier unterscheiden sie zwischen dem deutschen "qualifikationellen Raum", der sich über verschiedene Unternehmen erstreckt, und dem französischen "organisationellen Raum", dessen Mobilität sich auf eine konkrete Organisation beschränkt, deren Prinzipien jedoch national einheitlich sind. Im Gegensatz zu den klassischen und marxistischen Theorien, die eine universalistische Gesetzmässigkeit für die sozialen Beziehungen annahmen, betonen MAURICE/SELLIER/SILVESTRE eher die komplexen Beziehungen, die zwischen rechtlichen, sozialen, organisatorischen, technologischen und pädagogischen Prinzipien herrschen und die eine gewisse Varietät an sozialen Strukturen und

---

[144] ebd., S. 273-277
[145] ebd., S. 283
[146] ebd., S. 278

Beziehungen produzieren. Ebenso verwerfen sie die klassische und marxistische Theorie aufgrund deren Vernachlässigung der "sozialen Zeit", also der Eigendynamik sozialer Prozesse im Zeitablauf, wie sie insbesondere in dem simplifizierenden Konzept des "Humankapitals" als Kapitalwert zukünftiger Nutzeneinheiten zum Ausdruck kommt. An die Stelle der zu groben Kategorien "Markt" oder "Klasse" stellen die Autoren daher den Begriff des "Raums", innerhalb dessen sich tatsächlich Mobilität abspielt. In Frankreich entspricht dieser Raum z.B. für die Arbeiter dem individuellen Unternehmen. [147]

Das zweite wichtige Element ihres theoretischen Ansatzes besteht in der Relativierung des gängigen Prinzips der Aufteilung der Realität in dichotomische Kategorien (Akteur - System; Individuum - Struktur), verbunden mit einer meist unidirektionellen Kausalität. So sprechen die Autoren von den sozialen Faktoren, die die Identität der Akteure bilden, welche letztlich wiederum die sozialen Strukturen formen. Neben dieser Annahme zirkulärer Kausalitätsbeziehungen postulieren die Autoren auch die Zugehörigkeit von Objekten zu mehreren Kategorien als Grund dafür, dass diese durch die Striktheit der Klassifizierung in den Sozialwissenschaften sich daher oft der sachgerechten Analyse entziehen. [148]

Schliesslich manifestieren die Autoren ein konstruktivistisches Verständnis sowohl des Individuums als auch der symbolischen und kulturellen Umwelt. Sie sprechen von der "Konstruktion der Akteure" und betrachten die symbolischen und kulturellen Inhalte als "soziale Konstrukte". [149]

Was die Frage der Vergleichskriterien betrifft, so beginnen die Autoren ihre Analyse mit der Darstellung unterschiedlicher Ausprägung gemeinsamer Kategorien in Deutschland und Frankreich, betonen jedoch in einem zweiten Schritt die prinzipielle Unvergleichbarkeit der behelfsmässig verwendeten Motive, wie z.B. die der "Cadres" und der "aussertariflichen Angestellten". Ebenso räumen sie ein, dass der deutsche Meister von seiner Natur her in Frankreich keine Entsprechung findet und dass die Vergleichsbasen immer unvollständig bleiben, da die verglichenen Kategorien sich durch die unterschiedlichen sozialen Beziehungen, die sie implizit unterstellen, unterscheiden. Diese Unterschiede sind Unterschiede in der "Bedeutung" bzw. dem "Sinngehalt" der jeweiligen Kategorie, und nur das Verständnis dieser Bedeutungs- oder Sinnzusammenhänge erlaube ein wirkliches Erfassen der untersuchten Realität bei sozialwissenschaftlichen Vergleichsanalysen. [150]

Ein wichtiges Merkmal des Gesamtansatzes von MAURICE/SELLIER/SILVESTRE, den sie selbst "sozietale Analyse" nennen, ist die Verknüpfung von Mikro- und Makrostrukturen und die Annahme, dass die Prozesse innerhalb eines Unternehmens in hohem Masse von Strukturen abhängen, die in der gesamten Gesellschaft beobachtbar sind. [151]

Diese Verbindung der Mikro- und der Makroperspektive stellt auch die wichtigste Übereinstimmung mit dem Ansatz von d'IRIBARNE dar. Der Unterschied besteht lediglich darin, dass MAURICE/SELLIER/SILVESTRE die Institutionen (Schule, Gewerkschaften, Klassifikationssysteme) als die wichtigsten Determinanten der Mikro-/Makro-Verflechtung

---

[147] ebd., S. 293-313
[148] ebd., S. 319-328
[149] ebd., S. 332
[150] ebd., S. 335-336
[151] vgl. auch Silvestre 1990, S. 113

betrachten, während Philippe d'IRIBARNE der Kultur (Ehrgefühl, Klassenbewusstsein) diese Rolle zuweist.

V.4. Schlussfolgerungen

Um die Fehler der interkulturellen Managementforschung hier zu vermeiden, soll auf den Versuch verzichtet werden, die inhaltlichen Aussagen über deutsche und französische Manager und Unternehmen in eine begrenzte Anzahl sich ausschliessender Analysekategorien und Merkmalsausprägungen zu pressen. Statt dessen soll versucht werden, die wichtigsten Leitmotive sowohl inhaltlicher als auch theoretisch-methodologischer Art, die sich in den genannten Studien ausdrücken, zusammenfassend zu interpretieren.

Das Bild, das sich dann ergibt, zeigt einen deutschen Mittelstand, der Kooperationen im Prinzip misstrauisch gegenübersteht. Wenn Kooperationen getätigt werden, so ergeben sie sich aus Geschäftskontakten durch ein langsames Zusammenwachsen auf der Basis meist komplementärer Aktivitäten, wobei in den Bereichen Forschung und Produktion nur sehr zögernd kooperiert wird. Das vorherrschende Modell ist eine Art bilaterale Symbiose. Zur Erreichung dieser Ziele fehlen in Frankreich oft die Bedingungen, und die deutsch-französischen Kooperationsaktivitäten im Mittelstand sind entsprechend gering.

Die französischen Unternehmen dagegen, meist angegliedert an nationale Konzerne, sind äusserst kooperationsfreudig, wobei auch technologische Kooperation sehr willkommen ist. Hier ist der Ansatz weniger komplementär, vielmehr symmetrisch und schliesst oft öffentliche Instanzen und multilaterale Strukturen ein.

Bei Grossunternehmen dominiert die symmetrische Kooperation, wobei oft Wettbewerber zu Partnern werden und somit die Marktverhältnisse ändern.

Allgemein jedoch werden kulturelle Faktoren (Zeit- und Raumverständnis, Arbeitsweise, Kommunikationsweise, Marktpräferenzen, Sprache usw.) als bedeutende oder gar zentrale Kooperationsbarrieren zwischen Unternehmen, Managern und Mitarbeitern der beiden Länder betrachtet. Solche Barrieren und Probleme hängen mit strukturellen und institutionellen Unterschieden zusammen, wie der Art der Managerauswahl, unterschiedlichen Führungsstrukturen, unterschiedlichen Ausbildungsstrukturen und Organisationsphilosophien. Als psychologisches Kooperationshindernis erweist sich hier auch die Ignoranz gegenüber der Relativität von Begriffen und Werten wie Rationalität, Methode, Zeit, Raum etc.

Die Zusammenhänge zwischen all diesen Faktoren sind komplex und lassen sich nicht auf linear-kausale Beziehungen zwischen Subjekten und Objekten reduzieren. Kooperationsprojekte werden oft durch zirkulare Kommunikationseffekte beeinflusst.

Weitere theoretische und methodische Leitmotive, die in diesen Studien auftauchen, sind die Annahme eines kulturellen Evolutionsprozesses sowie die Bedeutung (früh-) kindlicher Erfahrungen für die Entwicklung der Persönlichkeit und die Strukturierung der Lebenszeit.

VI. Historische und kultursoziologische Ansätze zur Erklärung kultureller Unterschiede im Management

VI.1. "Prouesse" und protestantische Ethik

Unter den kultursoziologischen Ansätzen zur Beschreibung und Erklärung unterschiedlicher Wirtschaftsstile finden sich einige, die in religiösen Motiven die wichtigsten Elemente bei der Ausformung wirtschaftlicher Verhaltensweisen sehen. Das bekannteste Werk in diesem Zusammenhang ist zweifellos WEBERs "Protestantische Ethik".[1]

WEBER grenzt sich deutlich und bewusst von marxistischen Ansätzen der Geschichtsdeutung ab[2], indem er behauptet, die protestantische, insbesondere die calvinistische, Ethik stehe am Anfang der Entwicklung der kapitalistischen Dynamik des Abendlandes und gehe dieser voraus. Er verwirft damit die materialistische These, der religiöse "Überbau" sei nur ein Ausfluss der materiellen wirtschaftlichen und technischen Verhältnisse. Wie MÜLLER-ARMACK bemerkt, hat WEBER diese Position später versucht zu relativieren, indem er sich mit dem Hinweis auf die Parallelität zwischen protestantischer Arbeitsethik und kapitalistischen Verhaltensformen wie Sparzwang, Kapitalakkumulation und rechenhafter Selbstkontrolle begnügte, ohne, wie anfangs, eine klare Kausalbeziehung von den religiösen Werten zu den wirtschaftlichen Verhaltensweisen zu postulieren.[3]

Dennoch zeugt die "Protestantische Ethik" selbst noch von der klaren Überzeugung der determinierenden Kraft religiöser Überzeugungen und Werte auf das Wirtschaftsleben. MÜLLER-ARMACK greift diese These auf und stützt sie durch eine Vielzahl von Untersuchungen und Argumenten. Sein Anliegen ist nicht nur der Kampf gegen die marxistische, sondern gleichzeitig der gegen "rassenbiologische" Ansätze zur Erklärung der unterschiedlichen wirtschaftlichen Dynamik verschiedener Regionen.[4]

Er stützt sich auf den Begriff des Wirtschaftsstils, den er folgendermassen definiert:

"Stil ist so die in den verschiedensten Lebensgebieten einer Zeit sichtbare Einheit des Ausdrucks und der Haltung. Im gleichen Sinne sprechen wir von Wirtschaftsstil dort, wo die Erscheinungsformen im Bereich des Sozialen und Wirtschaftlichen den Ausdruck einheitlichen Gepräges aufweisen. Genau wie in der Kunst ist keinesfalls jeder Zeit ein eindeutiger Stil zuzurechnen. Man baute in Österreich auch noch Barock, als man anderswo bereits zum Rokoko übergegangen war, und Rokoko herrschte vielerorten, als im Norden Deutschlands schon der Klassizismus begann. Fast jede Zeit ist so eine Mischung von Stilen. Im folgenden soll von Wirtschaftssystem die Rede sein, wenn die konkrete Mischung der Stile in einem Land gemeint ist, während wir den Begriff Wirtschaftsstil allein jenen idealtypisch-reinen Formideen zuordnen, die sich nur in Zeiten und Ländern, die völlig erreichten, was sie erstrebten, mit dem tatsächlichen Wirtschaftssystem decken."[5]

Ähnlich wie Max WEBER sieht auch MÜLLER-ARMACK in der calvinistischen Ethik die Triebkraft der Entstehung des neuzeitlich-kapitalistischen Wirtschaftsstils. Allerdings betont er stärker als WEBER die konkreten historischen Umstände, unter denen der Calvinismus politisch und geistesgeschichtlich wirksam wurde und betont statt der dogmatischen Nuancen, durch die sich die verschiedenen calvinistisch inspirierten Bewegungen und Sekten

---

[1] Weber 1993
[2] ebd., S. 17
[3] Zur Diskussion dieser Kausalkette bei WEBER s. Müller-Armack 1981, S. 540-542.
[4] ebd., S. 386
[5] ebd., S. 57/58

unterschieden (Puritanismus, Pietismus, Quäkertum, Mennoniten, Täuferbewegung, Presbyterianismus[6]), vielmehr die historischen Formen der wirtschaftlichen, politischen und wissenschaftlichen Einflussnahme der Protestanten infolge konkreter historischer Ereignisse (z.b. Vertreibung der Hugenotten aus Frankreich, die besondere preussische Konstellation einer reformierten Oberschicht und einer lutherischen Bevölkerung usw.).[7]

MÜLLER-ARMACK zeigt im einzelnen, wie der wirtschaftliche Aufschwung in Deutschland und der Übergang zur kapitalistischen Produktionsweise fast ausschliesslich von protestantischen, insbesondere von reformiert-calvinistischen Unternehmerfamilien ausging, und zwar auch in mehrheitlich katholischen Gebieten wie z.b. im Rheinland.[8] Aufgrund der spezifischen theologischen Haltung des Calvinismus verspürten seine Anhänger auch keine Hemmungen, sich der empirischen naturwissenschaftlichen Forschung hinzugeben: Die deistische Theologie, nach der Gott zwar Schöpfer der Welt ist, diese jedoch sich selbst überlässt und sich weder in der Natur noch in der Geschichte offenbart, ist ein klarer Ausfluss des Calvinismus und lieferte die Basis für das neue naturwissenschaftliche Weltbild sowie die technischen Innovationen, die die Expansion der kapitalistischen Produktionsweise möglich machte.[9]

Während das Luthertum aufgrund seiner staatsfreundlichen Haltung und gefühlsorientierten Moral nur eine begrenzte wirtschaftliche Dynamik entfaltete, generierten die reformierten Freikirchen durch ihre radikale Verwerfung der weltlichen Ordnung und ihre streng asketische Lebensführung die entscheidenden Voraussetzungen für ein neues Unternehmertum.[10]

Nach MÜLLER-ARMACK ist es diese Mischung aus privatem reformiertem Unternehmertum und protestantischer Staatswirtschaft (in Preussen), die den deutschen Wirtschaftsstil ausmacht. Hierbei ist das Berufsethos als das Bewusstsein einer quasi-religiösen Pflicht (Berufung) entscheidend und beiden Strömungen gemeinsam, wobei das Luthertum vorwiegend auf die *Berufserfüllung*, der Calvinismus auf den *Berufserfolg* abzielt.[11]

Ein weiteres, von WEBER vorgebrachtes Argument sind die Verachtung des Luxuskonsums und der Sparzwang in allen protestantischen Wertesystemen. Sie erst erlaubte die Akkumulation des erwirtschafteten Kapitals über mehrere Generationen hinweg durch Reinvestierung der Gewinne. WEBER sieht in dieser Haltung z.b. einen der wichtigsten Werte des Quäkertums:

"Dem Flitter und Schein chevaleresken Prunkes, der, auf unsolider ökonomischer Basis ruhend, die schäbige Eleganz der nüchternen Einfachheit vorzieht, setzen sie die saubere und solide Bequemlichkeit des bürgerlichen 'home' als Ideal entgegen."[12]

Hier werden die Parallelen zu LUTHER deutlich, der 1544 schrieb: "Armer Leute Söhne müssen sich aus dem Staube arbeiten, müssen viel leiden. Und wo sie nichts haben, darauf sie können stolzieren und pochen, lernen sie Gott vertrauen, drücken sich und schweigen still".[13]

---

[6] Weber 1993, S. 53-121
[7] Müller-Armack 1981, S. 107-120
[8] ebd., S. 212-215
[9] ebd., S. 113-115
[10] ebd., S. 111-120
[11] ebd., S. 110, 156-157
[12] Weber 1993, S. 146
[13] Stupperich 1967, S. 31

Die Ablehnung eines ostensiblen Lebensstils und luxuriöser Verschwendung , wie sie die protestantische Ethik allgemein fordert, verhinderte daher in den protestantischen Ländern, selbst nach Erwerb beträchtlicher Vermögen, nach WEBER die Nobilitierung des bürgerlichen Besitzes durch Land- und Titelkauf und Übergang zu aristokratischen Lebensgewohnheiten,[14] wie dies mit dem Bürgertum in Frankreich geschah.[15]

Das Prinzip der protestantischen Askese als wichtigem gesellschaftlichen Wert hat nach WEBER einen deutlichen Einfluss auf die Bildung der deutschen Identität ausgeübt:

"Dass die Beschränkung auf Facharbeit, mit dem Verzicht auf die faustische Allseitigkeit des Menschentums, welchen sie bedingt, in der heutigen Welt Voraussetzung wertvollen Handelns überhaupt ist, dass also 'Tat' und 'Entsagung' einander heute unabwendbar bedingen: dies asketische Grundmotiv des bürgerlichen Lebensstils (...) hat auf der Höhe seiner Lebensweisheit, in den 'Wanderjahren' und in dem Lebensabschluss, den er seinem Faust gab, auch Goethe uns lehren wollen."[16]

Der Zusammenhang zwischen dem protestantischen Prinzip der "Entsagung" und der Konzentration auf fachliche Erziehung in spezialisierten Ausbildungssystemen wird auch bei MÜLLER-ARMACK deutlich, der zeigt, dass die ersten Wirtschafts- und Realschulen sowie sonstige Institute der fachlichen Ausbildung in Deutschland vorwiegend von calvinistischen Theologen gegründet wurden.[17]

Hierbei handelt es sich wiederum um die traditionsmässigen Grundlagen des von MAURICE/SELLIER/SILVESTRE untersuchten deutschen Systems der Berufsbildung, welches in Frankreich keine Entsprechung hat.[18]

Was die katholischen Länder betrifft, so reagierten sie auf unterschiedliche Weise auf die mit der Reformation einsetzende Glaubensspaltung. Nach MÜLLER-ARMACK versuchten sie vorwiegend, ihre ständisch feudale Wirtschaftsstruktur zu konservieren. Auf geistesgeschichtlicher Ebene jedoch reagierten sie auf die protestantische Herausforderung mit der Schaffung der utopischen Literatur. Während in allen protestantischen Ländern lebhafte intellektuelle Debatten über die richtige oder beste Staatsform geführt wurden, fehlten in den katholischen Gebieten, wo dies nicht möglich war, die konkreten Reformideen. Statt dessen entwarfen Autoren wie Thomas MORUS, RABELAIS und SAINT-SIMON utopische Gesellschaftsvisionen, die u.a. in den französischen utopischen Frühsozialismus mündeten, welcher bekanntlich nicht nur MARX, sondern auch die Theoretiker der Französischen Revolution beeinflusst hat.[19]

Zweitens reagierten die katholischen Länder im Zuge der Renaissance mit einer umfassenden Ästhetisierung aller Lebensbereiche. Im Rahmen der Säkularisierung wurden die religiösen Heilserwartungen auf "Ersatzidole", wie die Kunst, die Liebe oder die staatliche Ordnung übertragen.[20]

---

[14] Weber 1993, S. 147/148
[15] Fischer 1995, S. 99
[16] Weber 1993, S. 153, siehe auch S. 124 über die Gefahr des "Sich-Ausruhens" und das Motiv des "Strebens" beim pietistisch beeinflussten GOETHE.
[17] Müller-Armack 1981, S. 241
[18] s. Punkt V.3.5.
[19] Müller-Armack 1981, S. 170-172; in der utopischen Literatur manifestiert sich die christlich bedingte Ambivalenz der katholischen Intelligenz gegenüber dem Privateigentum. eine Frage, die in der protestantischen Welt längst zugunsten des Privateigentums beantwortet war.
[20] ebd., S. 391f, S. 175

168

Frankreich hält hier aufgrund seiner hugenottischen Minderheit eine Sonderstellung. Diese vorwiegend aus der Schweiz eingewanderte protestantische Minderheit kommt schnell zu Reichtum und schrittweise auch zu politischem Einfluss. MÜLLER-ARMACK sieht den Grossteil der französischen Aufklärung als ein Resultat der von ausserhalb Frankreichs kommenden calvinistischen Ideen (ROUSSEAU kam aus dem calvinistischen Genf, der Hugenotte SULLY rationalisiert die öffentlichen Haushalte, der Reformierte J.B. SAY vertritt den wirtschaftlichen Liberalismus in Frankreich)[21]. Aufgrund der langen Perioden der Hugenottenverfolgung konnte sich hier der freie bürgerliche Kapitalismus nur bedingt durchsetzen und wurde zum Teil durch den Staat absorbiert.

Die zweite für Frankreich typische kulturelle Ausgangsbedingung ist die spezifisch französische Ausprägung des französischen Katholizismus bereits vor der Reformation. PITTS sieht in der "hierarchisch-doktrinären" Ausprägung desselben die spezifisch französische Art, die inhärente Spannung der katholischen Lehre zu lösen:

"Acts of faith derive their meaning from man's freedom of choice in the face of temptation. This is the individualistic strain in Catholicism. (...) But it is only through membership in the church that the individual has qualified for this special grace, and he is supposed to use it to strengthen the Church rather than strike out for salvation on his own (...). This is the collectivistic strain in Catholicism. (...) Faced with this basic tension in Catholicism, French culture has stressed the inner cohesion and perfection of doctrine rather than the discipline of organization. (...) The result has been to put upon the Church the burden of remaining intellectually meaningful on a sophisticated basis. There is a conviction that all behavior should have a clear deductive connection to this spirituality through rules, principles, and regulations which ensure inherent value to the action. It is not necessary that the action be effective, or even altogether moral, as long as it demonstrates the link of the individual to the sacred tradition. Here we find the roots of French formalism, the demand for deductive chains of reasoning and hierarchy, the insistance on the unity of the power center, and formulations where everything and everybody is *à sa place* (in its place)"[22]

Im Rahmen der Ästhetisierung durch die Renaissance kam ein weiteres Motiv hinzu, welches dem Individuum die Freiheit und die Pflicht gibt, die inhärente Harmonie der Welt zu erfassen und ästhetisch zu erfahren, sie jedoch nicht zu verändern. Diese Momente ästhetischer Ekstase und Einheit mit der harmonischen Weltordnung sind ein Resultat der *"Prouesse"* (englisch "Prowess"). Dieser Begriff, der am ehesten mit "Heldentat" oder "Erfolg" übersetzt werden kann, birgt jedoch ein für die französische Kultur weitaus umfassenderes Gefühl. Es handelt sich um eine unvorhersehbare Situation, in der das Individuum spontan menschliche Grösse beweist und somit die Harmonie zwischen dem eigenen Selbst und der Umgebung zum Dienste des Göttlichen demonstriert.[23]

"Prouesse" ist eine Manifestation des Individualismus', denn sie findet sich ebenso in der konkreten Anwendung der formalistisch-deduktiven Prinzipien auf konkrete Entscheidungssituationen. Hier sind dem Einzelnen gewisse Spielräume gelassen, die er durch sein Talent und mit Eleganz ausfüllt. Durch die Einzigartigkeit und Unvorhersehbarkeit von "Prouesse"-Situationen stellt dieses Prinzip einen krassen Gegensatz zu der systematischen

---

[21] ebd., S. 144, 193
[22] Pitts 1990, S. 135f; hier finden sich alle Elemente des von MAURICE/SELLIER/SILVESTRE beschriebenen hierarchischen Koeffizientensystems in der französischen Industrie wieder: Der Ausgangspunkt ist eine einheitlich gegebene, abstrakte Ordnung, in die das Individuum sich einfügt. Jeder dieser Posten hat eine eindeutig ableitbare Beziehung zur obersten Machtinstanz. Da diese Hierarchie unumstösslich ist, wird vom Einzelnen keine Initiative zur organisatorischen Gestaltung erwartet; s. Punkt V.3.5.
[23] ebd., S. 137; PITTS nennt als Beispiel den heiligen Roland in der Schlacht von Roncevaux; ebenso liesse sich die Teilung des Mantels durch St. Martin, den Stadtheiligen von Tours, anführen.

Berufungstheologie des Protestantismus' dar. Es handelt sich hier nicht um eine Bewährung in einer dauerhaften beruflichen Pflicht, sondern um eine momentgebundene Erfahrung göttlicher Gnade. Der Wert einer "Prouesse" bemisst sich, aufgrund seines persönlichen Charakters, nicht durch äussere Zeichen wie Gewinn oder Umsatz, sondern durch ein liebevolles Gefühl völliger Akzeptanz sowohl der Tat als auch der entsprechenden Person.[24]

"Prouesse" als aristokratisches Ideal stand der wirtschaftlichen Betätigung des Adels zutiefst entgegen. Da das Individuum in bestimmten Situationen durch die göttliche Gnade in jedem beliebigen Feld Höchstleistungen vollbringen konnte, war die Idee der Spezialisierung auf ein bestimmtes Betätigungsfeld verpönt. Da die "Prouesse" eine sich selbst genügende Tat war, konnte der Adlige auch nicht akzeptieren, sich und seine Leistung dem Urteil des Kunden auszusetzen.[25]

In seiner berühmten Analyse des sozialen Modells im modernen Frankreich hat auch Michel CROZIER der Analyse PITTS seine Zustimmung erteilt. Nach CROZIER dient das "zentralisierte bürokratische System", wie er das französische Modell nennt, der Aufrechterhaltung prämoderner Werte und Verhaltensformen, wie z.B. dem "Culte de la Prouesse". Es bildet einen Schutzwall, innerhalb dessen vorkapitalistische Formen überleben können:

"On peut soutenir en particulier qu'en France la rigidité bureaucratique est associée à la persistance des modes de vie traditionnels (...). (...) Les Français cherchent au fond à préserver pour le plus grand nombre entre eux, un style de vie comportant un maximum d'autonomie et d'arbitraire individuels qui procède des mêmes valeurs que celles auxquelles paysans, artisans, bourgeois et nobles de l'ancienne France étaient attachés et qui avait donné naissance à un 'art de vivre' très élaboré."[26]

Die Analyse CROZIERS ist in weitgehender Übereinstimmung mit den Thesen PITTS', aber auch d'IRIBARNES. Der wesentliche Punkt ist die generelle Ablehnung der Vorhersehbarkeit und Planbarkeit der Aktivitäten, um Raum für die individuelle Kreativität und die quasi-religiösen Akte der "Prouesse" zu lassen. In dem durch die Lähmung der Bürokratie geschaffenen Entscheidungsspielräumen überlebt eine feudale Ranglogik und ein bis ins letzte verteidigtes Ehrgefühl. Die einzelnen Gruppen stemmen sich mit Vehemenz gegen eine Oktroyierung von detaillierten Richtlinien und Plänen auf ihr Handlungsfeld, um einen möglichst grossen Spielraum für unvorhergesehene, arbiträre Aktionen zu behalten, in denen die Individuen ihr persönliches Talent beweisen können, eine gewisse Machtstellung besitzen, und ihr ästhetisches Genussbedürfnis befriedigen können.[27]

Die Akzeptanz religionssoziologischer Ansätze muss sich zwangsläufig an der Radikalität ihrer Grundannahmen stossen. Selbst MÜLLER-ARMACK räumt hier ein: "Die Feststellung, dass auch unser politisches und wirtschaftliches Leben geschichtlich auf metaphysischem Boden ruht, kann nicht ruhig unserem Wissen eingeordnet werden."[28] Dennoch wagt er die These, dass alle geschichtlichen Entwicklungen letztlich auf geistigen Phänomenen beruhen und bringt somit den bereits recht provokanten Ansatz WEBERs zur Perfektion. Doch bei genauem Hinsehen entpuppt sich dieser Ansatz als eine konsequente Fortsetzung der HEGELschen

---

[24] ebd., S. 138
[25] ebd., S. 142; der Begriff der Leistung ist hier ganz im französischen Sinne gebraucht, es handelt sich nicht um eine kontinuierliche "Leistung" im deutschen Sinne, vgl. Punkt V.3.5.
[26] Crozier 1963, S. 255
[27] ebd., S. 270, 326/327, 354/355; die persönliche Willkür, insbesondere die Verletzung von Zeit- und Projektplänen, stellen eine der wichtigsten Konfliktpunkte zwischen deutschen und französischen Managern dar; vgl. Punkt VI.3.3.1..
[28] Müller-Armack 1981, S. 513

Geschichtsphilosophie. Hierbei ist allerdings bei MÜLLER-ARMACK eine verfeinerte, jedoch auch widersprüchlichere methodische Grundhaltung zu beobachten. Da sowohl WEBER als auch MÜLLER-ARMACK die Verbindung zwischen religiösen Inhalten und wirtschaftlichen Verhaltensweisen vorwiegend in persönlichen Motivationsfaktoren beheimatet sehen, ist bei beiden das Bedürfnis nach psychologischen Erklärungen erkennbar. Während WEBER aufgrund der mangelhaften Entwicklung des "Begriffsvorrates" der psychologischen Wissenschaft seiner Zeit eine explizit psychologische Argumentation vermeidet,[29] nutzt MÜLLER-ARMACK die FREUDschen Theorien der Libido und der Neurose, allerdings nur um seine These der Existenz echter "Sinngesetzlichkeiten des Geistigen" (ganz im der HEGELschen Tradition) zu stützen. Nur so kann er zu der in der Tat radikalen Schlussfolgerung gelangen, dass das politische und wirtschaftliche Leben auf "metaphysischem Boden" ruht. Hierbei zeigt er die letzen Reste einer von ihm selbst analysierten Befangenheit der deutschen Geschichtsphilosophie preussischer Prägung, die unbewusst an der Idee einer göttlichen Einwirkung auf die menschliche Geschichte festhält.

Tatsächlich ergeben seine eigenen Auswirkungen natürlich nur dann einen Sinn, wenn man den Motor der Geschichte nicht in der Metaphysik selbst, sondern in der Tatsache sieht, dass die menschliche Psyche das Bedürfnis nach metaphysischer Orientierung besitzt. Diese fundamentale religiöse Bedürfnis des Menschen liegt implizit der gesamten Argumentation MÜLLER-ARMACKS zugrunde, insbesondere seiner These, dass die Säkularisierung nichts weiter war als eine Schaffung von Ersatzweltanschauungen oder "Idolbildungen" (Staat, Politik, wirtschaftlicher oder technischer Fortschritt usw.), auf die sich die religiösen Gefühle der Menschen richteten.[30]

Folgt man dieser Interpretation und den damit verbundenen anthropologischen Prämissen konsequent, so wird die Frage nach der Kausalitätsrichtung, die sowohl WEBER als auch MÜLLER-ARMACK Schwierigkeiten bereitete, hinfällig. Die Frage, ob in der protestantischen Revolution unternehmungslustige Individuen eine passende Religion suchten oder ob die Setzung neuer religiöser Dogmen die Menschen zu rastloser Arbeit motivierte, tritt in der Tat in den Hintergrund, denn die Annahme religiös-metaphysischer Bedürfnisse nimmt nur an, dass Menschen in der Lage sein müssen, ihre reellen Aktivitäten mit einer religiösen Heilserwartung in Einklang zu bringen. WEBERs Argument, dass die Ausbreitung des Calvinismus in bestimmten Regionen nachweislich dem Aufkommen eines kapitalistischen Unternehmertums vorausgeht,[31] ist somit keinesfalls ein Beleg für ein Kausalverhältnis. Allenfalls liesse sich behaupten, dass eine calvinistische Gesinnung eine notwendige oder zumindest fruchtbare Bedingung für das Aufkommen unternehmerischer Dynamik in einer bestimmten historischen Situation war. Eine solche Interpretation würde sowohl Platz für andere Einflussfaktoren lassen als auch die Schwächen einer unidirektionellen Kausalthese vermeiden.[32]

Denn eine zu starke Verabsolutierung religiöser Faktoren in dem vorliegenden Zusammenhang lässt die Frage offen, warum sich der Protestantismus in bestimmten Regionen durchgesetzt hat und in anderen nicht, und wie die geographische Aufteilung zwischen Luthertum und Calvinismus zustandegekommen ist. Insbesondere erscheint fraglich, warum gerade die

---

29 Weber 1993, S. 93
30 Müller-Armack 1981, S. 503-508
31 Weber 1993, S. 17
32 Die Annahme, harte Arbeit und das Streben nach Gewinn seien die wichtigste oder gar ausreichende Bedingung für dessen Erzielung, muss aus heutiger Sicht natürlich ebenfalls mit Skepsis bewertet werden. Insbesondere kann heute nicht mehr an der Tatsache vorbeigesehen werden, dass die "protestantische Revolution" zeitlich mit der Plünderung des amerikanischen Kontinents, der Errichtung des Britischen Empire, dem Dreiecks- und Sklavenhandel, der Dezimierung der indianischen Bevölkerung, der Entdeckung immenser neuer Goldreserven und der Besiedlung von unbewohntem Land einherging.

südeuropäischen Länder katholisch blieben und die nordeuropäischen zum Protestantismus übertraten. Für die Erklärung solcher Phänomene scheint es unausweichlich, von bereits bestehenden kulturellen Unterschieden auszugehen, von denen sich ein Teil in der im 16. Jahrhundert geschaffenen protestantischen Ethik niederschlug.[33]

Fasst man diese Erkenntnisse zusammen, so verbleibt von einer schlüssigen religionssoziologischen Argumentation v.a. eine zentrale anthropologische Annahme: Der Mensch besitzt aufgrund seiner psychologischen Natur religiöse Bedürfnisse und ist gezwungen, seine Handlungen und seine Lebenssituation mit religiösen Vorstellungen in Einklang zu bringen. Daher besteht bei Individuen, gesellschaftlichen Gruppen, Regionen und Staaten ein gewisser Zusammenhang zwischen deren wirtschaftlichem Verhalten und ihren religiös-ethischen Vorstellungen.

So banal diese Aussagen sechzig Jahre nach FREUD auch klingen mögen, sie sind im Rahmen einer ökonomischen Diskussion nach wie vor revolutionär. Denn es ist bis jetzt nicht gelungen, innerhalb der Ökonomie einen theoretischen Rahmen zu entwickeln, der mit dem Dogma des "homo oeconomicus" und seiner unbeeinflussbaren individuellen Rationalität bricht. Hier handelt es sich um einen weiteren Beleg der Thesen MÜLLER-ARMACKS, der die Grundannahmen der klassischen Ökonomie als einen direkten Ausfluss der calvinistischen Theologie entlarvt und zeigt, dass es sich auch bei dem "Überbau" des Kapitalismus', mit seiner Ablehnung sozialer und institutioneller Rigiditäten, der Annahme einer prästabilierten Harmonie, der Isolation des Individuums und einer utilitaristischen Moral um eine "säkularisierte Religion" handelt.[34]

---

[33] Als Kontrast zu einer rein "metaphysischen" Haltung sei hier nur die These eines deutsch-französischen Unternehmensberaters (ohne wissenschaftliche Ambitionen) erwähnt: "Deutschland unterliegt derart strengen klimatischen Verhältnissen, dass die Einwohner im Hinblick auf den rauhen Winter seit jeher gezwungen waren, ein ameisenhaftes Verhalten anzunehmen, das stets und fast unsinnig auf die Anhäufung von dauerhaften Gütern gerichtet ist. (...) Wenn dagegen die Umwelt günstiger ist, braucht der Mensch sich nicht dauernd um das Materielle, um das tägliche Brot und die Sicherung gegen die Strenge des Winters zu sorgen. Sein Verhalten wird dann epikureischer, und er kann es sich leisten, aus dem Alltag ein Fest zu machen. (...) Diese Differenzierung zwischen materialistischen, anhäufenden Nordländern und epikureischen (...) Südländern drückt sich bis in den Religionen aus, die sie sich gegeben haben, denn die einen haben ihrem Christentum starke materialistische Werte beigefügt, während dagegen die anderen eher dazu geneigt waren, das Gelübde der Armut abzulegen."; Moog 1992, S. 121/122.

[34] Müller-Armack 1981, S. 117/118.

VI.2.   Die Arbeiten von AMMON und FISCHER

VI.2.1.   Inhaltliche Schwerpunkte

In seinem Werk "Der französische Wirtschaftsstil" gibt der Nürnberger Ökonom Günther
AMMON unter kultursoziologischem Blickwinkel eine Beschreibung der historischen
Prozesse, die seiner Ansicht nach die entscheidende Rolle bei der Entstehung der
wirtschaftlichen Strukturen des heutigen Frankreich gespielt haben.[35]

Es handelt sich somit um eine "Frankreichstudie" mit ökonomischem Fokus, nicht um eine
Vergleichsstudie oder eine Analyse der deutsch-französischen Kooperation. Wenn sie dennoch
in die vorliegende Übersicht aufgenommen wurde, so geschieht dies aus der Überzeugung
heraus, dass Länderstudien zwangsläufig Aspekte und Kriterien herausarbeiten und
unterstreichen, die *aus der spezifischen Sicht der eigenen Kultur* relevant erscheinen. Die
Beschreibung der perzipierten Identität einer anderen Kultur ist somit zugleich auch eine
Beschreibung eines Verhältnisses zwischen zwei Kulturen, ja vielleicht nur als solche
überhaupt definierbar.[36] Dies bedeutet, das eine gute Frankreich-Studie immer auch, sowohl
inhaltlich als auch methodisch, in ihren expliziten oder impliziten Aussagen bezüglich der
interkulturellen Unterschiede und Beziehungen Schlussfolgerungen erlaubt, die für den
Kulturvergleich und die Analyse von interkulturellen Prozessen aufschlussreich sein können.

Der AMMON-Schüler Mathias FISCHER hat in seiner Dissertation "Interkulturelle
Herausforderung im Frankreich-Geschäft" die Kategorien AMMONs aufgegriffen und
versucht zu zeigen, wie historisch gewachsene Wertvorstellungen sich auf unternehmerische
Entscheidungen auswirken und vor allem bei Geschäftskontakten berücksichtigt werden
müssen.[37]

AMMON beginnt seine Betrachtungen mit einer Beschreibung des mittelalterlichen, in Europa
angeblich weitgehend einheitlichen Wirtschaftsstils. Infolge der Konflikte zwischen Kirche und
Reich begann sich die Kategorie des Politischen aus dem gesamtgesellschaftlichen (religiösen)
Zusammenhang zu lösen. Dieser Prozess dauerte mehrere Jahrhunderte und gipfelte in der
Französischen Revolution. Zu dieser Zeit begann auch mit Adam SMITH die theoretische
Vorbereitung der Loslösung des Ökonomischen aus dem Bereich des Politischen. Die Art und
Weise, in der dieser Prozess in den gleichzeitig entstehenden Nationen vor sich ging und immer
noch andauert, bestimmt weitgehend unsere gesellschaftliche Wirklichkeit.[38]

Die Wurzeln des französischen Wirtschaftsstiles liegen im 16. Jahrhundert. Mit der
Ausbreitung der Reformation beginnen die Calvinisten, ihren Einfluss genau in den Gebieten
auszuüben, die seit Jahrhunderten unter der Pariser Zentralgewalt leiden. Hier handelt es sich
v.a. um die südfranzösischen Regionen, in denen seit langem die Katharer und Waldenser
gewaltsam als Ketzer unterdrückt werden. Die Ausbreitung der oppositionellen Calvinisten
(Hugenotten) führen zu den blutigen Hugenottenkriegen Ende des 16. Jahrhunderts. So
versucht der hugenottische König Heinrich IV. durch seinen Übertritt zum Katholizismus, die
beiden Parteien zu vereinigen, die um die Herrschaft im bereits zentralistisch organisierten

---

[35] Ammon 1989
[36] Es wurde in V.3.4. (d'IRIBARNE) bereits kurz auf diese Problematik hingewiesen, sie wird ausführlicher in
   Punkt VI.4. behandelt.
[37] Fischer 1995
[38] Ammon 1989, S. 27-35

Königreich konkurrieren. Die Aufnahme kalvinistischer Elemente durch die - katholischen - Jansenisten Anfang des 17. Jahrhunderts verschärft die religiöse Krise.

In dieser Situation bietet die neue Philosophie des DESCARTES eine Lösung aus dem Dilemma, da sie die individualistischen und antisakralen Elemente des Calvinismus' mit dem metaphysischen Wahrheits- und Legitimationsbedürfnis des Katholizismus vereint. Durch diesen historischen Kompromiss wird die "Raison" zu einer neuen Gottheit, und die göttliche Verankerung menschlicher Erkenntnis bleibt gewahrt. Der philosophische Impuls des cartesianischen Rationalismus' beeinflusst wiederum das gesellschaftlich bestimmende Hofleben. Die Jansenisten, die den Calvinismus verbreiten und an politischem Einfluss gewinnen, werden von Ludwig XIV. verfolgt. Gleichzeitig beeinflusst die cartesianische Geometrie das Natur- und Ästhetikverständnis der Zeit (Schlossgarten von Versailles), und der Glaube an die Kraft der "Raison" führt zur philosophischen Aufklärung, die die Französische Revolution vorbereitet.

Gleichzeitig führen die durch südamerikanische Edelmetallfunde angeheizte Inflation und der Mangel an wirtschaftlicher Eigeninitiative zur Verarmung des Adels, der versucht, seine Position in der Versailler Hofgesellschaft zu retten, was die zentralistischen Tendenzen des Königreichs verstärkt und die Kluft zwischen Volk und Elite verbreitert.

Das historische Zusammenfallen von Rationalismus, extremer Zentralisierung und Aufschwung der Manufakturen führt zu der besonderen französischen Form der Wirtschaftspolitik, dem Merkantilismus (Colbertismus). Aus merkantilistischer Perspektive kann das Ökonomische nicht vom Politischen getrennt werden, sondern muss ihm u.w. untergeordnet werden. Die wichtigsten Elemente dieser Politik sind die Vereinheitlichung und Verteidigung der Binnenwirtschaft durch Abschaffung der Binnen- und Aufbau der Aussenzölle, das Streben nach einer aktiven Handelsbilanz und eine aktive Gewerbepolitik. Der Staat greift also aktiv und tiefgreifend in das Wirtschaftsleben ein, u.a. durch Gründung staatlicher Manufakturen, v.a. in der Rüstungs-, Textil- und Luxusindustrie.

Durch die Beendigung des fast 100jährigen Friedens mit den Hugenotten (Aufhebung des Edikts von Nantes 1685) durch Ludwig XIV. lebt der alte Religionskonflikt wieder auf. Die wirtschaftlichen Konsequenzen sind gravierend, da die Massenemigration der Hugenotten für Frankreich den Verlust ihrer dynamischsten Unternehmer und Händler bedeutet. Die von Jansenismus und Rationalismus entwickelte "Gesellschaftssynthese" zerbricht wieder, was eine weitere Vorbedingung für den Ausbruch der Französischen Revolution darstellt.[39]

Nach AMMON verliert die Zentralgewalt im 18. Jahrhundert zusehends ihre Reformfähigkeit und erstarrt in höfischen Konventionen und Intrigen. Gleichzeitig setzt jedoch eine soziale und kulturelle Umwälzung ein, die sich in den Pariser *Salons* widerspiegelt: Der dekadente Adel und das aufstrebende Bürgertum treten in Kontakt und in Konkurrenz zueinander. In diesem Spannungsfeld entwickelt sich unter Einfluss der neuen philosophischen Ideen, den höfisch-adligen, höchst elaborierten Umgangs- und Konsumformen und den sozialen Ambitionen des unternehmerischen Bürgertums ein Stil heraus, der das entscheidende Modell für den noch heute dominanten "französischen Wirtschaftsstil" darstellt.

Unter Einfluss der Physiokraten entwickelt sich in der Pariser Salonkultur neben den spezifischen Umgangsformen auch eine geistige Athmosphäre, in der auf der Basis der Aufklärung die bestehende Ordnung in Frage gestellt und neue Gesellschaftsvisionen entwickelt

---

[39] Zur Deutung des 16.-18. Jahrhunderts s. ebd.. S. 38-76

werden, die am besten durch die Schlüsselbegriffe *"raison"*, *"progrès"*, *"civilisation"* und *"nation"* resümiert werden können.

Die Vernunfts- und Fortschrittsgläubigkeit, die Idee des Staatsvertrages zwischen freien und vernünftigen Bürgern und die universalistische Kraft dieser Prinzipien bleiben die Leitmotive der Französischen Revolution und des missionarischen Eifers ihrer Anhänger. Ferner ist es unumgänglich, diese Revolution auch als kulturelle Revolution zu interpretieren, die ihre wichtigste Bedeutung in ihrer Formung des Bewusstseins des modernen Menschen und seines Selbstbildes, seiner Identität, erhält.[40]

AMMON macht einen Sprung von der Revolution in die Gegenwart und leitet aus dem geschichtlichen Überblick 10 Thesen ab, die den französischen Wirtschaftsstil charakterisieren:

1.   Das Ökonomische ist nicht vollständig aus dem Politischen herausgetreten.

Das politisch-strategische Denken fördert in merkantilistischer Tradition Wirtschaftssektoren, die aus politischer Sicht als strategisch bedeutsam eingestuft werden (Kernenergie, TGV).

2.   Der französische Wirtschaftsstil ist territorial definiert.

In physiokratischer Tradition und im Gegensatz zur Flotten- und Handelsnation England, sieht Frankreich im Land bzw. Territorium die wahre Quelle von Reichtum, Ordnung und Identität. Das Territorialdenken der französischen Führung wird immer wieder in der französischen Auslegung der EG- und EU-Verträge sichtbar.

3.   Die französische Wirtschaft ist ebenso wie die Gesellschaft insgesamt vom Zentralismus geprägt.

Vom mittelalterlichen Städtenetz über die Einführung der Poststrassen und der Telegraphennetze bis zu den Eisenbahn- und Autobahnnetzen ist Frankreich immer der sternförmigen Anordnung mit Paris als Zentrum gefolgt. Die Schiedsrichterfunktion der "Raison" bei sozialen Streitfällen führte zu einer systematischen Zentralisierung der Entscheidungen, der Verwaltung und der Infrastruktur.

4.   Der Staat hat sakralen Charakter. Er hat Antriebs-, Steuerungs- und Ordnungsfunktionen und ist Dreh- und Angelpunkt des französischen Wirtschaftslebens.

Als Erbe der römisch-katholischen Kirche ist der Staat Träger quasi-göttlicher Macht. Durch die Elitehochschulen und die Planifikation wird die sakrale Macht in alle gesellschaftliche Bereiche getragen. Da das Wirtschaftliche keine eigene Identität hat, sondern Teil des staatlich-politisch-gesellschaftlichen Ganzen ist, sind staatliche Eingriffe normal und werden eben nicht als "Eingriffe" empfunden.

5.   Die vom Staat herangebildete Elite besetzt die Schaltstellen in Politik, Administration und Privatwirtschaft.

Die schulische Erziehung ist die Basis für die Entfaltung der Vernunft- und Staatsfähigkeit des Individuums. Sie muss daher vom Staat im Detail für alle gleich geplant und organisiert

---

[40] Zum 18. Jahrhundert s. ebd., S. 77-114

werden. Die Staatsführung reproduziert sich daher selbst durch die Absolventen der höchsten Stufe dieses Schulsystems.

6.   Die französische Wirtschaft: "une économie paysanne?"

Der französische Bauernstand ist jahrhundertelang ausgebeutet und unterdrückt worden. Die oppositionelle Haltung der Bauern hat sich auch nach der von urbanen und bourgoisen Leitbildern getragenen Revolution nicht grundlegend geändert. Die kleinbäuerliche Lebensform ist daher, v.a. in Südfrankreich, ein zweites wichtiges Leitbild für den französischen Wirtschaftsstil.

7.   Frankreich - die anfällige Industriemacht.

Erst unter dem Einfluss Grossbritanniens Ende des 19. und der USA Anfang des 20. Jahrhunderts erlebte das an dem Modell des Kleinbauern und Kleinbetriebes orientierte Frankreich einige Phasen einer kapitalistischen Industrialisierung. Die Weltwirtschaftskrise, die Frankreich so nur mild trifft, bestätigt die Anti-Kapitalisten in ihrer Haltung. Erst die Vichy-Regierung forciert die Industrialisierung systematisch. Diese Strategie wird von Charles de Gaulle nach dem Krieg entschieden fortgesetzt. Alle heute kompetitiven Sektoren (Hochtechnologie, Rüstung, Grossprojekte, Infrastruktur, Kernenergie, Telekommunikation) gehen auf aufwendige staatliche Initiativen und Förderpläne zurück, die das fehlende Interesse und die fehlende industrielle Eigeninitiative der Bevölkerung kompensieren müssen.

8.   Frankreich auf dem Weg in die Dienstleistungsgesellschaft.

Seit Jahrzehnten zeigt der Tertiäre Sektor die höchsten Wachstumsraten und hält einen höheren Anteil an der Wertschöpfung als in Deutschland. Auch in diesen zukunftsträchtigen Sektor greift der Staat fördernd ein.

9.   Die Öffnung der französischen Wirtschaft vollzieht sich ganz im Sinne des territorial geprägten, durch das politisch-strategische Denken bestimmten Wirtschaftsstils.

Die späte Öffnung der französischen Wirtschaft erfolgt in merkantilitischer Tradition durch staatliche Exportförderung. Die Exportmärkte werden gezielt territorial definiert, zunächst die ehemaligen Kolonien, dann Europa. Bei der versuchten Eroberung europäischer Märkte zeigt sich die administrative, unkommerzielle Mentalität als Hemmschuh.

10.   Der französische Wirtschaftsstil hat sich nicht überall durchgesetzt; er stösst noch immer auf rudimentär erhaltene, alternative Stilelemente.

Kulturelle Identitäten, die dem universalistischen Anspruch der Zentralmacht trotzen, finden sich v.a. im bäuerlichen Süden Frankreichs (Languedoc, Midi). Auch die Kirche und die Gewerkschaften besitzen noch einen alternativen kulturellen Einfluss. Diese fast verdrängten Subkulturen könnten durch die Krise der Massenproduktion und die Suche nach kleinen, flexiblen Produktionseinheiten eine neue Bedeutung erlangen.[41]

FISCHER versucht, diese 10 Thesen AMMONs zu einem Katalog von Ratschlägen und Verständnishilfen für deutsche Manager in Frankreich weiterzuentwickeln, wobei er dem

---

[41] Zu den 10 Thesen s. ebd., S. 116-224

konzeptionellen Rahmen einige anthropologische Kategorien wie Raum-/Zeitverständnis und Ästhetikverständnis hinzufügt. So zitiert er französische Manager, die die Ursache für deutsch-französische Missverständnisse im französischen "ésprit cartésien" sehen[42] und deutsche Manager, die bestätigen, dass Franzosen sich leichter bei einer Aufgabe unterbrechen lassen als Deutsche und deshalb Zeit weniger strukturieren als Deutsche.[43] Er rät deutschen Managern, Konzepte nicht gleich bis ins kleinste Detail auszuarbeiten, da Franzosen im Zeitablauf häufig die anfänglichen Pläne modifizieren, und zitiert französische Manager, die die Rigidität der deutschen Organisation kritisieren.[44] Ansonsten übernimmt er weitgehend die inhaltlichen Schwerpunkte und methodischen Ansätze AMMONs.

VI.2.2. Methodischer Ansatz

AMMON betont, dass er "Wirtschaft und Gesellschaft - im Gegensatz zu den herrschenden Strömungen unseres Wissenschaftsbetriebes - als etwas geschichtlich Gewachsenes begreift."[45] Er greift daher auf die Geschichte zurück, um das heutige Frankreich besser verstehen zu können und knüpft damit an deutsche wissenschaftliche Traditionen der 20er und 30er Jahre an. In der Kontinuität von Alfred WEBER, Karl MANNHEIM, Alfred MÜLLER-ARMACK und Norbert ELIAS und der deutschen Kultursoziologie begreift er Wirtschaft und Gesellschaft als eng zusammenhängende Kategorien, die durch langfristige historische Prozesse beeinflusst werden.

Die zweite wissenschaftliche Referenz AMMONs ist die Kulturanthropologie und Ethnologie, durch die zusätzlich die Faktoren berücksichtigen werden, die "jenseits von Rationalität und Kausalität beheimatet" sind.[46] Hierbei ist bemerkenswert, dass AMMON sich gezwungen sieht, auf dem theoretischen Postulat des JUNGschen "kollektiven Unbewussten" aufzubauen, um die soziale Verankerung von Mythen, Riten, Symbolen und Stilelementen zu erklären. Dies geschieht jedoch nicht explizit: JUNG wird nicht zitiert oder theoretisch hinterfragt, die Begriffe "kollektives Unbewusstes" und "tiefere Bewusstseinsschichten einer Gesellschaft" werden, wie auch bei FISCHER, so verwendet, als handele es sich um nicht-kontroverse, unproblematische Begriffe der Alltagssprache oder Teil allgemein anerkannter, gesicherter Erkenntnis.[47]

Ebenfalls nicht explizit verteidigt wird AMMONs neu-hegelianischer Ansatz. Sein geschichtlicher Überblick beruht auf der Idee, dass religiöse, ideologische und soziale Konfliktsituationen nur durch eine neue "Gesellschaftssynthese" gelöst werden können, die die Widersprüche auf einer höheren Ebene auflöst und den gesellschaftlichen Fortschritt voranbringt. Dies geschieht gewöhnlich durch intellektuelle und ideologische Innovationen (wie z.B. den geometrischen Rationalismus DESCARTES') und entspricht damit einer Anwendung des Prinzips der sich selbst aufhebenden Gegensätze[48] auf die Geschichte.

Erwähnung verdient schliesslich ein von FISCHER verwendetes Konzept, das auf Norbert ELIAS zurückgeht und der Demonstration von strukturellen Analogien zwischen Mikro- und Makroraum dient: der Figuration, definiert wie folgt:

---

[42] Fischer 1995, S. 50
[43] ebd., S. 56
[44] ebd., S. 65
[45] Ammon 1989, S. 15
[46] ebd., S. 23
[47] ebd., S. 22/23; Fischer 1995, S. 22, 28
[48] Hegel 1987 (1807), S. 127-129

"Der Begriff der 'Figuration' dient dazu, ein einfaches begriffliches Werkzeug zu schaffen, mit dessen Hilfe man den gesellschaftlichen Zwang, so zu sprechen und zu denken, als ob 'Individuum' und 'Gesellschaft' zwei verschiedene und überdies auch noch antagonistische Figuren seien, zu lockern."[49]

"Figurationen sind prozesshafte Beziehungsmuster zwischen Menschen, Gruppen und ihrer Umwelt, die ein soziales Verhältnis bezeichnen oder auch Ordnungen des Handelns und Denkens darstellen."[50]

Nach ELIAS kann die Figuration, dieses Konzept der Strukturanalogien und -zusammenhänge auf Mikro- und Makroebene, dazu beitragen, Konflikte, die durch egozentrische Sichtweisen bedingt sind, zu vermeiden. Wie FISCHER erkennt, legt der Figurationsbegriff eine Sichtweise nahe, bei der das Subjekt und das Objekt (z.B. ein deutscher Mitarbeiter einer deutschen und ein französischer Mitarbeiter einer französischen Firma) über komplexe horizontale und vertikale Intermediärstrukturen miteinander kommunizieren und interagieren. Durch diese komplexe Verflechtung wird eine saubere gedankliche Trennung von Subjekt und Objekt sowie die Anwendung des Kausalprinzips obsolet. Beide Partner beeinflussen sich permanent gegenseitig und beeinflussen darüberhinaus Dritte, die die beiden in unvorhersehbarer Weise wieder beeinflussen, ähnlich wie in einem Kartenspiel.[51]

Die theoretische Tragweite dieses Konzepts ist daher erheblich: Es schliesst die Position des neutralen Beobachters aus und verzichtet darauf, die komplexe Dynamik der Beziehungen und Interaktionen auf kausalitische "Wenn-dann"-Hypothesen zu reduzieren. Die Frage der Nützlichkeit des Konzepts der Figuration sowie die des Kausalprinzips und der Subjekt-Objekt-Trennung sollen an späterer Stelle ausführlicher behandelt werden.

Sowohl AMMON als auch FISCHER sind dezidierte Vertreter der interdisziplinären Forschung; ohne eine solche sei ihr Untersuchungsobjekt nicht zu bearbeiten.

---

[49] Elias 1986, S. 141, zit. nach Fischer 1995, S. 204
[50] Fischer 1995, S. 204
[51] Fischer 1995, S. 206/207

VI.3.   Die Theorien von McLuhan

VI.3.1.   Der Erklärungswert von "Understanding Media"

Das Hauptwerk des kanadischen Kommunikationswissenschaftlers, inzwischen ein Klassiker der postmodernen Bewegung, berührt interkulturelle Fragen nur am Rande, nämlich insoweit als Kulturen als kollektive Präferenzen für bestimmte Medien bzw. Technologien begriffen werden können. Da McLUHAN, bekannt durch die von ihm geprägten Ausdrücke "Global village" und "The medium is the message", Kulturen bzw. interkulturelle Konflikte jedoch ausschliesslich in ihrer Determiniertheit durch bestimmte Kommunikationsmedien bzw. - technologien beschreibt, werden seine Ausführungen für die Diskussion interkultureller Konflikte interessant.

Dennoch hätten wir den unkonventionellen Schritt der Hinzuziehung McLUHANS im Rahmen einer interkulturellen Diskussion nicht gewagt, wenn seine Analyen nicht eine Reihe von Ähnlichkeiten mit den Konzepten HALLs aufwiesen, die gerade die als dessen Kernkonzepte identifizierten Ideen betreffen.

Die intuitive Einsicht, dass speziell eine deutsch-französische interkulturelle Untersuchung von den Theorien McLUHANs profitieren kann, wird von Ulrich WICKERT in seinem jüngsten Frankreich-Buch geteilt. Dort bemerkt er in dem Kapitel "Stil statt Fakten":

"Und französische Fernsehjournalisten wirken, wenn sie live Wahlen kommentieren müssen, um vieles kompetenter als deutsche Fernsehmoderatoren, die aus dem Land des Schriftlichen stammen. In Frankreich beherrscht man eben das Wort."[52]

So schliesst er seine Kritik der französischen Medienlandschaft mit den Worten:

"Der Medienzirkus findet allerdings dann seinen Höhepunkt und überschlägt sich, wenn am Vormittag im staatlichen Rundfunk France Inter unter dem Titel 'Der totale Bildschirm' stundenlang über die Fernsehsendung des vergangenen Abends diskutiert wird und sich so verwirklicht, was der kanadische Kommunikationsforscher Herbert M. McLuhan prophezeit hat : Das Medium wird selbst zur Message."[53]

McLUHAN selbst konzentriert sich bei der Anwendung seiner Theorien auf die Gegenüberstellung der alphabetisierten, westlichen Welt und der nicht-alphabetisierten, "tribalen" Kulturen.[54] Hin- und wieder werden östliche und asiatische Kulturen betrachtet, die im wesentlichen als "oral" und "taktil" gegenüber den "visuell" gesteuerten westlichen Kulturen beschrieben werden.[55]

Auf europäische Besonderheiten wird nur am Rande eingegangen, und wenn dies geschieht, wird England (zusammen mit Nordamerika) als extrem visuell, Kontinentaleuropa dagegen als weniger visuell gesehen und mehr in die Nähe der oralen und tribalen Kulturen gerückt.[56]

Da wir der Auffassung sind, dass es sich hierbei um (aufgrund der nordamerikanischen Perspektive verständliche) Vereinfachungen handelt, McLUHANs Analysekategorien jedoch

[52] Wickert, 1989, S. 37
[53] ebd., S. 343
[54] McLuhan 1964, S. 83-87
[55] ebd., S. 208, 34
[56] ebd., S. 297-300

wertvolle Ansätze für den deutsch-französischen Kulturvergleich liefern können, sollen diese im folgenden kurz skizziert und dann auf einige Probleme des deutsch-französischen Managements angewendet werden.

VI.3.2.   McLUHANs konzeptuelle Basis

McLUHANs zentrale Untersuchungsobjekte sind Kulturen und Medien. Medien werden im wesentlichen als "Verlängerungen" unserer körperlichen Sinne und Funktionen verstanden[57]. Er teilt sie in zwei Kategorien ein (mit diversen Zwischenstufen): Heisse und kalte Medien. Zur Definition:

"A hot medium is one that extends one single sense in 'high definition". High definition is the state of being well filled with data. A photograph is, visually, 'high definition'. A cartoon is 'low definition', simply because very little visual information is provided"[58]

Dementsprechend sind heisse Medien unpartizipativ, kalte Medien dagegen partizipativ, denn sie erfordern die Auffüllung bzw. Komplettierung der Informationen durch den Teilnehmer.

In "Understanding Media" untersucht McLUHAN 28 Medien, vom gesprochenen und geschriebenen Wort über Zahlen, Geld, Uhren, Autos, Spiele, Telefon und Presse bis hin zum Plattenspieler, Radio und Fernsehen unter den Gesichtspunkten der Verlängerung bestimmter Sinne in "heisser" oder "kalter" Form.

Die Grundaussagen sind die folgenden:

Seit der Einführung des griechischen typographischen Alphabets, welches erstmals bedeutungslose Laute mit bedeutungslosen Zeichen assoziierte, beruht die abendländische Kultur auf den Prinzipien der Fragmentierung und Trennung sinnlicher Erfahrungsbereiche. Im Gegensatz zu hieroglyphischen und kalligraphischen Systemen zerstört das typographische Alphabet die Einheit von visuell wahrnehmbarem Zeichen, akustisch wahrnehmbarem Laut und gedanklich bedeutsamem Wort.

Die Gutenberg-Technologie der beweglichen Lettern, die erste Mechanisierung eines Handwerks, stelle die konsequente Fortführung dieser Logik dar und bilde daher das Modell und den Anstoss für die mechanische und dann die industrielle Revolution. [59]

Nach dreitausend Jahren "explosiver" Ausbreitung durch fragmentierende und mechanische Technologien habe in der westlichen Welt durch die Einführung elektrischer Technologien eine umgekehrte, "implosive" Tendenz eingesetzt.[60] Diese Elektrisierung, welche einer Verlängerung des menschlichen Nervensystems auf die gesamte Welt entspricht, zerstöre Strukturen der Arbeitsteilung, Spezialisierung, Zentralisierung und Distanzierung und führe zurück zu "tribalen" Strukturen der Ganzheitlichkeit und Integration. [61]

Die Aussage "Das Medium ist die Botschaft" umreisst die These, dass die entscheidenden sozialen und kulturellen Auswirkungen eines Mediums sich aus dessen formellen und

---

[57] ebd., S. 4
[58] ebd., S. 22, bereits hier wird die Ähnlichkeit mit HALLs "high-context"-Konzept deutlich
[59] ebd., S. 170
[60] ebd., S. 3
[61] ebd., S. 4-5

technologischen Rahmenbedingungen ergeben, und zwar völlig unabhängig von den übermittelten "Inhalten".

Die Gegenüberstellung der deutschen und französischen Kulturen ist insofern interessant, als sich hier die McLUHANschen Kategorien überkreuzen. So liesse sich das protestantische, "druckorientierte" Deutschland in die Nähe des McLUHANschen, angelsächsischen "Westens" rücken. Man könnte jedoch ebenfalls argumentieren, das rationalistische, aufgeklärte Frankreich sei dem so definierten "Westen" näher als das "auditiv-taktile" Deutschland, über das McLUHAN folgendes bemerkt:

"Just prior to 1914, the Germans had become obsessed with the menace of 'encirclement'. Their neighbors had all developped elaborate railway systems that facilitated mobilization of manpower resources. Encirclement is a highly visual image that had great novelty for this newly industrialised nation. In the 1930s, by contrast, the German obsession was with *Lebensraum*. This is not a visual concern, at all. It is a claustrophobia, engendered by the radio implosion and compression of space. The German defeat had thrust them back from visual obsession into brooding upon the resonating Africa within. The tribal past has never ceased to be a reality for the German psyche.

It was ready access of the German and middle-European world to the rich nonvisual resources of auditory and tactile form that enabled them to enrich the world of music and dance and sculpture. Above all their tribal mode gave them easy access to the new nonvisual world of subatomic physics, in which long-literate and long-industrialized societies are decidedly handicapped." [62]

McLUHAN sieht den Aufstieg Hitlers als eine unmittelbare Folge der Einführung des Radios[63] sowie der speziellen Sensibilität der mitteleuropäischen Kulturen für dieses heisse, auditive Medium. Die hochvisualisierten westlichen Kulturen hätten diese auditive Sensibilität bereits verloren, weshalb sie in den nicht-visuellen Welten von EINSTEIN, HEISENBERG, KANT, FREUD und JUNG orientierungslos und somit benachteiligt seien. [64]

McLUHAN bringt den Gehörsinn und den Tastsinn in einen engen Zusammenhang: Im Gegensatz zum distanzierten, neutralen und entwicklungsgeschichtlich rezenten Augenlicht sind die beiden älteren Sinne (haptischer und akustischer Sinn) interaktiv und vereinnahmend.[65] Ihre Kommunikation ist rhythmisch und musikalisch. Die Zahl (geboren aus dem Fingerabzählen) ist eine Verlängerung des für die deutsche Kultur sehr wichtigen Tastsinnes[66]: Sie ist verwandt mit anderen Mess-Medien wie Uhren und Geld.[67] McLUHAN illustriert die deutsche Tendenz zur Identifikation mit numerischen und pekuniären Werten wie folgt:

"Hitler made a special horror of the Versailles Treaty because it had deflated the German army. After 1870 the heel-klicking members of the German army had become the new symbol of tribal unity and power. In England and America, the same sense of numerical grandeur from sheer numbers was associated with the mounting output of industry, and the statistics of wealth and production". [68]

---

[62] ebd., S. 301
[63] ebd., S. 299
[64] ebd., S. 267, 21, 63, 85, 114
[65] ebd., S. 156, 302
[66] ebd., S. 107-110
[67] ebd., S. 110. Die typische Reaktion deutscher Manager nach einem Gespräch mit französichen Managern ist das Gefühl, nichts "Greifbares" erhalten zu haben, so dass kein "konkretes" Ergebnis vorliegt, vgl. auch V.3.2.3.1.
[68] ebd., S. 106

181

"Canetti spends a good deal of analysis on the psychic effects of the German inflation after the First World War. The depreciation of the citizen went along with that of the German mark. There was a loss of face and of worth in which the personal and monetary units became confused".[69]

Im Gegensatz zur auditiv-taktilen, druck- und zahlenorientierten deutschen Kultur wird die französische als eine multimediale Kultur beschrieben, die auf der Interaktion und Integration der Sinnesfunktionen besteht. McLUHAN gibt hierzu das Beispiel der französischen Erfindung des integrierten Telefonhörers:

"What we call 'The French phone', the union of mouthpiece and earphone in a single instrument, is the significant indication of the French liaison of the senses that English-speaking people keep firmly separate. French is the 'language' of love just because it unites voice and ear in an especially close way, as does the telephone.(...) The telephone demands complete participation unlike the written and the printed page".[70]

Ansonsten wird die französische Kultur kaum behandelt, ein wertvoller Hinweis lässt sich jedoch aus McLUHANs kultureller Interpretation des Begriffs der Rationalität gewinnen:

"(...) the *ratio* among corporeal things could never be less than rational. That is to say, rationality or consciousness is itself a ratio or proportion among the sensuous components of experience, and is not something *added* to such sense experience. (...) Consciousness (...) can be (...) ended by a mere stepping-up or dimming-down of any one sense intensity, which is the procedure in hypnosis. And the intensification of one sense by a new medium can hypnotize an entire community"[71];

sowie aus seiner Verwendung des Zitats des Vaters der französischen Soziologie:

"Emile Durkheim long ago expressed the idea that the specialized task always escaped the action of the social conscience." [72]

Die somit nur angedeuteten Zusammenhänge werden im folgenden weitergeführt und anhand einiger Kernkonzepte McLUHANs auf typische Probleme des deutsch-französischen Managements angewandt.

---

[69] ebd., S. 144
[70] ebd., S. 266, 267; zum quasi-erotischen Verhältnis der Franzosen zum Telefon vgl. auch V.3.2.3.1.; im Gegensatz zum nicht-interaktiven Druckmedium scheint das 'French phone' auch der französischen Gewohnheit zu entsprechen, sich gegenseitig zu unterbrechen und auf Aussagen des anderen direkt und sofort zu reagieren; vgl. dazu V.3.2.3.1.
[71] ebd., S. 112
[72] ebd., S. 66

182

VI.3.3.   Uniformität, Linearität und Repetition

VI.3.3.1   Das gesprochene, das geschriebene und das gedruckte Wort

In den meisten Studien über deutsch-französische Kommunikation findet sich dieses Thema in
impliziter Weise: So berichten v. HELMHOLT/MÜLLER-JACQUIER über ihre Feldstudie bei
BASF:

"Es wird berichtet, dass Franzosen die Angewohnheit haben, die in einem Protokoll festgehaltenen
Entscheidungen nicht noch einmal genau zu lesen, sondern das Protokoll einfach zu überfliegen und
abzuheften."[73] Andernorts wird bemerkt [74]: "Schriftliche Anweisungen, die Formulierungen enthalten wie: 'Ab
sofort werden bei Barzahlung keine Rabatte mehr eingeräumt' - 'Diese Regelung gilt ab sofort' werden von
Franzosen als unterschwellig agressiv interpretiert. In diesem Zusammenhang ist interessant, dass Deutsche mit
viel Unverständnis reagieren, wenn sich Franzosen auf Bitten/Anordnungen wie 'Wir bitten um sofortigen
Rückruf.' - 'Wir bitten Sie dringend, mit Herrn X Kontakt aufzunehmen' für diese dringenden Aufforderungen
ca. 24 Stunden Zeit lassen".

Jeder, der längere Zeit in Frankreich gearbeitet hat, kennt diese Erfahrung als wesentlichen Teil
des Kulturschocks: Wichtige und dringende Informationen, die nicht mündlich überbracht
werden, werden in Frankreich nicht unbedingt als wichtig und dringend empfunden. Das heisst
nicht, dass die Bedingung der Mündlichkeit ausreichend ist. Als weitere Bedingungen können
die zur Schau getragene Erregung sowie die hierarchische Stellung des Übermittlers
hinzukommen. Entscheidend ist jedoch, dass die deutsche Gewohnheit, einer Information durch
Verwendung der schriftlichen Kommunikationsform eine gewisse Ernsthaftigkeit und
Wichtigkeit zu verleihen, in Frankreich nicht gilt und entsprechende Strategien regelmässig
scheitern[75].

In einer seiner Fallstudien über deutsch-französische Geschäftsverhandlungen zitiert Jacques
PATEAU einen deutschen Mitarbeiter, der seine Erfahrungen mit französischen
Verhandlungspartnern beschreibt:

"Das ist, woran man sich gewöhnen muss, dass viele Leute zu Besuch kommen, sehr viel reden, im Endeffekt
nichts Schriftliches vorliegt, aber irgendwann mal die Frage nach der Lösung kommt..(...), dass man die Dinge
mehr mündlich verfolgt, man hat sie sich notiert, irgendwo auf einem kleinen Zettel, und man bringt sie dann
auf jeden Fall zur Sprache. Und das erstaunt uns ein bisschen, dass also die Dinge immer noch in Erinnerung
sind, obwohl man vermutet oder glaubt, sie wären nicht notiert und wären nur am Rande besprochen." [76]

PATEAU thematisiert jedoch nicht die möglichen Zusammenhänge und Konsequenzen der
hier geschilderten Phänomene. Dabei enthalten diese Aussagen essentielle und weitreichende
Wahrheiten über das deutsch-französische Kommunikationsproblem:

a) Die Aussage, "dass viele Leute zu Besuch kommen" sagt alles über den Eindruck, den
deutsche Mitarbeiter von der französischen Art der Verhandlungsführung hegen: Ein Mangel
an Seriosität und der intim-familiäre Stil, aus deutscher Sicht für eine geschäftliche
Verhandlung unangemessen.

---

[73] Helmholt/Müller-Jacquier 1991, S. 43
[74] ebd., S. 31
[75] vgl. auch JPB 1990, S. 51
[76] Pateau 1992, S. 198

b) Die Aussage, dass die Franzosen "sehr viel reden, aber im Endeffekt nichts Schriftliches vorliegt" wird gebraucht, als handele es sich um die entscheidende Frage zur Beurteilung des Erfolgs oder Misserfolgs einer Besprechung. Die Assoziation der Begriffe "Endeffekt" und "Schriftliches" legt nahe, dass es dem deutschen Mitarbeiter a priori Schwierigkeiten bereitet, von einem effektiven Fortschritt zu sprechen, wenn die Ereignisse nicht in schriftlicher Form festgehalten sind.

c) Anstatt ein schriftliches Ergebnis vorzulegen, notiert sich der Franzose etwas auf einen "kleinen Zettel" und der deutsche Mitarbeiter ist erstaunt über seine Gedächtnisleistung, denn ihm wird klar, dass die Vorlage eines schriftlichen Ergebnisses nicht der einzige Weg ist, wichtige Informationen vor dem Verlust zu retten.

Die allgemeine Praxis in Frankreich, bei Bewerbungsschreiben Lebenslauf und Anschreiben in handschriftlicher Form zu verlangen sowie die Vorliebe für graphologische Gutachten lassen dieselbe Tendenz erkennen: Wenn der Rückgriff auf die schriftliche Kommunikation wirklich unumgänglich ist, so wird die handschriftliche Notiz immer noch dem gedruckten Text vorgezogen.

Die Bedeutung handschriftlicher Fertigkeiten schon für den schulischen Erfolg hat GÖTZE meisterhaft in seinem - etwas frustrierten - Erfahrungsbericht als Germanistik-Professor an französischen Universitäten dargestellt: So wird die schnelle wörtliche Mitschrift und die spätere exakte Wiedergabe des Notierten mithilfe eines perfekt trainierten enzyklopädischen Kurzzeitgedächtnisses zum wichtigsten Erfolgskriterium für Schüler und Studenten.[77]

Der gedruckte Text unterscheidet sich jedoch in mehreren Aspekten vom handgeschriebenen Text, die wichtige soziale und ökonomische Realitäten implizieren:

Die Produktion von gedruckten Texten setzt die weite Verbreitung bestimmter Technologien bzw. Institutionen voraus. Vor der Einführung des PCs war dies die eines gutgeführten Sekretariats, spezialisiert auf die typographische Massenproduktion. Seit der Einführung des PCs ist dies die Beherrschung von Textverarbeitungsprogrammen auf diversen Ebenen der betrieblichen Hierarchie.

Der gedruckte Text ist ferner ohne Informationsverlust beliebig oft kopierbar und enthält keinen notwendigen Hinweis auf seine Urheberschaft. Er dient somit einer Entkopplung von Information und Urheber, dient somit als Ausdruck von Objektivität und Dauerhaftigkeit. Er verfügt somit über eine besondere Autorität in Kulturen, in denen Objektivität (Sachlichkeit) und Dauerhaftigkeit als wichtige Werte gelten.

Der gedruckte Text entspricht schliesslich den Prinzipien der Linearität, Uniformität und Repetition und weist damit eine Verwandschaft mit anderen Techniken und Medien auf, die auf denselben Prinzipien basieren.

Was diese drei Punkte betrifft, lassen sich gesprochenes und gedrucktes Wort als zwei Extrempunkte auf einem Kontinuum verstehen, wobei das handgeschriebene Wort eine Mittelstellung einnimmt.

---

[77] Götze 1993, S. 73-76

Hinzu kommt die wichtige Eigenschaft des geschriebenen Wortes im Allgemeinen, die in der
Möglichkeit besteht, zu agieren, ohne gleichzeitig reagieren zu müssen. Dieses Bedürfnis, zu
kommunizieren, ohne sich der unmittelbaren Reaktion des Empfängers aussetzen zu müssen,
findet sich auch bei der rein mündlichen Kommunikation wieder, wie
v.HELMHOLT/MÜLLER-JACQUIER bemerken:

"Franzosen unterbrechen häufiger als Deutsche, die Frequenz an sogenannten 'Überlappungen' (gleichzeitiges
Sprechen zweier oder mehrere Personen) ist im Französischen höher. Wenn Unterbrechungen im Deutschen
tendenziell am Ende eines Satzes erfolgen, unterbricht man im Französischen oft in der Mitte des Satzes...".[78]

Die unterschiedlichen Kommunikationsgewohnheiten haben ganz konkrete wirtschaftliche
Auswirkungen. So bemerken JPB als eines der Probleme zwischen deutschen
Muttergesellschaften und ihren französischen Filialen:

"Auffallend häufig werden auch die hohen Telefonkosten moniert. Tatsächlich verbringt der Franzose
wesentlich mehr Zeit im mündlichen Austausch mit Kunden und Administrationen als sein deutscher Kollege:
Zum Einen vermeidet er gerne den Schriftverkehr, und ausserdem weiss er aus Erfahrung, dass er im direkten
Kontakt mehr erreicht und schneller zum Ziel kommt."[79]

---

[78] v.Helmholt/Müller-Jacquier 1991, S. 15
[79] JPB 1990, S. 21

VI.3.3.2. Unterschiedliches Zeitverständnis

Die meisten Beiträge zum unterschiedlichen Zeitverständnis von Deutschen und Franzosen konzentrieren sich auf das Problem der Pünktlichkeit[80]. Eine Ausnahme bildet eine Karikatur, die von dem Beratungsunternehmen "JPB-La synergie franco-allemande" verwendet wird, um auf humorvolle Weise auch auf die tiefe und weitgreifende Thematik des Zeitverständnisses und seiner Funktion im Weltbild des modernen Menschen anzuspielen. So sagt der in der Hängematte ruhende Franzose zu dem Deutschen in Arbeitskleidung: "Immerhin war es doch Einstein, einer Ihrer Landsleute, der sagte, die Zeit sei relativ !" [81]

Eine weitere Perspektive ergibt sich bereits, wenn der Begriff der Pünktlichkeit auf Lieferfristen und insbesondere auf das Problem der Zahlungsmoral ausgeweitet wird.

Laut JPB - La synergie franco-allemande stellt das unterschiedliche Zeitverständnis das grösste Problem für französische Tochtergesellschaften in Deutschland dar:

"Zudem erreicht dieser Punkt den höchsten Wert der gesamten Umfrage! Offenbar spielen Terminprobleme z.B. bei Lieferungen der Mutter zur Weitergabe an deutsche Kunden eine erhebliche Rolle." [82]

Um die Bedeutung der unterschiedlichen Zeitverständnisse voll zu erfassen, reicht es jedoch nicht, sie einfach gegenüberzustellen. Es kommt vielmehr darauf an, Bedeutung und Funktion von Zeit in den beiden Ländern zu analysieren. Hier ist besonders die Bedeutung der Zeit für die Messung der Leistung entscheidend. Nach der physikalischen Definition ist Leistung gleich Arbeit pro Zeit, eine Vernachlässigung der zeitlichen Rigorosität bedeutet somit ceteris paribus eine Vernachlässigung von Leistungsnormen. Eine genauere Betrachtung des Leistungsbegriffes jedoch muss zeigen, dass dieser einen zentralen Platz in der deutschen Wertehierarchie sowie in der deutschen politischen Diskussion einnimmt (Helmut Kohl gewann die Wahl 1983 mit dem Slogan 'Leistung muss sich wieder lohnen'), und eher als kontinuierliches Charakteristikum verstanden wird, während dies in Frankreich nicht der Fall zu sein scheint, wo der Begriff "performance" eher für einmalige 'Leistungen' im Sinne von Durchbrüchen, Entdeckungen oder Siegen verwendet wird.

Ähnliche Nuancen in der Werteskala mögen bestehen bei dem Begriff der Arbeit, der im Zähler der Leistungsformel steht. Mangels umfassender Studien über den unterschiedlichen Arbeitsbegriff soll zumindest der Versuch McLUHANs erwähnt werden, den Arbeitsbegriff in den Kontext von Alphabetisierung, Spezialisierung und Arbeitsteilung zu stellen:

"'Work', however, does not exist in a nonliterate world. The primitive hunter or fisherman did not work, any more than does the poet, painter or thinker of today. Where the whole man is involved there is no work. Work begins with the division of labor and the specialisation of functions and tasks in sedentary, agricultural societies" [83]

Ein Blick auf die derzeitige politische Diskussion zeigt ebenfalls das hohe Interesse an dem deutschen Arbeitszeitmodell in Frankreich. Mit einem gewissen Neid blicken die Franzosen auf die Erfolge der Arbeitszeitverkürzung in Deutschland, wo die Jahresarbeitszeit sowieso bereits

[80] z.B. v.Helmholt/Müller-Jacquier 1991, S. 51
[81] JPB, 1993, S. 51
[82] JPB 1990, S. 30
[83] McLuhan 1964, S. 138

niedriger ist als in Frankreich: Seit 1970 (alle Indizes = 100) ist der Beschäftigungsindex in Frankreich bis 1992 stärker gesunken als in Deutschland (auf 81 gegenüber 90), und gleichzeitig ist der Index der Arbeitszeit in Deutschland stärker gesunken als in Frankreich (auf 83 gegenüber 86)[84], ein Zeichen für den Erfolg der deutschen Volkswirtschaft bei der Kontrolle der Arbeitslosigkeit durch Arbeitszeitverkürzung und bessere Arbeits(auf-)teilung.

Die Verschiebungen im Arbeitsrhythmus haben auch konkrete Konsequenzen für die deutsch-französische Zusammenarbeit im Arbeitsleben:

"Franzosen stellen fest, dass Deutsche im Gegensatz zu Franzosen die Mittagspausen sehr pünktlich einhalten, auch wenn dafür wichtige Besprechungspunkte unterbrochen werden müssen. Andererseits seien die Mittagspausen sehr kurz. Dadurch werde der Arbeitstag nicht so lange unterbrochen wie in Frankreich und es wird ermöglicht, abends früher nach Hause zu gehen (was sich positiv auf die Familie auswirkt). (...) In der Kooperation sei dies ein Nachteil, weil dann, wenn die Franzosen wieder besser in Form kämen (gegen 16 Uhr), die Deutschen bereits kurz vor dem Nachhauseweg stünden."[85]

Es handelt sich demnach also nicht einfach um zwei unterschiedliche, aber beliebige Zeitverständnisse, sondern um zwei verschiedene Einstellungen in bezug auf Familie, Ritualisierung der Nahrungsaufnahme, Pünktlichkeit als Zeichen von Respekt und Zuverlässigkeit, Zuverlässigkeit als entscheidender kultureller Wert etc.

Die unterschiedlichen Einstellungen gegenüber der Familie in den beiden Ländern haben wiederum konkrete wirtschafts- und sozialpolitische Realitäten zur Folge, wie z.B. unterschiedliche Schulzeiten und unterschiedliche Niveaus bei der Erbschaftssteuer. Die Ritualisierung der Nahrungsaufnahme wiederum geht einher mit der französischen Weinkultur, mit immer wiederkehrenden Fragen der Protektion der heimischen Landwirtschaft. Die Frage der Zuverlässigkeit hat direkte Auswirkungen auf militärpolitische Entscheidungen in Europa sowie die Risikoprämie für französische Staatsanleihen.

Natürlich reicht es nicht, auf die mangelhafte französische Zahlungsmoral oder die Nichteinhaltungen von Zahlungsfristen als kulturell begründete Eigenheit hinzuweisen, ohne gleichzeitig die Frage zu stellen, warum die französischen Kunden (wie auch die Haushalte, der Staat usw.) chronische Liquiditätsengpässe haben und welche Mechanismen dafür sorgen, dass sie trotzdem überleben.

So zeigt eine vergleichende Studie von SLIFAC und SOFRES[86] auf der Basis einer Umfrage von 2.500 Unternehmen mit zehn bis 1.000 Beschäftigten in den acht grössten Ländern Europas, dass Deutschland bei der durchschnittlichen effektiven Zahlungsdauer sowohl im Handel (47 Tage), in der Industrie (48 Tage) als auch bei den Dienstleistungen (41 Tage) die europäische Spitzenposition der Zahlungsschnelligkeit einnimmt, Frankreich dagegen nur eine Mittelstellung (Die Schlusslichter sind Italien, Spanien und Portugal).

Ferner wird geschildert, dass die Unternehmen in Grossbritannien, Belgien, Deutschland und Holland sämtliche Mahnungs-, Inkasso- und andere rechtliche Mittel einsetzen, während dies in Italien, Spanien und Frankreich nur selten vorkommt, und bei Zahlungsproblemen eher auf Besuche, Gespräche und Verhandlungen zurückgegriffen wird, was die Bedeutung der persönlichen Beziehungen im Geschäftsverhältnis widerspiegele[87].

---

[84] Freudenberg/Ünal-Kesenci 1994, S. 53
[85] v. Helmholt/Müller-Jacquier 1991, S. 53
[86] Les Echos, 1995, S. 31-38
[87] ebd., S. 34/35

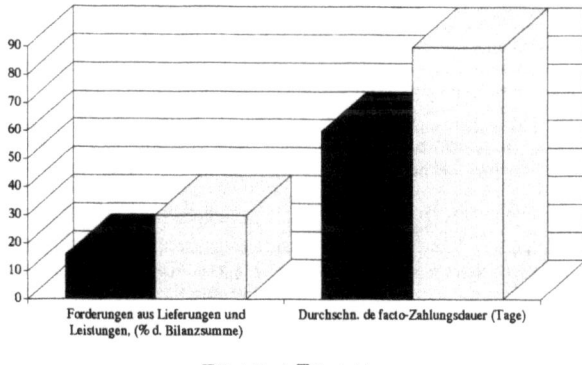

Die unterschiedlichen Zahlungsfristen führen dazu, dass die Forderungen aus Lieferungen und Leistungen in den französischen Unternehmen etwa 30% der Bilanzsumme ausmachen, gegenüber nur 16% bei den deutschen.[88]

Mangels vergleichender Untersuchungen des Verhältnisses von Geldumlaufgeschwindigkeit und sektorieller Spezialisierung in Deutschland und Frankreich sollen auch hier die Interdependenzen nur kurz angedeutet werden:

"..., money - like writing - speeds up exchange and tightens the bonds of interdependence in any community. It gives great spatial extension and control to political organisations, just as writing does, or the calendar. It is action at a distance, both in space and in time. In a highly literate, fragmented society, 'Time is money', and money is the store of other people's time and effort." [89]

Der engere zeitliche Zusammenfall zwischen Lieferung und Zahlung, der durch die beidseitige Beachtung von allgemeinen handelsüblichen Normen und "Tugenden" in Deutschland vorherrscht, impliziert darüberhinaus ein anderes Verständnis der Handelsbeziehung als in Frankreich: Warenlieferung und Zahlungseingang sind zwei Seiten derselben Medaille und somit direkt und notwendig miteinander verbunden, ohne das eine verliert das andere zu 100% seine Berechtigung; die Erlöserzielung ist das elementare Ziel der Transaktion, bei Zahlungsproblemen werden schnell rechtliche Schritte unternommen. Die Beziehungen zwischen den Handelspartnern mögen langfristig und gut gepflegt sein, die Basis bleibt jedoch die jederzeitige sofortige Aufeinanderfolge von Lieferung und Zahlung. Sobald die persönlichen Beziehungen mehr in den Mittelpunkt rücken, wie in Frankreich (oder allgemein

---

[88] ebd., S. 32
[89] McLuhan 1994, S. 136

188

in den romanischen Ländern), werden diese Fragen zu 'Detailproblemen', die klare Einheit zwischen einer Lieferung und einer Zahlung verliert an Bedeutung.

Es zeigt sich also auf der Ebene der Unternehmen dasselbe Prinzip wie auf persönlicher Ebene: Die Koordination anhand der Prinzipien von Zeit und Geld ist in Frankreich ineffizient, die Disziplin in bezug auf diese Koordinationsmechanismen ist schwächer, weil es bei dem jeweiligen Kontakt sowieso viel mehr um die 'persönliche' oder 'emotionale' Seite geht.

Weitere Beiträge unterstreichen die eher langfristige Ausrichtung der deutschen Unternehmen und Entscheidungsträger[90]. Viele Autoren belassen es dabei, so dass die Frage entsteht, welche Vor- und Nachteile denn nun mit der langfristigen bzw. kurzfristigen Perspektive einhergehen.

Ein deutlicher Zusammenhang erscheint, wenn man den Zeithorizont und die Planungs- und Organisationsweise in Beziehung setzt. Folgende Äusserung aus der Befragung von v. HELMHOLT/MÜLLER-JACQUIER zeigt den eindeutigen Zusammenhang zwischen Langfristigkeit und Kollektivität der Entscheidungsfindung:

"Auf den ersten Blick erscheint es Franzosen als ein Ausdruck von Unflexibilität, einmal getroffene Entscheidungen nicht zu revidieren. Sie berichten, dass immer dann, wenn sie auf Grund neuerer Informationen eine Modifizierung von einmal getroffenen Entscheidungen erreichen möchten, die deutschen Partner sehr negativ reagieren. Später entdecken sie, dass dies nicht unbedingt Prinzipienreiterei sein muss, sondern sich aus dem Arbeitsprozess in deutschen Firmen ergibt, Entscheidungen optimal vorzubereiten, die getroffenen Entscheidungen allen Beteiligten als Information und damit auch als Handlungslinie bereitzustellen und diese dann kollektiv zu befolgen." [91]

Die für Franzosen oft unerträgliche Länge der Entscheidungsvorbereitung[92] lässt sich somit nicht einfach mit dem 'deutschen Phlegma' oder 'Buchhaltermentalität' erklären, sondern ist notwendiger Teil eines generellen Prinzips, welches Kollektivität, Ernsthaftigkeit und Demokratie verbindet: Die Entscheidungsfindung ist kollektiv und dauert somit relativ lange. Die Entscheidungsfindung ist ernsthaft, weil davon ausgegangen wird, dass die kollektiv getroffene Entscheidung tatsächlich durchgeführt werden wird. Sie ist demokratisch, weil die Verbindlichkeit der Entscheidung sich direkt aus der Kollektivität der Entscheidungsführung ableitet und somit legitimiert und das Veto eines einzelnen Mitarbeiters aufgrund "unvorhergesehener Ereignisse" nicht ausreichend ist, um die Durchführung der Entscheidung aufzuhalten, was den Deutschen gelegentlich den Vorwurf des "Dampfwalzenverfahrens" oder der "Unflexibilität" einbringt.

HALL nennt dieses Verhalten "*completing action chains*" und spricht von der quasi dogmatischen Notwendigkeit in "low-context"-Kulturen, begonnene Projekte auch zu Ende zu führen, koste es, was es wolle.[93]

Es muss darauf hingewiesen werden, dass hinter der Philosophie der kollektiven langwierigen Entscheidungsfindung eine grundlegende Überzeugung steht: Es ist die Ansicht, dass keine Entscheidung und keine Politik sich langfristig durchsetzen kann, die nicht auf der Basis eines mehr oder weniger breiten Konsens' entwickelt worden ist. Und hier handelt es sich tatsächlich um einen entscheidenden Unterschied zwischen Frankreich und Deutschland, nicht nur im

[90] z.B. Bommensath 1993, S. 8
[91] v. Helmholt/Müller-Jacquier 1991, S. 39
[92] vgl. Siegele 1993, S. 31
[93] Hall 1990, S. 24-26

wirtschaftlichen, sondern auch und vor allem im politischen Bereich, wie sich anhand politischer Divergenzen und Verstimmungen immer wieder zeigt.

Was das unterschiedliche Zeitverständnis betrifft, ist zusätzlich auf die Typologie von HALL hinzuweisen, der die deutsche Arbeitsweise als "linear" und "monochron" und die französische als "non-linear" oder "polychron" bezeichnet. Diese Unterscheidung hat sich zusehends eingebürgert, ohne dass sie in einen tieferen Zusammenhang eingebettet worden wäre. So stellt sich dem kritischen Geist natürlich die Frage, wie der Deutsche denn den Vorsprung aufholen kann, der dem Franzosen dadurch entsteht, dass dieser in der Lage ist, mehrere Dinge gleichzeitig zu tun ?

Eine Antwort lässt sich, wiederum in humoristischer Weise, aus dem Kommentar eines Mitarbeiters von "Euromissile", einem deutsch-französischen Joint Venture, ablesen: "Un Français a tendance à faire beaucoup de choses à la fois, et oublie parfois le but à atteindre" [94]. Es existiert somit auch die andere Seite der Medaille, möglicherweise eine geringere Arbeitsqualität oder eine schlechtere Koordination (insoweit die Koordination durch gemeinsame Ziele erfolgt) mit der Arbeit der Mitarbeiter.

VI.3.3.3.   Arbeitsteilung und Spezialisierung

Eine der oft zitierten Anlässe für Befremden bei deutsch-französischen Geschäftsverhandlungen ist die Konfrontation einer Gruppe von Ressortspezialisten auf der deutschen mit einem einzigen oder wenigen "plenipotentiären" Gesprächspartnern auf der französischen Seite. Diese Konstellation weckt typischerweise Verstimmungen auf beiden Seiten. So zitiert PATEAU einen französischen Mitarbeiter in Deutschland: "In den Gesprächen hatte ich den Eindruck, ich sei auf einem UNO-Kongress, die kommen so zahlreich, da können wir nicht mithalten"[95].

Das deutsch-französische Beratungsunternehmen JPB vermerkt zum Thema der Spezialisierung:

"Les Français ont une approche plus globale et plus générale. Il faut savoir que ce terme de généraliste, s'il est positif en français, a une connotation négative pour les Allemands, pour qui le généraliste ne connait rien à fond, contrairement à l'expert."[96]

In ihrer Studie über deutsch-französisches Management stellen sie darüberhinaus fest:

"In Verhandlungen und Besprechungen zwischen Deutschen und Franzosen kommt es oft vor, das nur ein Franzose mehreren Deutschen gegenübersitzt. Die im deutschen Hierarchieverständnis übliche Abgrenzung der Befugnisse und Kompetenzen führt dazu, dass mehrere Bereichszuständige sich nur einem französischen 'Generalisten' auseinandersetzen müssen. Dieser fühlt sich dann von den 'Detailfragen' der Deutschen regelrecht bombardiert und verwirrt seinerseits die Gegenseite mit Fragen und Stellungnahmen zur Gesamtstrategie.

Während er in der Regel weitreichende Entscheidungsbefugnisse hat (und diese notfalls sogar überschreitet), halten sich die Deutschen meist strikt an die vorher erhaltenen Anweisungen und müssen ggfls. die Besprechung zwecks interner Anstimmung vertagen. So kommt es auf beiden Seiten zum Eindruck der 'Nicht-Kompetenz':

---

[94] ebd.
[95] Pateau 1993, S. 206, eigene Übersetzung
[96] JPB 1993, S. 53

Der Franzose meint, keine Entscheidungsträger vor sich zu haben, während man ihm von deutscher Seite das mangelnde Detailwissen ankreidet. Oftmals führen solche Patt-Situationen zum Abbruch der Beziehungen bzw. zu schweren Verstimmungen zwischen Mutter- und Tochtergesellschaft."[97]

Arbeitsteilung und Spezialisierung scheinen in Deutschland eine primordiale Bedeutung zu besitzen, und zwar in einer so auffälligen Weise, dass HALL von "compartmentalization" als einem typischen deutschen Organisationsprinzip spricht. Geschlossene Türen auf der Vorstandsebene, die deutsche Vorliebe für detaillierte Organigramme und deren Einhaltung sowie die ständige Forderung nach 'Fachkompetenz' werden als gemeinsamer Ausfluss der "compartmentalization" gesehen, der Tendenz, die Realität aufzuteilen und in verschiedenen Schubladen einzuschliessen [98].

Die auf individueller Ebene feststellbaren Organisationsprinzipien lassen sich ebenfalls auf gesamtwirtschaftlicher Ebene wiederfinden. So zeigt die strategische Typologie der Studie PMI'93, dass 24% der befragten französischen Mittelstandsunternehmen in die Kategorie "Imitation eines Marktführers" fallen gegenüber nur 12% der deutschen Mittelständler. Bei den Kategorien "Lokaler Kostenführer", "Spezialist für weltweite Nischen" und "Experten in Differenzierung und Kostenführer" ist der Anteil deutscher Unternehmen jeweils höher als der der französischen.[99]

Ähnliche Strukturen lassen sich in bezug auf die Exportwirtschaft feststellen. So bemerken FREUDENBERG/MÜLLER als Schlussfolgerung ihrer vergleichenden Analyse des deutschen und französischen Aussenhandels:

"Les résultats montrent d'abord une nette différence entre les deux pays: en Allemagne, les points forts et les points faibles sont de forte ampleur et concentrés sur un nombre réduit de filières; ils constituent des pôles de compétitivité. La France, au contraire, n'est ni un 'spécialiste de pôle' ni véritablement un 'spécialiste de créneaux', elle n'apparaît pas non plus clairement comme 'spécialiste de gamme', ou comme 'spécialiste intra-branche ou intra-produit'. On peut la qualifier que de 'généraliste'".[100]

Dass es sich hier nicht nur um einen Unterschied, sondern um einen diametralen Gegensatz handelt, zeigt sich anhand der typischen Stärken der beiden Wirtschaftssyteme, insbesondere in der Exportwirtschaft. So basiert der deutsche Nachkriegswohlstand auf der Produktion und dem Export von Produkten wie Automobilen und Werkzeugmaschinen, also Erzeugnissen, die dem Prinzip der effizienten, qualitativ hochwertigen Serienproduktion folgen und somit eine exakte Stückkalkulation voraussetzen. Dagegen beruhen die Erfolge der französichen Industrie auf Infrastrukturprojekten ("grands projets"), die sich meist gerade nicht durch Wiederholbarkeit, sondern durch eine gewisse historische Einmaligkeit sowie die Zusammenarbeit von Staat, Industrie und anderen Gruppen auszeichnen. Auch die exportstarke französische Luxusindustrie ist weniger durch Massenproduktion als durch künstlerische (Parfum, Mode) oder handwerkliche (Champagner, Rocquefort) Prinzipien gekennzeichnet bis hin zu Unikaten, begrenzten Auflagen und Prestigeprojekten, und dies sowohl bei extrem hohen Margen als auch hohen Verlusten.

Es scheint also, als ob die gesamte französische Volkswirtschaft sich so verhält wie die französischen Manager, die die persönliche, individuelle und einzigartige Ausdrucksform der

[97] JPB 1990, S. 22f
[98] Hall 1990, vgl. auch V.3.1.7
[99] PMI'93, S. 38, s. auch V.2.4.
[100] Freudenberg/Müller 1992, S. 33

mündlichen Sprache der mechanisierten, repetierbaren und anonymen Ausdrucksform des gedruckten Dokuments vorziehen.

Auch hier ist es notwendig, auf die Konsequenzen und die Zusammenhänge aufmerksam zu machen, die mit dem Generalisten- und dem Spezialistenmodell einhergehen.

Dies betrifft insbesondere das unterschiedliche Verhältnis der beiden Kulturen gegenüber dem Modell der freien Marktwirtschaft. Klagen über merkantilistische Praktiken, Protektionismus und Staatseingriffe in Frankreich gehören nicht nur zu den Standardhindernissen für deutsch-französische Unternehmenskooperationen[101], sondern auch zu den chronischen Konfliktthemen zwischen Frankreich und den USA, wie bei GATT-Verhandlungen regelmässig deutlich wird.

Die kulturellen Unterschiede zwischen dem heutigen Frankreich, in dem regelmässig die 'angelsächsischen Spekulanten' oder der 'ultralibéralisme' als Schuldige für die eigenen wirtschaftlichen Probleme gebrandmarkt werden, und dem heutigen Deuschland, das sich der Bedeutung der ordoliberalen Nachkriegspolitik für den heutigen Wohlstand bewusst ist[102], werden deutlich bei der Lektüre von Adam SMITH's 'The whealth of nations'. Dieses Werk, Ursprung der Ökonomie als selbständige wissenschaftliche Disziplin, beginnt bezeichnenderweise mit den Worten:

"The greatest improvements in the productive powers of labour, and the greater part of the skill, dexterity, and judgement with which it is anywhere directed, or applied, seem to have been the effects of the division of labour."[103]

Den Ausführungen über die produktivitätssteigernden Effekte der Arbeitsteilung und Spezialisierung folgen Betrachtungen über Ursprung und Funktion des Geldes, die klassische Preistheorie usw.

Aus diesen Grundüberlegungen formte sich im Laufe der Zeit die klassische Ökonomie, das Leitbild des freien Marktes, des einheitlichen Preisniveaus und der wohltätigen Effekte des freien internationalen Handels.

Hierbei ist entscheidend, dass die von Adam SMITH beschriebene Preistheorie mitsamt ihren Anpassungsmechanismen ursprünglich ausschliesslich homogene Massengüter ("Commodities") betraf[104]. Commodities jedoch sind die Güter, die bei hoher Arbeitsteilung und Spezialisierung als Währung verwendet werden. Wie SMITH erklärt, können beliebige Commodities als Währung dienen: Ochsen bei den alten Griechen, Salz in Abessinien, Muscheln in Indien[105]. Im Laufe der Zeit hat sich Metall als vorteilhafteste Commodity für den Handel erwiesen, es bildet somit nur einen Spezialfall: Wenn man den "Geldschleier beiseite zieht", wie die klassischen Ökonomen sagen, bleibt somit als fundamentale Notwendigkeit der Zusammenhang zwischen Arbeitsteilung und dem allgemeinen Gebrauch von Commodities, also Medien, die, wie der Buchdruck, den Prinzipien der Uniformität und Repetition entsprechen. McLUHAN bemerkt hierzu:

---

[101] s. Prognos 1986, S. 89/90
[102] Bommensath 1993, S.8
[103] Smith, 1970, S. 109
[104] ebd., S. 133-166
[105] ebd., S. 127

"For the West, literacy has long been pipes and taps and streets and assembly lines and inventories. Perhaps most potent of all as an expression of literacy is our system of uniform pricing that penetrates distant markets and speeds the turn-over of commodities."[106]

Daher steigt, wie Adam SMITH zeigt, die gesellschaftliche Bedeutung des Geldes mit der Notwendigkeit des Handels und somit mit dem Ausmass von Arbeitsteilung und Spezialisierung[107]. Diese jedoch sind die gemeinsame Ursache und die Basis sowohl für das Aufkommen der Idee der freien Marktwirtschaft als auch für die gesellschaftliche und politische Bedeutung des Geldes.

VI.3.3.4.   Geld und Währung

Es erübrigt sich, auf die Bedeutung von Geld und Währung für das deutsch-französische Verhältnis gesondert hinzuweisen. Die Währung ist eines der Schlüsselthemen in der deutsch-französischen Kooperation, die deutsche währungspolitische Disziplin wird regelmässig als Ursache für die überhöhten französischen Zinsen genannt und derweilen als "dogmatisch" kritisiert, bis hin zum Vergleich der D-Mark mit der französischen Atombombe als nationales Statussymbol und Identifikationsobjekt.

Wie bereits erwähnt, geht der deutsche Anspruch auf Rigorosität in Gelddingen einher mit dem auf entsprechende Rigorosität im Umgang mit der Zeit. Im Zusammenhang mit der deutsch-französischen Problematik ist es jedoch entscheidend, darauf hinzuweisen, dass diese beiden Formen der quantifizierenden Rigorosität ebenso wie die Bevorzugung der schriftlichen und gedruckten Kommunikation Ausfluss der bevorzugten Anwendung einiger weniger Grundprinzipien ist: Denen der Linearität, Uniformität und Repetition. McLUHAN bemerkt dazu:

"Men left the closed world of the tribe for the 'open society', exchanging an ear for an eye by means of the technology of writing. The alphabet in particular enabled them to break out of the charmed circle and resonating magic of the tribal world. A similar process of economic change from the closed to the open society, from mercantilism and the economic protection of national trade to the open market ideal of free-traders, was accomplished in more recent times by means of the printed word, and by moving from metallic to paper currencies." [108]

Die kulturelle Verwandschaft zwischen Drucktechnik und Papiergeldwährung verdeutlicht McLUHAN wie folgt:

"Money is an adjunct of that specialist alphabetic technology, raising even the Gutenberg form of mechanical repeatability to new intensity"[109]

VI.3.3.5.   Die medientheoretische Perspektive

Es ist anhand einiger Beispiele gezeigt worden, dass eine Reihe von kulturell bedingten Konflikten und Kommunikationsproblemen zwischen Deutschen und Franzosen sich auf einige

---

[106] McLuhan, 1964, S. 86
[107] Smith 1970, S. 126
[108] McLuhan 1964, S. 139
[109] ebd., S. 141

Grundprinzipien reduzieren lassen, die sowohl Produktions- als auch Kommunikationstechniken umfassen. Die Akzeptanz dieser These setzt selbstverständlich die Akzeptanz einiger methodischer Prämissen voraus. Die wichtigste ist wahrscheinlich die der Bedeutung sozialer und kultureller Realitäten für das Verhalten des Individuums, also das, was DURKHEIM als "fait social" definiert:

"Voilà donc un ordre de faits qui présentent des caractères très spéciaux: ils consistent en des manières d'agir, de penser et de sentir, extérieures à l'individu et qui sont douées d'un pouvoir de coercition en vertu duquel ils s'imposent à lui." [110]

Im Einzelfall besteht für das Individuum also keine nennenswerte Chance, sich gesellschaftlichen oder kulturellen Normen zu widersetzen oder sie unmittelbar zu ändern. Dies bedeutet wiederum die Relevanz von Geschichte sowie die Eigendynamik und Trägheit, also die eigene Identität sozialer Tatbestände, wie Traditionen, Regeln und Normen anzuerkennen. Es bedeutet auch die Ablehnung von ahistorischen, universellen Theorien und Paradigmen.

Geht man noch weiter und fragt nach den Ursachen von Kultur und sozialen Normen, so implizieren die medientheoretischen Thesen McLUHANs eine Entscheidung für das Individuum und somit gegen metaphysische Kräfte. Dies ist im Einklang mit den Regeln der soziologischen Theorie, wie sie DURKHEIM beschreibt:

"C'est donc de l'individu qu'émanent les idées et les besoins qui ont déterminé la formation des sociétés, et, si c'est de lui que tout vient, c'est nécessairement par lui que tout doit s'expliquer. (...) Par suite, les lois sociologiques ne pourront être qu'un corrollaire des lois plus générales de la psychologie (...)." [111]

Anhand der Erfindung der Arbeitsteilung beschreibt DURKHEIM den Prozess der kulturellen Genese als nicht-intentionellen 'Trial-and-error'-Prozess, ebenso wie die heutigen Evolutionstheoretiker[112]. Auch wenn soziale Institutionen aufgrund der Eigendynamik der 'faits sociaux' noch lange Zeit überdauern können, selbst wenn ihr Nutzen verlorengegangen ist[113], so liegt ihr Wesensursprung doch in der Natur des Individuums.

Akzeptiert man diese Prämissen, so ist es möglich, die Thesen McLUHANS anzunehmen, die es ermöglichen, diverse kulturelle Phänomene auf individueller und kollektiver Basis als Teil einer sozialen oder kulturellen Realität zu verstehen, der sich der Einzelne nicht oder nur sehr schwer entziehen kann.

McLUHANs Ansatz beruht auf dem Konzept des Mediums, welches Kommunikations-, Produktions- und Organisationsformen einschliesst. Medien bilden das Bindeglied zwischen Technologie und Kultur, den beiden wichtigsten dynamischen Faktoren in McLUHANs Theoriegebäude. So beschreibt er das Rad als 'Verlängerung' des Fusses, das Haus, die Burg und die Stadt als Verlängerung der Haut (physischer Schutz und Wärmeregulator), Telekommunikationsnetze als 'Verlängerung' des Nervensystems usw.

Der in diesem Zusammenhang wichtigste Teil seiner Theorie ist die Charakterisierung bestimmter Grundprinzipien, durch die sich verschiedene Medien unterscheiden bzw. auseinander entwickeln. Aus diesen Annahmen folgt zwingend, dass z.B. die Industrialisierung

---

[110] Durkheim 1937, S. 5
[111] ebd., , S. 97
[112] ebd., S. 92/93
[113] ebd., S. 91

194

sich in einem Teil der Welt entwickelte, in dem deren Grundprinzipien (lineare Anordnung, mechanisierte Wiederholung von identischen Einheiten) durch die Erfindung des Buchdrucks bereits verbreitet waren. Gleichermassen basiert die Erfindung des Buchdrucks auf einer konsequenten Fortsetzung des Prinzips des abendländischen Alphabets, d.h. der Trennung des Symbols von seiner Bedeutung. Betrachtet man Organisationsformen, soziale Institutionen, Gebräuche, Technologien und Kommunikationsformen in diesem Sinne als 'Medien', so stellen sich in der Tat die hohe Telefonrechnung des französischen Mitarbeiters und die französische Praxis des Managements von Lieferantenkrediten als Ausflüsse eines und desselben kulturellen Grundprinzips dar, nämlich des Primats der mündlichen und persönlichen Kommunikation über die anonyme schriftliche Kommunikation im Wirtschaftsleben. Es wird der versteckte Zusammenhang deutlich zwischen Luthers Reformation und der Unabhängigkeit der Zentralbank als zwei Möglichkeiten, die Macht der mechanischen Vervielfältigung bedruckten Papiers zu nutzen, um politischen Machthabern zu trotzen.

Ob es sich um politische Verhandlungen über den Bananenimport in die EU oder um plötzliche Abweichungen von der Tagesordnung in Geschäftsverhandlungen handelt: Auch zwischen Deutschen und Franzosen herrschen kulturelle Unterschiede, deren Grundprinzipien sich bei allen Anlässen und auf allen Ebenen feststellen lassen und denen sich der Einzelne scheinbar, ob bewusst oder unbewusst, nicht entziehen kann. Die Prinzipien der Linearität, Uniformität und Repetition scheinen, wie an diversen Beispielen gezeigt wurde, tief in der deutschen Kultur verwurzelt und an ihren Manifestationen scheinen sich eine ganze Reihe typischer deutsch-französicher Auseinandersetzungen zu entzünden.

Um die Gefahr einer einseitigen Sichtweise sowie die Bestätigung von Klischees zu vermeiden, muss erwähnt werden, dass sich zu diesen drei Ordnungsprinzipien sicher weitere hinzufügen lassen, wie z.B. die von HOFSTEDE verwendeten Kriterien 'Individualismus' - 'Kollektivismus', 'hierarchische Distanz' u.a.[114]. Ebenso lassen sich die genannten Konfliktschemata z.T. auf weitere Kulturkreise ausdehnen, einige der genannten kulturellen Konfliktlinien mögen mit der Grenze zwischen katholischen und protestantischen Regionen oder mit der ehemaligen Grenze des Römischen Reiches zusammenfallen. Ebenso lassen sich die genannten Kulturkonflikte in ähnlicher Form ebenso in Belgien oder Quebec beobachten.

Aus historisch-politischer Sicht ist das deutsch-französische Verhältnis jedoch entscheidend und damit die Notwendigkeit, das Bewusstsein für die Natur der hier existierenden spezifischen Konfliktpunkte zu vertiefen zu verbreiten. Auch wenn die genannten idealtypischen Schemata sich in mehreren Punkten seit einiger Zeit zu verwischen beginnen (Reintegration von Arbeitsschritten in der deutschen Industrie, Exporterfolge der französischen Automobilindustrie, Übergang von schriftlicher zu multimedialer Kommunikation), so ist es doch angebracht, die wesentlichen Bestandteile nationaler, regionaler und sozialer Identitätsbilder zu identifizieren, um so Möglichkeiten für kulturellen Wandel und kulturelle Annäherung zu erkennen und entsprechende Prognosen zu wagen. Hierzu kann ein medientheoretischer Ansatz möglicherweise einen wichtigen Beitrag leisten.

---

[114] Hofstede, 1994, S. 31

VI.4. Möglichkeiten der Verbindung zwischen religionssoziologischen und medientheoretischen Ansätzen

Es ist deutlich geworden, dass die meisten der religionssoziologischen Ansätze das Hauptaugenmerk bei der Geschichtsinterpretation auf die "geistigen" Wurzeln menschlichen Handelns und historischen Wandels gelegt haben, was insbesondere im deutschsprachigen Raum besonders auffällt (WEBER, MÜLLER-ARMACK). Auch wenn die materiellen Faktoren nicht negiert werden, so werden sie doch bei der Betrachtung weitgehend ausgeblendet. McLUHAN nimmt eine Gegenposition ein, indem er die Bedeutung technischer Innovationen und Kommunikationssysteme für den historischen Wandel unterstreicht. Gleichzeitig allerdings weist McLUHAN auf die Verquickung von Technologie, Organisation und Kultur hin, ohne jedoch ein einseitiges Kausalverhältnis anzunehmen. Die Frage, ob der westliche Individualismus und die ökonomische Spezialisierung durch den Buchdruck geschaffen wurden oder umgekehrt, spielt keine Rolle; es kommt darauf an, zu verstehen, dass sie historisch und wesensmässig eng zusammenhängen. Seine Beschreibung von Medien und Technologien umfasst somit nicht nur die materielle Seite derselben, sondern deckt grundsätzlich alle Kulturtechniken und Organisationsformen ab, die mit einer bestimmten Technologie einhergehen. Die religiöse, metaphysische bzw. ideologische Seite der Kultur wird jedoch ihrerseits ausgeblendet.

Es finden sich wenige Versuche, religiöse und technologische Umstände bei der Beschreibung einer Kultur gleichermassen zu berücksichtigen. Eine ganzheitliche Kulturbetrachtung wie die AMMONs geht zwar in diese Richtung, sie tut dies allerdings nur der Vollständigkeit halber und bleibt auf der deskriptiven Ebene, ohne analytisch wirklich in die Tiefe zu gehen, wodurch gleichzeitig auf eine theoretische Innovation verzichtet wird.

Eine umfassende Betrachtung der Entwicklung der Wirtschaftssysteme unter Berücksichtigung der Entstehung neuer dominanter Technologien findet sich z.B. bei LAZONICK[115]: Seiner Ansicht nach spielten neue Technologien beim Übergang vom britischen *"proprietary capitalism"* zum amerikanischen *"managerial capitalism"* eine entscheidende Rolle, insbesondere die Entwicklung eines kontinentalen Transport- und Kommunikationssystems auf der Basis von Eisenbahn und Telegraphie.[116]

Die Erklärungsversuche LAZONICKs sind allerdings wenig überzeugend. Auch beim Übergang vom amerikanischen *"managerial capitalism"* zum japanischen *"collective capitalism"* folgt der Autor zwar der Intuition, dass diese Wende etwas mit der Verbreitung der Mikroelektronik zu tun hat, er zeigt sich jedoch ausserstande, diesen Zusammenhang zu verstehen, geschweige denn zu erklären. Gerade hier jedoch hätte eine Anleihe bei McLUHAN[117] möglicherweise Klarheit verschafft.

Auch LAZONICK thematisiert den Einfluss der Religion auf Innovation und Organisationsstrukturen jedoch nicht im geringsten, was im übrigen auch nicht sein Anliegen ist.

---

[115] Lazonick 1991
[116] ebd., S. 28
[117] McLuhan 1964, S. 3-7

196

Eine Kultursoziologie, die sowohl Kommunikationsmedien als auch religiöse Systeme gleichermassen berücksichtigt, könnte jedoch interessante neue Perspektiven eröffnen; insbesondere bei der Gegenüberstellung der deutschen und französischen Managementkultur erscheint sie uns als besonders fruchtbar.

Erst wenn man, wie McLUHAN, Medien als Verlängerungen menschlicher Sinne und Funktionen versteht und, wie MÜLLER-ARMACK, moderne Ideologien und Paradigmata als "säkularisierte Religionen" begreift, werden einige Aspekte der Realität verständlich, die bei einer einseitig materialistischen, idealistischen oder ökonomischen Geschichtsdeutung rätselhaft bleiben.

So nehmen verschiedene körperliche Sinne und Funktionen seit jeher eine unterschiedliche Stellung in den unterschidlchen Religionen und religiösen Strömungen ein. Die Mystik z.B. (von griech. myein: "die Augen schliessen") ist v.a. in Asien, dem mittleren Osten und Mittel-/Osteuropa anzutreffen. In Frankreich hat sich die Mystik nie als ganzheitliches philosophisches System durchsetzen können. Die Mystik der französischen Ordensbewegungen blieb auf die Praxis der klösterlichen Askese und Meditation beschränkt, die Mystik des BERNHARD VON CLAIRVAUX manifestierte sich v.a. in einer quasi-erotischen Religiosität und führte weniger zu theoretischen oder philosophischen, als zu politischen Schlussfolgerungen (Vorbereitung des Zweiten Kreuzzuges als Berater des Papstes Eugen III.).[118]

In Deutschland dagegen entwickelte sich die Mystik zu einer bedeutenden religiösen und philosophischen Strömung, die einen grossen und nachhaltigen Einfluss auf das deutsche Geistesleben, die deutsche Sprache und die Ausbildung der deutschen kulturellen Identität ausübte. Die Mystik eines MEISTER ECKHART z.B. versuchte, durch meditative Versenkung die Einheit mit der Natur und mit Gott zu erfahren.[119] Diese im Platonismus verwurzelte geistige Strömung, die nicht durch den Geist, sondern durch die Seele zum Heil zu gelangen versuchte, begründete eine typisch deutsche Tradition, die sich von LUTHER[120] über den Pantheismus HEGELs bis zu C.G. JUNG hinzieht und die nicht nur in Frankreich keine Entsprechung hat, sondern in vieler Hinsicht einen Gegenpol zu den in Frankreich dominanten philosophisch-religiösen Strömungen bildeten.

Diese schon im Mittelalter schwelenden kulturellen Gegensätze zeigen sich besonders deutlich im Universalienstreit. In Paris, jahrhundertelang geistiges Zentrum der Scholastik, ging es vorwiegend darum, eine Harmonie zwischen der religiösen Offenbarung und dem rationalen Intellekt zu finden. Die Lehre des THOMAS von AQUIN eignete sich dazu bestens, denn sie lieferte nicht nur eine Reihe von Gottesbeweisen, sondern ebenfalls eine religiöse Legitimation der Hierarchie, so dass sie nicht nur eine Einheit zwischen Religion und Verstand, sondern auch zwischen göttlicher und weltlicher Ordnung herstellte und somit dem politischen System eine metaphysische Rechtfertigung verschaffte.

Bei THOMAS VON AQUINs Versuch, die christliche Metaphysik und die aristotelische Philosophie zu einer harmonischen Synthese zu bringen, spielt die Allegorie des *Lichts* eine entscheidende Rolle: Der menschliche Intellekt (*lumen naturale*) und der Geist Gottes (*lumen supranaturale*) sind komplementär und kompatibel. Ohne hier zu sehr in die theologischen

---

[118] s. Bréhier 1994 I., S. 514
[119] ebd., S. 653
[120] s. Stupperich 1967, S. 42

Details zu gehen, lässt sich ein wichtiges Charakteristikum dieser Aussage festhalten: Hier wird der Weg zum religiösen Heil mit der Idee des *Lichts* zusammengebracht und gleichzeitig mit der Verteidigung einer hierarchischen politischen Ordnung verbunden. Dies wiederum bedeutet, in einer "medienkulturellen" Lesart, die für die spätere Entwicklung der französische Kultur so entscheidende Assoziierung der Heilserwartung und der Erkenntnistheorie mit dem gesellschaftlichen System auf der einen und dem *Augenlicht* als Quelle der Offenbarung auf der anderen Seite.

In dem alten Streit zwischen Aristotelismus und Platonismus schlug die französische Scholastik mit der Theologie THOMAS von AQUINs sich auf die aristotelische Seite. Im Universalienstreit manifestierte sich diese Haltung in einem gemässigten bis radikalen Realismus, d.h. der Annahme, dass die allgemeinen Begriffe einer ontologischen Realität entsprechen und nicht nur reine Sprachschöpfungen sind. Die Sprache wird hierbei derselben hierarchischen Struktur unterzogen wie die Geschöpfe Gottes: Ebenso wie Tiere, Menschen und Engel sich auf unterschiedlichen Stufen einer göttlichen Hierarchie befinden, befinden sich dingliche und abstrakt-allgemeine Begriffe in einer hierarchischen Ordnung, wobei abstrakte Begriffe, ebenso wie Engel, als real existierend angenommen werden, auch wenn sie keinem sinnlich erfahrbaren Gegenstand entsprechen: Das, was im Geist existiert, existiert auch in der Realität.

Hier werden die Zusammenhänge zwischen dem Kommunikationsmedium Sprache und politisch relevanten Theoriesystemen besonders deutlich. Der englische Nominalist WILLIAM von OCKHAM, beeinflusst durch den schottischen Theologen DUNS SCOTUS, bestritt die Lehre des Realismus. Für ihn waren die allgemeinen Begriffe keine ontologischen Realitäten, sondern reine sprachliche und im Prinzip austauschbare Konventionen. Die theologische Schlussfolgerung ist klar (und wurde von dem von HUME beeinflussten KANT später zur Perfektion gebracht): Gottes Wille ist durch den Verstand nicht erkennbar, der einzige Weg, der zu Gott führt, ist (wie auch bei LUTHER) der Glaube. Aufgrund dieser ketzerischen Aussagen musste OCKHAM nach Bayern fliehen und unterstützte später den deutschen Kaiser in seinem Kampf gegen den Papst. Die Ideen OCKHAMs haben LUTHER stark beeinflusst und in seinem Kampf gegen die Kirche bestärkt.[121]

Es mag hierbei nützlich sein, die historische Situation zu Zeiten OCKHAMs zu beleuchten: Nach der Invasion der französischsprachigen Normannen Ende des 11. Jahrhunderts entstand die englische Sprache durch eine Mischung des von den Angelsachsen und dänischen Wikingern gesprochenen germanischen Idioms mit der lateinisch-französischen Sprache der neuen Oberschicht: So entstanden alternative Ausdrücke für dasselbe Objekt: "cow/beef (boeuf), beginning/commencement, pig/porc etc. Hierbei bezogen sich die Ausdrücke französichen Ursprungs meist auf die Lebenswelt der neuen normannischen Oberschicht ("beef" als zubereitetes Mahl, "cow" als in der Viehzucht verwendetes Tier usw.). Die ursprünglich an Substantiven arme und an Verben reiche angelsächsische Sprache assimilierte somit v.a. eine Reihe von neuen Substantiven, darunter abstrakte Begriffe, die in der konkreten Lebenswelt keine Entsprechung fanden. Es ist nicht überraschend, dass während dieses Kulturkampfes in England die Frage nach der "Realität" substantivierter Verben aufkam und die "Heiligsprechung" derselben auf Widerstand stossen musste.

---

[121] zum Universalienstreit, Duns Scotus und Ockham s. Bréhier 1994, S. 639/40

Während in England und Deutschland die theoretische Einheit von gesellschaftlicher Ordnung, Glauben und Intellekt, nicht zuletzt durch die Reformation, weiter in Frage gestellt wurde, suchten die französischen Intellektuellen nach neuen Wegen, um diese zu erhalten. Die Philosophie DESCARTES' ist in diesem Zusammenhang entscheidend. Seine philosophische Argumentation ist ausreichend kritisiert worden. So wurde, wahrscheinlich zu recht, gezeigt, dass seine Schlussfolgerungen weitgehend auf logischen Zirkelschlüssen, Tautologien und logischen Widersprüchen beruhen und zudem nicht wirklich neu waren.[122]

Über die Frage, warum DESCARTES dennoch bis heute, meist ohne Kenntnis oder Diskussion seines philosophischen Systems, als wichtigster geistiger Vater der französischen Nation gefeiert wird, ist jedoch bisher kaum offen diskutiert worden.[123] Diese Frage lässt sich erst beantworten, wenn man die ideologische Funktion des Cartesianismus unter Berücksichtigung seiner Breitenwirkung im modernen Frankreich untersucht.

Für DESCARTES' philosophische Bestrebungen waren zwei Ereignisse zentral: Der religiöse Schock, den das heliozentrische Weltbild auslöste, und der Kulturschock, unter dessen Einfluss er den "Discours de la methode" verfasste (Die wichtigsten Ideen für dieses Werk kamen DESCARTES in Deutschland während seiner Teilnahme am 30-jährigen Krieg, er zog dann nach Holland, um sich dem Zugriff der Kirche zu entziehen und seine Werke zu veröffentlichen).

Die zentrale Frage seiner von Inquisition und Glaubenskriegen geprägten Epoche war die des Seelenheils, der Wege zur Gotteserkenntnis, der rechten Lehre und der menschlichen Identität. Diese Probleme wurden für DESCARTES, speziell nach der Verurteilung GALILEIS, zu existenziellen Fragen. Die Antworten, die DESCARTES gab, folgen dabei genau der Tradition der französischen Scholastik: Durch Gottesbeweise ist es möglich, den christlichen Glauben und die Ratio harmonisch zu vereinigen. Durch den heliozentrischen Schock waren jedoch die Erde und der auf ihm lebende Mensch als Zentrum der göttlichen Schöpfung in Frage gestellt, d.h. die Identität des Menschen gefährdet. In dieser fundamentalen Unsicherheit bezüglich der menschlichen Identität traf DESCARTES eine Entscheidung, die die französische Version der Moderne schuf: Die explizite Identifikation des menschlichen Selbst mit dem Geist. Dies bedeutete die Sprengung der mittelalterlichen Einheit von Körper, Seele und Geist und die Aufteilung der Welt in denkendes Subjekt (res cogitans) und nicht denkendes Objekt (res extensa). Im Rahmen der Verbreitung und populärwissenschaftlichen, also politisch relevanten Rezeption seiner Ideen, aber z.T. auch von ihm selbst wurde daher der menschliche Körper als reine Maschine betrachtet (wie auch Tiere), und das göttliche Licht der Vernunft zur Quelle der menschlichen Identität.

Entscheidend ist, dass im System DESCARTES' alle wirkliche Erkenntnis aus dem Augenlicht und der damit eng verbundenen Ratio abgeleitet ist.[124]

Der Entscheidung für das Augenlicht ging ein radikaler Zweifel an der Göttlichkeit aller von

---

[122] Revel 1973, S. 5-86

[123] Bei deutsch-französischen Managementseminaren taucht immer wieder auf französischer Seite der Hinweis auf den französischen "esprit cartésien" auf, sowohl als kulturelle Selbstdefinition als auch als Erklärung interkultureller Konflikte.

[124] DESCARTES verwendet noch den thomischen Begriff der "lumière naturelle", um die menschliche Vernunft zu bezeichnen, s. Descartes 1973, S. 101

den verschiedenen Sinnesorganen übermittelten Informationen voraus, einschliesslich Phantasie- und Traumvisionen:

"Mais ce qui fait qu'il y en a plusieurs qui se persuadent qu'il y a de la difficulté (...) à connaître ce que c'est que leur âme, c'est qu'ils n'élèvent jamais leur esprit au-delà des choses *sensibles*, et qu'ils sont tellement accoutumés à ne rien considérer qu'en l'imaginant, qui est une façon de penser particulière pour les choses matérielles, que tout ce qui n'est pas imaginable leur semble n'être pas intelligible. Ce qui est assez manifeste de ce que même les philosophes tiennent pour maxime dans les écoles qu'il n'y a rien dans l'entendement qui n'ait premièrement été dans le sens, où toutefois il est certain que les idées de Dieu et de l'âme n'ont jamais été, et il me semble que ceux qui veulent user de leur imagination pour les comprendre font tout de même que si, pour ouïr les sons ou sentir les odeurs, ils se voulait servir de leurs yeux. (...) Car d'où sait-on que les pensées qui viennent en songe sont plutôt fausses que les autres, vu que souvent elles ne sont pas moins vives et expresses ?"[125]

Die Entscheidung DESCARTES' für das Augenlicht ist nicht explizit, sie versteckt sich vielmehr hinter der von ihm verwendeten Sprache. Nach der Identifizierung des Selbst mit der Ratio und seinem Gottesbeweis, bei dem er wie seine scholastischen Vorgänger von der Idee eines Gottes auf dessen Existenz schliesst, leitet DESCARTES von der "bewiesenen" Existenz Gottes alle anderen Wahrheiten ab. Dabei betont er, dass eine Idee oder Wahrnehmung, wenn sie genügend "klar" sei, von Gott kommen müsse und somit als wahr angenommen werden kann. Hier konzentriert er sich auf den Gegensatz zwischen den verschwommenen Traumbildern und den Wahrnehmungen bei Tageslicht und schlussfolgert, dass letztere zweifellos "wahrer" sein müssen als erstere.[126] Die darauf folgenden "sicheren" Schlussfolgerungen DESCARTESs betreffen die Sterne und Planeten, das Licht und die Naturgesetze.[127]

Die Botschaft für den Gläubigen des 17. Jahrhundert war klar und die aus der theologischen Unsicherheit folgende Gefahr für das Seelenheil gebannt, denn der bekannte Himmel/Hölle-Dualismus wurde in Form eines "Licht/Dunkel"Dualismus weitergeführt, wobei das Tageslicht mit der göttlichen Wahrheit und die nächtliche Traumwelt mit dem Spuk des berühmten, und jedem französischen Schüler bestens bekannten, *"esprit farceur"*, einer Art Teufel, assoziiert wurde.

Die bei geschlossenen Augen gemachten Erfahrungen, die im deutschen Kulturkreis von den Mystikern bis FREUD als relevante Erkenntnis akzeptiert und hoch gewertet wurden, wurden somit (spätestens) infolge von DESCARTES in der französischen Geistesgeschichte abgewertet und "verteufelt".

So nahm in Frankreich die "Aufklärung" (frz.: *"Lumières"*) ihren Lauf, während sich in Deutschland der Protestantismus etablierte, welcher als Heilsweg die "Berufung" (von *"rufen"*), den "Gehorsam" (von *"hören"*) und das "Gefühl" (von *"fühlen"*) proklamierte und im Übrigen die Hierarchie in Frage stellte.

Betrachtet man im Sinne MÜLLER-ARMACKs den Cartesianismus als neuzeitliche Religion, so sind die Interpretationen und Konsequenzen der Botschaft des Religionsstifters sicher

---

[125] ebd., S. 134f, Hervorhebungen von mir
[126] ebd., S. 137
[127] ebd., S. 140ff

ebenso wichtig wie diese Botschaft selbst. Da nun die Sonne im Mittelpunkt der Welt stand und die menschliche Vernunft - das "natürliche Licht" - göttlichen Ursprungs war, lag politisch nichts näher, als die Göttlichkeit der Sonne und des Lichts zu akzeptieren und zu konkretisieren. Da DESCARTES keine Aussagen über die soziale Ordnung gemacht hatte, musste diese sich an dem "Sonnenkönig", dem Stellvertreter der göttlichen Macht auf Erden, orientieren, später dann allein an dem Licht der Vernunft ("*raison*"). Die Anbetung der visuellen Welt und die Vorliebe für tautologische Gedankenspiele sakralisierte sogar Kulturtechniken, die DESCARTES zwar selber intensiv praktizierte, denen er jedoch explizit die Macht der absoluten Erkenntnis absprach, nämlich die Geometrie[128], später allgemein die Mathematik. DESCARTES' Leidenschaft für die Geometrie sowie die ästhetisch-architektonischen Aspekte derselben zeigen sich am deutlichsten bei seiner Beschreibung der Struktur der von ihm besuchten deutschen Städte:

"(...) ich versuchte, mich davon zu überzeugen, dass in Werken, die sich aus vielen Teilen zusammensetzen und von der Hand mehrerer Meister stammen, oft weniger Vollkommenheit steckt als in solchen, an denen nur einer gearbeitet hat. So sieht man, dass die Bauten, die ein einziger Architekt entworfen und vollendet hat, normalerweise schöner und besser geordnet sind als die, die von Mehreren zusammengestellt wurden, wobei alte Mauern benutzt wurden, die zu anderen Zwecken gebaut worden waren. So sind diese alten Orte, die anfangs nur Burgen waren und im Laufe der Zeit zu grossen Städten wurden, gewöhnlich so schlecht entworfen; (...) wenn man sieht, wie die Gebäude beieinander stehen, hier ein grosses, da ein kleines, und wie gebogen und ungleich die Strassen sind, möchte man meinen, dass es eher der Zufall war als der Wille einiger vernünftiger Männer, der sie so angeordnet hat."[129]

Die Bedeutung, die diese Techniken (Geometrie und Mathematik) noch heute bei der Auswahl von Managereliten, aber auch allgemein von Studenten diverser Fachrichtungen, in Frankreich spielen, kann nicht überschätzt werden und ist wiederholt beschrieben worden.

Hier kommt es darauf an, festzuhalten, wie in unterschiedlichen Ländern verschiedene Kulturtechniken und verschiedene Wahrnehmungsfunktionen in einen quasi-religiösen Status erhoben werden, wodurch sie, auch in einer säkularisierten Welt, für die persönliche Heilserwartung relevant bleiben.

Die Verquickung des scholastischen Hierarchiekonzepts mit der Anbetung der visuellen Welt führte zu der in Frankreich noch heute dominierenden, wenn auch nie explizit benannten Ideologie, die man als sozialen Realismus bezeichnen könnte: Wie die allgemeinen Begriffe im mittelalterlichen Realismus, werden nun die Gesellschaft und ihre Hierarchie als objektiv gegeben angenommen. Es ist nicht die Menge der Einzelnen, die die Gesellschaft konstituiert, sondern es ist der Platz des Einzelnen in der objektiv vorgegebenen sozialen Struktur, der ihm Identität und Bedeutung verleiht.[130] Diese soziale Struktur ist hierarchisch wie in der Ontologie THOMAS von AQUINs, und konzentrisch, wie das Sonnensystem oder der Hof des Sonnenkönigs. Je näher der Einzelne an die Quelle des Lichts heranrückt, desto mehr fällt der Glanz des göttlichen Lichts vom seinem Vorgesetzten auf ihn ab, so dass dieser, in einem Akt der "*prouesse*", seinen Untergebenen, ähnlich wie die Planeten, einen Abglanz dieses göttlichen Lichts weitergeben kann.

---

[128] ebd., S. 133; zur Ästhetisierung der Geometrie im französischen Absolutismus s. Ammon 1989, S. 58-60
[129] Descartes 1973, S. 103, eigene Übersetzung
[130] Nirgends kommt diese implizite Ideologie besser zum Ausdruck als in dem von
MAURICE/SELLIER/SILVESTRE beschriebenen Koeffizientensystem in der französischen Industrie, s.
V.3.5.)

Nur wer dieses gesellschaftliche Spiel versteht, wird sich in einer typischen französischen Geschäftsbesprechung ("*réunion*") zurechtfinden. Diese von deutschen Managern immer wieder als ineffizient betrachtete Institution dient demselben Zweck wie das französische Schulsystem, französische Pressekonferenzen, französische Abendessen: Es geht um die quasi-rituelle Perpetuierung und Reproduktion eines an sich statischen gesellschaftlichen Hierarchiemodells. Bei einer "réunion" geht es nicht um die Frage: "Wie können wir gemeinsam am besten ein gemeinsames Ziel erreichen?", sondern es geht um die Frage: "Wer ist der Chef? Wer ist dem Chef am nächsten? Wie kann man dem Chef näherkommen? Wie legitimiert der Chef seine Position?". Hierbei ist es entscheidend, dass die Position in der gesellschaftlichen Hierarchie visuell sofort erkennbar ist, mit allen Status-Symbolen und architektonischen Konsequenzen, auf die bereits hingewiesen wurde (s. V.3.3.4.).

Die Spezialisierung des französischen Kulturraumes auf visuelle und olfaktorische und des deutschen Kulturraumes auf auditive und taktile Kulturtechniken zeigt sich klar in der Geschichte und in allen Lebensbereichen. Es erübrigt sich, auf die Bedeutung der französichen Parfüm-, Wein- und Champagerindustrie, der Malerei, der Photographie[131], der Film- und Modeindustrie und der deutschen Musik, Musikinstrumenteindustrie und mechanischen Industrie hinzuweisen. Die cartesianische Sonnenideologie wirft jedoch ganz bestimmte philosophische Fragen auf. So legt sie nahe, die Lichtquelle als Subjekt und den Lichtempfänger bzw. Reflektor als Objekt zu sehen. Gleichzeitig wird jedoch in der cartesianischen Ontologie der menschliche Geist als Subjekt und die Materie als Objekt definiert. Für die Stellung des Menschen im Universum ergibt sich somit die Frage, ob er im Grunde Objekt (göttlicher Erleuchtung) oder Subjekt (seiner Handlungen und der Welterkenntnis) ist.

Dieses Dilemma spiegelt sich in der Photographie wider: Das Objektiv als Verlängerung des menschlichen Auges erzeugt ein Bild des Objekts, ist aber gleichzeitig selbst Objekt, da der aufgenommene Gegenstand aus der Sicht des Objektivs Lichtquelle ist, das photographierende Objekt also Lichtempfänger.[132] Vor demselben Dilemma stand bereits DESCARTES, der zwar das menschliche Subjekt mit dem Geist identifizierte (wobei Geist und Seele praktisch gleichgesetzt werden), jedoch eine Verbindung mit dem Körper annehmen musste, um willentliche körperliche Handlungen zu erklären. Vielleicht nicht zufällig lokalisierte er so den Sitz der Seele in der Zirbeldrüse, dem lichtempfindlichen Organ, das den Tag-/Nacht-Rhythmus des Organismus' steuert.[133] In beiden Fällen bietet das Licht die Synthese des unüberwindlichen Subjekt-Objekt-Gegensatzes.

Die fundamentalen Denkstrukturen (man könnte sie mit FISCHER als "Konfigurationen" bezeichnen, s. VI.2.), die die deutsche und die französische Kultur unterscheiden,

---

[131] Das erste photographische Verfahren wurde von dem Franzosen DAGUERRE entwickelt und beruhte auf einem Punktverfahren, welches nicht nur im französischen Impressionismus und Pointillismus wurzelte, sondern gleichzeitig das Pixel-Verfahren der Fernsehtechnik vorausnahm; s. McLuhan 1964, S. 190

[132] McLuhan weist darauf hin, dass die psychologische Bedingung bzw. Wirkung der Photographie darin besteht, Menschen bzw. menschliche Körper als "Objekte" zu behandeln; McLuhan 1964, S. 189; in diesem Zusammenhang ist interessant, dass in der französischen Sprache ein "Gegenstand" im Sinne von (Diskussions-) "Thema" als "sujet", im Sinne eines physischen Gegenstandes jedoch als "objet" bezeichnet wird.

[133] Dies wusste Descartes jedoch noch nicht, der Grund für diese Theorie war, dass die Zirbeldrüse eines der wenigen Zentralobjekte im Gehirn ist, die nicht doppelt existieren und die die beiden Hirnhälften miteinander verbinden, wodurch auch die Bilder, die die beiden Augen generieren, miteinander vereint und "der Seele zugeführt" werden; vgl. Revel 1973, S. 64

manifestieren sich besonders deutlich in der Sprache. Ein Schlüsselbegriff zum Verständnis der Erfolgsfaktoren in der französischen Gesellschaft ist der des *"rayonnement"* ("Ausstrahlung"). Dieses *"rayonnement"*, welches übrigens als offizielles Bewertungskriterium für Lehrer durch das Bildungsministerium fungiert, bestimmt auch das kulturelle Selbstverständnis Frankreichs in der ganzen Welt. Ebenso wie ein Grossteil der Franzosen in der festen Überzeugung lebt, dass die französische Nation und Kultur auf die ganze Welt "ausstrahlt", bildet die charismatische Aura des *"rayonnement"* auch die Basis des quasi-erotischen Verhältnisses vieler Mitarbeiter gegenüber ihrem *"patron"* und der *"citoyens"* gegenüber dem *"Président"*.

Auch in der Sprachstruktur finden sich klare Parallelen zu den unterschiedlichen kulturellen und philosophischen Ausrichtungen. So zeigt BLUMENTHAL, dass die französische Sprache, anders als die deutsche, auf Beschreibung der Relation zwischen Subjekt und Objekt fixiert ist. Dort wo im Deutschen mit Vorliebe unpersönliche Artikel ("man"), Adverbien oder Umstandswendungen gebraucht werden, hat das Französische die Tendenz, den beschriebenen Tatbestand als Subjekt-Objekt-Beziehung zu definieren. Auch die Neigung des Deutschen zur *Spezifizierung* von Sachverhalten und Informationen (v.a. durch Adjektive, Adverbien und Präfixe) bildet eine klare Parallele sowohl zu philosophischen als auch zu (bereits erwähnten) organisatorischen Prinzipien. Die französische Sprache zeichnet sich dagegen (auch gegenüber anderen romanischen Sprachen) durch eine Tendenz zur Generalisierung (v.a. durch rückverweisende Oberbegriffe: *"le mois de mai"*, *"l'état de dépendance"* etc.) aus. Als typisch deutsch gilt der komplexe *Schachtelsatz*, (s. *"compartmentalization"*, V.3.3.7.) als typisch französisch die Dominanz arbiträrer Begriffe. Als "arbiträr" (im Gegensatz zu "motiviert") gelten Worte, deren Sinn weder aus ihrem Laut noch aus seinen Bestandteilen hergeleitet werden kann, z.B. *étrier*: Steigbügel, *concierge* = Hausmeister, *sanglier* = Wildschwein, *serviette* = Handtuch.[134]. Die Erklärungsbedürftigkeit und Doppeldeutigkeit vieler französischer Worte bedingt zudem die hohe *Kontextabhängigkeit* der französischen Sprache (zur Kontextabhängigkeit s. V.3.3.3.).[135]

Ohne solche Sprachstrukturen gleich zu einer spekulativen Völkerpsychologie ausbauen zu müssen[136], kann man doch angesichts des heutigen Forschungsstands den engen Zusammenhang zwischen Denk- und Sprachstrukturen nicht mehr ernsthaft leugnen. Einige Gelehrte und Wissenschaftler gehen sogar noch weiter, indem sie eine weitgehende Konditionierung des Denkens durch die Sprache annehmen, wie bereits VON HUMBOLDT ("Die Sprache ist das bildende Organ der Gedanken")[137] und später SAPIR:

"Tatsächlich wird die 'reale Welt' sehr weitgehend unbewusst auf den Sprachgewohnheiten der Gruppe erbaut. Es gibt keine zwei Sprachen, die einander so ähnlich wären, dass man behaupten könnte, sie repräsentieren dieselbe gesellschaftliche Wirklichkeit. Die Welten, in denen verschiedene Gesellschaften leben, sind andersartige Welten und nicht einfach dieselbe Welt mit verschiedenen Etiketten daran..."[138]

Die Akzeptanz dieses Zusammenhangs zwischen Sprache und Denken ist somit ebenso eine methodische Voraussetzung für das Verständnis interkultureller Phänomene wie das Verständnis für die ideologische Wirkung anderer Wahrnehmungsmechanismen.

---

[134] zur Problematik "arbiträrer" Entscheidungen im französischen Management s. Siegele 1993, S. 30.
[135] zum Sprachvergleich siehe Blumenthal 1987, S. 11-23, 116-125.
[136] wie etwa bei Wechssler 1927
[137] v. Humboldt 1974, S. 64
[138] Sapir 1951, S. 162, zit. nach v. Keller 1982, S. 175

Die Revolution der Wirklichkeitswahrnehmung, die sich im 16. Jahrhundert in Europa abspielte, zeigt sich am deutlichsten in der Erfindung der Zentralperspektive in Architektur und Malerei der Renaissance. Der Einbruch des heliozentrischen Weltbildes manifestiert sich in der strahlenförmigen Ausrichtung der abgebildeten Objekte auf einen zentralen Fluchtpunkt, in dem sich gewöhnlich der Kopf Jesu, ein Auge in einem Dreieck oder ein anderes religiöses Symbol befindet, wodurch das Auge und das Gehirn auf die Fixierung auf einen zentralen Punkt trainiert und konditioniert werden und dieser Akt, ebenso wie die geometrische Strukturierung der Wirklichkeit, eine religiöse Legitimation erhält.

Die philosophischen und kulturellen Auswirkungen dieser Konditionierung sind klar: Aufgrund der (bis EINSTEIN offensichtlichen) Zeitlosigkeit und Unmittelbarkeit des Lichts und der Vergöttlichung geometrischer (lichtstrahlartiger) Geraden bedingt eine solche Kultur die generelle Geringschätzung historisch gewachsener Strukturen, wie an dem zitierten Kommentar DESCARTESs besonders deutlich wird. Geschichte und organisches Wachstum werden weitgehend irrelevant, sowohl auf gesellschaftlicher wie auf individueller Ebene.

Es zeigt sich ferner, dass die Geschichtsdeutung AMMONs, der von einem "einheitlichen" europäischen Wirtschaftsstil im Mittelalter ausgeht, ebenso wie die oft vorzufindende Idee des Mittelalters als "Stunde Null", sicher nuanciert werden müssen. Auch im Mittelalter gab es bereits kulturelle Unterschiede, die mit sprachlichen, religiösen und klimatischen Faktoren zusammenhingen und wahrscheinlich auch wirtschaftliche Ausprägungen hatten, auch wenn vieles dafür spricht, dass sich diese Unterschiede erst mit der Moderne voll auswirkten und weiter akzentuierten.

Für den modernen, "rationalen" Geist stellt sich natürlich die Frage nach der Richtung der Kausalbeziehung zwischen Religion, Sprache, Kultur, Technologie, Klima, Philosophie, Wirtschaftsstil usw. Aus der Perspektive der hier versuchten Synthese zwischen Religionssoziologie und Medientheorie ist diese Frage jedoch ohne Belang. Es ist vielmehr entscheidend, die wirtschaftlichen, technologischen, philosophischen, psychologischen und sozialen Aspekte und Funktionen einer bestimmten Kultur zu verstehen und sich die Zusammenhänge zwischen all diesen Aspekten bewusst zu machen.

So enspricht der französische De-Facto-Sonnenkult einer ganz bestimmten wirtschaftlichen Realität, in der die wichtigsten Wirtschaftssektoren, von der Wein- bis zur Tourismusindustrie, tatsächlich von der Sonne abhängig sind. Die (auf jeder französischen Franc-Münze abgebildete) De-Facto-Gottheit Sonne hat jedoch ganz bestimmte Eigenschaften: Sie lässt sich weder hören noch berühren, sondern nur sehen. Sie ist nur bei Tag zu sehen, und sie spendet Wärme. Es existiert nur eine, und der Mensch hat keinen Einfluss auf sie.

Diese Eigenschaften gehen einher mit bestimmten gesellschaftlichen Werten und Strukturen bezüglich der Fragen der Einheit bzw. Vielheit der gesellschaftlichen Machtträger, Zentralisierung bzw. Dezentralisierung, Zugänglichkeit bzw. Unzugänglichkeit, Beeinflussbarkeit bzw. Unbeeinflussbarkeit, Nähe oder Ferne dieser Machtträger, bestimmte Formen der Manifestation politischer und wirtschaftlicher Macht usw.

Dieses "Einhergehen mit" sagt nichts über die Richtung des Kausalverhältnisses aus. Diese Frage ist jedoch auch irrelevant, da nur von metaphysischem Interesse. Die wichtige Annahme, die der hier vorgestellte Ansatz impliziert, ist vielmehr die, dass eine Kultur sich langfristig nur

204

aufrechterhalten oder durchsetzen kann, wenn sie möglichst viele dieser verschiedenen Aspekte und Funktionen in kohärenter und kompatibler Weise abdeckt.

Nach Ansicht der Anthropologen KLUCKHOHN/STRODBECK müssen alle Kulturen Lösungen für eine Reihe menschlicher Grundprobleme bieten, nämlich der Orientierung der Aktivität (Manifestation des Seins, Werdens und Tuns), die Orientierung in bezug auf die menschliche Natur (Ist der Mensch gut oder böse, kann er sich ändern oder nicht ?), die Orientierung in bezug auf die Umwelt (ist der Mensch der Natur über-, unter- oder eingeordnet ?), die Orientierung in bezug auf die Zeit (Vergangenheits-, Gegenwarts-, Zunkunftsorientierung) und die Orientierung in bezug auf die menschlichen Beziehungen (egalitär, hierarchisch etc.).[139] Leider scheint sich auch in der Anthropologie die Trennung zwischen Kultur und Wirtschaft und die Annahme universeller Gesetzmässigkeiten für letztere zu finden. Denn vor dem Hintergrund des Gesagten müsste man natürlich diesen fünf Anforderungen noch zwei hinzufügen, nämlich die Ermöglichung einer effizienten Kommunikation und Organisation der Menschen untereinander und die Ermöglichung bzw. Erleichterung des wirtschaftlichen Überlebens der jeweiligen Gesellschaft.

So müsste ein Kulturbegriff aussehen, der nicht nur die religiös-ideologischen, sondern auch die technischen und wirtschaftlichen Aspekte einer Kultur miteinbezieht. Doch eine weitere Bedingung muss jede Kultur erfüllen, wenn sie nicht nur eine Modeerscheinung sein will: Sie muss *generationenerprobt* sein, da sie von Generation zu Generation weitergegeben wird. Der Grund dafür liegt auf der Hand: Einer Kultur auf gesellschaftlicher Ebene entsprechen geistige Fähigkeiten, Tabus, Dogmen, Glaubenssätze und psychische Strukturen und Routinen auf individueller Ebene, die im Laufe des Lebens erlernt, aufgebaut und verändert werden.

Eine ganzheitlicher Kulturbegriff, der sich nicht nur (wie der Kulturbegriff von KLUCKHOHN/STRODBECK) auf die religiös-ideologischen Aspekte beschränkt, sondern auch (wie der Kulturbegriff v. KELLERS, vgl. III.4.1.) wirtschaftliche und technische Aspekte abdecken kann und der Generationserprobtheit Rechnung trägt, erfordert somit auch ein bestimmtes Menschenbild, d.h. bestimmte anthropologische Annahmen.

Eine solche Anthropologie findet sich bei v. KELLER, der sich auf Ergebnisse der sog. *"culture and personality"*-Forschung stützt. Zu den Grundannahmen bzw. -erkenntnissen, die in dieser Forschungsrichtung akzeptiert werden, gehört die Bedeutung der frühkindlichen Erfahrungen für die Ausprägung des Denkstils. Bei der Art der - irreversiblen - Verdrahtung der Nervenzellen in den ersten drei Lebensmonaten spielen vermutlich die Sinneseindrücke aus der unmittelbaren Umwelt eine entscheidende Rolle:

"So unterschiedlich nun die Sinneseindrücke sind, die der Säugling in den ersten drei Lebensmonaten von seiner Umwelt empfängt, so unterschiedlich ist denn auch deren Niederschlag in der anatomischen Struktur des menschlichen Gehirns; dazu gehören vor allem die Lichtmuster, die Geräuschkulisse, die Tastkontakte, die räumlichen Formen und Eindrücke der Umgebung, die soziale Kontakthäufigkeit etc.(...) In der Lebensumwelt des euroamerikanischen Kindes (...) dominieren weisse Farben, strukturierte, lineare Formen, rechte Winkel, Kunstlicht, maschinelle Geräusche und es erlebt die Mutter als engste Bezugsperson meist in der Distanz, seltener im direkten Körperkontakt."[140]

---

[139] Kluckhohn/Strodbeck 1961, S. 4, zit. nach Bosche 1993, S. 127/128
[140] v. Keller 1982, S. 148/149

Er zitiert eine Reihe von Untersuchungen, die zeigen, dass bestimmte afrikanische Stämme eine geringere Anfälligkeit für optische Täuschungen aufweisen als Europäer und Amerikaner. Ähnliche Unterschiede zwischen verschiedenen Kulturen finden sich in bezug auf die Wahrnehmungssensibilität gegenüber bestimmten Farben sowie bestimmte Formen der Farbenblindheit. Auch die "richtige" Interpretation dreidimensionaler perspektivischer Darstellungen in bezug auf Grösse und Entfernung der Objekte ist keineswegs eine Selbstverständlichkeit, sondern eine Partikularität abendländischen Konventionen, die auch von Kindern erst erlernt werden müssen.[141]

Weitere Studien zeigen, dass sich der kognitive Stil von Studenten technischer Wissenschaften nach drei Jahren Studium deutlich verändert, und zwar in Richtung auf einen ausgeprägten abstrakt-analytischen Denkstil. Die Fähigkeit zu ikonischem (bildhaft-anschaulichem) Denken nimmt hingegen ab. Bei Kunststudenten tritt der entgegengesetzte Effekt ein.[142]

Im Rahmen der "*culture and personality*"-Forschung wurden signifikante Unterschiede zwischen amerikanischen und indischen/arabischen Schülern in bezug auf "divergentes" (unkonventionelles) Denken festgestellt. Umfassende Untersuchungen zeigten, dass Schüler von Rudolf-Steiner-Schulen signifikant höhere Leistungen bei verbalen und bildgestützten Kreativitätstests aufwiesen als Schüler staatlicher Schulen. Dabei kam auch heraus, dass englische Schüler höhere Leistungen bei Kreativitätstests aufwiesen als deutsche, deutsche Schüler den schottischen auf verbaler Ebene und schottische Schüler den englischen und deutschen auf figurativer Ebene überlegen waren.[143]

Die Auflistung solcher Ergebnisse liesse sich weiter fortsetzten. Natürlich sind solche Untersuchungen mit denselben Problemen behaftet wie die der quantitativen interkulturellen Managementforschung, besonders in bezug auf die funktionelle Äquivalenz der Messkriterien. Worauf es jedoch ankommt, ist, bestimmte gesicherte Erkenntnisse zu akzeptieren und ihnen bei der wissenschaftlichen Formulierung anthropologischer Prämissen in diversen Disziplinen Rechnung zu tragen.

Zu diesen Erkenntnissen gehört die Tatsache, dass unterschiedliche Kulturen sich bereits bei der Art ihrer Wirklichkeitswahrnehmung stark unterscheiden. Die Tatsache, dass der menschliche Wahrnehmungsapparat und das Gehirn im Wahrnehmungsprozess nicht (nur) perzipieren, sondern (auch) konstruieren, ist seit Jahrzehnten bekannt. V. FÖRSTER gibt einen guten Überblick über die diversen neuronalen Prozesse, durch die ein Bild der Wirklichkeit im Gehirn produziert wird, von dem der Mensch im allgemeinen glaubt, es handele sich um eine "objektive Wirklichkeit". Das "Weltbild" der Individuen und unterschiedlicher Kulturen unterscheidet sich also aufgrund unterschiedlicher neuronaler Routinen, die dafür sorgen, dass im Gehirn ein zusammenhängendes, sinnvolles Bild entsteht. Dies geschieht unbewusst, ist aber für das psychische Gleichgewicht notwendig. Diese neuronalen Routinen ergeben sich wiederum als Anpassungsstrategien an die Umwelt, wobei die wichtigsten Weichen schon in der frühesten Kindheit gestellt werden, eine gewisse Lern- und Adaptationsfähigkeit jedoch im Laufe des Lebens erhalten bleibt.[144]

---

[141] ebd., S. 154-159
[142] ebd., S. 162
[143] ebd., S. 162-164
[144] s. v. Förster 1973, S. 40-60, s. auch von Glasersfeld 1981, S. 16-37; Piaget 1937

Die Frage, an welche Wirklichkeit der Mensch "glaubt", beeinflusst also seine Wahrnehmung, und diese wiederum beeinflusst seinen "Glauben" in einem ständigen unbewussten, aber lebensnotwendigen und evolutionär verankerten Prozess der Wirklichkeitsdeutung und - konstruktion, welche die Essenz der kulturellen Entwicklung darstellt.

In einer solchen Lesart wird auch der religiöse Inhalt der cartesianischen Revolution deutlich. Hatte das mittelalterliche Christentum noch auf einer Trinität sowohl Gottes, des Menschen (Körper-Seele-Geist) als auch der Gesellschaft (Erster, Zweiter und Dritter Stand) bestanden, so wird durch die cartesianische Revolution die Dreiheit sowohl ontologisch (Es gibt nur eine Wirklichkeit), anthropologisch (Es gibt nur eine menschliche Natur, den Geist) als auch theologisch (Es gibt nur einen Gott) zur Einheit zurückgeführt. Entsprechend kann die Psychologie FREUDs wie auch die Philosophie KIERKEGAARDS als Versuch gedeutet werden, zumindest auf anthropologischer Ebene wieder zur Dreiheit (Es, Ich, Über-Ich bzw. Ästhetik, Ethik, Religiosität) zurückzukehren.

Eine religiöse Lesart moderner Ideologien im Sinne MÜLLER-ARMACKs lässt dann den Cartesianismus als Versuch erscheinen, ein streng monotheistisches System aufzubauen und zeigt gleichzeitig, wie interdependent Theologie, Anthropologie und Ontologie sind und inwieweit die Frage des Monotheismus', gemässigten Monotheismus' bzw. Polytheismus immer gleichzeitig Gottesbild, Menschenbild und Weltbild betrifft.

Neben der Berücksichtigung theologischer, anthropologischer und ontologischer Aspekte einer Kultur ist es, speziell in unserer Epoche, zudem notwendig, die Rolle der technischen Hilfsmittel und Medien zu berücksichtigen, die neue Wahrnehmungsbereiche eröffnen (z.B. das Fernrohr das Sonnensystem, das Elektronenmikroskop die Welt subatomarer Teilchen usw.), welche wiederum das "Glaubenssystem" verändern, welches umgekehrt die wahrgenommene Wirklichkeit erneut beeinflusst.

In diesem Sinne, unter diesen Annahmen und in einem entsprechenden anthropologischen und ontologischen Rahmen wird nicht nur die Interdependenz von Religion und Technologie, sondern auch deren Zusammenhang mit Kultur und Wirtschaft verständlich.

VII. Fallstudien zu deutsch-französischen Unternehmenskooperationen

VII.1. Vorbemerkung

Drei der folgenden fünf Fallstudien sind Ergebnisse der Arbeit der AFAST/DFGWT (Association Franco-Allemande pour la Science et la Technologie/Deutsch-Französische Gesellschaft für Wissenschaft und Technologie). Diese Institution wurde im Jahre 1981 gegründet mit dem Ziel, den deutsch-französischen Technologietransfer zu fördern. Sie wurde zunächst vom französischen Staat und der Stiftung Industrieforschung, dann ab 1995 von der Europäischen Union finanziell unterstützt.

Die AFAST/DFGWT ist ein Netzwerk, das Technologieparks, Gründerzentren und Handelskammern in den beiden Ländern verbindet. Sie beschäftigt etwa zwanzig junge Ingenieure und Berater in diesen "Knotenpunkten", die Kooperationsgesuche deutscher und französischer Firmen, insbesondere im Technologiebereich, bearbeiten und diese Firmen bei der Anbahnung von Kooperationen kostenlos beraten und unterstützen.

Die in Frankreich tätigen Mitarbeiter sind Deutsche, zum Grossteil Doktoranden, die die ein- oder zweijährige Arbeit im Netzwerk mit einem Promotionsprojekt verbinden. Die in Deutschland tätigen Mitarbeiter sind Franzosen, die ihren 16-monatigen Militärersatzdienst (VSN) in Deutschland ableisten. Die Zentrale der AFAST in Paris und die der DFGWT in Bonn übernehmen Verwaltungs- und Koordinationsaufgaben sowie die Organisation von speziellen Veranstaltungen, wie z.B. Messebesuche, Seminare usw.

Der Verfasser verbrachte ein Jahr (1995) als Mitarbeiter in dem Netzwerk-Knotenpunkt Sophia-Antipolis, einem Technologiepark bei Nizza, als Assistent des AFAST-Gründers Pierre Laffitte, ebenfalls Gründer von Sophia Antipolis und Senator des Départements Alpes-Maritimes.

Die beiden restlichen Fallstudien betreffen die beiden wichtigsten deutsch-französischen Projekte industrieller Kooperation in diesem Département. Die Fallstudien basieren auf Gesprächen und nicht-standardisierten Interviews mit den lokalen Verantwortlichen der betroffenen Unternehmen sowie Auswertungen der Firmenunterlagen und der Wirtschaftspresse.

Durch diese Kombination von Fallstudien sollte versucht werden, mehrere Wirtschaftssektoren sowie mehrere Unternehmensgrössen abzudecken. Sie enthalten Fälle von geglückten und von missglückten Kooperationen sowie Fälle mit und ohne Einwirkung politischer Faktoren und Entscheidungsträger. Es handelt sich jedoch ausnahmslos um Projekte deutsch-französischer Unternehmenskooperationen. Es geht also darum, die typischen Probleme und Chancen deutsch-französischer Unternehmenskooperationen an Beispielen zu illustrieren und damit das Bild, das sich aus den in Kapiteln V. und VI. ergibt, zu konkretisieren und zu ergänzen.

Die Repräsentativität der untersuchten Unternehmen und Kooperationsprojekte kann natürlich in formeller Weise nicht garantiert werden, und bei der Verallgemeinerung der entstehenden Eindrücke und Erkenntnisse ist daher Vorsicht geboten. Dennoch glauben wir, dass diese

Fallstudien ein besseres und konkreteres Verständnis typischer Probleme und ein "einfühlendes Verstehen" (im Sinne v.KELLERs, s.III.4.) einiger konkreter Herausforderungen, die sich bei solchen Kooperationsprojekten stellen, erlauben und daher, gemeinsam mit den in V. und VI. zitierten theoretischen Arbeiten, für eine abschliessende Beurteilung herangezogen werden sollten.

VII.2.   Entwicklung und Produktion von Elektrofahrzeugen

Ausgangssituation

Der südfranzösische Vertreter der Deutsch-französischen Gesellschaft für Wissenschaft und Technologie (DFGWT-AFAST), lernte Herrn O., Gründer der Fa. O., im März 1995 kennen. Die Fa. O. hatte gerade die Entwicklung eines neuartigen, modulierbaren Elektrofahrzeuges abgeschlossen und suchte Partner für die Industrialisierung und den Vertrieb des Produktes sowie für die Finanzierung.

Das Produkt war kurz vorher auf einer französischen Automobilmesse sowie im regionalen und nationalen Fernsehen präsentiert worden. Ausserdem war es Herrn O., der mehrere Jahre in den USA verbracht hatte, gelungen, einen grossen amerikanischen Medien- und Unterhaltungskonzern für das Produkt zu interessieren.

Das Produkt zeichnet sich durch eine hohe Anpassbarkeit aus und kann, in seinen verschiedenen Varianten, in diversen Bereichen verwendet werden, wie z.B. Abfallbeseitigung, Eisverkauf, Altersheime, Freizeitparks, Golfplätze und Flughäfen. Das Fahrzeug ist intelligent und originell konzipiert, relativ leistungsfähig und einfach zu handhaben (zum Aufladen der Batterie genügt der Anschluss an eine normale Steckdose).

Herr O. ist der einzige Aktionär, Mitarbeiter und Vertreter der Fa. O. Mangels Garantien und Sicherheiten hatte sich die Suche nach Kapitalgebern in Europa als sehr schwierig erwiesen. Nicht ein einziger Finanzinvestor hatte sich bereiterklärt, in die Fa. O. zu investieren, deren Umsatz bisher null war und deren einzige Aktiva die Patente waren, die für die Konstruktionsteile, den gesamten Prototyp und das Konstruktions-Know-How angemeldet worden waren.

Die Entwicklung des Prototyps war mit Hilfe von und in enger Zusammenarbeit mit mehreren französischen Zulieferern realisiert worden und hatte die finanziellen Ressourcen von Herrn O. praktisch erschöpft.

Nach mehreren erfolglosen Versuchen, einen industriellen Partner in Frankreich zu finden, wandte sich Herr O. mit einem Kooperationsgesuch an die AFAST-DFGWT. Herr O., der seinen Militärdienst in Berlin abgeleistet hatte, erklärte sich deutschfreundlich und darüberhinaus sehr enttäuscht von den Möglichkeiten der Innovationsförderung in Frankreich. Ausserdem hielt er den deutschen Markt für den wichtigsten europäischen Markt für Elektrofahrzeuge und hoffte, einen Partner zu finden, der sowohl die Serienfertigung als auch den Vertrieb des Produkts in Deutschland gewährleisten könne.

Kontaktaufnahme

Im April identifizierte die DFGWT-AFAST ein deutsches Unternehmen, welches dem gesuchten Profil entsprach: Das mittelständische Unternehmen V., welches auf die Herstellung von elektrischen Motoren und Industriefahrzeugen spezialisiert ist. V. ist im Süden Deutschlands ansässig und auf dem deutschen und schweizerischen Markt tätig. Der Integrationsgrad seiner Produktion ist relativ hoch, der Umsatz liegt bei etwa DM 3 Mio.

Beim ersten telefonischen Kontakt zeigte sich Herr R., Verkaufsleiter von V., offen, aber skeptisch ("Ich kann wirklich nichts versprechen; wir haben bereits um die fünfzig solcher Angebote erhalten, es müsste schon etwas wirklich Aussergewöhnliches sein"). Im Mai wurden die ersten Unterlagen ausgetauscht (allgemeine Informationen und Produktbroschüren), V. übersand darüberhinaus die Konstruktionspläne seiner wichtigsten Modelle.

O. weigerte sich, seine Konstruktionspläne an V. zu übergeben, in der Furcht, V. könnte sich seine Konstruktionsgeheimnisse aneignen. Er lud jedoch die Vertreter von V. nach Frankreich ein (der Sitz seines Unternehmens befindet sich in einer Grossstadt im Südosten Frankreichs), um ihnen das Produkt vorzuführen und die Modalitäten einer möglichen Kooperation zu besprechen. Seine ursprüngliche Idee war, V. die Fertigung der Räder und des Chassis sowie den Vertrieb für Deutschland zu übertragen. V. zeigte sich jedoch in diesem Stadium noch nicht geneigt, dieser Einladung nachzukommen.

In den folgenden Wochen übersand Herr O. nur sehr spärliche technische Informationen an V., das Projekt kam nicht voran. Im September versuchte die AFAST-DFGWT, die beiden Seiten erneut zu mobilisieren, und V. reagierte mit einer Einladung O.s nach Deutschland. Dieser Besuch fand am 12. September im Geschäftssitz von V. statt, unter Anwesenheit des süddeutschen Vertreters der AFAST-DFGWT, der die Verhandlungen unterstützte.

Die Verhandlungen

Bei dem Besuch am 12. September handelte es sich um den ersten direkten Kontakt zwischen den beiden Unternehmen. Herr O. lernte Herrn R. und den Geschäftsführer und Mehrheitsgesellschafter Herrn B. kennen, der das Unternehmen ein Jahr zuvor von dem Gründer, Herrn V., übernommen und den Grossteil der Beschäftigten, darunter Herrn R. und sein Team, beibehalten hatte. Herr B. zeigte sich beeindruckt von Herrn O.'s unternehmerischem Enthusiasmus und den Filmen, die dieser zeigte, um sein Produkt zu präsentieren. Alle Beteiligten waren sich darüber einig, dass in Deutschland eine hohe Nachfrage nach einem solchen Produkt herrschten dürfte.

Die Besprechungen drehten sich um das Produkt und seine Anwendungsmöglichkeiten, ohne in die technischen Details zu gehen und endeten in einer guten Atmosphäre.

Im Anschluss an den Besuch übersand Herr R. einen Vorschlag für einen Arbeits- und Zeitplan, der die Übergabe der Grundkalkulation an V. für Anfang Oktober vorsah, sowie einen Vorschlag für einen Lizenzvertrag für Mitte Oktober, einen Besuch V.s in Frankreich für Ende Oktober und die Unterschrift des Lizenzvertrages für Ende November. Er bat ebenfalls um die Übersendung einer kompletten Stückliste mit den jeweiligen Angaben über die Zulieferer.

Herr O. zeigte sich mit dem Arbeitsplan einverstanden und sandte V. Anfang Oktober die Liste der wichtigsten Bauteile samt Produktionskosten sowie einem kalkulierten Selbstkostenpreis für die Grundvariante des Fahrzeugs. Nach der Klärung einiger Details dieser Grundkalkulation erarbeitete Herr O. mit seinem Rechtsanwalt einen Vorschlag für einen Lizenzvertrag, der Mitte Oktober an V. geschickt wurde.

Die Reaktion war eher kühl. Herr R. ("Scheinbar hält Herr O. uns für komplette Idioten") antwortete, dass der Vorschlag nicht seiner Vorstellung einer fairen Partnerschaft entspreche. Er schickte O. einen Gegenvorschlag mit einigen schwer akzeptablen Konditionen und sagte seinen für Ende Oktober geplanten Besuch zunächst ab.

An diesem Punkt schien das Kooperationsprojekt dem Scheitern nahe. Bei einer in Eile organisierten Besprechung zwischen Herrn O., seinem Rechtsanwalt und dem südfranzösischen AFAST-Vertreter wurden die wichtigsten kontroversen Punkte erörtert:

1. V. weigert sich, eine Vertriebslizenz zu erwerben und fordert statt dessen eine komplette Kontrolle der Produktion für alle Fahrzeugvarianten.

2. V. fordert einen Fünfjahresvertrag mit einer Abnahmegarantie für 500 Fahrzeuge pro Jahr, mit anderen Worten eine Übernahme des kompletten Marktrisikos durch O.

3. V. lehnt somit den Vorschlag O.s einer Produktions- und Vertriebslizenz gegen Zahlung einer Pauschalgebühr ab.

Zunächst wurde diese Antwort interpretiert als Wille, die Verhandlungen abzubrechen. Nach langen Diskussionen entschloss sich Herr O. jedoch, mit einem neuen Vertragsvorschlag zu antworten. Seine letzte telefonische Unterhaltung mit Herrn B. hatte dessen Sympathie für das Projekt bestätigt. Zudem gab der DFGWT-Vertreter zu bedenken, dass es sich vielleicht nur um ein banales Missverständnis handele.

In der Tat zeigte das folgende Telefongespräch mit Herrn R., dass dieser seine Position geändert hatte: Bei den ersten Gesprächen in Deutschland war eine Übernahme des Vertriebs in Deutschland von V. ernsthaft in Erwägung gezogen worden; in der Zwischenzeit hatte V. mit seinen Vertriebspartnern gesprochen, die von einem derartigen Engagement Abstand genommen hatten. Daraufhin hatten Herr R. und Herr B. entschieden, sich im Rahmen einer Kooperation mit O. ausschliesslich auf die Produktion zu beschränken.

Obwohl das vorgeschlagene Schema eine völlig neue Situation darstellte, zeigte sich O. mit dem Prinzip dieser Arbeitsteilung einverstanden. Er erklärte sich jedoch ausserstande, V. eine Abnahmegarantie von 500 Fahrzeugen pro Jahr zu geben. In diesem Punkte jedoch zeigte sich V. weniger kategorisch als erwartet: Herr R. sagte, man könnte sich auch darauf einigen, bei einem Volumen von 100 Stück zu beginnen, um dann auf 200 Stück im zweiten Jahr, 300 im dritten, 400 im vierten und 500 im fünften Jahr anzusteigen.

Nach weiteren Diskussionen mit seinem Rechtsanwalt begann Herr O., einen neuen Vertragsentwurf vorzubereiten, der Ende Oktober an V. geschickt wurde. Dieser Vertragsvorschlag enthielt die folgenden Punkte:

- V. erhält das Produktionsmonopol für Europa und den Mittelmeerraum bis zu einer akkumulierten Menge von 500 Fahrzeugen, ab da an existiert kein Monopol mehr;

- O. verpflichtet sich zur Abnahme von 0 Fahrzeugen im ersten Jahr, 50 im zweiten, 150 im dritten usw., bis 250 im fünften Jahr;

- Vertragsdauer: 5 Jahre, erneuerbar

- Der Abnahmepreis (incl. Standardverpackung, ab Werk) beträgt FF 20.000;

- Die Zahlung erfolgt bis zu 90 Tage nach Lieferung durch Banküberweisung in französischen Francs;

- Weitere Besprechungen werden die Frage der Zulieferer regeln, da O. auf einige seiner bisherigen Zulieferer nicht verzichten will;

- Die Lieferung der Fahrzeuge erfolgt, auf V.s Risiko, im Rahmen der in den Bestellungen angegeben Lieferfristen und -orte;

- V. übernimmt eine einjährige Garantie auf die Teile sowie mögliche Mängel;

- Die Produktion beginnt spätestens am 31 März 1996;

- anzuwendende Rechtsprechung: französisch;

- Vertragssprache: französisch;

- Gerichtsbarkeit: französisches Gericht.

Fortgang

Nach Erhalt dieses Vorschlags erklärte V., "sehr unzufrieden", den Abbruch der Verhandlungen. Im Anschluss an das Scheitern der Zusammenarbeit erwog Herr O., der schon ähnliche Misserfolge erlebt hatte, seine Versuche in Europa endgültig aufzugeben und in die USA zurückzukehren, wo die Kooperations- und Finanzierungsmöglichkeiten günstiger seien.

213

Analyse/Interpretation

Nach Feststellung des Scheiterns des Kooperationsvorhabens nannte Herr R. die Gründe, die ihn, in Überenstimmung mit Herrn B., dazu bewogen haben, aufzugeben. Zunächst erwähnte er die Probleme, die ihn schon seit längerem gestört hatten, v.a. die Weigerung Herrn O.s, die Konstruktionspläne zu übersenden, die jedoch notwendig gewesen wären, um eine zuverlässige Kalkulation durchzuführen.

Zweitens jedoch seien die in dem letzten Vorschlag genannten Produktionsvolumina nicht ausreichend gewesen, um V.s Break-even-point zu erreichen. Der von O. genannte Abnahmepreis hätte es V. ebenfalls, selbst nach vagen Berechnungen, nicht erlaubt, unter Berücksichtigung der nötigen Anlaufinvestitionen, an dem Projekt Geld zu verdienen.

Drittens erschiene ihm das Marktrisiko zu gross. Die geringen Produktionszahlen in O.s Vorschlag hätten gezeigt, dass O. noch keine verbindlichen Bestellungen erhalten hätte; und V. sei nicht bereit, sich unter diesen Bedingungen mit O. in ein waghalsiges Abenteuer zu stürzen.

Viertens sei die Gesamtheit der juristischen Klauseln im letzten Schreiben von O. für V. schwer annehmbar gewesen (französische Währung, Sprache und Rechtsprechung); eine Annahme dieser Bedingungen wäre "Selbstmord" gewesen. Der Vorschlag hätte somit keinen einzigen Punkt enthalten, der als Einladung zu einer fairen Partnerschaft hätte interpretiert werden können.

Schliesslich bedauerte R., dass die in V.s letztem Schreiben vorgeschlagenen Punkte von O. nicht weiter aufgenommen, sondern scheinbar völlig ignoriert worden seien. Es sei ihm daher erschienen, dass kein wahrer Dialog stattgefunden habe.

Was das Projekt generell betrifft, bemerkte Herr R., dass er bei den letzten Industriemessen eine grosse Zahl ähnlicher Elektrofahrzeuge gesehen habe, die meisten davon aus südwest-asiatischer Produktion. Es werde immer schwieriger, solche Fahrzeuge zu wettbewerbsfähigen Preisen in Europa herzustellen. Bei dem Kooperationsprojekt mit O. wäre das Ziel V.s gewesen, den Grossteil der Teile in Billiglohnländern fertigen zu lassen, was jedoch eine vollständige Kontrolle der Produktion durch V. vorausgesetzt hätte.

Herr O. bemerkte später gegenüber dem DFGWT-Vertreter, dass er das Scheitern des Projektes bedauere, aber nicht mehr hätte tun können. Er bedauerte ebenfalls, dass V. ihm nie seinen Geschäftsbericht oder seine Bilanzen zugesandt habe. Was die Endkunden betrifft, so sagte er, dass alle potentiellen Kunden, die er gesprochen habe, vor Abgabe einer Bestellung sich versichern wollten, ob die Produktion bereits laufe und wer der Produzent sei.

Abgesehen von einigen objektiven Problemen, die der Kooperation im Wege standen (hohe Produktionskosten in Europa, Marktunsicherheit in Folge einer schweren Rezession) lassen sich hier auch spezifische Probleme erkennen, von denen einige sogar symptomatisch für deutsch-französische Kooperationen sind.

Zu den spezifischen Problemen einer Innovationspartnerschaft gehört das ARROWsche Informationsparadoxon (s. III.2.2.): Der gesamte Wert des Unternehmens O. lag in einer - geheimen - Produkttechnologie, die auch durch Patente, wie so oft, nicht vollständig geschützt werden konnte. Die detaillierte Erklärung des eigenen Produktes ist jedoch zwangsläufig der erste Schritt bei einer Kooperation im Entwicklungs- oder Produktionsbereich. So entsteht ein Teufelskreis: Ohne Preisgabe der Produktinformationen kann das Projekt inhaltlich nicht vorwärtskommen, und Vertrauen kann nicht aufgebaut werden. Solange aber keine Vertrauensbasis herrscht, wird das betroffene Unternehmen nicht das beträchtliche Risiko eingehen, seine Unterlagen (hier: detaillierte Konstruktionspläne) offenzulegen. In solchen Situationen muss also der Versuch gemacht werden, auf rein persönlich-menschlicher Ebene genug Vertrauen aufzubauen, um die Informationen offenzulegen. Und hierbei werden dann psychologische und kulturelle Faktoren (Sprache, Präferenz der mündlichen oder der schriftlichen Kommunikationsform, Einstellung zum Risiko, Werte usw.), besonders ausschlaggebend.

So versuchten beide Seiten, eine Vertrauensbasis zu schaffen, jedoch mit unterschiedlichen bzw. unvereinbaren Methoden: O. bestand auf einem Besuch von V. in Frankreich, in der Hoffnung, dies würde eine partnerschaftliche Atmospäre schaffen, während V. darauf bestand, zunächst schriftlich alle wichtigen oder strittigen Fragen zu klären, von denen die Entscheidung letztlich abhängen würde.

Beide Seiten reagierten nicht auf die "Annäherungsversuche" der anderen Seite: Die Vertreter V.s kamen nicht nach Frankreich, und O. reagierte nicht auf die in O.s Schreiben aufgeworfenen Punkte und ignorierte so den wichtigen Versuch V.s, auch auf schriftlichem Wege einen sachlichen Dialog zwischen den beiden Parteien herbeizuführen. Die wichtigste dieser Sachfragen war die Grundkalkulation mit detaillierten Informationen über alle Konstruktionsteile, nötige Investitionen und Produktionsmengen. Herr O. hat die entscheidende Bedeutung dieser Fragen nicht berücksichtigt und behandelte sie eher wie nebensächliche Details.

Ein weiteres typisches Problem war das Zögern V.s, einer nicht publizitätspflichtigen Gesellschaft, O. seinen Geschäftsbericht zur Verfügung zu stellen. Die Diskretion privater mittelständischer Unternehmen in bezug auf Rechnungslegung ist in der Tat ein weitverbreitetes Phänomen, welches die Förderung von Kooperationsvorhaben häufig behindert.

Schliesslich ist die vorgesehene Arbeitsteilung zwischen den beiden Unternehmen in mancher Hinsicht aufschlussreich: Hier ist es wichtig, sich zu erinnern, dass die ursprüngliche Motivation O.s zur Partnersuche die Notwendigkeit war, die Industrialisierung des Produkts zu finanzieren. Es war ihm unmöglich gewesen, diese Finanzierung in Frankreich zu finden: "Ich habe mit mehreren Banken und Investoren gesprochen. Sie haben mir alle dasselbe gesagt: 'Ihr Produkt ist sehr interessant, es gibt hier sicher einen bedeutenden Markt. Kommen Sie wieder, wenn Sie einen industriellen Partner und ausreichende Bestellungen haben, und wir werden ihr Projekt finanzieren.' Die Banken in Frankreich sind zu konservativ ! Wenn ich einen industriellen Partner und ausreichend Bestellungen hätte, bräuchte ich keine Bank für meine

Finanzierung ! Wenn ich aber eine Finanzierung habe, dann kann ich die Produktion auch selber in die Hand nehmen, zusammen mit den Zulieferern, die mir den Prototyp gebaut haben !"

Anfangs hoffte Herr O., V. könnte ihm helfen, Kunden oder Vertriebspartner in Deutschland zu finden. Nach Konsultation seiner Vertriebspartner lehnte V. dies jedoch ab, um sich völlig auf die Produktion zu beschränken. In seinem Vertragsvorschlag vermied V. die Übernahme jedweden unternehmerischen Risikos, indem es anbot, fixe Stückzahlen gegen eine Abnahmegarantie durch O. zu produzieren. Durch diesen Vorschlag geriet V. in die Rolle des reinen Produktionsmanagers, dessen einziges Interesse in der Kostensenkung durch Stückzahlerhöhung und Erreichung von Skalenerträgen liegt. Dies wiederum enttäuschte O., der eine Aufteilung der unternehmerischen Risiken im Sinne eines "joint venture" erwartet hatte und liess zudem die Perspektive eines schnellen Eintritts in den bedeutenden deutschen Markt, und somit das Erreichen der für V. kostendeckenden Stückzahlen in weitere Ferne rücken.

Dieser beinahe idealtypische Gegensatz einer "prouesse", einer einmaligen intelligenten und ästhetischen Leistung bzw. Errungenschaft auf der französischen Seite und der langfristigen und permanenten, aber risikoaversen Logik der Stückkalkulation auf der deutschen Seite bildete zunächst einen Faktor gegenseitiger Attraktion, der sich aber, als es um die konkrete Vertragsgestaltung ging, eher als Hindernis für eine tiefere Verständigung der Parteien erwies.

Hier hatten die strategischen Zwänge und kulturellen Inkompatibilitäten in der Tat den Effekt, dass bestimmte Kombinationen von Handlungsoptionen nicht ausgenutzt wurden und somit das Endergebnis möglicherweise nicht die kollektiv optimale Lösung darstellt.

Hinzukommt, dass die beiden Unternehmen sich nicht in einem kleinen und übersichtlichen Markt befanden und nicht "zur Kooperation verdammt" waren. Es existierte in Europa eine Vielzahl von Entwicklern und Produzenten elektrischer Nutzfahrzeuge, und die Frage, inwieweit eine Kooperation beiden Unternehmen einen strategischen Nutzen bringen könnte, war unsicher. Für V. war das Projekt potentiell interessant, aber nicht überlebenswichtig. So reduzierte sich die Frage auf die der finanziellen Rentabilität. Für O. ging es tatsächlich um das wirtschaftliche Überleben, aber das hohe unternehmerische Risiko, das mit seiner Innovation verbunden war, erwies sich als Hemmschuh für eine Kooperation.

VII.3.   Entwicklung und Vertrieb von Luftstromregelungssystemen

<u>Ausgangssituation</u>

Im Juli 1992 nahm das deutsche Unternehmen E. Kontakt mit der Industrie- und Handelskammer Frankfurt auf, um Vertriebspartner und Kunden für ein neu entwickeltes Produkt zu finden. Als Netzwerkpartner gab die IHK das Gesuch an die Deutsch-Französische Gesellschaft für Wissenschaft und Technologie (DFGWT-AFAST) weiter.

Das Unternehmen E. GmbH bei Frankfurt ist mit Entwicklung, Herstellung und Verkauf von elektrischen und elektronischen Geräten befasst, welche in Schulungs- und Industrielabors Anwendung finden. Sie verfügt über eine Belegschaft von 12 Mitarbeitern und einen Umsatz von DM 700.000 (1991). Chemiekonzerne und Laboreinrichter sind die wichtigsten Kunden von E. Die jüngste Entwicklung der Firma ist ein kleiner Luftstromwächter zur Überwachung von Gasabzügen in Labors.

Die Funktion des Luftstromwächters besteht in Überwachung der Luftmenge und -geschwindigkeit in Laborabzügen in Labors, in denen mit evtl. gesundheitsschädlichen Substanzen gearbeitet wird. Ein Sensor im Labor misst die Luftmenge und -geschwindigkeit, sind diese zu niedrig, wird dies durch den Luftstromwächter angezeigt, woraufhin durch ein Regelungssystem die Leistung des Abzugsmotors erhöht wird, bis gewünschte Luftmenge und Abzugsgeschwindigkeit hergestellt sind, was den automatischen Abzug gefährlicher Gase aus dem Labor bewirkt. Der Luftstromwächter verfügt ebenfalls über ein Alarmsystem, welches im Falle unzureichender Ist-Werte oder bei Stromausfall entsprechende optische und akustische Signale aussendet.

Das Ziel der von E. angestrebten Kooperation war der Vertrieb dieses Lufstromwächters in Frankreich sowie eine eventuelle Kooperation bei dessen Weiterentwicklung.

Die Kollegen der DFGWT-AFAST nahmen zunächst Kontakt mit den wichtigsten auf den Vertrieb von Labormaterial spezialisierten Unternehmen in Frankreich auf. Diese Unternehmen zeigten sich nicht interessiert. Ende des Jahres wurde ebenfalls das Unternehmen F. kontaktiert, das Interesse an dem Kooperationsangebot zeigte.

F. ist ein in Frankreich führender Hersteller von Klimatisierungs- und Lüftungssystemen. Die in der Nähe von Marseille ansässige Firma stellt u.a. Zentrifugal-Kunststoffventilatoren her, die speziell für Laboreinrichtungen geeignet sind. Dieser Bereich macht 10% des Umsatzes von F. aus, auf Klimaanlagen entfallen 70%, der Rest geht auf diverse Laboreinrichtungen. Der Gesamtumsatz beträgt FF 60 Mio (1992; ca. DM 18 Mio). F. beschäftigt 37 Mitarbeiter und verfügt über ein 10köpfiges Vertreternetzwerk für ganz Frankreich.

Seit Einführung zweier neuer Industrienormen wuchs in Frankreich die Nachfrage nach Regulierungs- und Kontrollsystemen für Laborabzüge ständig. Herr C. von der Firma F. hat diesen Trend frühzeitig erkannt und befasste sich seit 1992 mit der Entwicklung eines geeigneten Frequenzwandlers. Der Frequenzwandler, der direkt mit dem Absaugmotor in Verbindung steht, ist ebenfalls ein notwendiger Bestandteil eines Luftabzugs-Regelungssystems. Die Firma F. vertrieb bisher Sicherheitssysteme mit einem technisch veralteten Luftstromwächter eines italienischen Lieferanten und einem von dem französischen Grossunternehmen T. entwickelten und produzierten Frequenzwandlers.

Kontaktaufnahme

Auf Vermittlung der AFAST-DFGWT trafen sich Herr A. von der Firma E. und Herr C. von der Firma F. im März 1993 auf der Messe Interchemie in Paris. Herr C. zeigte grosses Interesse an dem Luftstromwächter von E., der dem bisher verwendeten italienischen Modell technisch weit überlegen war (Er verfügte z.B. über eine Pufferbatterie, die die Überwachungsfunktion auch beim Netzausfall garantiert).

Herr A. von der Fa. E. zeigte sich seinerseits von F.s Modell des neuartigen Frequenzwandlers beeindruckt. Die beiden Unternehmer vereinbarten daher, dass:

- Herr C. ein Muster des Frequenzreglers sowie einen Asynchronmotor der Fa. E. zur Verfügung stellt, die Geräte dem Sicherheitssystem von E. (Sensor und Luftstromwächter) anpasst und

- Herr C. mit seinem elsässischen Handelsvertreter im Mai das Fertigungswerk von E. besucht, einen Prototyp des Luftstromwächters mitnimmt und diesen seinen französischen Kunden präsentiert.

Neben dieser technischen Kooperation wünschten beide Firmen eine Vertriebspartnerschaft. Eine geographische Aufteilung (F.: Frankreich, Italien, England und Ägypten, E.: Deutschland, Schweiz, Österreich) wurde ins Auge gefasst.

Die Verhandlungen

Im April 1993 trafen sich Herr C. von der Fa. F mit den Herren M. und A. von der Firma E. in deren Geschäftssitz in Deutschland. Bei diesem Treffen präsentierte Herr C. einen ersten Entwurf eines zu entwickelnden Frequenzwandlers. Die beiden Unternehmen vereinbarten einen Plan zur Entwicklung bzw. Bereitstellung eines neuen Produkts. Die Fa. E übernahm die Verantwortung für die Geschwindigkeitssonde und das Alarmsystem und die Fa. F. für den Frequenzwandler und den Ventilator. Fa. F., die seit einiger Zeit mit dem Grossunternehmen T. bezüglich der Produktion des von ihr entworfenen Frequenzwandlers in Verbindung stand, wollte E. zur Bestellung des neuen Frequenzwandlers überreden, um die Bestellmenge zu erhöhen und dadurch bei T. einen niedrigeren Einstandspreis erzielen. Ferner bestätigten beide Unternehmen ihr Interesse an einem Vertriebsabkommen. Sie vereinbarten ein erneutes Treffen für August.

Im August 1993 trafen sich die beiden Unternehmen in der Nähe von Düsseldorf. Sie vereinbarten eine gemeinsame Bestellung der Frequenzregler bei der Fa. T. sowie die Zulieferung des gesamten Sicherheitssystems der Fa. E. an F. Ferner vereinbarten die Unternehmen die gemeinsame Entwicklung von 5 Prototypen des kompletten Sicherheitssystems für Ende November, rechtzeitig, um sie auf der Fachmesse "Laboratoires" in Frankreich vorzustellen. Bis dahin mussten jedoch noch einige technische Probleme gelöst werden, z.T. aufgrund der von F.s französischen Kunden gestellten Anforderungen. Ferner nahmen sich die beiden Unternehmen vor, das geplante Sicherheitssystem durch ein von F. zu entwickelndes Überlastungsschutzsystem zu perfektionieren.

Im Oktober erkrankte Herr M., Herr A.'s Partner bei E., an einem Herzleiden. Die Entwicklungsarbeit verzögerte sich und mehrere Besuchstermine mit F. konnten nicht eingehalten werden.

Ferner stellten sich einige technische Probleme bei der Anpassung des Frequenzwandlers an das Sicherheitssystem von E. ein. Im Rahmen dieser Anpassung wurde die deutsche Filiale des Grossunternehmens T., Lieferant des Frequenzwandlers, eingeschaltet.

Trotz der Verzögerungen präsentierten die beiden Unternehmen den Prototyp des gemeinsamen Sicherheitssystems in seiner damaligen Form im Dezember 1993 auf der Messe "Laboratoires" in Paris. Die Gespräche drehten sich um die noch zu lösenden technischen Probleme. Die Nachfrage in Frankreich, Italien und Deutschland wurde auf insgesamt etwa 1.000 Systeme geschätzt.

Bei einem weiteren Treffen bei der Fa. T. in Paris im März 1994 beschloss Herr C. mit dem wieder genesenen Herrn M. und den Vertretern von T. die Integrierung eines von T.s deutscher Filiale entwickelten Software für ein Überlastungsschutzsystem. Die Fa. T. übernahm eine wichtigere Rolle bei der Koordinierung des Projektes und verpflichtete sich zur Lieferung des angepassten Frequenzwandlers.

Im Juni kam es zu einigen Missverständnissen und Verstimmungen. Herr M. erwartete die Lieferung des angepassten Frequenzwandlers von T., erhielt jedoch nichts. T. lieferte die Prototypen stattdessen an F. Herr M., der den französischen Vertretern von T. misstraute, begann, in Zusammenarbeit mit der deutschen Filiale von T., die fertige Version des Frequenzwandlers selber zu entwickeln, um keine Zeit zu verlieren. Dies wiederum wurde von Herrn C. als eine unkooperative Geste interpretiert. Herr C. fragte Herrn M. in einem offenen Brief, ob er immer noch die Kooperation mit F. anstrebe oder vielleicht vielmehr beabsichtige, F. Konkurrenz zu machen.

Hinzukam, dass Herr M. inzwischen die Gesellschaft E. aus gesundheitlichen und organisatorischen Gründen aufgelöst hatte und das Projekt mit seiner neuen Fa. M. weiterführen wollte.

Im Juli stellt sich heraus, dass die Ursache der Probleme in dem Nichteinhalten des Zeitplans durch T. Paris lag, was zu den nicht abgestimmten Initiativen Herrn M.s und den Missverständnissen mit Herrn C. führte. Erst jetzt gingen die Dokumente von T. Frankreich bei

Herrn M. ein, die Prototypen liessen jedoch weiterhin auf sich warten. Offensichtlich herrschten ebenfalls Kommunikationsmängel zwischen T. Paris und ihrer deutschen Tochtergesellschaft.

In den Monaten zwischen August bis Oktober geriet das Projekt ins Stocken. Die Kommunikation zwischen den beiden Partnern wurde zudem durch Personalwechsel bei der AFAST erschwert sowie durch einige missglückte Versuche Herrn C.s und Herrn M.s, durch ungeschickt übersetzte Schreiben direkt zu kommunizieren. Dabei wurden Verdächtigungen und Vorwürfe geäussert, die das bisherige Vertrauensverhältnis erheblich belasten.

Ab November startete die AFAST einen umfassenden Versuch, die entstandenen Missverständnisse im Detail zu analysieren und beiden Partnern dadurch klarzumachen, dass keine wirkliche Gefährdung der Kooperation vorliegt.

Gleichzeitig wurde die DFGWT-AFAST jedoch von Herrn A. kontaktiert. Nach Auflösung der Fa. E. und Trennung von Herrn M. hatte Herr A. mit seinem Partner, dem Techniker Herrn D., sein eigenes Unternehmen, A., gegründet und wollte nun seinerseits die Kontakte und Projekte mit F. fortsetzen.

Im Januar 1995 brach der Kontakt mit Herrn M., erneut an seinem Herzleiden erkrankt, ab. Herr A. von der Fa. A. erneuerte seine Kooperationsangebote mit einer neuen, verbesserten Version des Luftstromwächters mit Mikroprozessor und einem intelligenteren Regelungssystem. Vor diesem Hintergrund nahm die AFAST keinen Kontakt mehr mit Herrn M. auf und konzentrierte sich auf das Angebot von Herrn A.

Angesichts der Attraktivität des Produktes von A. und der zu schwierig gewordenen Beziehung mit Herrn M. entschloss sich Herr C., das Projekt mit Herrn A. fortzusetzen, obwohl dies bedeutete, dass mehrere Monate investierter Arbeitszeit nun verloren waren. Doch die Arbeit mit Herrn A. gestaltete sich reibungslos, und die beiderseitige Anpassung an die Entwürfe des jeweiligen Partners machten während des Jahres 1995 gute Fortschritte.

Während dieses Jahres verkaufte A. bereits mehrere Exemplare seines Luftstromwächters an F., welches diese, allerdings noch in Verbindung mit dem alten Frequenzwandler von T., an seine Kunden verkaufte.

Ferner wurden Lieferungen von Lüftungsmotoren der Fa. F. an A. geplant, die A., in Verbindung mit dem eigenen Sicherungssystem, an seine Kunden zu verkaufen gedachte.

Fortgang

Zu Beginn des Jahres 1996 besteht eine funktionierende Überkreuzdistribution, die Prototypen des gemeinsam entwickelten Frequenzwandlers stehen bereit, und ihre Serienfertigung und Vermarktung befinden sich in der Vorbereitungsphase. Die beiden Unternehmen befinden sich in einer eindeutigen Kooperationsbeziehung, ohne dass je ein Kooperationsvertrag unterschrieben wurde.

Analyse/Interpretation

Im vorliegenden Fall handelt es sich um eine Entwicklungs- und Vertriebskooperation. Die Produktion der entsprechenden Teile ist nicht Bestandteil der Kooperation und wird von beiden Seiten durch externe Lizenznehmer bewerkstelligt.

Die Synergien der beiden Teilprodukte (Sicherheitssystem und Lüftung) sind eindeutig, technologisch bedingt und kommerziell direkt nutzbar, da die Lüftungssysteme gewöhnlich als Gesamtheit von Labormöbelausstattern eingekauft werden. Es handelt sich um ein Beispiel der von RICHARDSON (s. Kapitel II.) beschriebenen Konstellation *eng komplementärer, aber unähnlicher Aktivitäten.*

Bei den beiden Teilprodukten handelt es sich um neuartige Modelle, für die bisher keine weiteren Produzenten existieren. Insbesondere auch für den neuentwickelten Frequenzwandler herrscht keine Konkurrenz, diese Perspektive einer einzigartigen gemeinsamen Innovation kann als eine der Ursachen für das Gelingen der Kooperationen, auch im Distributionsbereich, gesehen werden: Im Gegensatz zur vorhergegangenen Fallstudie (VII.2.) ging es hier nicht nur um die Industrialisierung und Vermarktung einer einseitig vorgenommenen Innovation im Ausland, sondern auch um eine von den Partnern gemeinsam durchgeführte Innovation, d.h. eine von Anfang an auch im Bereich der technischen Details stattfindende konkrete Zusammenarbeit.

Es fällt auf, dass eine effektive und für beide Seiten vorteilhafte Kooperation entstanden ist und fortbesteht, ohne dass irgendein Vertrag unterschrieben wurde. In der Tat äusserte keine der beiden Seiten ein Bedürfnis, einen eventuellen Missbrauch durch die andere Seite durch rechtliche oder sonstige Massnahmen auszuschliessen. Selbst während der kritischen Phase der Konflikte und Missverständnisse zwischen Herrn M. und Herrn C. wurden vertragliche Regelungen nicht in Erwägung gezogen.

In diesem Zusammenhang ist zu erwähnen, dass Herr A., gemeinsam mit seinem Partner Herrn D., alle technischen und strategischen Entscheidungen selber traf und daher keine Notwendigkeit aufwendiger Konsultationen bestand.

Auch auf Seiten von F. genoss Herr C., obwohl er nur einer von mehreren Abteilungen vorstand, aufgrund seiner 30-jährigen Branchenerfahrung und seiner Präsenz in einem öffentlichen Normen-Institut eine quasi unbegrenzte unternehmerische Freiheit.

In dieser Situation kam es daher von Anfang an v.a. auf die technische Vorteilhaftigkeit sowie auf das Vertrauen der Entscheidungsträger in den jeweiligen Partner sowie in den Berater der AFAST an, der sich bis in die technischen Detailarbeiten hinein stark für die Kooperation engagierte. Diese Vertrauensbasis war gegeben, so dass organisatorische und rechtliche Probleme keine Rolle spielten.

Das übliche Problem der Aufteilung der Erträge wurde dadurch gelöst, dass die beiden Partner sich gegenseitig wie Marktteilnehmer belieferten und bezahlten und das kombinierte Gesamtprodukt auf ihren jeweiligen Märkten selbst (weiter-) verkauften.

Unter den gegeben Umständen (klare technologische Komplementarität, übersichtlicher Markt, kompetente und engagierte Kooperationsberater, gemeinsame marktfähige Innovation, geographische Komplementarität, einfache Entscheidungsstrukturen und gegenseitiges Vertrauen der Entscheidungsträger) erscheint die vorliegende Kooperation als ein funktionsfähiges Modell für deutsch-französische Unternehmenskooperationen.

Allerdings unterlag der gesamte Verlauf dieser Kooperation einer zyklischen Entwicklung: Phasen der gemeinsamen Euphorie zweier technikbegeisterter Pioniere und Phasen des Misstrauens und der Resignation lösen einander ab. Es scheint, dass dieser turbulente, komplexe und unvorhersehbare Verlauf des Projektes mit all seinen Krisen und Komplikationen dazu beigetragen hat, dass die wichtigsten beteiligten Personen gelernt haben, das Verhalten des Partners richtig einzuschätzen, so dass eine permanente formlose Zusammenarbeit auf persönlicher Ebene entstand, die als einer der wichtigsten Erfolge der Arbeit der AFAST-DFGWT gilt.

Ferner muss festgehalten werden, dass der Markt, auf dem beide Unternehmen agierten, sowohl in bezug auf die Bestellmengen als auch auf die Anzahl der Anbieter sehr begrenzt ist. Dieses "small number problem" erwies sich in diesem Fall als ein Vorteil, denn die wenigen Marktteilnehmer, die sich schon durch ihre Messetätigkeiten in ständigen Kontakt miteinander befanden, verfügten über eine klare Übersicht über das Marktgeschehen. So waren die beiden genannten Unternehmen schnell in der Lage, die wahrscheinlichen Auswirkungen und die beiderseitige Vorteilhaftigkeit ihrer Kooperation zu erkennen.

Es ist ebenfalls wichtig, die Rolle der Europäischen Union bei dieser Kooperation zu betonen und zu verstehen. Die EU-Richtlinie über Laborsicherheit schuf eine Nachfrage, die vorher nicht bestand und ohne die die Kooperation sicher nicht zustande gekommen wäre. Die Unterstützung des Kooperationsprojektes durch die Berater der von der EU finanzierten AFAST-DFGWT war in diesem Projekt besonders ausschlaggebend. Die Politik der EU hat hier also eine neue Nachfrage und ein neues Angebot, also einen neuen Markt geschaffen. Natürlich besteht die Versuchung, im Sinne der Transaktionskostentheorie hierin eine Übernahme von Transaktionskosten durch eine zentrale Instanz zu sehen. Doch ebenso wie die Thematisierung der Transaktionskosten die qualitative Natur von Transaktionshindernissen verkennt, ist die Transaktionskostentheorie ausserstande, die marktschaffende Wirkung politischer Interventionen zu verstehen. Die Markthindernisse, die in der Ausgangssituation durch unterschiedliche Industriestandards und unterschiedliche Sprachen und Kulturen bestanden, lassen sich nicht quantifizieren. Quantifizierbarkeit und Quantifizierung sind jedoch Definitionsbestandteile des Kostenbegriffs (monetär bewerteter Faktorverzehr). Wie in den meisten Fällen lassen sich also die vermeintlichen Kosten in diesem Falle nicht quantifizieren, sind also keine "Transaktionskosten", sondern "Transaktionsbarrieren" oder "Transaktionsprobleme". Hinzu kommt jedoch die Tatsache, dass hier offensichtlich nicht nur Barrieren zwischen einem existierenden Angebot und einer existierenden Nachfrage aus dem

Wege geräumt wurden, sondern dass im Zuge der politischen Intervention eine Nachfrage und ein Angebot geschaffen wurden, die vorher nicht existierten.

Schliesslich sollte erwähnt werden, dass die beiden kooperierenden Unternehmen nach ihrer eigenen Aussage den kulturellen, technologischen und professionellen *Lerneffekt*, den diese Kooperation mit sich brachte und bringt, als den wichtigsten Nutzen derselben betrachten.

VII.4.   Joint Venture in der Automatisierungtechnik

Ausgangssituation

D., eines der grössten deutschen Industriekonglomerate, hatte in den achtziger Jahren eine Anzahl von grösseren Akquisitionen getätigt, darunter das Traditionsunternehmen A., einen Hersteller von diversen elektrischen und elektronischen Produkten. In den neunziger Jahren stellte sich heraus, dass die gewünschten Synergieeffekte im Konzern ausblieben und die meisten der gekauften Unternehmen den Sprung in die Gewinnzone nicht schafften. Mit dem Beginn des Dollarverfalls geriet der exportorientierte Konzern in eine Krise und beschloss den Verkauf von Randbereichen des Konzerns, darunter auch einige Divisionen der Tochtergesellschaft A.

A. (Umsatz 1993: US$ 6,7 Mrd, 59.000 Mitarbeiter) hatte während seiner Expansionsphase u.a. den US-amerikanischen Hersteller industrieller Automatisierungssysteme M. aufgekauft und war damit, als "A.- M.", in Bezug auf seinen Weltmarktanteil in diesem Sektor auf die siebente Position vorgerückt. Nun überlegte der Konzern, ob er den Bereich Automatisierungstechnik von A. weiter ausbauen und festigen oder, wie bereits mit anderen Divisionen von A. geschehen, verkaufen oder in ein Joint Venture einbringen sollte.

Auch der französische Elektrokonzern S. (Umsatz 1994: US$ 9,6 Mrd., 91.500 Mitarbeiter), hatte in den achtziger Jahren eine Reihe von Unternehmen im In- und Ausland akquiriert und begann Anfang der neunziger Jahre, seine Aktivitäten nach Geschäftsfeldern neu zu strukturieren, mit dem Ziel, in jedem der neuen Geschäftsfelder eine weltweite Spitzenposition zu erreichen. So gab es unter den angestammten und zugekauften Unternehmen mehrere Geschäftsfelder, die im Bereich programmierbare Automaten für die Steuerung und Kontrolle industrieller Fertigungsprozesse tätig waren. Diese wurden in dem strategischen Geschäftsfeld "programmierbare Automaten" zusammengefasst, welche mit einem Marktanteil von 7% weltweit an sechster Stelle stand.

Die strategische Analyse dieses Geschäftsfeldes zeigte, dass seine internationale Präsenz im Ganzen gut war, aber einige Schwächen aufwies: So war die Position in Deutschland relativ schwach (aufgrund der dort notwendigen hohen Vertriebsanstrengungen) und die in den USA nur mittelmässig (Problem unterschiedlicher Normen). In Südost-Asien war sie sogar relativ schwach. Daher suchte S. nach industriellen Partnern mit komplementärem strategischen Profil.

Kontaktaufnahme

Die Kontaktaufnahme zwischen den Unternehmen erfolgte, wie bei strategischen Umgruppierungen dieser Grössenordnung üblich, durch professionelle und spezialisierte Berater, die - nach einer strategischen Markt- und Konkurrenzanalyse - Vorschläge ausarbeiteten, Kontakt zu den Verantwortlichen aufnahmen und die entsprechenden Treffen und Verhandlungen organisierten.

Die Verhandlungen

Aufgrund der eindeutigen Komplementarität der Geschäftsbereiche der beiden Konzerne, die sich zudem beide in der Verlustzone befanden, gingen die Verhandlungen relativ konfliktlos voran. Die beiden Seiten einigten sich auf die Schaffung eines 50%/50%-Joint Ventures "A.S. Automatisierung". Die delikate Frage des Geschäftssitzes wurde dadurch gelöst, dass der juristische Geschäftssitz nach Paris und der operationelle Geschäftssitz nach Deutschland verlegt wurde. Als Geschäftsführer ("Président Directeur Général, PDG) wurde ein Franzose benannt, der jedoch mit seinen drei Vorstandskollegen in dem deutschen Firmensitz von "A.-M." angesiedelt wurde.

Die offizielle Gründung und Einschreibung des Gemeinschaftsunternehmens erfolgte am 1. Januar 1995. Zu diesem Zeitpunkt verfügte A. S. Automatisierung über weltweit 2.500 Mitarbeiter, davon 1.000 in Frankreich, verteilt auf die drei Standorte Sophia Antipolis und Carros (bei Nizza) für Forschung und Entwicklung und Grenoble für die Produktion, 600 Mitarbeiter in Seligenstadt (F&E und Produktion), 800 Mitarbeiter in Massachussets und 100 in North Carolina.

Der Umsatz des Joint Ventures betrug US$ 550 Mio, die F&E-Ausgaben US$ 70 Mio (12%). Der Weltmarktanteil des neuen Unternehmens betrug 14%, damit befand es sich weltweit auf zweiter Position (hinter dem deutschen Konzern S.) und verdrängte damit den bisherigen Zweiten, die US-amerikanische Firma A., an die dritte Stelle.

Fortgang

Wichtige Synergien ergaben sich sofort auf Vertriebsebene: Die gesamte Produkt- und Servicepalette von A. S. Automatisierung wird seit dem 1.1.1995 in sämtlichen Niederlassungen der enormen weltweiten Vertriebsnetze der beiden jeweiligen Muttergesellschaften angeboten.

Ferner arbeiten die europäischen Niederlassungen gemeinsam an der Entwicklung einheitlicher und standardisierter Produkte und der Entwicklung neuer gemeinsamer Produkte entsprechend den europäischen Normen.

Weitere Synergien beginnen sich im Bereich des Einkaufs abzuzeichnen. Durch eine Standardisierung der Vorprodukte und die Konzentration auf eine reduzierte Anzahl der Zulieferer beginnen die Einkaufspreise durch erhöhte Bestellmengen spürbar zu sinken.

Zwischen den deutschen, amerikanischen und französischen Teams wurden Personalaustäusche und Auslandsentsendungen vorgenommen, die durch Sprach-und Vorbereitungsseminare begleitet wurden. Nach Aussage eines Direktors ist der Lerneffekt durch diese interkulturelle Schulung und die internationale Integration der Teams für alle Mitarbeiter "enorm".

Im Frühjahr 1996 verkaufte A. seinen 50%-Anteil an S., welches die nun 100%ige Tochtergesellschaft in "S. Automation" umtaufte. Diese Operation war, nach Angaben eines Direktors von S., von Anfang an vorgesehen.

Analyse/Interpretation

Bei dieser Kooperation handelt es sich in mehrerer Hinsicht um einen seltenen Einzelfall: Es ist einer der wenigen industriellen deutsch-französischen Kooperationen einer gewissen Grössenordnung, die ohne jegliches Zutun und ausserhalb des Einflusses öffentlicher Instanzen zustandekam.

Auch wenn A.s Muttergesellschaft D. in mehreren bedeutenden deutsch-französischen Kooperationsprojekten engagiert ist, die wesentlich von öffentlichen Instanzen gefördert werden, was einen gewissen politischen Einfluss auf D.s Konzernstrategie ausübt, so gibt es doch keine Hinweise auf eine politische Einflussnahme im Rahmen der Schaffung dieses Joint Ventures im Bereich der Automatisierungstechnik.

Der Schritt ergab sich für beide Konzerne aus reinen wirtschaftlich-strategischen Überlegungen und relativ offensichtlichen Synergiepotentialen. Dabei ist zu bemerken, dass beide Konzerne in einer Notlage waren, die durch die Rezession 1992/93 und den Dollarverfall noch verschärft wurde.

Nur dauerte dieses Joint Venture nicht viel länger als ein Jahr. Die Frage, warum A. seine Aktivitäten nicht gleich in einem Schritt an S. verkauft hat, muss offen bleiben. Wahrscheinlich wollte sich die Konzernführung beide Optionen zunächst noch offenhalten: Weiterführung des Joint Ventures oder Verkauf der Anteile, abwartend, wie die konkrete Zusammenarbeit und die allgemeine Situation im Joint Venture sich entwickeln würde. Möglicherweise auch, um emotionale Reaktionen in der Belegschaft zu verhindern und ein langsames gegenseitiges Kennenlernen zu ermöglichen. Auf jeden Fall erscheint die Operation im Nachhinein als eine reine, wenn auch verzögerte, M&A-Transaktion. Da sie auf freundschaftliche und von beiden Seiten gemeinsam geplante und koordinierte Weise stattfand, könnte man diese M&A-Transaktion vielleicht als wirkliche Unternehmenskooperation bezeichnen. Hier zeigt sich, wie fliessend die Grenzen sind. Auf einer betrieblichen und menschlichen Ebene handelt es sich zweifellos um eine Kooperation, denn deutsche und französische Teams wurden gemischt und sollen nun auf Dauer zusammenarbeiten, ausserdem wurde auch nach der Übernahme des Gesamtkapitals durch S. der operationelle Geschäftssitz mit Präsenz des Vorstands in Deutschland beibehalten, so dass dem Unternehmen eine "multikulturelle Identität" zugeschrieben werden kann.

VII.5. Schaffung eines Kapitalmarktes für mittelständische Unternehmen

Seit Beginn der Rezession 1992 mehrten sich die Beiträge von Politikern und Ökonomen in Frankreich, die die entscheidende Rolle von mittelständischen Unternehmen sowohl für den Erhalt und die Schaffung von Arbeitsplätzen als auch im Bereich der Innovation und des technologischen Wandels hervorhoben. Ein wichtiger Punkt im Reformprogramm der neuen konservativen Mehrheit nach den Parlamentswahlen 1993 war die Verbesserung der Bedingungen für kleine und mittelständische Unternehmen. Gleichzeitig verfolgte die Europäische Kommission eine ähnliche Politik durch Forschungs- Entwicklungs- und Mittelstandsprogramme und betonte die Rolle von Innovations- und Technologiezentren bei der Verteidigung der europäischen Konkurrenzfähigkeit, insbesondere in der Informations- und Kommunikationstechnologie.

Die Société des Bourses Françaises, Trägerin der französischen Wertpapierbörsen, befand sich bereits seit dem Beginn der achtziger Jahre in einem Prozess der Deregulierung, insbesondere mit der Schaffung des "Second Marché" für Titel mit einem mittelgrossen Volumen, und der Terminbörse MATIF.

Kritiker des französischen Finanzsystems verwiesen auf die dynamisierende Rolle der NASDAQ in den USA, die den Erfolg von Silicon Valley möglich gemacht habe und es nun den amerikanischen Unternehmen ermögliche, den weltweiten Kampf um die wachsenden Multimedia- und Biotechnologie-Märkte für sich zu entscheiden.

In diesem Klima entschied die SBF die Gründung eines "Nouveau Marché", eines neuen Kapitalmarktes für innovative kleine und mittelständische Unternehmen, für die die Eintrittsbarrieren in den "Second Marché" noch zu hoch sind, ab Februar 1996 in Paris.

Parallel dazu versuchte die evca (European Venture Capital Association), Anhänger für die Idee eines "EASDAQ" zu finden und setzt sich bei der Brüsseler Kommission für einen solchen Markt auf europäischer Ebene ein, um die kritische Masse zu erreichen, die notwendig ist, um auch Grossanleger (v.a. amerikanische Pensionsfonds) für eine solche Börse zu interessieren und somit einen effizienten Markt für Risikokapital in Europa zu schaffen.

Anfang des Jahres 1995 übernahm die AFAST-DFGWT die Initiative: Pierre Laffitte, Präsident der AFAST und Gründer des Technologieparks Sophia Antipolis, versuchte, die Entscheidungsträger in der SFB zu überzeugen, dass ein französischer Alleingang zu vermeiden sei und der Versuch gemacht werden sollte, mit der Deutschen Börse AG zu kooperieren.

Während die Vorbereitungen zur Gründung des Nouveau Marché anliefen (Gründung der Société du Nouveau Marché als Filiale der SBF, Bildung einer Kerngruppe von Banken als Referenzintermediäre des Nouveau Marché), nahmen die Verantwortlichen der SBF erste Kontakte bzgl. eines Gedankenaustauschs über den Nouveau Marché mit der Deutschen Börse AG auf.

Diverse Kontake zwischen den beiden Börsengesellschaften bestanden bereits seit langem. Sie hatten in den achziger Jahren bereits zu einem Kooperationsabkommen zwischen MATIF (der französischen Terminbörse) und der Deutschen Terminbörse geführt. Ferner bestehen regelmässige Kontakte durch Informationsveranstaltungen und Arbeitsgruppen der Börsengesellschaften im internationalen Rahmen.

Nach einem ersten Gedankenaustausch erklärte die Deutsche Börsen AG ihre generelle Offenheit gegenüber Kooperationsvorschlägen. Im Frühjahr 1995 beschlossen die SBF und die AFAST, eine breite Diskussion zwischen Verantwortlichen der beiden Länder in Gang zu setzen und die Deutsche Börsen AG sowie Vertreter deutscher Banken und Ministerien zu einer Arbeitssitzung einzuladen, um die Formen einer möglichen Kooperation der beiden Gesellschaften zur Schaffung einer gemeinsamen Börse für innovative mittelständische Unternehmen zu erörtern.

Ende April begann die AFAST mit der Organisation dieser Sitzung in enger Abstimmung mit der SBF. Von französischer Seite wurden eingeladen: Vier Vertreter der SBF, ein Verteter des Forschungsministeriums, zwei Vertreter der französischen Börsenaufsichtsbehörde, ein Vertreter der Industrie, ein Börsenmakler, ein Vertreter einer Grossbank und zwei Vertreter von staatlichen Innovationsförderungs- und Beteiligungsinstituten, die die Einladung annahmen, sowie weitere Vertreter von Grossbanken, Beteiligungsinstitutionen und dem Wirtschaftsministerium, die jedoch die Einladung absagten.

Von deutscher Seite wurden eingeladen: Ein Vertreter des Wirtschaftsministeriums, ein Vertreter des Forschungsministeriums, ein Börsenmakler, ein Vertreter eines Kapitalanlageinstituts, ein Vertreter des Berliner Senats, ein Vertreter des Bayerischen Wirtschaftsministeriums und ein Vertreter eines Beteiligungsunternehmens, welche die Einladung annahmen. Was die Deutsche Börsen AG betrifft, wurden drei Personen eingeladen. Leider musste der Vorstandsvorsitzende letztlich absagen. Der Manager für internationale Kooperationen, ein Engländer, sagte zunächst zu. Aufgrund seiner mangelnden Deutsch- und Französischkenntnisse wurden Vorkehrungen für eine Übersetzung in Englisch vorbereitet. In letzter Minute sagte er jedoch - aus terminlichen Gründen - doch ab, so dass letztlich nur ein Vertreter der Deutschen Börse AG die Einladung annahm.

Eine weitere wichtige Person, der Vertreter der deutschen Börsenaufsichtsbehörde, sagte ebenfalls ab, ebenso wie die eingeladenen Vertreter deutscher Grossbanken und Industrieunternehmen.

Die Kontaktaufnahme mit den deutschen Entscheidungsträgern verlief unter Mithilfe der Französischen Botschaft in Bonn, dem Bundeswirtschaftsministerium sowie der DFGWT. Es zeigte sich, dass mehrere deutsche Persönlichkeiten mit der Begründung absagten, die evca-Initiative, die den Grossteil der EU-Länder umfasste, sei bilateralen Initiativen vorzuziehen. Von französischer Seite (SBF) war während der Vorbereitungsphase zu hören, dass ein rein französischer Markt nicht die notwendige kritische Grösse erreichen könne und dass eine Zusammenarbeit mit der Frankfurter Börse ihm diese Grösse verschaffen könnte. Ferner würden sich alle anderen europäischen Länder im Falle einer erfolgreichen Kooperationsvereinbarung sofort der deutsch-französischen Initiative anschliessen, und der Kampf gegen die "Konkurrenz" (vorwiegend der neu eröffnete Londoner 'Alternative Investment Market' und der Brüsseler "EASDAQ") wäre gewonnen. Von Seiten der französischen Aufsichtsbehörde wurde ferner argumentiert, der geplante EASDAQ sehe zwar die Installation von Trading-Terminals an allen europäischen Finanzplätzen vor, sei aber dennoch kein wirklich europäischer Markt, da er formell dem belgischen Börsenaufsichtsrecht unterliege.

Die Verhandlungen

Die Gespräche begannen in informeller Atmosphäre an einem Sonntag abend in der Nähe von Nizza mit Museumsbesuch und Abendessen. Die Arbeitssitzung dauerte den ganzen Montag. Sie begann mit zwei verlesenenen Grussworten des französischen Wirtschaftsministers und der französischen Forschungsministerin, die ihre Hoffnung auf einen positiven Ausgang der Gespräche übermittelten.

Anschliessend begannen die Gespräche, unterstützt durch Simultanübersetzung. Die Vertreter der SBF, der Industrie und der Börsenaufsichtsbehörde stellten das Konzept des Nouveau Marché vor. Sie erklärten, dass dieser Markt so schnell wie möglich eine europäische Dimension erhalten müsse, um erfolgreich zu funktionieren. Die hohe Anzahl von mittelständischen Unternehmen in Deutschland biete eine grosse Chance, die Anzahl der jährlich an diese Börse eingeführten Unternehmen erheblich zu erhöhen und somit das Volumen und die Liquidität des Marktes zu erhöhen. Leider existiere bisher keine europäische Börsenaufsichtsbehörde und keine entsprechende Gesetzgebung. Eine neue Börse, selbst wenn sie eine europäische Tragweite erhalte, sei deshalb zwangsläufig nationalem Wertpapierrecht unterworfen, der Nouveau Marché somit französischem Recht.

Der Vertreter des Bundeswirtschaftsministeriums gab zunächst eine Beschreibung des Kapitalmarktes für mittelständische Unternehmen in Deutschland: Dort bevorzugen die Unternehmen traditionell die Finanzierung über den Bankkredit, die Beziehungen mit den Banken seien intim, stabil und decken mehrere Dienstleistungsparten ab. Die Eigenkapitalfinanzierung über die Börse sei bei Mittelständlern wenig verbreitet aufgrund ihrer hohen Kosten, der Scheu vor einschränkenden Publizitätspflichten und des möglichen Verlusts der alleinigen Führungsverantwortung. Er stellte die Frage an die Vertreter der SBF, wie sie gedenken, ohne funktionierenden Sekundärmarkt eine ausreichende Liquidität am Nouveau Marché zu erreichen.

Der Vertreter der Deutschen Börse AG stellte anschliessend die strategische Stellung der Frankfurter Börse vor: Ihre Stärken seien die Stärke der deutschen Industrie und die relativ niedrigen laufenden Kosten, die Schwächen seien eine mangelnde Liquidität und ein schwacher

Sekundärmarkt. Die deutsche Börse AG befinde sich derzeit in einer Umstrukturierungsphase mit der Schaffung von drei strategischen Geschäftsfeldern. In einer dieser drei Geschäftsfelder bestehe eine Abteilung für mittelständische Unternehmen. Sie sei nicht, wie die "Société du Nouveau Marché" (SNM) als Tochtergesellschaft, sondern als reine Abteilung organisiert, die Eintrittsbarrieren seien etwas höher als die des Nouveau Marché. Eine mögliche Zusammenarbeit mit der französischen Börse, wenn sie "nicht nur medienwirksam, sondern wirklich nützlich" sein solle, könne seiner Ansicht nach in drei Bereichen stattfinden: Eine gemeinsame Kommerzialiserung von Titeln, eine gemeinsame Systemnutzung beim Börsenbetrieb oder eine Beteiligung der Deutschen Börsen AG an der "Société du Nouveau Marché".

Im folgenden nutzten die anwesenden deutschen Beteiligungshäuser und Wertpapiermakler die Gelegenheit, um die Deutsche Börsen AG zu kritisieren: Sie vertrete einseitig die Interessen der deutschen Grossbanken, sei unbeweglich und überreglementiert. Ein Vertreter eines Beteiligungsunternehmens sagte, er habe die Hoffnung auf die Frankfurter Börse bereits aufgegeben und plane daher, alle seine Beteiligungsunternehmen demnächst am amerikanischen NASDAQ einzuführen, wo die Investoren enthusiastisch, die Banken flexibel und die Finanzanalysten höcht kompetent seinen.

Ein deutscher Makler und Finanzberater bemerkte, es sei für Nicht-Banken unmöglich, an der Frankfurter Börse ein Unternehmen einzuführen, daher habe er sich mit einem französischen Kollegen verbündet, um deutsche und osteuropäische mittelständische Unternehmen am Nouveau Marché einzuführen.

Der Vertreter des Berliner Senats erklärte seine volle Solidarität mit den Plänen der SBF, auch er kenne eine grosse Anzahl von kleinen, dynamischen Unternehmen in und um Berlin, für die er gerne eine regionale Börse gründen und diese mit dem Nouveau Marché vernetzen würde, eine Idee, die von dem Vertreter der Deutschen Börse AG abgelehnt wurde.

Es folgten weitere Diskussionen über die für den Nouveau Marché vorgesehenen Reglementierungen.

Zu Ende der Diskussion waren alle Beteiligten sich darüber einig, dass neue Märkte für kleine und mittelständische Unternehmen mit hohen Wachstumsraten absolut notwendig seien, um einen Innovationsschub in Europa auszulösen, dass das europäische Finanzsystem bisher dazu nicht in der Lage sei und sich an dem Modell der NASDAQ orientieren sollte, dass aber im Übrigen noch diverse Unsicherheiten und Probleme verblieben, insbesondere das Fehlen eines einheitlichen europäischen Börsenaufsichtsrechts.

Fortgang

Im Anschluss an die Sitzung nahm die AFAST-DFGWT erneut Kontakt mit dem Vertreter des Wirtschaftsministeriums (und Berater des Bundeswirtschaftsministers) auf, um eine mögliche politische Initiative zugunsten der Kooperation der beiden Börsen zu starten. Der Vertreter des Bundeswirtschaftsministeriums zeigte sich skeptisch: Er habe auf seine entscheidende Frage nach der möglichen Liquidität des Nouveau Marché keine befriedigende Antwort erhalten und zögere daher, dem Minister eine entsprechende Empfehlung zu unterbreiten. Nach dem derzeitigen Konzept der neuen Börse könne er deutschen Mittelständlern nicht ohne Vorbehalte die Einführung am Nouveau Marché raten.

Die AFAST-DFGWT kontaktierte aufs Neue einige der Vertreter der Beteiligungsunternehmen und lud sie ein, ihre Unternehmen bei einer Veranstaltung im September in Paris vorzustellen und für eine Einführung am Nouveau Marché im Februar 1996 vorzuschlagen. Der Erfolg blieb aus.

Über den Fortgang der bilateralen Gespräche zwischen SBF und Deutscher Börse AG ist nichts bekannt.

Aufgrund dieser nicht geglückten Verständigung und dem Fehlen seriöser Initiativen im Anschluss an diese Verhandlung wurde die Operation auf Seiten der AFAST-DFGWT zunächst als Scheitern empfunden.

Anfang des Jahres 1996 jedoch gründeten die SBF und die belgische Börsengesellschaft eine Kooperation mit dem Namen "EuroNM". Diese Kooperation hatte das EU-Statut eines GEIE (Groupement Européen d'Intérêt Economique), zielte auf die Börseneinführung von dynamischen mittelständischen Unternehmen in beiden Ländern und lud andere europäische Börsengesellschaften zum Beitritt ein. Die deutsche Börsen AG schloss sich (als einzige europäische Börsengesellschaft) sofort dieser Struktur an und legte somit die Grundlage für die Möglichkeit, deutsche Mittelständler am Nouveau Marché in Frankreich und französische an der neuen Mittelstandsbörse in Deutschland einzuführen. Die Frage, inwieweit die Entscheidung der Deutschen Börsen AG von der Initiative der AFAST-DFGWT beeinflusst wurde, ist selbstverständlich schwer zu beantworten.

Analyse/Interpretation

Zunächst ist zu bemerken, dass die Kooperationsanfrage von französischer Seite ausging und dass diese Initiative zumindest z.T. politischer Art war: Das drückende Problem der Arbeitslosigkeit in Frankreich war das Hauptmotiv, um den Versuch zu machen, die mittelgrossen Unternehmen, erwiesenermassen die wichtigsten Schaffer von Arbeitsplätzen, zu unterstützen und zu dynamisieren.

Die Diskussion mit den deutschen Entscheidungsträgern zeigte zur Überraschung der Franzosen, dass die Arbeitslosigkeit in Deutschland nicht in dem Masse als dramatisch empfunden wird, dass sie - wie in Frankreich - die politische Diskussion dominiert und Entscheidungsträger auf allen Ebenen mobilisiert.

Entsprechend versuchten die Vertreter der SBF auch bei der Vorbereitung der Sitzung, die notwendigen Kontakte v.a. über politische Wege zu erhalten. Obwohl der Vertreter des Wirtschaftsministeriums die Initiative voll unterstützte und über einige wertvolle Kontakte im Bankenmilieu verfügte, hatten seine Möglichkeiten Grenzen, ebenso wie die der französischen Botschaft. Auf der anderen Seite verfügte keiner der französischen Beteiligten über Kontakte mit den deutschen Grossbanken oder Kapitalbeteiligungsgesellschaften.

Es entstand der Eindruck, dass die französische Seite die Möglichkeiten politischer Steuerung und Einflussnahme im Wirtschaftsbereich in Deutschland deutlich überschätzten.

Ferner schienen die Franzosen nicht vorbereitet auf das Argument, dass die deutschen Mittelständler mit dem deutschen Bankensystem auf der Kreditseite recht gut bedient seien und die Notwendigkeit einer neuen Börse gar nicht als so dringend empfinden. Auch im Vorfeld der Sitzung schienen die Vertreter der SBF nicht daran gedacht zu haben, dass die Bedürfnisse der deutschen Unternehmen nicht unbedingt dieselben sein müssten wie die der französischen.

Weder im Vorfeld noch während der Verhandlung machten die Franzosen irgendwelche Anstalten, diese Argumente zu berücksichtigen oder miteinzubeziehen. Keiner der Beteiligten schien eine genauere Kenntnis der deutschen Finanzsystems zu besitzen.

Bei der Vorbereitung der Gespräche fiel das relativ geringe Interesse auf, das die Deutschen der französischen Initiative entgegenbrachten. Wichtige Persönlichkeiten, die eine entscheidende Rolle bei der Kooperation hätten spielen können, darunter die im Aufsichtsrat der Deutschen Börsen AG vertretenen Manager der Grossbanken, die Verantwortlichen der Aufsichtsbehörse, aber auch Schlüsselpersonen der Deutschen Börsen AG, sagten, aus terminlichen oder anderen Gründen, ab. Der britische Manager für internationale Kooperationen, der ursprünglich zugesagt hatte, bemerkte am Telefon, er werde sicher weniger vorsichtig sein als sein Kollege und einer Kooperation mit Paris sehr viel offener gegenüber stehen. Letztlich schien es, dass die Deutsche Börsen AG lediglich einen Abgesandten zu der Verhandlung schickte, um einen ersten Eindruck zu gewinnen, während die französische mit vier Vertretern der SBF antrat und hochplazierte Entscheidungsträger mobilisierte, darunter sogar zwei Minister, um die Verhandlungen mit höchster Dringlichkeit zu einem positiven Abschluss zu bringen.

Hierdurch entstand ein auffallendes Missverhältnis, und der Vertreter der Deutschen Börsen AG befand sich bei der Sitzung in der Rolle des Aussenseiters anstatt in der des Verhandlungsführers.

Dieses Missverhältnis spiegelt auch die unterschiedlichen Zeitvorstellungen der beiden Seiten wider. Während die deutsche Seite sich so verhielt, als ob es sich um den Beginn eines möglicherweise langen Annäherungs- und Vertrauensbildungsprozesses handelte, befand sich die französische Seite in einer Situation des Zeitdrucks: Acht Monate später sollte die Börse in Betrieb gehen, und plötzlich wurde den Verantwortlichen klar, dass sie jedoch in dem bisher geplanten nationalen Rahmen wohl nicht lebensfähig sein könnte. So mussten nun so schnell wie möglich die "Deutschen" in die französische Initiative "eingebunden" werden, damit der Zeitplan eingehalten werden könne.

Während der Verhandlung fiel weiterhin auf, dass die beiden Seiten stellenweise aneinander vorbeiredeten. Auf die Einwände und Fragen des Vertreters des Bundeswirtschaftsministeriums wurde von französischer Seite nicht eingegangen. Statt dessen wurden die Ziele und die Organisationsphilosophie des Nouveau Marché wiederholt und ausgiebig präsentiert. Nachdem die SBF die Deutsche Börse AG formell zu einer Kooperation einlud, und deren Vertreter vier mögliche Kooperationsfelder nannte, wurde darauf nicht weiter eingegangen. Die Möglichkeit einer Kapitalbeteiligung an der SNM wurde nicht weiter diskutiert.

Schliesslich fiel die allgemeine Zurückhaltung auf, mit der der Vertreter der Deutschen Börse AG auf das Kooperationsangebot der SBF reagierte. Seine Rede folgte streng einem Manuskript, und es entstand der Eindruck, dass er nicht befugt sei, seinen Gesprächspartnern irgendwelche Zusagen zu machen. Es entstand kein persönlicher Dialog oder informeller Meinungsaustausch mit den Vertretern der SBF, die Atmosphäre blieb kühl. Auch die halb-öffentliche Situation mit insgesamt dreissig Teilnehmern aus diversen Bereichen verhinderte eine intensivere Annäherung zwischen den beiden letztlich entscheidenden Parteien, der SBF und der Deutschen Börsen AG.

Hier stellt sich die Frage nach der Angemessenheit der Organisation der Gespräche. Bereits im Vorfeld trat die SBF mit dem Ziel und Anspruch auf, eine breite politische und gesellschaftliche Diskussion zu entfachen und leistete daher Überzeugungsarbeit in der politischen Sphäre in Deutschland. Gleichzeitig hatte sie jedoch das Ziel, die Deutsche Börse AG für konkrete gemeinsame Schritte zu gewinnen. Ob die Arbeitssitzung dem letzteren Ziel dienlich war, erscheint zweifelhaft. Dennoch bestand die SBF auf einer breiten Teilnehmerbasis, so dass es für die deutschen Teilnehmer nicht unbedingt klar war, ob es sich um eine Diskussionsveranstaltung oder um eine konkrete bilaterale Verhandlung zwischen zwei Unternehmen handele. Das Missverhältnis in Ziel und Form der Verhandlungsanbahnung scheint auf unterschiedliche Usancen und Formen von Kontaktaufnahme und Verhandlungsführung hinzuweisen.

Die Faktoren, die eine schnelle und effiziente Kooperation der beiden Unternehmen SBF und Deutsche Börsen AG behinderten und die, die sie förderten, lassen sich klar erkennen: Die Macht der Grossbanken in Deutschland und die Macht des Staates in Frankreich, der Mangel an Kontakt sowie die Berührungsängste zwischen diesen beiden Machtträgern, unterschiedliche Erwartungen, Missverständnisse und Kommunikationsbarrieren sowie das Fehlen eines gemeinsamen Börsenrechts (m.a.W. das Fehlen eines gemeinsamen Marktes für *"corporate control"*) behinderten die Kooperation, während die gemeinsame Angst vor dem Verlust der Wettbewerbsfähigkeit, die wachsende Dominanz der USA in bestimmten Bereichen sowie die juristischen und politischen Instrumente der Europäischen Union der Kooperation förderlich waren.

VII.6.   Gemeinsame Entwicklung von Satelliten und Lenkflugkörpern

<u>Ausgangssituation</u>

Die deutsch-französische Kooperation in der Luft- und Raumfahrtindustrie geht bis in die 50er Jahre zurück. Damals beschränkte sie sich auf einige Zulieferarbeiten deutscher Unternehmen für französische Geräte wie den Noratlas 2501. Hinzu kamen gemeinsame Entwicklungsarbeiten für das Transportflugzeug Transall in den sechziger Jahren. Die Kooperationsbeziehungen verdichteten sich in der Folge des Elysee-Vertrages 1963 und führten in den siebziger Jahren, noch in einer Phase des weltweiten Marktwachstums, zu institutionalisierten Kooperationsbeziehungen, v.a. Airbus und Euromissile (zwischen den Staatsunternehmen Aérospatiale und Messerschmitt-Bölkow-Blohm (MBB)).

Diese beiden Unternehmen begannen in den achtziger Jahren, im Rahmen deutsch-französischer Rüstungs- und Zivilprogramme, auch im Bereich der Entwicklung von Hubschraubern zusammenzuarbeiten.

Gleichzeitig begann der Daimler-Benz-Konzern in Deutschland mit einer expansiven Akquisitionsstrategie im Bereich Elektronik, Luft- und Raumfahrt. Die im Rahmen dieser Expansion akquirierten Firmen MBB, Dornier und MTU sowie einige Divisionen von AEG wurden 1989 in der neugegründeten Tochtergesellschaft "Deutsche Aerospace" verschmolzen, so dass folgende Konzernstruktur entstand:

Konzernstruktur DASA

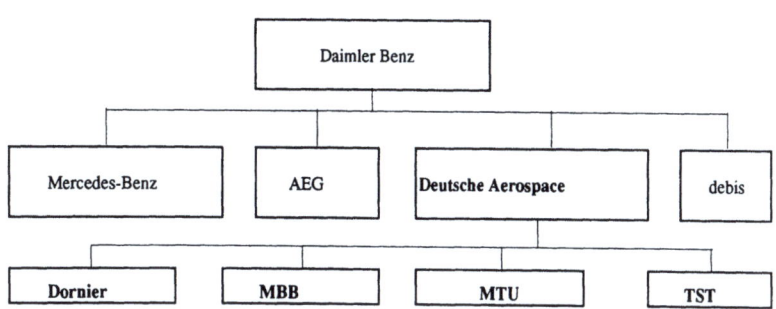

Mit dem Fall der Berliner Mauer, dem Zusammenbruch des Warschauer Pakts und der deutschen Wiederveinigung begann sich die bis heute andauernde weltweite Krise des Marktes für Rüstungsgüter abzuzeichnen. Gleichzeitig entwickelte sich die Perspektive einer zunehmenden europäischen Integration im Vorfeld des europäischen Binnenmarktes und des Maastricht-Vertrages.

Vor diesem strategischen Hintergrund intensivierte der staatliche französische Konzern Aérospatiale seine Bemühungen um internationale Kooperationen und Allianzen. Anfang der neunziger Jahre sah er sich einem schwindenden Bestand an Militäraufträgen, Verlusten und einer chronisch unzureichenden Eigenkapitaldecke ausgesetzt. Die einzigen Wachstumsquellen waren die zivilen Kooperationsprogramme, v.a. der Airbus. Daher machte Aérospatiale es sich zum Ziel, den Rüstungsanteil seines Umsatzes zu senken und die internationalen Kooperationsaktivitäten, insbesondere mit Deutsche Aerospace (DASA) zu erhöhen.

Umsatzstruktur Aérospatiale 1991

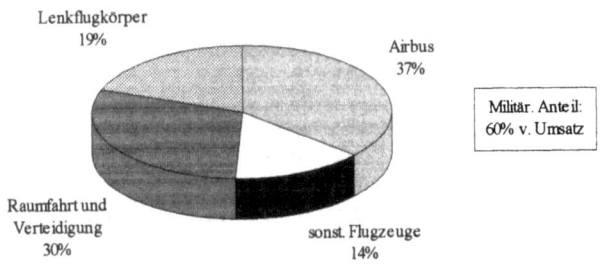

Umsatz Aérospatiale 1991*

Lenkflugkörper 19%

Airbus 37%

Militär. Anteil: 60% v. Umsatz

Raumfahrt und Verteidigung 30%

sonst. Flugzeuge 14%

Quelle: Jahresbericht Aérospatiale 1991   ** Eurocopter noch nicht konsolidiert*

Gestützt von der erfolgreichen gemeinsamen Entwicklung des Hubschraubers "Tiger" und der Entscheidung der Regierungen Deutschlands, Frankreichs, Italiens und der Niederlanden, einen neuen militärischen Transporthubschrauber "NH 90" zu entwickeln, beschlossen Aérospatiale und DASA 1991 die Gründung der gemeinsamen Gesellschaft Eurocopter. Dieser Beschluss wurde als die einzige Möglichkeit gesehen, in einer Situation härtester weltweiter Konkurrenz das Überleben einer europäischen Hubschrauberindustrie zu sichern und durch die weitere Verknüpfung von Aérospatiale und DASA auch in anderen Bereichen der Luft- und Raumfahrt Synergien zu schaffen.

Die Verhandlungen über die Kapital- und Stimmrechtsverhältnisse in dem neuen Gemeinschaftsunternehmen gestalteten sich schwierig und dauerten etwa zwei Jahre. DASA glich schliesslich das deutliche Untergewicht seiner Hubschraubaktivitäten gegenüber Aérospatiale durch die Barzahlung von DM 300 Mio DM aus. Diese Summe half Aérospatiale, seine Kapitalschwäche vorübergehend auszugleichen und ermöglichte DASA, seinen Kapitalanteil an der Eurocopter Holding auf immerhin 40% und seinen Stimmrechtsanteil für strategische Entscheidungen auf 50% zu bringen, so dass 1992 die folgende Struktur entstand:

Aktionärsstruktur Eurocopter:

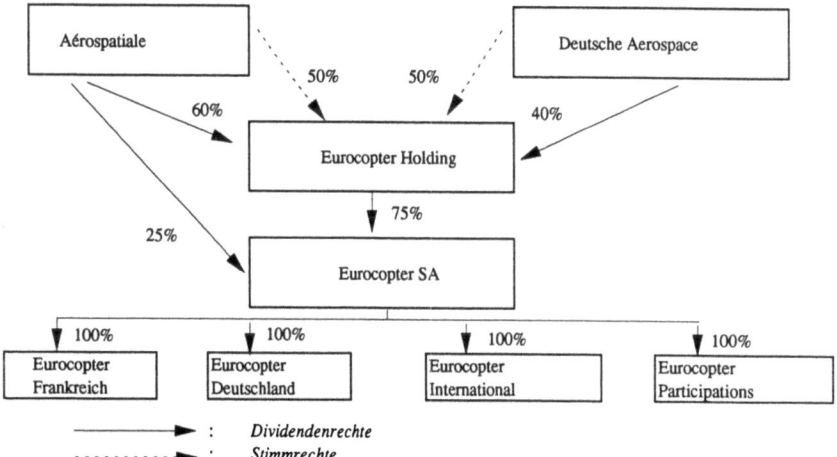

In den Folgejahren setzte sich die Schrumpfung des weltweiten Hubschraubermarktes fort, hinzu kamen noch die Rezession und der Dollarverfall. Eurocopter befindet sich daher seit seiner Gründung in einer schwierigen Situation, gekennzeichnet durch Verluste und Entlassungen. Dennoch wird die Entscheidung, durch die immerhin ein neuer Weltmarktführer geschaffen wurde, von den Beteiligten als richtig und notwendig beurteilt.

Die Gründung von Eurocopter gab Anlass zu Personalentsendungen und -austäuschen und somit zu umfangreichen Diskussionen und Seminaren zum Thema des interkulturellen Managements. Die internen Bemühungen um eine harmonische Zusammenarbeit zwischen Deutschen und Franzosen erwiesen sich als eine entscheidende Voraussetzung für den Erfolg des Gemeinschaftsunternehmens und wurden zu einer regelrechten Fundgrube für Berater und Forscher im Bereich des interkulturellen Managements.

Die offensichtliche Lebensfähigkeit des Eurocopter-Modells ermunterte die beiden Unternehmen, über ähnliche Gemeinschaftsunternehmen in den Bereich der Satelliten und der Lenkflugkörper nachzudenken. Die existierenden lockeren Konsortialvereinigungen (Groupements Européens d'Intérêt Economique), die sich ursprünglich um staatliche Entwicklungsaufträge bildeten, um öffentlichen Ausschreibungen mit realisierbaren Projekten zu begegnen, erschienen als Kooperationsform nicht mehr ausreichend, um auf den weltweiten Konkurrenz- und Kostendruck zu reagieren. Der Rückgang staatlicher Forschungsaufträge und die steigende Bedeutung der zivilen Projekte schienen eine Zusammenlegung auch der Forschungs- und Entwicklungsressourcen zu erfordern, und das Wachstum des Telekommunikationsmarktes legte die Gründung von Unternehmen nahe, die die kritische

Grösse besassen, um an den grossen Infrastrukturprojekten teilzunehmen und der starken US-amerikanischen Konkurrenz zu trotzen.

Hinzu kam die rasante Entwicklung der DASA, die diese bei internationalen Grossprojekten sowie Restrukturierungsüberlegungen zunehmend zu einem obligatorischen Ansprechpartner für Kooperationsverhandlungen machte. Der Vorstandsvorsitzende Jürgen Schrempp erhöhte in den Krisenjahren 1991-1993 den Gruppenumsatz von DM 12,3 Mio auf DM 18,6 Mio und machte die DASA damit zum grössten europäischen Luft- und Raumfahrtkonzern. Die folgenden Graphiken zeigen die Situation der beiden europäischen Marktführer im Jahr 1993:

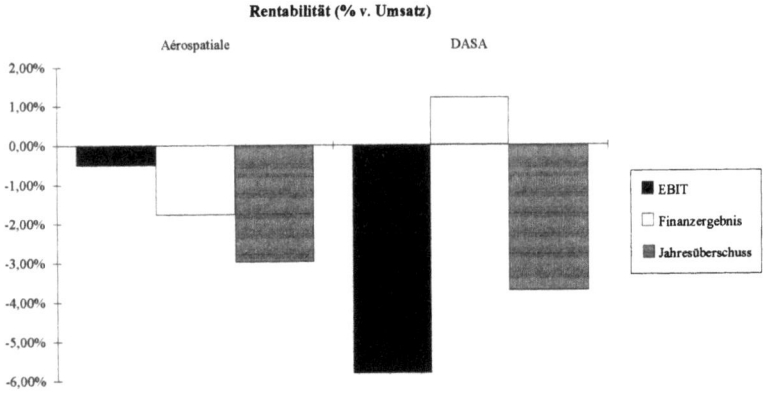

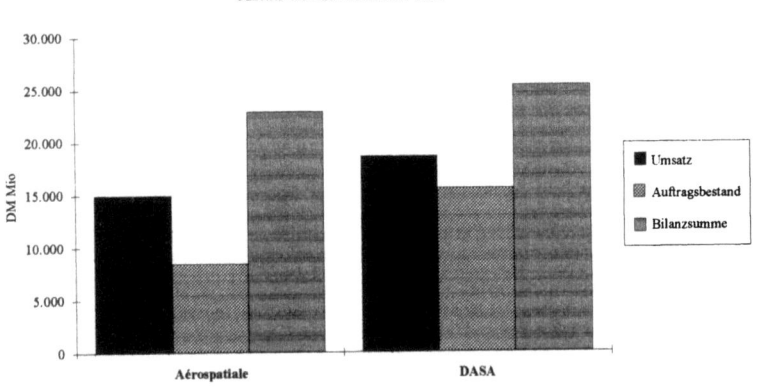

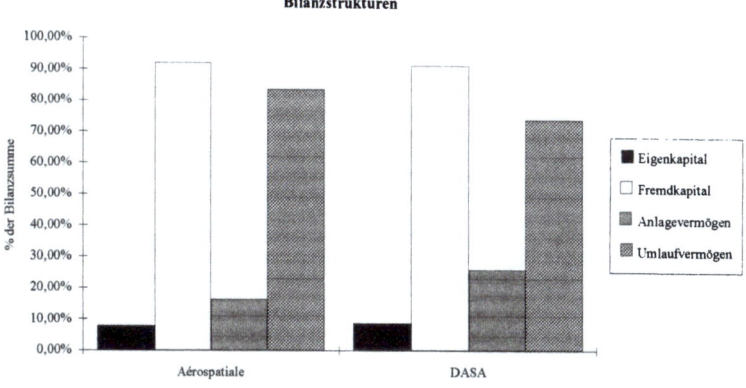

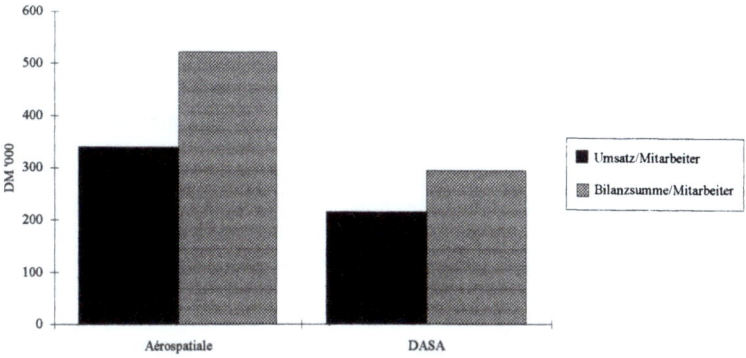

Quelle: Geschäftsberichte DASA und Aérospatiale 1993

Kontaktaufnahme

Im Juni 1992 wurde der bisherige Präsident (PDG) von Aérospatiale durch die Regierung ersetzt. Der neue PDG, Louis Gallois, besass ein eher atypisches Profil: Er stammte nicht, wie die meisten Manager in seinem Sektor, aus der Ecole Polytechnique, sondern aus den beiden anderen Eliteschulen HEC und ENA und galt als Finanzexperte mit Auslandserfahrung. M. Gallois kündigte harte Sparmassnahmen, Umstrukturierungen und Entlassungen an, um Aérospatiale aus der immer kritischeren Situation herauszubringen. Ferner nahm er sich vor, das von seinem Vorgänger gesponnene Netz europäischer Kooperationen auszuweiten, um der amerikanischen Konkurrenz standzuhalten.

Hierbei betonte er v.a. die Notwendigkeit einer Lösung für den Bereich der Lenkflugkörper. Die Stornierung des Hades-Programms (z.T. auf Ostdeutschland gerichtete Nuklear-Missiles) durch den sozialistischen Präsidenten Mitterand hatte die schwierige Situation dieser Division noch verschärft.

In den folgenden Monaten wurden daher in der Regierung, der Presse und der Industrie diverse Szenarien ausgearbeitet, die europäische Industrie in diesem Bereich neu zu ordnen. Dabei wurden Kooperationen zwischen Aérospatiale und seinen beiden französischen Konkurrenten Matra und Thomson ebenso diskutiert wie eine Annäherung an British Aerospace.

Hierbei favorisierte die französische Regierung eindeutig eine Fusion, zumindest der Missile-Aktivitäten (Lenkflugkörper), zwischen den beiden Staatsunternehmen Thomson und Aérospatiale, aber in dieser Vorwahlperiode kam zwischen der Regierung und den jeweiligen Top-Managern kein Konsens zustande, und nach den Parlamentswahlen im März nahm Aérospatiale Gespräche mit seinem privaten Konkurrenten Matra auf, die jedoch ebenso fruchtlos blieben, da Matra sich für eine Allianz mit British Aerospace entschied. In dieser kritischen Phase erfolgten die ersten ernsthaften Gespräche mit Jürgen Schrempp von der DASA über die Gründung einer gemeinsamen Gesellschaft für die Lenkflugkörper nach dem Modell von Eurocopter.

Die Verhandlungen

Vor dem Hintergrund der Verhandlungen der beiden Regierungen über zwei gemeinsame Satellitenprogramme verhandelten Aérospatiale und DASA gleichzeitig über eine Zusammenarbeit bei Lenkflugkörpern und Satelliten. Was die Lenkflugkörper (Missiles) betrifft, einigten sich die beiden Unternehmen im Juni 1993 auf die Gründung eines 50%/50% Joint Ventures. Die genauen Modalitäten bzgl. Geschäftssitz, Dividendenaufteilung wurden jedoch noch nicht entschieden, da hier die Möglichkeit bestand, einen Interessenausgleich zwischen der Missile- und der Satellitenkooperation zu finden. Letztere gestaltet sich jedoch etwas schwieriger. Während Aérospatiale bei den Missiles mit einem Umsatz von DM 1,7 Mio (DASA: DM 1,3) ein klares Übergewicht besass und neben einer gewissen Führungsrolle auch den Geschäftssitz beanspruchen konnte, stiess die Bewertung der beiden Satellitendivisionen auf Schwierigkeiten: Hier beanspruchte DASA für das Joint Venture eine GmbH mit Geschäftssitz in München.

Diese Idee stiess bei Aérospatiale zunächst auf Widerstand, und die Verhandlungen gingen nur langsam voran, auch aufgrund der schweren Verluste, mit denen sowohl DASA als auch Aérospatiale zu kämpfen hatten, sowie des Scheiterns einer gemeinsamen Initiative bei der Übernahme des niederländischen Flugzeugbauers Fokker.

Die Perspektive einer deutschen Hegemonie bei den Satelliten stiess auf den Widerstand des Personals, besonders in der Aérospatiale-Niederlassung in Cannes, die Entlassungen sowie einen Transfer von Satellitenaktivitäten nach München fürchtete. Anfang 1994 bestätigte Louis Gallois jedoch sein Ziel, einen Konsens bei den Beschäftigten zu erlangen und die Verhandlungen mit DASA bis Ende des Jahres abzuschliessen. Gleichzeitig realisierte er bei Aérospatiale eine Umorganisation, die dort einer "Kulturrevolution" gleichkam. Er gliederte den Konzern in strategische Geschäftsfelder mit eigener Ergebnisverantwortung und dezentralisierte die Entscheidungsstrukturen. Auch unter dem Einfluss der Erfahrungen mit deutscher Organisationskultur (Eurocopter, Airbus, Arianespace) wurden klare Verantwortungsbereiche gebildet und der Einfluss der - meist älteren - aus dem Verteidigungsministerium abgesandten Beamten, geschwächt.

Gallois erklärte, sein Unternehmen für eine Privatisierung vorzubereiten, und DASA sei ein möglicher Partner für eine solche.

Neben den internen Problemen lasteten auch politische Unsicherheiten auf der Satellitenkooperation. So zögerte die deutsche Regierung aus Budgetgründen, Frankreich seine Zusage zur Teilnahme an den beiden militärischen Satellitenprogrammen Helios 2 und Osiris zu geben, auch hier zogen sich die Verhandlungen um finanzielle Beiträge und Kooperationsstrukturen in die Länge. Ausserdem fühlte sich Aérospatiale verpflichtet, dem französischen Satellitenhersteller Alcatel eine Beteiligung an der Kooperation mit DASA anzubieten: Alcatel gehört mit DASA und Aérospatiale einem Konsortium an, welches seit 1991 zu 49% an dem amerikanischen Satellitenunternehmen Loral beteiligt ist, und der Aktionärspakt sieht ein Mitspracherecht bei allen Kooperationsvorhaben in diesem Sektor vor.

Der Vorschlag DASAs, dass Aérospatiale 51% der gemeinsamen Missile-Gesellschaft und 49% bei den Satelliten erhalten solle, wurde zurückgewiesen: Die französische Regierung legte ihr Vetorecht ein, da sie nicht zulassen wollte, dass dieser strategisch wichtige Bereich unter deutsche Kontrolle gerät. Daher einigten sich die beiden Partner zunächst auf eine 50%-50%-Aufteilung des Kapitals bei beiden Gesellschaften, wollten den unterschiedlichen Gewichtungen der einzubringenden Aktiva jedoch durch eine später festzulegende Differenzierung der Dividendenrechte Rechnung tragen. Bei den Lenkflugkörpern war DASA bereits mit einer leichten Mehrheit der Franzosen für die Dividendenrechte einverstanden, das Umgekehrte war jedoch bei den Satelliten nicht der Fall.

Die Differenzen gingen auf unterschiedliche Bewertungsverfahren zurück: DASA argumentierte, dass der Umsatz seiner Satellitendivision höher sei (FF 3,2 Mrd gegenüber FF 2,5 Mrd). Dies wurde von Aérospatiale bestritten, die ein anderes Geschäftsjahr zugrundelegten und den Auftragsbestand berücksichtigten. DASA betonte jedoch, dass ihre Division rentabler und weniger verschuldet sei als die Aérospatiales.

Daher beanspruchte DASA die Mehrheit der Dividendenrechte bei der gemeinsamen Satellitengesellschaft.

Aufgrund dieser Probleme stockten die Verhandlungen bis November 1994. In diesem Monat fand das deutsch-französische Gipfeltreffen zwischen Helmut Kohl und dem Premierminister Edouard Balladur statt, bei dem eine Einigung sowohl in bezug auf das gemeinsame Satellitenprogramm als auch auf die geplante Unternehmenskooperation erwartet wurde.

Im Vorfeld des Gipfeltreffens wurde ein neues Schema ausgearbeitet, das bei den Lenkflugkörpern eine Beteiligung Eurocopters von 2% vorsah (DASA und Aérospatiale jeweils 49%). Gleichzeitig warnten eine Reihe von Parlamentsabgeordneten aus Cannes den

Premierminister Balladur schriftlich, bei dem anstehenden Gipfeltreffen keine irreversiblen Entscheidungen bzgl. einer eventuellen "Privatisierung" der Satellitenaktivitäten Aérospatiales zu treffen, mit Hinblick auf die Unabhängigkeit und Sicherheit der Nation.

Das Gipfeltreffen brachte jedoch keinerlei Entscheidung: Bonn legte sich noch nicht auf die Höhe seiner Beteiligung an den Satellitenprogrammen Helios 2 und Osiris fest, und die Kooperation der beiden Unternehmen bei den Satelliten wurde einer Untersuchung durch die französische Privatisierungskommission unterzogen. Ferner berücksichtigte Helmut Kohl den Wunsch des Präsidentschaftskandidaten Jacques Chirac, keine endgültige Entscheidung vor den französischen Präsidentschaftswahlen im Mai 1995 zu treffen.

Was die Satellitenprogramme angeht, verhandelten die beiden Regierungen in den Folgemonaten über die schwierigen Fragen der Aufteilung der Investitionen und Produktionsaufgaben zwischen den beiden Ländern sowie der Aufteilung der Nutzungsrechte für die Satellitenbilder und -informationen. Das Engagement Bonns wurde zudem durch ein Angebot eines amerikanischen Satellitenbauers verzögert, der der deutschen Regierung ein billigeres Satellitenaufklärungssystem anbot.

In den Folgemonaten war das Kooperationsprojekt aufgrund politischer Gründe weitgehend blockiert. Die Meinung des neuen französischen Präsidenten war noch nicht bekannt, der Kandidat für das Canner Bürgermeisteramt, ein enger Berater Chiracs, sprach sich offen gegen die "Verhökerung" der Canner Satellitenfabrik an die Deutschen aus, und die Bonner Regierung zögerte weiterhin mit ihrer Zusage zu einer Beteiligung an dem deutsch-französischen Satellitenprogramm.

Die Matra-Gruppe versuchte überdies, Druck auf Chirac auszuüben, um die Kooperation zwischen DASA und Aérospatiale zu verhindern, um selbst anstelle von Aérospatiale in eine Satelliten-Kooperation mit DASA einzutreten. Die Matra-Manager schlugen dem französischen Verteidigungsminister sogar vor, Aérospatiales Satellitendivision aufzukaufen, um dann aus einer besseren Verhandlungsposition heraus (aufgrund des höheren Aktivitätsvolumens) mit DASA zu kooperieren, um das deutsch-französische Satellitenprogramm zu entwickeln.

Der französische Verteidigungsminister jedoch designierte in einem Treffen mit seinem deutschen Kollegen im Juni 1995 Aérospatiale als den einzigen industriellen Partner für das Satellitenprogramm und ignorierte die hektische und verspätete Initiative Matras damit ebenso wie die Ambitionen Alcatels zugunsten der langjährig gewachsenen Partnerschaft DASA-Aérospatiale: Zu diesem Zeitpunkt stammten bereits 70% des Umsatzes von Aérospatiale aus der Kooperation mit DASA; eine Entscheidung zugungsten Matras nach zwei Jahren Verhandlung mit Aérospatiale hätte die deutsch-französischen Beziehungen ernsthaft belastet.

Da das deutsch-französische Gipfeltreffen im Juli von Diskussionen über Bosnien und die französischen Nuklearversuche dominiert wurde, wurde auch hier das grüne Licht für die Kooperation noch nicht gegeben. Erst im Herbst gab Bonn eine begrenzte Finanzzusage für das Satellitenprogramm, so dass die beiden Unternehmen eine Absichtserklärung vorbereiten, die im Dezember unterschrieben wurde.

Die schliesslich zwischen Aérospatiale und DASA ausgehandelte Lösung sah eine Mehrheit der Dividendenrechte bei DASA für die Satelliten und bei Aérospatiale für die Lenkflugkörper vor (jeweils 53%/47%), jedoch das 50%/50%-Prinzip ("Codécision") für alle Entscheidungen. Die Führungsstruktur entsprach daher dem deutschen Prinzip von Vorstand und Aufsichtsrat mit konsensueller Entscheidungsfindung und nicht dem französischen Prinzip der "Direction Générale" mit dem PDG als oberster Entscheidungsinstanz.

Die folgenden Graphiken veranschaulichen die Strukturen der beiden vorgesehenen Gesellschaften:

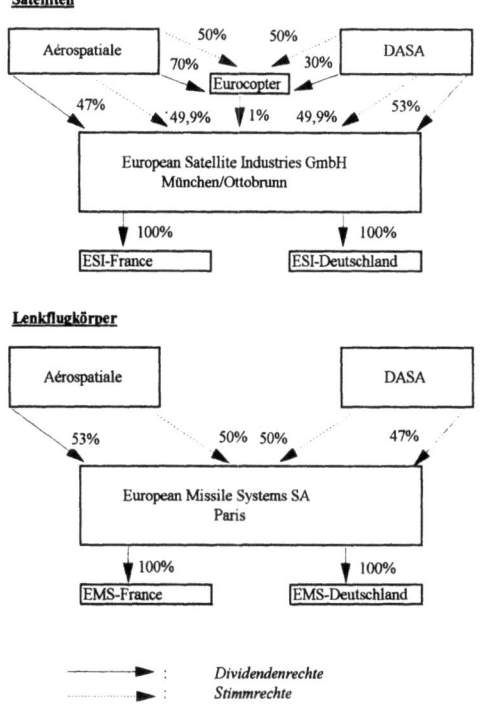

Fortgang

Dieser Absichtserklärung folgen mehrere Monate lang keinerlei konkrete Schritte. Im Frühjahr 1996 erklärt die Verantwortliche für internationale Allianzen der Aérospatiale Cannes, das Kooperationsprojekt müsse nur noch von den Brüsseler Wettbewerbsbehörden geprüft werden, falle diese Entscheidung positiv aus, stünde der Fusion der Missile- und Satellitenaktivitäten der beiden Unternehmen nichts mehr im Wege. Diese Entscheidung werde für September erwartet. Im September jedoch erklärt der Canner Niederlassungsleiter der

242

Aérospatiale, das Projekt "hinge immer noch in der Luft", und zwar aus mehreren Gründen: Der deutsche Bundestag prüfe derzeit aufgrund reduzierter Budgets eine Reihe von Militärprojekten, darunter auch das deutsch-französische Satellitenprogramm. Dies könne sich noch bis Dezember hinziehen. Entscheidend seien jedoch die politischen Unsicherheiten: Denn die Entwicklung eines deutsch-französischen Programms für militärische Aufklärungssatelliten stelle das bisher existierende Monopol der USA in diesem Bereich in Frage. Ohne die Informationen solcher Satellitensysteme sei die Entsendung von Truppen in Krisengebiete nicht möglich. Frankreich sei bei solchen Truppenentsendungen bisher von der Übermittlung amerikanischer Satellitenaufnahmen und -informationen abhängig gewesen. Aus dieser militärischen Abhängigkeit wollte es sich unbedingt befreien. Deutschland habe bisher jedoch kaum Truppen in Krisengebiete entsandt und halte bei der nuklearen Abschreckung sowieso weiterhin an der Führungsrolle der USA fest. Für Deutschland sei es daher politisch besonders heikel, die Initiative für die Entwicklung des ersten nicht-amerikanischen Satellitenaufklärungssystems zu übernehmen. Ein solcher Schritt könnte von den USA als Auflehnung gegen die amerikanischen Führungsrolle in der NATO interpretiert werden. Die USA versuchten auch, dieses deutsch-französiche Programm mit allen Mitteln zu verhindern. Diese Fragen seien daher nur im Zusammenhang mit der Problematik der Struktur der NATO zu verstehen und zu entscheiden.

Bis zum jetzigen Zeitpunkt ist daher in bezug auf dieses jüngste Projekt der beiden grössten deutsch-französischen Partnerunternehmen noch keine endgültige Entscheidung gefallen.

Analyse/Interpretation

Die Darstellung zeigt, wie komplex und wie politisch die Frage der industriellen Kooperation zwischen Deutschland und Frankreich eigentlich ist. Die Problematik der Kooperation zwischen DASA und Aérospatiale ist deshalb besonders relevant, weil es die grösste, älteste und stabilste deutsch-französische Kooperation ist. Auch hier treten wieder ähnliche Motivationen wie in den vorhergehenden Fallstudien auf: Die gemeinsame Furcht vor der amerikanischen Konkurrenz und vor dem Verlust strategisch wichiger Industrien in ganz Europa, die Rolle der Europäischen Union (mit dem multilateralen GEIE Airbus ging die Kooperation zwischen DASA und Aérospatiale in die entscheidende Phase) und die langen, schwierigen und turbulenten Verhandlungen, die notwendig sind, um eine "Kooperationserfahrung" aufzubauen, die eine reibungslose Zusammenarbeit mit dem jeweiligen Partner ermöglicht.

Wie so oft waren das Erreichen einer "kritischen Masse" zum Überleben (s. VII.5.) sowie gewisse Komplementaritäten (s. VII.4, VII.3.) wichtige Motivationsfaktoren für die Kooperation. Der Sektor ist wie nur wenige andere durch extrem hohe Investitionen, hohe Markteintrittsbarrieren, eine geringe weltweite Zahl von Marktteilnehmern und die Abhängigkeit von politischen Entscheidungen und öffentlichen Budgets gekennzeichnet. Alle diese Faktoren führen zu einer Situation des "Marktversagens" und dem small-number-Problem, bei dem jede Entscheidung eines anderen Marktteilnehmers unweigerlich Auswirkungen auf die anderen Marktteilnehmer hat. Es wurde gezeigt, dass in dem turbulenten Karussell von weltweiten Allianzen, ähnlich wie in AXELRODs spieltheoretischen

Experimenten (s. III.3.) die langfristige Zusammenarbeit von Vorteil ist. Es zeigt sich jedoch auch, dass eine langfristige Kooperation von "langfristig zur Kooperation verdammten" Partnern nur bis zu einem gewissen Punkt vorangetrieben werden kann. Hier scheitert das spieltheoretische Modell, weil es nicht in der Lage ist, zwischen verschiedenen Intensitätsgraden der Kooperation zu unterscheiden. Im vorliegenden Beispiel unterliegen beide Partner ab einem gewissen Intensitätsgrad der Kooperation einer gemeinsamen Unsicherheit, die nur auf einer übergeordneten Ebene, ausserhalb der Kooperationspartner selbst, beseitigt werden kann. Ohne eine solche übergeordnete, in diesem Fall militärpolitsiche Entscheidung, können sie den Intensitätsgrad ihrer Kooperation nicht erhöhen.

VII.7.   Schlussfolgerungen

So komplex und facettenreich die hier dargestellten Fallstudien mit all ihren, möglicherweise relevanten, möglicherweise irrelevanten Details auch sein mögen: Einige Schlussfolgerungen lassen sich aus ihnen ziehen. So fällt auf, das fast alle dieser Kooperationsprojekte einen innovativen Character besitzen, wobei es fast immer um technische Innovationen geht (Mit Ausnahme der Fallstudie VII.5. - SBF/Deutsche Börse AG: Hier handelt es sich um eine institutionelle Innovation).

Hierbei scheint das gemeinsame Vorgehen bei der technischen Innovation als ein Erfolgsfaktor. Die gemeinsame Entwicklung und Innovation in deutsch-französischen F&E-Teams lässt daher auch die Fallstudie VII.4. (Automatisierungstechnik) als wirkliche Kooperation erscheinen. In der Fallstudie VII.2. (Elektrofahrzeug) war dies nicht der Fall: Die technische Innovation war bereits vollzogen, und die Kooperation sollte sich nur auf Produktion und Vertrieb konzentrieren. In der Fallstudie VII.3. (Luftstromwächter) erscheint der Tatbestand der *gemeinsamen Innovation* deutlich als Quelle gemeinsamer Zielorientierung und einer entsprechenden Euphorie, die der reibungslosen Zusammenarbeit der betroffenen Personen offensichtlich sehr förderlich war. Auch bei der Kooperation VII.5. erwies sich der Status Quo nicht wirklich als Quelle kooperationsfördernder Kräfte. Neben den unterschiedlichen Strukturen, Interessenlagen und kulturellen Barrieren stellten sich die nationalen Börsengesetzgebungen als beinahe unüberwindliches Hindernis heraus. Das Dilemma wurde, zumindest ansatzweise durch einen innovativen Kompromiss überwunden, nämlich die Gründung einer lockeren Kooperationsstruktur mit EU-Statut in einem Drittland.

Ein Grund für die kooperationsfördernde Kraft der Innovation mag in der Tatsache liegen, dass keiner der Kooperationspartner sich vom anderen übervorteilt fühlt, wenn durch die Kooperation etwas Neues geschaffen wird. Erstens erfolgt im Prozess der Innovation ein näheres Kennenlernen des Partners, insbesondere seiner spezifischen Art, sich mit neuen Situationen auseinanderzusetzen, und zweitens kann keiner der beiden Partner das Ergebnis der Innovation für sich alleine beanspruchen.

So ist die Innovation bzw. die gemeinsame Entwicklung mehr oder weniger neuer oder für einen bestimmten, einzigartigen Zweck vorgesehener Produkte und Systeme auch die Substanz der meisten funktionierenden Kooperationen zwischen DASA und Aérospatiale, wobei auch das jüngste Kooperationsprojekt im Bereich der Satelliten und Missiles in diesen Bereich fällt.

Ein weiterer kooperationsfördernder Faktor scheint auch die Symmetrie bzw. Ähnlichkeit der Partner zu sein. Dies betrifft sowohl die Grösse als auch die strukturellen und (unternehmens-) kulturellen Eigenheiten derselben. Dies ist besonders deutlich bei der Kooperation VII.4., wo die beiden kooperierenden Einheiten etwa dieselbe Grösse, eine ähnliche Aktivität und eine ähnliche Strategie besassen. Es ging bei beiden Partnern um Skalenerträge durch Erreichen einer kritischen Masse, beide Einheiten hatten in den letzten Jahren mehrere Akquisitionen in den USA getätigt und betrieben ein weitgehend globales Geschäft. Eine so weitgehende Symmetrie der Partner findet sich bei keiner anderen hier dargestellten Fallstudien.

Betrachtet man die grössten bekannten Fälle deutsch-französischer Unternehmens-kooperationen, wie die Kooperation zwischen BNP und Dresdner Bank oder zwischen Crédit Commercial de France (CCF) und der BHF-Bank, so scheint auf diese Fälle Ähnliches zuzutreffen. Die Partner gleichen sich in bezug auf ihre Grösse, ihre Situation, ihre Strategie, ihre Unternehmenskultur. Gleichzeitig handelt es sich hier um die wenigen Fälle funktionierender deutsch-französischer Unternehmenskooperationen, die ohne jegliches Zutun staatlicher Unterstützung oder staatlichen Eingriffs zustande gekommen sind. Interessanterweise handelt es sich bei all diesen rein privatwirtschaftlich entstandenen Kooperationen sämtlich um Versuche, auf Skaleneffekten beruhendes Marktversagen zu lösen. Meist erfolgt diese Lösung durch Überkreuzdistribution sowie gemeinsames Auftreten auf Drittmärkten.

Unter Vorbehalt einer genaueren Analyse auch dieser Kooperationsfälle kann somit die Vermutung geäussert werden, dass bei symmetrischen deutsch-französischen Unternehmens-kooperationen, zumindest ab einer gewissen Grösse der Partner, die Fähigkeit privat-wirtschaftlicher Institutionen, Transaktionsprobleme zu überwinden, gegeben ist.[1] Die grund-legende Schwierigkeit jeder deutsch-französischen Kooperation, nämlich die kulturellen Inkompatibilitäten, können dann durch Ähnlichkeiten und Kompatibilititäten auf einer anderen Ebene (unternehmensspezifische Grösse, Struktur, Marktposition, Unternehmenskultur) kompensiert werden, so dass ein Gleichgewicht zwischen Ähnlichkeit und Verschiedenheit entsteht, welches sowohl eine stabile Vertrauensbasis als auch einen synergetischen und innovativen Lerneffekt gewährleistet.

Bei asymmetrischen Kooperationen dagegen scheint es, dass für den Erfolg derselben noch zwei weitere Bedingungen ausschlaggebend, wenn nicht gar notwendig sind, nämlich das Vorherrschen des small-number-Problems und die Unterstützung durch staatliche Institutionen. Denn zu den Inkompatibilitäten nationaler Kulturen kommen nun noch die Inkompatibilitäten der Unternehmenskulturen. Dadurch entstehen eine Reihe von Kommunikationsproblemen und Missverständnissen, die die Vertrauensbildung erschweren, wie dies in der Fallstudie VII.2. am deutlichsten illustriert wird. In dieser Fallstudie kommt jedoch die Tatsache hinzu, dass kein small-numbers-"Problem" herrscht. Das bedeutet, dass es keine objektive Realität gibt, die die beiden potentiellen Kooperationspartner bereits ex ante miteinander verbindet. Die zwei potentiellen Partner sind beliebige Teilnehmer an einem grossen, unübersichtlichen Markt und entwickeln daher kein Bewusstsein gegenseitiger Dependenz. Dadurch entfällt der Kooperationsdruck für diese spezielle Kooperation, so dass die notwendige Energie zur Überwindung der Transaktionsprobleme nicht aufgewendet wird.

Bei Vorherrschen des small-number Problems jedoch werden oder sind sich die Partner der langfristigen Interdependenz ihrer Entscheidungen bewusst. Die Frage der Kooperation oder

---

[1] So bestand die erste und wichtigste Aufgabe bei der Kooperation zwischen der BNP und der Dresdner Bank in der Erstellung eines gemeinsamen Telefonbuchs. Das Problem dieser einjährigen Arbeit bestand, neben der Übersetzung, auf der Inkompatibilität bzw. mangelnden Äquivalenz der hierarchischen Funktionen der deutschen und französischen "Amtskollegen". Sowohl dieses Problem als auch die für seine Lösung notwendigen Ressourcen existieren natürlich bei mittelständischen und Kleinunternehmen nur in geringerem Umfang oder überhaupt nicht. Die Erstellung eines gemeinsamen Telefonbuchs ist jedoch ein Beispiel für ein kulturell bedingtes Transaktionsproblem, wobei die Kosten für dessen Lösung hier noch relativ gut quantifiziert werden können, weshalb man hier noch am ehesten von "Transaktionskosten" sprechen kann; s. Jensen 1993, S. 153.

Rivalität der betroffenen Unternehmen ist somit nicht gleichgültig oder aus der Luft gegriffen, sondern ergibt sich durch eine objektiv (oder zumindest intersubjektiv) gegebene Realität, nämlich die Marktstruktur, in der beide Unternehmen eine wichtige Rolle spielen.

Nicht nur für asymmetrische, sondern auch für symmetrische Kooperationen erscheint das Vorherrschen des small-numbers-Problems als wesentliche Erfolgsbedingung.[2]

Wie jedoch bereits in Kapitel III. gezeigt, generiert das small-numbers-Problem Situationen, die nur durch ganz bestimmte Strategien gelöst werden können. Diese Situationen weisen einige Ähnlichkeit mit spieltheoretischen Modellen auf. Die mit ihnen einhergehenden Formen des Marktversagens können nicht immer von den Kooperationspartnern alleine gelöst werden. Die Frage, ob sie überhaupt marktwirtschaftlich gelöst werden können, scheint von der Art des Marktversagens und dem Ausmass der Transaktionsprobleme abzuhängen.

Bei der Kooperation VII.4. haben die beiden Partner eine M&A-Beratungsgesellschaft eingeschaltet. Das Grundproblem des Marktversagens auf dem *"market for corporate control"* und das damit zusammenhängende Problem der Bewertung von Aktiva (aufgrund spezifischer Aktiva und der Ineffizienz der Faktormärkte) wurde hier also durch die Arbitrage professioneller Experten gelöst. Im M&A-Geschäft besteht jedoch wiederum ein - für dieses Geschäft typische - Problem des Marktversagens: Dieses hängt mit dem ARROWschen Informationsparadoxon zusammen und entspricht dem Problem der Qualitätsunsicherheit im Principal-Agent-Modell: Die Qualität der Dienstleistung eines M&A-Beraters ist erst dann bekannt, wenn diese Dienstleistung bereits erstellt ist, die Bewertung derselben ist also erst ex post möglich, jedoch ex ante notwendig, um den besten Berater zum niedrigsten Preis auszuwählen. Dieses Dilemma wird im M&A-Geschäft durch die Reputation gelöst, eine der wenigen Phänomene, durch die nach Erkenntnis der Spieltheoretiker (s. III.3.) die Kooperationsunfähigkeit individuell rationaler Nutzenmaximierer geheilt werden kann.

In letzter Konsequenz wurde das Marktversagen in diesem Fall (unter Einbeziehung einer weiteren institutionellen Instanz) durch Reputation, also ohne Eingriff von staatlichen, also auf Zwangsstrukturen basierenden Institutionen geheilt.

Bei der Kooperation zwischen DASA und Aérospatiale jedoch zeigt sich, dass das Marktversagen nicht immer auf rein privatwirtschaftlicher Ebene geheilt werden kann. Zunächst sind die Formen des Marktversagens bei dieser Kooperation vielfältiger: Hohe F&E-Ausgaben, Markteintrittsbarrieren, Skalenerträge, hohes Risiko, spezifische Aktiva, hohe Transaktionsprobleme durch asymmetrisches Profil der Partner. Das asymmetrische Profil der beiden Partner bringt jedoch nicht nur zusätzliche Transaktionsprobleme durch unterschiedliche Unternehmenskulturen, sondern ist gleichzeitig ein Argument für die Kooperation, denn die Komplementarität ist die Basis für die Synergieerwartungen der beiden Unternehmen: Aérospatiale benötigt Kapital, DASA zielt auf Marktzugang und Marktmacht. Die Lösung des dem Geschäft inhärenten Marktversagens besteht bei Daimler-Benz in der Diversifikation (Möglichkeit zeitweiser Quersubvention der Raumfahrt- und Rüstungsaktivitäten durch Erlöse aus dem Automobilgeschäft) und bei dem französischen

---

[2] Nicht nur bei den hier dargestellten und zitierten, sondern bei allen uns bekannten erfolgreichen deutsch-französischen Unternehmenskooperationen lässt sich das Vorherrschen des small-numbers-Problems zeigen.

Staat in der Rückwärtsintegration (zeitweise Subventionierung der Aérospatiale durch den öffentlichen Haushalt).

Bereits hier begegnen sich zwei unterschiedliche Lösungen des Problems des Marktversagens, wobei eine auf koerzitiven, andere auf privatwirtschaftlichen Mechanismen beruht.[3] Diese Unterschiede gehen einher mit unterschiedlichen Unternehmenskulturen.[4]

Bei dem Kooperationsprojekt im Bereich Satelliten und Missiles werden allerdings Formen des Marktversagens offensichtlich, die privatwirtschaftlich nicht gelöst werden können. Das deutsch-französische Raumfahrtprogramm ist eine conditio sine qua non für dieses Kooperationsprojekt. Der Staat als Institution übernimmt hier einen Grossteil des finanziellen Risikos, welches die Partner aufgrund der hohen Entwicklungsinvestitionen nicht allein übernehmen können. Dieses Risiko kann nur der Staat übernehmen (ein Versicherungsmarkt zur Abdeckung dieses Risikos wäre hier einem unheilbaren Marktversagen ausgesetzt), da er es durch seine Entscheidung selbst beeinflusst.

Die Tatsache, dass nur der Staat militärpolitische Entscheidungen treffen kann, hängt jedoch mit Versagen auf dem Markt für das öffentliche Gut "Verteidigung" bzw. "Sicherheit" zusammen. Dieses Marktversagen wiederum ergibt sich im wesentlichen aus dem Informationsparadoxon: Der Wert der Dienstleistung "Verteidigung" ist nicht ermittelbar, da die Bewertung ihrer Qualität (in diesem Falle: Zuverlässigkeit und Kostengünstigkeit) erst nach Inanspruchnahme derselben möglich ist.

Auch in Fallstudie VII.3. sind die Faktoren, die Marktversagen verursachen, so bedeutend, dass die Beteiligung staatlicher Instanzen als Erfolgsfaktor erscheint. Trotz vieler Ähnlichkeiten (die Grösse der Abteilung "Laborventilation" des Unternehmens F. entspricht fast genau der Grösse des Unternehmens E.) bestehen klare Unterschiede. Bei der Lösung des durch Qualitätsunsicherheit verursachten Marktversagens bauen beide Unternehmen vor ihrer Kooperation auf unterschiedliche Strategien: F. verkauft seine Produkte unter Ausnutzung von marktseitigen positiven Externalitäten durch Diversifikation, während E. diese Probleme extern zu lösen versucht, nämlich durch Einschaltung der Industrie- und Handelskammer zum Vertrieb seines neuen Produkts. Nur durch den Einfluss einer neuen EU-Norm sowie die Unterstützung der DFGWT-AFAST kam die Kooperation zustande. Hierbei enstand auch eine Asymmetrie in bezug auf Ziele und Strategien. Während F. gezwungen war, durch Innovation auf eine neue Marktlage zu reagieren, ging es für E. darum, Abnehmer für sein Produkt zu finden.

Auch in der Fallstudie VII.5. waren die Transaktionsprobleme so hoch, dass selbst die beschränkte Kooperation, die die beiden Unternehmen letztlich eingingen, ohne die institutionellen Lösungen einer öffentlichen Instanz (EU) nicht erfolgt wäre.

---

[3] Dies ist jedoch nur eine Tendenzaussage, denn auch bei DASA helfen koerzitive Strukturen bei der Lösung des Marktversagens mit, sei es nur dadurch, dass es sich bei den Kunden vorwiegend um staatliche Institutionen handelt.

[4] Bei der Kooperation zwischen DASA kann von einer weitgehend selbständigen Lösung der kulturellen Kooperationsprobleme durch die Partner ausgegangen werden; mit der geringfügigen Enschränkung, dass der interkulturelle Berater (J. PATEAU) Professor an einer staatlichen Universität ist, jedoch von den Unternehmen bezahlt wurde.

Die wirtschaftspolitisch interessante Frage, bei welchen Formen und welchem Ausmass des Marktversagens der Einfluss koerzitiver Intitutionen notwendig ist, kann hier natürlich nicht beantwortet werden. Zwei Dinge können jedoch festgestellt werden:

1. Die hier dargestellten Fälle weisen darauf hin, dass es bei der Frage der Notwendigkeit staatlicher Eingriffe nicht nur oder nicht vorwiegend auf quantitative Faktoren, sondern auch auf qualitative Faktoren ankommt. Es scheint, dass es bestimmte Formen des prinzipiellen, sich aus der Art der Aktivität selbst ergebenden, Marktversagens gibt, v.a. bei Auftreten des Informationsparadoxons, welche sich nur durch externe Drittinstitutionen lösen lassen. Auf der Ebene dieser Drittinstitutionen können wieder verschiedene Formen des Marktversagens auftreten.[5] Diese "Delegation" von Transaktionsproblemen auf jeweils andere, externe Institutionen findet irgendwann ihre Grenzen. Diese Grenzen haben vielfache Ursachen. Eine dieser Ursachen ist die reale Macht, die von Institutionen ausgeübt wird, die aufgrund ihrer tatsächlichen Möglichkeiten in einer bestimmten Situation die Lösung der auf sie delegierten Transaktionsprobleme in ihrem eigenen Interesse verhindert.[6] Eine weitere Ursache ist der Faktor Zeit, der für den Aufbau von Vertrauen und Reputation ausschlaggebend ist. Selbst eine rein privatwirtschaftliche Lösung von Transaktionsproblemen kann in einer bestimmten Situation an der historischen Trägheit von Institutionen scheitern, die auf die Lösung von Transaktionsproblemen spezialisiert sind. Macht, Zeit, Vertrauen und Reputation jedoch, so wird aus den Fallstudien und den vorangegangenen Kapiteln deutlich, sind keine absoluten Grössen, sondern kulturabhängig. Dadurch wird Kultur für Kooperation relevant, und zwar nicht nur auf Unternehmensebene, sondern auf allen Ebenen der Gesellschaft.

2. Die hier dargestellten Fälle weisen darauf hin, dass für das Gelingen oder Scheitern wirtschaftlicher Kooperation sowohl quantifizierbare als auch nicht quantifizierbare Transaktionsprobleme relevant sind. Die Frage, ob Kooperation auf einer bestimmten Ebene erreicht werden kann, hängt offensichtlich von der Kombination verschiedener Formen des Marktversagens als auch von der Intensität der Transaktionsprobleme ab. Diese Konstellation von diversen Quellen und Lösungsmöglichkeiten des Marktversagens muss bei seiner Analyse sowie seiner Lösung berücksichtigt werden. Hier scheitern sowohl die neo-institutionalistische Theorie als auch die Spieltheorie. Erstere versucht, organisatorische Handlungsvorschläge allein aus der Höhe der Transaktionskosten abzuleiten, konzentriert sich also ausschliesslich auf den *quantitativen Aspekt* des Marktversagens, letztere reduziert das Verhalten auf zwei Handlungsoptionen, unfähig, verschiedene Intensitäten der Kooperation zu unterscheiden, konzentriert sich also auf den rein *qualitativen Aspekt* des Marktversagens. In der Realität scheinen jedoch verschiedene qualitative und quantitative Faktoren zu Marktversagen zu führen, wobei kulturelle Inkompatibilitäten auf beide Arten von Transaktionsproblemen wirken (z.B. Übersetzungskosten vs. Misstrauen). Auch unter diesem Aspekt erweist es sich als notwendig, kulturelle Faktoren in die Betrachtung miteinzubeziehen.

---

[5] Dieser Prozess ist meisterhaft von WEGEHENKEL, auch wenn er sich ausschliesslich auf den quantitativen Teil der Transaktionsprobleme konzentriert, beschrieben worden; s. Wegehenkel 1981, S. 19-70

[6] Dies ist z.B. der Grund für die Unmöglichkeit des Zugangs kleiner Unternehmen zum M&A-Markt. In vorliegendem Fall manifestiert sich diese Macht in den Vorbehalten der USA gegenüber einem deutsch-französischen Satellitenprogramm.

VIII. Zusammenfassung der wichtigsten Konflikt- und Synergiebereiche bei deutsch-französischen Verhandlungen und Unternehmenskooperationen

VIII.1. Vorbemerkung

Im folgenden soll versucht werden, einige Erkenntnisse aus den vorangegangenen Kapiteln zu ziehen. Es ist hierbei schwierig, sich auf "das Wichtigste" zu konzentrieren, da es für diese Auswahl keine objektiven Kriterien gibt. Daher ist diese Zusammenfassung nicht als Ersatz, sondern als Komplement für die Lektüre der bisher zitierten Beiträge zu verstehen. Bei der Auswahl der folgenden Aspekte spielen daher auch einige andere Faktoren mit hinein, nämlich die Zielsetzung der Arbeit, persönliche Eindrücke, Erfahrungen und Beurteilungen, die aktuelle wirtschaftliche Situation sowie ein evtl. Ergänzungsbedarf in Management und Forschung.

So werden z.B. bestimmte Aspekte hervorgehoben, die in bisherigen Beiträgen vernachlässigt wurden und Zusammenhänge und Interdependenzen zwischen bereits identifizierten Phänomenen aufgedeckt, die gewöhnlich isoliert behandelt werden.

Aus Gründen der Übersicht werden die verschiedenen Aspekte formell getrennt betrachtet. Inhaltlich soll jedoch der Zusammenhang zwischen strukturellen, institutionellen, kulturellen, psychologischen und technologischen Aspekten klar vor Augen geführt werden, wobei bewusst solche Methoden, die hier konzeptionelle und ontologische Trennungen vollziehen, in Frage gestellt werden.

VIII.2. Strukturelle und institutionelle Aspekte

VIII.2.1. Reaktion auf Marktversagen

In bezug auf Begriff und Konzept des Marktversagens herrscht in der Literatur keine Einheitlichkeit. Es wird jedoch meist mit dem Vorherrschen von Transaktionskosten, externen Effekten und öffentlichen bzw. kollektiven Gütern verbunden.[1] Das Konzept des Marktversagens drückt die Intuition bzw. Beobachtung aus, dass marktliche Transaktionen unter bestimmten Umständen nicht funktionieren oder nicht zustandekommen. In diesem allgemeinen Sinne ist der Begriff auch hier bisher verwendet worden, wobei das Konzept der Transaktionskosten durch das der Transaktionsprobleme ersetzt wurde.

Nach WEGEHENKEL lassen sich die Bedingungen für Marktversagen auf das Bestehen von externen Effekten reduzieren. Das Vorherrschen von externen Effekten (Externalitäten) bedeutet die Beeinflussung der Nutzenfunktion eines Wirtschaftssubjektes durch eine anderes. Das Bestehen externer Effekte ist gleichbedeutend mit der Existenz von Kollektivgütern, also Gütern, deren Nutzung nicht ihren Besitz voraussetzt.[2]

---

[1] vgl. Williamson 1986, S. 88, Arrow 1969, S. 48

[2] vgl. Wegehenkel 1981, S. 44/45, nach Wegehenkel ist die Existenz von externen Effekten gleichbedeutend der Existenz von Transaktionskosten. Wir widersprechen dem, da der Kostenbegriff eine marktliche Bewertung der zur Sicherung der Rechtstitel aufgewendeten Ressourcen, also einen funktionierenden Markt für diese, voraussetzt. Doch der Begriff "Transaktionskosten" lässt sich auch hier durch "Transaktionsprobleme" ersetzen, ohne dass Wegehenkels Aussage darunter leidet.

Diese Definition hat den Vorteil, dass sie sowohl Güter abdeckt, für die die Beschränkung des Nutzens zu teuer wäre (Transaktionskostenargument) als auch solche, die aufgrund ihrer Natur gar nicht besessen werden oder mit Rechtstiteln ausgestattet werden können.

Die entscheidende Frage ist nun, wie unterschiedliche Wirtschaftssysteme mit dem Problem des so erzeugten Marktversagens umgehen. WEGEHENKEL hat dieses Problem anhand der Gegenüberstellung von Marktwirtschaft und Zentralverwaltungswirtschaft bearbeitet.[3] Eine entsprechende vergleichende Analyse des deutschen und französischen Wirtschaftssystems wäre sicher ausserordentlich fruchtbar, sie würde jedoch ein eigenes umfassendes Forschungsprojekt erfordern.

Dennoch lassen sich vielleicht einige Grundmuster der unterschiedlichen Allokationslösungen für kollektive Güter in den beiden Ländern unterscheiden.

Ein zentrales Kollektivgut ist z.B. Information. Sie ist ein wichtiger Produktionsfaktor und hat bedeutende realwirtschaftliche Auswirkungen. Das Gut Information ist vielleicht die beste Veranschaulichung der Effekte des Marktversagens: Dieses Gut ist kein Massenprodukt, da es *per definitionem*[4] und im Gegensatz zu *Daten*, empfängerspezifisch ist und daraus ihren Wert bezieht. Für Information kann es also nie einen einheitlichen Marktpreis geben. Die Verarbeitung von Information ist ein qualitativer Vorgang, der nicht durch Produktionsfunktionen abgebildet werden kann und somit auch von der Kostenseite her nicht quantitativ bewertbar ist. Information wird meist gleichzeitig produziert, veräussert, erworben und konsumiert und lässt sich somit nur sehr begrenzt buchhalterisch festhalten.

Was das Informationsverarbeitungssystem (der Begriff "Informationsmarkt" wäre irreführend) betrifft, so lassen sich - trotz der hohen Komplexität dieses Analyseobjektes - aus den vorangegangenen Kapiteln zumindest einige Grundmuster ableiten. So muss die Rolle der Banken in Deutschland als Informationsverarbeitungssystem ins Auge fallen. Die Sammlung, Verarbeitung, Produktion und Weitergabe wirtschaftlich relevanter Information ist also in Deutschland eng mit dem Betrieb von Zahlungssystemen und der Allokation von Kapital verknüpft. Weiterhin spielen multilaterale Kooperativstrukturen privater Unternehmen eine gewisse Rolle (Handels- und Handwerkskammern, Verbände usw.).

In Frankreich übernimmt natürlich der Staat eine stärkere Informationsallokationsrolle als in Deutschland, und die Banken nur insofern als sie staatlich sind oder bis vor kurzem noch waren. Gleichzeitig jedoch übernimmt die Gesellschaft mit ihren diversen persönlichen Netzwerken einen grossen Teil der Informationsallokationsfunktion: Information ist ubiquitär (s. V.3.3.). Hier jedoch wird bereits die Problematik einer solchen vergleichenden Analyse deutlich, denn "Information" bedeutet in den beiden Ländern nicht immer dasselbe, genauer gesagt, es scheinen systematische Unterschiede zu bestehen in der Auffassung dessen, was eine Information ist. Dazu bemerkt PICHT:

"Die Differenz liegt in den Grundschritten: Wie definiere ich ein Problem, was gilt als relevante Information, was wird als Lösung angesehen ? Französische Ingenieure gehen abstrakter, globaler und synthetischer vor als ihre

---

[3] ebd.
[4] s. z.B. die Definition von Weinstein 1992, S. 90

deutschen Kollegen, die sehr viel früher technische Einzelprobleme isolieren, um dann in der Addition von Teilresultaten zu sehr viel praktischeren und detaillierteren Ergebnissen zu kommen."[5]

Und SIEGELE berichtet:

"Un chef d'entreprise allemand, qui anime à l'allemande les conseils de direction avec ses collaborateurs français, a souvent des sujets d'étonnement, car à la différence de ce qui se passe en Allemagne, ces *réunions* n'aboutiront la plupart du temps à aucune décision. Elles sont souvent uniquement une source d'information pour le tout puissant PDG français. 'Par la suite, ce dernier prendra seul les décisions', souligne Henri MONOD, représentant de la Treuhand.

L'esprit de la hiérarchie marque également les relations entre collègues. 'Lorsque des collaborateurs allemands ont une idée, ils en discutent d'abord entre eux. En revanche, un Français va directement en parler à son chef', constate Hück. 'Ici, l'information est un pouvoir que l'on garde pour soi'"[6]

Hier taucht v. KELLERs Problem der kunktionellen Äquivalenz wieder auf (s. III.4.): In Frankreich ist Information, tendenziell eher als in Deutschland, ein Instrument in einem hierarchischen Machtspiel, in Deutschland eher ein Kollektivgut und Produktionsfaktor. Dies jedoch betrifft nur die explizite, inhaltliche Seite der Information, ein umfassenderes Bild kann daher nur durch eine vergleichende Analyse der Formen und Träger impliziter und symbolischer Kommunikation, also z.B. der Medien, gewonnen werden.

Ähnlich verhält es sich mit Vertrauen. Nach HIRSCH ist Vertrauen ein öffentliches Gut, das für den Erfolg ökonomischer Transaktionen unerlässlich ist.[7] WEBER erklärt, dass der Tausch von Gütern nur auf der Basis weitreichenden persönlichen Vertrauens möglich ist.[8] Dieses Gut unterliegt also externen Effekten und Marktversagen. Auch hier spielt der Staat in Frankreich sicherlich eine stärkere Bedeutung als in Deutschland. Eine klare Aussage darüber, welche Institutionen die Produktion und Allokation von Vertrauen in den beiden Ländern sicherstellen, würde jedoch auch eine umfassende eigene Untersuchung erfordern.[9]

Doch auch hier taucht das Problem der funktionellen Äquivalenz auf. Denn "Vetrauen" ist nur in solchen Kulturen ein Grundbaustein der Gesellschaft, in denen es auch als als solcher betrachtet wird. Dies jedoch hängt mit unterschiedlichen gesellschaftswissenschaftlichen Traditionen zusammen. Wie HOSMER zeigt, wird Vertrauen in der Literatur meist als Bedingung für Kooperation in einer Situation der gegenseitigen Abhängigkeit betrachtet (z.B. in der Spieltheorie als Lösung des Gefangenendilemmas, in der Transaktionskostentheorie als transaktionskostenminderndes Resultat der Reputation usw.).[10] Konzeptionell gesehen, ist Vertrauen also nur dann und dort ein öffentliches Gut, wenn und wo Interdependenz zwischen Individuen besteht bzw. gesehen wird. In einer extremen (neo) klassischen Sicht ist dies nicht der Fall, da die Nutzenfunktion des Einzelnen a priori feststeht und unbeeinflussbar ist. Aus einer weniger dogmatischen Sicht heraus entsteht die Notwendigkeit sowie die Nützlichkeit des Vertrauens aus dem Marktversagen, welches gleichzeitig aus dem Kollektivgutcharakter des

---

[5] Picht 1994, S. 28
[6] Siegele 1993, S. 30f
[7] Hirsch 1978, S. 78
[8] Eisenstadt 1968, S. 114
[9] Eine solche könnte z.B. das Vorherrschen von familiären Strukturen in Politik und Wirtschaft der beiden Länder vergleichen. Ansonsten wäre sie jedoch weitgehen auf Umfragen (z.B. Einstellung gegenüber Rechtssystem, Banken, Zentralbank usw.) angewiesen, die mit den üblichen methodischen Problemen behaftet sind.
[10] Hosmer 1995, S. 379-400

Vertrauens entsteht. Hier wird die zirkuläre Kausalitätsbeziehung zwischen Theorie und Praxis besonders deutlich.

Allgemeiner gesagt, besteht hier ein grundlegender Unterschied zwischen Paradigmen, die auf der individuellen Rationalität, und solchen, die auf einer kulturellen Gemeinschaft aufbauen. Denn in einem Gedankengebäude, das auf der vollständigen Rationalität des Individuums beruht, herrscht keine Unsicherheit und somit kein Grund für Vertrauen oder Kooperation. Ökonomisch manifestiert sich diese idealtypische Vorstellung in der klassischen Ökonomie, politisch manifestiert sie sich in dem Geschichts- und Gesellschaftsbild der französischen Moderne. Die Kooperation und Vertrauensbildung zwischen solchen Individuen bzw. Personen, die Kooperation und Vertrauen als Grundbausteine der Gesellschaft betrachten, und solchen, für die solche Konzepte unnötig und irrelevant sind, führt zwangsläufig zu Missverständnissen. Wie in den vorherigen Kapiteln gezeigt wurde, liegt hier ein klares Hindernis für die deutsch-französische Kooperation. Hier handelt es sich also um strukturelle Unterschiede, die zu Kooperationsbarrieren werden, weil sie nicht nur institutionelle, sondern auch kulturelle Strukturen betreffen, wobei diese aus konstruktivistischer Sicht eins sind.[11]

VIII.2.2. Abwälzung von Transaktionsproblemen

Je nachdem, welche Arten von Transaktionsproblemen in einem Wirtschaftssystem auftauchen, entstehen, wachsen und überleben verschiedene Institutionen, die auf die Lösung solcher Transaktionsprobleme spezialisiert sind. So lässt sich daher auch von den beobachtbaren Institutionen auf die systematischen Transaktionsprobleme in einem Wirtschaftssystem schliessen, die gewöhnlich auf solche Institutionen abgewälzt oder delegiert werden.

So weisen die Fallstudien (s. Punkt VI.) darauf hin, dass sich die Notwendigkeit staatlichen Eingreifens aus der Höhe der Transaktionsprobleme und der Heilbarkeit des Marktversagens ergibt. Die Höhe der Transaktionsprobleme wiederum steigt mit der Höhe der Markteintrittsbarrieren, dem Vorherrschen des small-number-Problems und der Existenz von externen Effekten. Die Notwendigkeit staatlichen Eingriffs und der Umfang des Staatsapparates dürften daher entsprechend hoch sein, wenn die Wirtschaftsstruktur stark von diesen Merkmalen geprägt ist.

Wenn der Staat nun solche Wirtschaftsstrukturen besonders fördert, setzen diese sich gegenüber anderen Sektoren, in denen geringere Transaktionsprobleme herrschen, durch, was wiederum die Notwendigkeit staatlichen Eingreifens reproduziert.

Bei Vorherrschen von marktnahen Wirtschaftsstrukturen ist es dagegen dem privaten Sektor möglich, die Transaktionsprobleme durch Kooperation und Vertrauen selber in den Griff zu bekommen, wodurch der Staat an Bedeutung verliert. Dadurch werden Wirtschaftssektoren, für die der Markt als Koordinationsmechanismus ausreicht, tendenziell gestärkt, wodurch wiederum die privaten Kordinationsmechanismen und -institutionen gestärkt werden.

Aufgrund dieser zirkularen Kausalität hat also jedes System die Tendenz, sich selbst zu reproduzieren, wobei auch die entsprechenden kulturellen und paradigmatischen Inhalte und Praktiken mitproduziert und -reproduziert werden. Dadurch erhält jedes System eine gewisse

---

[11] s. Watzlawick 1981, S. 96-98

ganzheitliche Kohärenz, Stabilität und Legitimität, die als natürliches Hindernis für eine Kooperation zwischen ihren jeweiligen Vertretern wirken.

VIII.2.3. Monopolmacht im Nullsummenspiel

Betrachtet man das wirtschaftliche Handeln im spieltheoretischen Sinne als Nullsummenspiel, so ist die Erreichung eines Vorteiles nur zu Lasten Dritter möglich. Für wirtschaftliche Entscheidungsträger, die einer solchen Sicht anhängen, ist eine (Unternehmens-) Kooperation gleichbedeutend mit der Schädigung eines Konkurrenten, also mit der Erringung oder Erhöhung von Monopolmacht. Diese Perspektive ist jedoch nur mit einer sozialphilosophischen Sichtweise vereinbar, die das soziale System als stabile Realität begreift, in der die Individuen (oder Unternehmen) zwar unterschiedliche Positionen einnehmen können, das sie aber selbst nicht beeinflussen oder verändern können.

Die Sicht der Gesellschaft als Nullsummenspiel kommt am klarsten in der merkantilistischen Tradition zum Ausdruck und bildet hier einen Gegenpol zu den Prinzipien der klassischen ökonomischen Theorie. In der merkantilistischen Tradition, wie sie in Frankreich zum Teil noch heute fortlebt, können wirtschaftliche Vorteile nur unter Benachteiligung anderer Länder durchgesetzt werden.

Aufgrund der langen Tradition dieser Perzeptions- und Denkweise spielt diese auch bei Unternehmenskooperationen eine Rolle. Unternehmen, die nur zur Erringung von Marktmacht und nur unter der Bedingung einer Definition eines gemeinsamen Gegners kooperieren können bzw. wollen, und solche, die die Kooperation ausschliesslich als Ausfluss und Instrument ihrer wirtschaftlichen Aktivitäten betrachten, müssen bereits bei der Definition des Kooperationsziels auf Schwierigkeiten und Missverständnisse stossen.

Nullsummenspiele sind jedoch gleichbedeutend mit dem Vorherrschen von (positiven und negativen) externen Effekten, treten also notwendigerweise nur in Situationen des Marktversagens auf. Manager, die gewohnt sind, sich in solchen Wirtschaftssektoren zu bewegen, haben also eine stärkere Tendenz, das Wirtschaftsleben als Nullsummenspiel zu betrachten, als solche, die in Sektoren arbeiten, in denen der Marktmechanismus den grössten Teil der Koordination gewährleistet.

Auch dies ist daher eine Quelle von Missverständnissen und somit ein Hindernis für Unternehmenskooperationen, wobei die Grenzen, die hier zwischen verschiedenen Wirtschaftssektoren verlaufen, sicher mindestens ebenso bedeutend sind wie die zwischen dem deutschen und dem französischen Wirtschaftssystem.

VIII.2.4. Strukturelle Verteilung von Subkulturen

Als ein klares Kooperationshindernis kann auch der systematische Mangel an funktionaler Äquivalenz der Kooperationsstrategien, -intermediäre und -träger betrachtet werden. Aus der Projektion des eigenen Gesellschaftsbildes auf die andere Gesellschaft ergeben sich Strategien, die bei Berücksichtigung ihrer Wirkung auf das jeweils andere System als kontraproduktiv erscheinen müssen. Dies beginnt bereits bei der Auswahl der Kooperationsmittler,

Ansprechpartner, Amtskollegen usw., die mit dem entsprechenden Strukturelement des eigenen Systems zwar vielleicht formal, aber nicht inhaltlich oder nicht funktional äquivalent sind.

Hier handelt es sich ebenfalls gleichzeitig um ein institutionell-strukturelles als auch um ein kulturelles Phänomen. Denn es zeigt sich, dass die kulturellen Inkompatibilitäten zwischen einzelnen Gruppen und Institutionen mit der unterschiedlichen Strukturierung der Gesamtgesellschaft zusammenhängen. Die Subkulturen, die diese Gruppen oder Institutionen auszeichnen, haben nicht nur Verständigungsschwierigkeiten, weil sie unterschiedliche Sprach- und Wertsysteme besitzen, sondern auch weil sie innerhalb ihrer eigenen Gesellschaft unterschiedliche Funktionen und Positionen haben. Die kulturellen Inkompatibilitäten zwischen kooperationswilligen deutschen und französischen Institutionen lassen sich also schon deshalb nicht nur auf die unterschiedlichen "Nationalkulturen" reduzieren, sondern hängen auch mit der unterschiedlichen Art der strukturellen Einbindung dieser Institutionen in ihrer jeweiligen Gesamtgesellschaft zusammen.

In Frankreich haben z.B. die Grossbanken traditionell politische Funktionen und ihre Strategien unterliegen politischen Restriktionen und politischer Unterstützung. Im Vergleich dazu verfügen die deutschen Grossbanken über eine bedeutende Autonomie und über ein entsprechendes Selbstverständnis, mit entsprechenden Auswirkungen auf die Unternehmenskultur. Während in Frankreich die nationale Börsengesellschaft sich daher leicht für politische Projekte gewinnen lässt, ist die wichtigste deutsche Börsengesellschaft von dem starken Einfluss der Grossbanken geprägt, die sich von staatlicher Politik nicht vereinnahmen lassen wollen.

Ähnliche kulturelle Differenzen finden sich auf politischer Ebene: Der visionäre pionierhafte Voluntarismus der französischen Politik (mit all seinen Vor- und Nachteilen) findet in Deutschland keine Entsprechung, und die betreffenden Personen finden daher keine gemeinsame Mentalitäts- und Wertebasis. Stattdessen findet er einige Parallelen (mit denselben Vor- und Nachteilen) in Führungsgremien der deutschen Grossindustrie. Die Kooperation zwischen Daimler-Benz Aerospace und der staatlichen französischen Aérospatiale muss daher auch unter dieser Perspektive betrachtet werden.

Diese Beispiele zeigen, dass Kooperationsbarrieren oft mit der unterschiedlichen Lokalisierung von Subkulturen in der Gesellschaft zusammenhängen, und dass diejenigen Unternehmen bzw. Personen, die sich kulturell am ähnlichsten wären, oft aufgrund ihrer unterschiedlichen institutionellen Positionierung im Gesellschaftssystem normalerweise nicht zusammenkommen.

Darüberhinaus scheint es, dass diese unterschiedliche Strukturierung der beiden Gesellschaften mit einer unterschiedlichen Art der Rezeption und Verarbeitung von kulturellen und technologischen Strömungen zusammenhängt. Sie erscheinen unter dieser Perspektive vor allem als unterschiedliche *Versionen der Moderne*.

So hat sich z.B. der Glaube an den gesellschaftlichen *Fortschritt* als Kulturelement der Moderne in Deutschland und Frankreich unterschiedlich manifestiert und in unterschiedlichen gesellschaftlichen Gruppen festgesetzt. Während er in Frankreich einer kleinen Elite als ideologisches gesellschaftliches Dogma dient und in der breiten Bevölkerung eher auf Indifferenz stösst, stellt er in Deutschland auf diversen Ebenen seit Jahrhunderten ein kontroverses Thema dar. Die *Säkularisierung* als weiteres kulturelles Element der Moderne hat sich in Frankreich zwar dem Inhalt, jedoch nicht der Form nach vollzogen, während er sich in Deutschland (u.a. durch die Reformation) der Form nach, jedoch weniger dem Inhalt nach verwirklichte. Die *kapitalistische Marktwirtschaft*, als weiteres Motiv der Moderne, ist in Frankreich (in colbertistischer Tradition) ein reales Betätigungsfeld der Regierung, jedoch keine offizielle Doktrin, und ihre Werte sind in der Bevölkerung nicht weit verbreitet. In Deutschland ist es eher umgekehrt: Die kapitalistische Marktwirtschaft hat beinahe doktrinären Charakter, bildet jedoch kein Betätigungsfeld für die Regierung selbst; ihre Werte und Verhaltensnormen sind jedoch in der Gesellschaft weit verbreitet. Ähnliches gilt für das Prinzip der *Rationalität*. Handelt es sich hier in Frankreich (infolge von DESCARTES) eher um ein explizit elaboriertes Staatsdogma, jedoch nicht um eine Richtlinie für das Alltagsleben, so dient es in Deutschland (seit KANT) in Gesellschaft und Wirtschaft als weit verbreitetes Handlungsprinzip, jedoch nicht als ideologisches Instrument der staatlichen Legitimation. Die *technische Innovation* als weiteres Motiv der Moderne erhielt in Frankreich die Funktion, die staatliche Macht und das nationale Prestige zu vergrössern, während es in Deutschland eher als Instrument wirtschaftlicher Leistungssteigerung betrachtet und verwendet wird. Hier zeigt sich, dass diese "Schlüsselbegriffe" der Moderne in den beiden Ländern eine völlig unterschiedliche Bedeutung haben und genau deshalb in unterschiedlichen gesellschaftlichen Gruppen als Werte beheimatet sind.

Diverse weitere Beispiele liessen sich anführen. Solche Beispiele zeigen, dass die "Moderne" nicht eine Welle war, die alle Länder in einer bestimmten Periode gleichartig erfasste, sondern aus vielfältigen Motiven besteht, von denen jedes sowohl ideologische als auch praktische, sowohl geistige als auch materielle Aspekte aufweist, die in vielfältiger Weise miteinander kombiniert werden können und in verschiedenen Ländern und Regionen in Abhängigkeit von der bestehenden Machtkonstellation und kulturellen Situation in der Tat unterschiedlich kombiniert wurden. Als Ergebnis dieser national unterschiedlichen Interpretation und gesellschaftlichen Allokation verschiedener Elemente der Kultur der "Moderne" haben sich entsprechend unterschiedliche Modelle und Strukturen entwickelt. Die Strukturen, die sich die beiden grossen politischen Rivalen auf dem europäischen Kontinent in den letzten Jahrhunderten gegeben haben, unterschieden sich - vielleicht nicht zufällig -, in bezug auf ihre spezifische Interpretation der Kultur der Moderne in einer Art und Weise, die in vielen Fällen den Eindruck der diametralen Gegensätzlichkeit erweckt.

In diesem Befund, so summarisch und vereinfachend er sich hier auch notwendigerweise darstellen mag, liegt der Schlüssel zum Verständnis einer ganzen Reihe von Problemen der deutsch-französichen Kooperation. So sollte a priori davon ausgegangen werden, dass deutsche und französische "Mittelständler" im Prinzip ähnliche Interessen, ähnliche Gewohnheiten und ähnliche Denkweisen besitzen. Dies erweist sich erfahrungsgemäss als Illusion, was erst dann verständlich wird, wenn man weiss, dass der Begriff "Mittelständler" in Deutschland und Frankreich völlig unterschiedliche sowohl geistige als auch ökonomische Realitäten bezeichnet. Die Weltanschauung und die Sachzwänge des deutschen Mittelständlers unterscheiden sich fundamental von denen des französischen. Viele deutsche Mittelständler sind es gewohnt, sich allein dem Weltmarkt (als dem relevanten Markt) gegenüber zu sehen und in grosser unternehmerischer Unabhängigkeit langfristig verantwortungsvolle Entscheidungen aus der Entwicklung desselben abzuleiten und entsprechend durchzusetzen. Eine solche Denkweise, mit all den Einstellungen, Werten, Führungsstrukturen, Strategien und Kompetenzen, die diese Situation impliziert, findet sich in Frankreich jedoch eher auf der Ebene der Regierung als bei den "PME" (petites et moyennes entreprises), die typischerweise auf den heimischen Markt konzentriert sind, denen die Managementressourcen zur internationalen Expansion meist fehlen und die durch informelle Informationsnetzwerke mit ihrer lokalen Umgebung verflochten sind. Idealtypischerweise sind diese PME sich ihrer lokalen Verwurzelung bewusst und zudem in vielfältiger Weise von (den oft staatlichen) Grossunternehmen sowie lokalen staatlichen Instanzen wirtschaftlich abhängig, so dass sie nur in Ausnahmefällen ernsthafte und lebensfähige internationale Marketingstrategien entwickeln.

VIII.2.5. *Strukturelle Unterschiede und institutionelle Konvergenz*

Eine grosse Hilfe im Kontakt mit französischen strukturellen Einheiten (Individuen, Abteilungen, Unternehmen usw.) ist es, diese Einheiten *deduktiv-institutionell* zu verstehen und zu interpretieren. Das bedeutet, immer die Frage zu stellen, von welcher Institution die jeweilige Einheit letzlich ihre Identität, ihre gesellschaftliche Rolle und ihre wirtschaftlichen Rechte und Pflichten ableitet. Nach einer solchen Analyse erweist sich der "Président Directeur Général" einer mittelständischen Firma oft als höriger und abhängiger Untertan eines Präfekten oder Bürgermeisters.

Die vielfältigen Wege, über die die französische Wirtschaft mit Politik und Verwaltung auf allen Ebenen verquickt ist, entziehen sich dem Verständnis und der Vorstellungskraft der meisten deutschen Ökonomen, Manager und Unternehmer. In dem Dschungel von Gefälligkeiten, Steuerprivilegien und personellen Verflechtungen, den die französische Gesellschaft darstellt, entsteht eine Wirtschaftsstruktur, die weniger mit den Anforderungen des Weltmarktes zu tun hat, als es sich ein deutscher Manager vorstellen kann. Wenn ein französisches Unternehmen seit langer Zeit existiert, so sollte ein deutscher Verhandlungspartner deshalb keinesfalls der Illusion unterliegen, es sei im deutschen Sinne "wettbewerbsfähig".

Wie gezeigt wurde, verdankt ein grosser Teil der französischen "Mittelständler" ihr Überleben der Tatsache, dass es an ein Grossunternehmen angeschlossen ist. Viele dieser Grossunternehmen waren noch bis vor kurzem in staatlicher Hand, und selbst nach der Privatisierung bestehen Netzwerke aus persönlichen Abhängigkeiten und Solidaritäten, die sicher noch mehrere Jahrzehnte intakt bleiben werden. Dies liegt zum Teil an den strukturellen Besonderheiten der französischen Wirtschaft, deren Stärke, im Gegensatz zur deutschen, in ihrer Politisierung liegen. Mit Ausnahme der Sektoren, die vom (staatlich hoch subventionierten und gepflegten) weltweiten Prestige der französischen Kultur profitieren (Nahrungsmittel- und Luxusgüterindustrie), sind fast alle international führenden französischen Unternehmen in Bereichen tätig, die aufgrund hoher Eintrittsbarrieren und externer Effekte dem Marktversagen und somit einer systematischen Politisierung unterliegen.

Bis in den Bereich der Parteienfinanzierung hinein ergibt sich somit eine gegenseitige Abhängigkeit von Politikern und Managern, die man in allen ihren Auswirkungen nur wirklich verstehen kann, wenn man sich klarmacht, dass Wirtschaft und Politik in der traditionellen französischen Vorstellungswelt eins sind.

Für das Verständnis der französischen Wirtschaftsstruktur ist es dabei wenig hilfreich, die politische und die ökonomische Sphäre zu trennen. Das Verhältnis der Pariser Elite zum Rest der Bevölkerung folgt vielmehr dem aus dem Römischen Reich und dem mittelalterlichen

Kirchenrecht stammenden Schema der *"patronnage"*. Hierbei ist der "client" (frz. auch "Kunde") nach Meyers Lexikon wie folgt definiert:

"Klient (zu lat. cliens "Schutzbefohlener"), im antiken Rom nicht rechtsfähige Person, für die ein Patron die Vertretung vor Gericht und den Schutz in der Öffentlichkeit übernahm. Die Gesamtheit der Klienten eines Patrons war in der religiös und rechtlich geschützten **Klientel** zusammengefasst. Sie stellte eine Zwischenklasse zw. Freiheit und Unfreiheit dar und konnte die Bevölkerung einer ganzen Provinz umfassen."[12]

Der Fürsorgepflicht des *"patrons"* gegenüber seiner Klientel steht somit die (auch politische) Unterstützung desselben durch die Klientel gegenüber. Die Patronnage-Struktur beginnt in der Familie und zieht sich durch die ganze Gesellschaft, wobei die Grenzen von Unternehmen und sonstigen rechtlich-statutarischen Strukturen in den Hintergrund geraten. Für in Frankreich tätige deutsche Unternehmer ist es daher wichtig, diese faktischen Strukturen zu durchschauen und sich nicht ausschliesslich an der handelsrechtlichen Strukturen zu orientieren.

In vieler Hinsicht lässt sich seit einigen Jahren eine Angleichung der strukturellen Besonderheiten der französischen und der deutschen Wirtschaft (und Politik) beobachten. So gewinnt die Gewerkschaft CFDT, die die kommunistische Tradition ablehnt und auf Konsens und Tarifautonomie setzt, an Bedeutung und Einfluss. In Deutschland scheint gleichzeitig das traditionelle Tarifmodell aufgeweicht zu werden, ebenso wie das duale Ausbildungssystem.

Der deutsche Mittelstand kämpft mit erheblichen Nachfolgeproblemen, während die staatsnahen französischen Grossunternehmen durch drastische Restrukturierungen und Massenentlassungen versuchen, ihr Überleben zu sichern.

Französische Wirtschaft und Politik versuchen, die Mängel bei der beruflichen Ausbildung zu beheben, und die Eliteschulen geraten ins Kreuzfeuer. Mit der Ära Mitterand scheint auch der Personenkult in der französischen Politik endgültig der Vergangenheit anzugehören, während in Deutschland hier eher Nachholbedarf zu bestehen scheint.

Das von MAURICE/SELLIER/SILVESTRE beschriebene hierarchische Koeffizientensystem in der französischen Industrie ist auf dem Rückzug, und die Rezession ist auch an den Anziennitätsprivilegien nicht spurlos vorübergegangen. Durch die Privatisierungen und die Aufdeckung von Korruptionsaffären lockern sich die Bindungen zwischen Politik und Wirtschaft. Die drastische Reduktion öffentlicher Ausgaben hat bereits eine Vielzahl von protegierten Hoflieferanten in den Bankrott getrieben.

In Deutschland dagegen werden, nicht zuletzt durch die Wiedervereinigung, Subventionen in zunehmendem Masse toleriert und der Umfang von in staatlichen Strukturen beschäftigten Erwerbspersonen ist gestiegen.

Es lässt sich also in bezug auf die strukturellen und institutionellen Rahmenbedingungen eine deutliche Konvergenz zwischen dem deutschen und dem französischen System beobachten. Ob dies auch für die mit diesen Strukturen zusammenhängenden kulturellen Bedingungen der Fall ist, ist jedoch weitaus schwieriger zu beantworten.

---

[12] Meyers Lexikon 1981, BD 12, S. 22; auch hier ist eine etymologische Perspektive in bezug auf die Bedeutung des "Kunden" sowie der "Provinz" in der französischen Wirtschaftskultur aufschlussreich.

VIII.3. Kulturelle und psychologische Aspekte

VIII.3.1. Kommunikation "ad rem" bzw. "ad personam"

Die Personen- bzw. Sachorientierung ist einer der wichtigen Gegensätze zwischen der deutschen und der französischen Kultur. Eine Koordination wirtschaftlicher Aktivitäten ist im Rahmen des traditionellen französischen Wirtschaftsstils ohne die Rolle eines persönlichen Koordinators nicht denkbar. Die Personenorientierung ist ein fundamentales Merkmal französischen Kommunikationsverhaltens. Was und wie kommuniziert wird, hängt von der jeweiligen Person ab, die Person (von lat. *"persona"*: "Maske") ist der eigentliche Inhalt der Kommunikation. Im Kommunikationsakt definiert und verwirklicht die Person sich selbst, und die Funktion der Kommunikation ist die Definition, Beeinflussung oder Änderung der persönlichen Beziehung mit dem Kommunikationspartner.

In der französischen Kultur ist Kommunikation nicht, wie in der deutschen, der Ausfluss eines Problems, Themas oder Sachzwangs, sondern einer persönlichen Beziehung, die aufgrund ihrer persönlichen Natur zwangsläufig mehrdimensional, impulsiv und nie rein zweckgebunden ist. Wie bereits gezeigt wurde, beeinflusst dieser Sachverhalt sowohl die Liquidität französischer Unternehmen als auch die Erfolgschancen deutsch-französischer *"réunions"* und Kooperationsverhandlungen.

Durch die institutionelle Konvergenz des deutschen und französischen Systems werden Regionen, deren Wirtschaftsstruktur in besonders hohem Masse auf persönlichen Netzwerken beruhen, zunehmend ins Abseits gedrängt und schliessen sich oppositionellen Bewegungen an, die die kulturelle Identität zur Grundlage der Politik machen wollen. Dies gilt z.B. für Südfrankreich, wo sich die rechtsextreme "Front National" derzeit zur stärksten Partei entwickelt.

Die Verknüpfung der persönlichen Heilserwartung mit Personen, insbesondere sozialen Autoritätspersonen, existiert jedoch in den romanischen Ländern seit Jahrhunderten, wenn nicht seit Jahrtausenden. Sie hängt ebenso mit dem Katholizismus zusammen wie die Verknüpfung der persönlichen Heilserwartung mit der Erfüllung schriftlich festgehaltener Pflichten mit dem Protestantismus zusammenhängt. Die Frage, inwieweit sich solche säkulären kulturellen Phänomene durch kurzfristige institutionelle Arrangements beeinflussen lassen und wie sie sich im negativen Fall politisch manifestieren, ist selbstverständlich schwer zu beantworten.

VIII.3.2. Form und Inhalt

Das Verhältnis zwischen Form und Inhalt erscheint in den beiden Ländern in vieler Hinsicht als unterschiedlich, wenn nicht gegensätzlich. Aufgrund der hohen Personenorientierung der französischen Kommunikation sowie der Ästhetisierung vieler Lebensbereiche ist der formale Aspekt einer Handlung oder einer Mitteilung auch im französischen Wirtschaftsleben häufig wichtiger als der "Inhalt". Die Effizienz einer allein auf Formen beruhenden, und - in deutschem Sinne - "inhaltsarmen" Kommunikation wird daher nur verständlich, wenn man die Dichotomie zwischen "Form" und "Inhalt" aufgibt, und, wie McLUHAN und HALL, die hohe Bedeutung non-verbaler Kommunikation und die Konditionierung des Denkens durch die

Funktionsweise der verschiedenen Sinnesorgane und Gehirnfunktionen akzeptiert und sich bewusst macht.

Die systematische Interpretation von Handlungen und Kommunikationsakten in bezug auf ihren symbolisch-gestischen bzw. rituellen Gehalt, die besonders in Geschäftsverhandlungen oft entscheidend ist, ist jedoch nicht von heute auf morgen erlernbar, sondern erfordert eine intime und langjährige Kenntnis der betreffenden Kultur. Die deutsche Managementkultur mit ihrer inhärenten Tendenz, von situationellen, atmosphärischen und formalen Elementen zu abstrahieren, erscheint der französischen hier beinahe diametral entgegengesetzt.

Die Unterscheidung zwischen Form und Inhalt kann sich jedoch immer nur auf ein bestimmtes Kommunikationsmedium beziehen. So hat man die Tendenz, die explizite, in gedruckter Form festgehaltene Information etwa einer Marktstudie oder einer Gesprächsnotiz als deren "Inhalt" zu bezeichnen, wenn man eine besonders hohe und exklusive Sensibilität für explizite gedruckte Informationen hat. Es lassen sich in einem schriftlichen Dokument jedoch auch andere Informationen "verstecken", die von schriftlich-explizit orientierten Personen und Kulturen entweder gar nicht wahrgenommen oder generell als "formelle" Aspekte desselben gesehen werden.

Bestimmte Kulturen sind jedoch auf die Gestaltung und Decodierung dieser "formellen" Elemente geradezu spezialisiert, was heisst, dass diese Aspekte für sie eben nicht Form, sondern der eigentliche Informationsinhalt sind. Dazu gehören z.B. die Struktur der Darstellung, die Methode, die Wortwahl, der sprachliche Stil und Ton, die Verwendung von Farben, Graphiken, heuristischen Bildern, Metaphern und Analogien sowie die sonstigen Umstände der Kommunikation inklusive den nicht-verbalen Informationsinhalten, die ausserhalb des geschriebenen Dokuments beim direkten oder telefonischen Kontakt mit dem Autoren übermittelt werden.

Der Gegensatz zwischen Form und Inhalt hängt also eng mit der Konzentration auf unterschiedliche Informationsaspekte und Kommunikationsmedien zusammen. Ebenso liesse sich also, statt von "Form" und "Inhalt", von unterschiedlichen Inhalten (bzw. unterschiedlichen Formen) sprechen, je nachdem was Informationsübermittler und vor allem Informationsempfänger als relevante Information einstuft.

So können zwei verschiedene Informationsempfänger zwei verschiedene Lesarten ein und desselben Dokumentes haben (z.B. eines Vertrages). Wenn zwischen verschiedenen Kulturen grosse Unterschiede in bezug auf die Verwendung verschiedener Wahrnehmungssinne, Kommunikationsmedien und Interpretationsmuster herrschen, so kann diese unterschiedliche Interpretation (scheinbar) identischer Sachverhalte zu Missverständnissen und Konflikten führen.

Dieser Effekt ist in den vorangegangenen Kapiteln wiederholt aufgezeigt worden, er ist zweifellos eine der wichtigsten Quellen für Probleme, Reibungsverluste und Misserfolge bei deutsch-französischen Unternehmenskooperationen und im deutsch-französischen Management.

Die Frage nach Form und Inhalt im deutsch-französischen Verhältnis hängt aber nicht nur mit verschiedenen Kommunikationsmedien, sondern auch mit verschiedenen Organisations- und

Koordinationsprinzipien zusammen. Denn verschiedene Koordinationsprinzipien basieren auf unterschiedlichen Medien. So manifestiert sich die deutsche Vorliebe für anonyme, unpersönliche Kommunikationsmedien wie den expliziten Inhalt gedruckter Texte auch in der Dominanz anonymer und unpersönlicher wirtschaftlicher Koordinationsinstrumente wie Geld und Zeit, wobei die Koordinationskapazität dieser Instrumente auf ihrer scheinbaren Abstraktion von jeglicher Form, also ihrer *Uniformität* sowie auf ihrer Vervielfältigung, also dem Prinzip der *Repetition*, beruhen.

Die Existenz dieser kulturellen Inkompatibilitäten ist ein Hemmnis für die deutsch-französische Kommunikation und Kooperation. Da sie mit dem Beherrschen verschiedener Kommunikationsmedien und verschiedener "Sprachen", auch im non-verbalen Sinne, zusammenhängt, können sie nur durch geduldiges Lernen und allmähliche gegenseitige Anpassung überwunden werden.

VIII.3.3. *Vorsicht und Vertrauen*

Vorsicht und Vertrauen sind Grundwerte der deutschen Kultur, die in Frankreich im Prinzip keine wirklichen Entsprechungen finden. Die wirtschaftliche Bedeutung dieser Werte zeigt sich besonders in ihrer Ausprägung im Handelsrecht. Die Grundlage der französischen Rechnungslegung ist nicht "Treu und Glauben", sondern die Besteuerung, also die Beziehungen gegenüber dem Staat. Entsprechend dominiert in vielen Bereichen noch die statische Bilanzphilosophie. Die Koordinationsfunktionen, die in Deutschland durch Vorsicht und Vertrauen erfüllt werden, nimmt in Frankreich der Staat wahr. WIETEK/DE SAS zeigen, wie sich diese unterschiedlichen Werte ganz konkret auf Bilanzierung und Bewertungspraxis auswirken. So werden Aktiva in Frankreich gewöhnlich auf der Basis der Eintrittswahrscheinlichkeit der relevanten Risiken bewertet. Diese mathematisch-statistische Methode steht dem deutschen Niederstwertprinzip gegenüber und führt zu entsprechenden systematischen Bewertungsunterschieden. Liegt der Ertragswert unter dem Substanzwert, so wird oft dennoch an letzterem festgehalten, was gerade bei deutsch-französischen Verhandlungen häufig zu Konflikten führt. Da die französische Handelsbilanz historisch aus der Steuerbilanz entstanden ist und sich stärker als die deutsche an dieser orientiert, fehlen in Frankreich im Prinzip sämtliche Prinzipien, die sich in Deutschland aus dem Primat des Gläubigerschutzes ergeben.[13]

Die Standardisierung der Bewertungsvorschriften ist durch die europäische Gesetzgebung bereits recht weit fortgeschritten, aber die faktische Wirksamkeit solcher Vorschriften darf natürlich nicht überschätzt werden. Insbesondere bei der Bewertung stiller Reserven ist daher (nicht Vorsicht, sondern) Realismus geboten.

Der im Management entscheidende und zentrale Begriff der Vorsicht verweist ebenfalls auf unterschiedliche Managementkulturen, aber auch auf unterschiedliche wissenschaftliche Ansätze hin. So fällt als erstes auf, dass Vorsicht in einer neoklassischen Modellwelt keinen Sinn macht, da dort die Informationskosten gleich Null sind. Der Begriff der Vorsicht setzt also bereits das Existieren von Unsicherheit voraus. Bei Entscheidungen unter Risiko impliziert der Begriff der Vorsicht eine Nutzenfunktion, die mit der Funktion der Entscheidungsgrösse nicht

---

[13] Zu den unterschiedlichen Bilanzierungs- und Bewertungsprinzipien und deren Zusammenhang mit Mentalität und Kultur s. Wietek/de Sas 1990, S. 1-9, 93-144

261

proportional ist. Diese Nichtlinearität der Nutzenfunktion gegenüber der Zielfunktion ist gleichbedeutend mit der Existenz von Risikoaversion. Risikoaversion jedoch ist eine fundamentale anthropologische Annahme, die weitreichende Implikationen hat.

So unterscheidet MONDELLO zwei unterschiedliche Strategien bezüglich irreversibler Entscheidungen bei Unsicherheit: Die erste besteht in der Aufrechterhaltung der Flexibilität bei gleichzeitiger Suche nach weiteren entscheidungsrelevanten Informationen, die zweite in einem irreversiblen Engagement. Am Beispiel des Kapitalmarktes zeigt MONDELLO, dass die erste Option zur Zurückhaltung von Liquidität seitens aller Wirtschaftssubjekte und somit zum Zusammenbruch des langfristigen Kapitalmarktes führen kann. In dieser Situation entspricht die individuelle Vorsicht einer kollektiven Unvorsicht und umgekehrt. Das Eingehen irreversibler Entscheidungen erweist sich dann als rational, wenn es von allen betroffenen Marktteilnehmern vorgenommen wird, weil dadurch die Stabilität des Gesamtsystems gesichert wird. Der Autor kommt zu dem Schluss, dass der Begriff der Vorsicht letztlich nur in einer Logik der kollektiven Rationalität überhaupt einen Sinn macht, da die systematische Aufrechterhaltung der grösstmöglichen Flexibilität durch die individuellen Akteure (im Namen der individuellen Rationalität) zum Zusammenbruch der Koordinationsmechanismen führt und somit auch die Individuen im Endeffekt ihrer Entscheidungsfreiheit beraubt.[14]

Dies ist ein weiteres Beispiel für die Relativität und Kontextabhängigkeit von Schlüsselbegriffen wie Vorsicht und Rationalität. Bei diesen Begriffen, regelmässig Gegenstand von Missverständnissen und Auseinandersetzungen zwischen deutschen und französischen Entscheidungsträgern, muss daher immer die Frage nach der individuellen oder kollektiven Perspektive gestellt werden. Denn kollektiv rationale Entscheidungen sind nur dann kollektiv rational, wenn sie in einem kulturell-institutionellen Kontext getroffen werden, der auf der Idee der kollektiven Rationalität aufbaut.

Konkret bedeutet dies z.B., dass eine "vorsichtige" Bewertung von Aktiva nur dann wirklich systemstabilisierend, also kollektiv vorsichtig ist, wenn sie von allen betroffenen Entscheidungsträgern vorgenommen wird. Kollektiv rationale Entscheidungen müssen daher auch kollektiv, d.h. auf der Basis eines Konsens', gefällt werden. Hier wird der Zusammenhang zwischen den in VI.3.3.2. beschriebenen kollektiven Entscheidungsmechanismen, die die deutsche Managementkultur auszeichnen, und der "institutionalisierten Vorsicht", wie sie sich im deutschen Handelsrecht ausdrückt, deutlich. Ebenso zeigt sich hier, wie diese unterschiedlichen Einstellungen bezüglich Vorsicht, Rationalität und Reversibilität von Entscheidungen mit dem unterschiedlichen Zeitverständnis zusammenhängen: Die kollektive Rationalität ist auf die langfristige Stabilität des Gesamtsystems ausgerichtet und erfordert eine langwierige, weil kollektive Entscheidungsvorbereitung.

Gleichzeitig wird klar, wie das Prinzip der individuellen Rationalität mit dem Merkantilismus (Monopolmacht im Nullsummenspiel) zusammenhängt, denn unter den von MONELLO beschriebenen Bedingungen sind individuell rationale Entscheidungen für ein Wirtschaftssubjekt langfristig nur dann wirklich rational, wenn nicht alle anderen Wirtschaftssubjekte ebenfalls individuell rational handeln, da dies zum Zusammenbruch des Gesamtsystems (analog dem Marktversagen oder dem Gefangenendilemma) führen würde. Der

---

[14] Mondello 1993, S. 48f, 60f

individuelle Rationalismus kann sich selbst also nur auf Kosten Dritter entfalten, als allgemeine Entscheidungsregel wirkt er langfristig selbstzerstörend.

Der Umstand, dass die im gewohnten Kontext hilfreichen Entscheidungsprinzipien im Ausland nicht immer hilfreich sind, ist ein klares Hindernis speziell für deutsch-französische Unternehmenskooperationen. Es handelt sich hier um dasselbe Phänomen wie bei den bereits erwähnten unterschiedlichen kulturabhängigen Mechanismen und Institutionen zur Lösung von Transaktionsproblemen. Hier ist es entscheidend, sich die Relativität und Kontextabhängigkeit von bisher als absolut und universell angenommenen Begriffen und Handlungsregeln bewusst zu machen. Obwohl die reelle Unvereinbarkeit dieser verschiedenen Begriffe und Regeln, die auf ihrer Einbettung in verschiedene institutionelle und kulturelle Gegebenheiten sowie unterschiedliche wissenschaftlich-paradigmatische Standpunkte beruht, der Kooperation tendenziell im Wege steht, bildet sie jedoch auch eine Möglichkeit, das eigene Weltbild in Frage zu stellen und somit einen Lernprozess auszulösen. Dies gilt sowohl im persönlichen als auch im wirtschaftlichen sowie nicht zuletzt im wissenschaftlichen Bereich. In all diesen Bereichen stehen sich verschiedene Werte, Annahmen, Prinzipien, Strategien und Methoden gegenüber, die eben deshalb miteinander unvereinbar sind, weil es sich nicht um beliebige, zufällige und austauschbare Positionen in einem Spektrum von Denk- und Handlungspositionen handelt, sondern um Elemente einer ganzen Kultur, in der Werte, Institutionen, Methoden und wissenschaftlich-paradigmatische Standpunkte untrennbar zusammenhängen. Die Chance, die in dieser Gegenüberstellung zweier Systeme liegt, besteht denn auch gerade darin, das Bewusstsein für die Kohärenz der ansonsten zusammenhangslos erscheinenden Phänomene zu schärfen. Dadurch werden zwar die Inkompatibilitäten noch nicht beseitigt, aber es wird die Voraussetzung zur *gemeinsamen Innovation* geschaffen, welche ihrerseits wiederum einen der Erfolgsfaktoren für die Kooperation darstellt, wobei es sich immer gleichzeitig um technische, institutionelle und kulturelle Innovation handelt.

VIII.3.4.   Interkulturelle Sensibilität

Die frappierendste Erfahrung bei der Vermittlung und Förderung deutsch-französischer Kooperation und Kommunikation ist das Ausmass an Ignoranz und der Mangel an Sensibilität bezüglich interkultureller Unterschiede, und zwar meist auf beiden Seiten, doch nicht nur bei den Entscheidungsträgern selbst, sondern auch auf Seiten der Institutionen, die sich mit der internationalen Kooperation befassen und ihren juristischen und internationalen Rahmen mitgestalten.

THOMAS/HAGEMANN zeigen, dass es sich bei der Erfahrung des Kulturschocks um eine äusserst schwierige und aufwühlende existentielle Erfahrung handelt, dass aber nur diese Erfahrung selbst ein Verständnis und ein Meistern der fremden Kultur und ihrer Kommunikations- und Orientierungssysteme herbeiführen kann, welches eine effiziente Kommunikation und Kooperation ermöglicht.[15]

Nur die Grösse dieser Schwierigkeit kann das Ausmass des so häufigen und teuren Scheiterns der Auslandsentsendungen von Managern erklären. Ferner scheint ein Element der im Rahmen der interkulturellen Managementforschung festgestellten internationalen Homogenität der Managementkultur (s. III.4.) gerade in der konsequenten Negation kultureller Unterschiede zu

---

[15] Thomas/Hagemann 1992, S. 173-180

263

liegen. Gerade in dieser Hinsicht sind die Übereinstimmungen zwischen Managementkultur und wissenschaftlichen Paradigmen auffällig: Die von Philippe d'IRIBARNE als "Ideologie der Moderne" bezeichnete Einstellung (s. V.3.4.) postuliert nicht nur die Universalität quantifizierbarer wirtschaftlicher Mechanismen, sondern auch die Irrelevanz von nicht-quantifizierbaren Unterschieden im menschlichen Verhalten.

Der Mangel an interkultureller Sensibilität und Kompetenz ist somit nicht nur ein Kennzeichen der heutigen Managementkultur, sondern auch der vorherrschenden wissenschaftlichen Ansätze, wobei mit "vorherrschend" hier gemeint ist, dass sie Eingang in politische Entscheidungen supranationaler Organisationen finden. Die Transaktionskostentheorie, bei der alle Interaktionen zwischen Wirtschaftssubjekten auf ihre quantifizierbaren Aspekte reduziert werden, ist das aktuelle Beispiel für diese Denkhaltung.

Der Mangel an interkultureller Sensibilität hängt also zusammen mit einem Paradigma, welches die Bedeutung kultureller Unterschiede bzw. von Kultur überhaupt negiert oder als irrelevant einstuft. Hierbei ist jedoch wichtig, nicht nur die explizit formulierte Seite dieses Paradigmas zu betrachten, sondern ebenfalls die kulturellen Manifestationen desselben. So mag sich die "Ideologie der Moderne" nicht nur in dem expliziten Staatsdogma der Gleichheit aller Bürger und der Universalität einer bestimmten Staatsform manifestieren, sondern auch in der im Alltagsdenken, also der Kultur, verwurzelten Quantifizierung sämtlicher Werte und Lebensbereiche auch bei expliziter Ablehnung des Paradigmas kulturunabhängiger Werte und Regeln.

Daher besteht die Herausforderung der interkulturellen Kommunikation und Kooperation nicht nur in der Formulierung, Verwerfung oder Beurteilung eines bestimmten Gesellschaftsmodells oder Hierarchiesystems, sondern auch in der Infragestellung, Relativierung bzw. Erweiterung internalisierter und reflexartiger Verhaltensweisen, die ebenfalls paradigmatischen Charakter besitzen, und zwar insofern als sie zur Stabilität und Reproduktion bestimmter Medien und Institutionen beitragen.

Diese Herausforderung ist somit nicht nur intellektueller, sondern auch emotionaler und spiritueller Natur und kann nur in einem langwierigen und schwierigen, aber persönlich sehr bereichernden Lern- bzw. Trainingsprozess gemeistert werden.[16]

Nur Menschen und Institutionen, die sich diese interkulturelle Sensibilität, Kompetenz und Erfahrung erworben haben, können erfahrungsgemäss bei Angehörigen der verschiedenen Kulturen gleichermassen Interesse und Vertrauen wecken und sie somit über die Phase des Austausches von Stereotypen hinausführen, so dass der Intensitätsgrad der Kommunikation und der Kooperation (z.B. der Übergang von marktlichen Tauschbeziehungen zur Unternehmenskooperation) in einer bestimmten Situation erhöht werden kann.

---

[16] ebd., S. 177-197

VIII.4.   Technologische Aspekte

Im Gegensatz zu den meisten vorangegangenen Faktoren erscheint der Einfluss neuer Technologien auf die deutsch-französische wirtschaftliche Kooperation eher positiv zu sein. Die Nuklear-, Satelliten-, Software- und Multimedia-Technologie haben mehrere Wirkungen, die die Chancen deutsch-französischer Unternehmenskooperationen erhöhen. So erfordern sie Investitionen in enormer Höhe, schaffen Probleme, die nur in internationaler Kooperation gelöst werden können und helfen gleichzeitig durch die hohe Fixkostendegression, für eine über den nationalen Rahmen hinausgehende Anzahl von Individuen die Transaktionskosten zu senken. Mit Transaktionskosten sind hierbei die pagatorischen Kosten der Kommunikation gemeint, wie z.B. Telefon-, Fax-, Übersetzungs-, Transport- und Marktforschungskosten.

Diese Technologien erleichtern also die deutsch-französische Kooperation, indem sie einen Teil der Probleme, die ihr im Wege stehen, verringert, und erfordern gleichzeitig die deutsch-französische Kooperation, so dass auch der notwendige Zwang, die verbleibenden Transaktionsprobleme zu meistern, entsteht. Dadurch vervielfältigen sich die Kontakte zwischen deutschen und französischen Politikern, Managern, Unternehmen und Individuen, und die Kenntnis der anderen Kultur nimmt zu. Gleichzeitig ändert sich jede Kultur durch den Einfluss der mit den neuen Technologien verbundenen Praktiken. Die Frage, ob dies einen Konvergenzeffekt hervorruft, ist jedoch sehr fraglich. So scheinen Deutschland und Frankreich auch bei der Rezeption der Telematik wieder diametral entgegengesetzte Wege gegangen zu sein, wodurch bestehende Unterschiede in der Organisationsphilisophie nicht nur besonders deutlich wurden, sondern möglicherweise erneut reproduziert wurden.

Hier war Frankreich Vorreiter, und schon in den 80er Jahren hielt der Minitel aufgrund massiver staatlicher Anlaufinvestitionen in den Haushalten Einzug. Aus diesem Grunde blieb die französische Ausstattung mit Heim-PCs und privatem Internet-Anschluss zehn Jahre später weit hinter der in Deutschland und anderen nordeuropäischen Ländern zurück. Dasselbe gilt für kleine und mittelständische Unternehmen. Während sich Internet und Heim-PC daher in Deutschland technologisch und kulturell immer weiter verbreiten, ist dies in Frankreich kaum der Fall, dort legt der Staat jedoch intensive Aktivitäten an den Tag, um diese neue Technologie mitzugestalten, mitzuregulieren, durch hohe Investitionen weiterzuentwickeln und den Bürgern nahezubringen. Gleichzeitig bereitet er durch subventionierte Entwicklungsanstrengungen im Satelliten- und ATM- (Asynchronous Transfer Mode) Technologie bereits die nächste Revolution in der Kommunikationstechnik vor, während der deutsche Staat sich hier eher reaktiv verhält, die Marktentwicklung beobachtet und das Aufkommen eines Regelungsbedarfs abwartet.[17]

Im Gesamtbild scheint der Effekt solcher Entwicklungen auf die deutsch-französische Kooperation jedoch eher positiv zu sein, nicht zuletzt weil die technologische Seite der zuvor beschrieben kulturellen Inkompatibilitäten durch die mit ihnen einhergehenden technischen Standardisierungen verringert werden und weil durch diese neuen Technologien auch eine neue Kultur und neue Institutionen auf internationaler Ebene geschaffen werden, die die nationale kulturelle Autonomie zunehmend als Illusion erscheinen lassen.

---

[17] s. Bourgois 1996

265

Hinzu kommt der bereits erwähnte (s. II.) Zusammenhang zwischen dem Aufkommen neuer Technologien und neuer organisatorischer Lösungen, der für die Gesamtheit der industrialisierten Länder nachgewiesen wurde. Zu diesen organisatorischen Lösungen gehören insbesondere Unternehmenskooperationen (technologische Allianzen), wobei bei Technologiekooperationen der Anteil kapitalunterlegter Kooperation (z.B. Joint-Ventures) sich erstens seit Anfang der siebziger Jahre in einem deutlichen Abwärtstrend befindet und zweitens im Bereich neuer Technologien (Informationstechnologie, Biotechnologie, neue Werkstoffe) systematisch niedriger liegt als bei reifen Technologien. Dort stehen der Austausch des Wissens und die Lerneffekte des Technologietransfers im Mittelpunkt und produzieren komplexe Informations- und Kooperationsbeziehungen, die sich zunehmend von finanziellen Beziehungen abkoppeln[18]

Wenn somit a priori auch für deutsch-französische Unternehmenskooperationen ein förderlicher Effekt der Verbreitung neuer Technologien vermutet werden kann, so differenziert sich jedoch das Bild, wenn man die in Kapitel V. und VII. dargestellten Prioritäten im Bereich der Unternehmenskooperationen berücksichtigt.

Denn nach Ansicht der meisten Autoren manifestiert sich der Einfluss neuer Technologien in der Schaffung und Vervielfältigung von komplexen Netzwerkstrukturen[19], die weder dem Markt- noch dem Hierarchiemodell genügen noch sich zwischen diesen beiden Modellen ansiedeln lassen, sondern zunehmend informeller und persönlicher Natur sind.[20] Zudem sprechen empirische Hinweise für die These, dass eine der Wirkungen der allgemeinen Verbreitung von Unternehmenskooperationen im Technologiebereich aufgrund der positiven Korrelation zwischen Unternehmensgrösse und Erfolgschancen der Kooperation in der Erhöhung der Wettbewerbsvorteile grosser, internationaler Unternehmen zu Lasten kleiner und mittelständischer Unternehmen liegt, also dem Modell des Nullsummenspiels unterliegt.

Damit entsprechen diese, durch die technologische Entwicklung geförderten neuen Organisationsformen eher der Strategie und den Gewohnheiten französischer Firmen (persönliche Informationsnetzwerke, Kooperation als Weg zur Monopolmacht) und widersprechen der tendenziellen Vorliebe interner, autonomer F&E, der Kapitalunterlegung von Unternehmenskooperationen und der Kopplung von Informations- und Finanzbeziehungen, die das deutsche Wirtschaftssystem und die deutschen Unternehmen auszeichnet.

Wenn die Verbreitung neuen Technologien auf bereits bestehenden Informationsnetzwerken aufbaut, liesse sich sogar eine negative Wirkung auf die internationale wirtschaftliche Integration vermuten. Denn dann folgen die neuen Organisationsformen den bestehenden Beziehungs- und Vertrauensnetzen, die die einzelnen Länder in der Vergangenheit zur Lösung des Marktversagens aufgebaut haben, also z.B. dem Bankensystem in Deutschland und dem Staat sowie persönlichen Informationsnetzen in Frankreich, wodurch die Spezifizität jedes einzelnen Systems verstärkt und reproduziert wird. Die Ergebnisse HAGEDOORNs mögen eine solche These stützen, denn sie zeigen, dass die Erhöhung der Anzahl nationaler und regionaler Technologiekooperationen in den letzten 25 Jahren weitaus stärker war als die der Anzahl internationaler Technologiekooperationen[21], und TORRE stellt fest, dass die technischen Kooperationsbeziehungen von persönlichen Vertrauensbeziehungen abhängen, die

---
[18] s. Hagedoorn 1996, S. 601-613
[19] De Bresson/Amesse 1991, Freeman 1991, Planque 1991, Courlet/Pecqueur 1991
[20] s. Weinstein 1992, S. 102
[21] Hagedoorn 1996, S. 612

wiederum auf soziokulturellen Faktoren beruhen, wie der gemeinsamen Sprache, dem gemeinsamen Milieu, familiärer Bande, gemeinsamer Ausbildung, Einstellungen, Freundschaftsbeziehungen usw. und dadurch diese soziokulturellen Faktoren an Bedeutung gewinnen.[22]

Auch in den Fallstudien (VII.2.) wurde deutlich, dass Technologiekooperationen aufgrund des Informationsparadoxons persönliches Vertrauen voraussetzen.

Diese Faktoren sprechen alle dafür, dass der Einfluss neuer Technologien und damit verbundener Kooperationsformen deutsch-französischen Unternehmenskooperationen eher hinderlich seien.

Angesichts dieser positiven und negativen Auswirkungen der Technologie auf die Chancen deutsch-französischer Unternehmenskooperationen lässt sich keine allgemeine Aussage über deren "saldierte" Gesamtwirkung treffen.

In einer Hinsicht jedoch dürften all diese Entwicklungen einen identischen Effekt haben, nämlich die Erhöhung der Bedeutung interkultureller Aspekte bei deutsch-französischen Unternehmenskooperationen. Denn durch die dargestellte Verringerung der institutionellen und technologischen Barrieren und Inkompatibilitäten sowie die Reduzierung der pagatorischen Transaktionskosten, die aus der Verbreitung der neuen Technologien resultieren, konzentriert sich die Kooperationsentscheidung notwendigerweise zunehmend auf die verbleibenden Problembereiche, nämlich die kulturell bedingten Transaktionsprobleme, deren Bedeutung als Entscheidungsparameter deshalb zunimmt.

Neben der Innovation und dem allgemeinen Einfluss neuer Technologien ist schliesslich die Bedeutung technologischer Komplementarität für deutsch-französische Unternehmenskooperationen hervorzuheben. Es wurde gezeigt, dass die Nutzung technischer Synergien eine wichtige Motivation für diese bildet. Neben dem Marktzugang und der Erreichung von Grösseneffekten ist und bleibt die technische Komplementarität sicher das wichtigste und klarste Argument für solche Kooperationen. Darüberhinaus betrifft sie einen Bereich, der nur in sehr geringem Ausmass kulturell bedingten Interpretations- oder Bewertungsunterschieden ausgesetzt ist. Die Nutzung technischer Synergieefffekte ist daher ein geeigneter Ausgangspunkt für die Kooperationsanbahnung und die ersten Gespräche. Berücksichtigt man die Dynamik von circuli viciosi und circuli virtuosi, so kann daher die Konzentration auf die technischen Synergieeffekte einer Unternehmenskooperation in der Anbahnungs- und Anlaufphase nur empfohlen werden.

---

[22] Torre 1993, S. 99

IX.   Schlussfolgerungen

IX.1. Theoretische und paradigmatische Schlussfolgerungen

IX.1.1.   Marktversagen und Marktwirtschaft

Die Ökonomie hat ihre Methoden und Annahmen bisher vorwiegend dem Bereich der Analyse der unbelebten Materie entnommen. Die Annahme der Universalität und Homogenität der Produkte, Marktpreise und Produktionskosten entspringt und rechtfertigt sich weitgehend aus der Berechenbarkeit und Regelmässigkeit der Funktionsweise industrieller Maschinen.

Die wichtigste Kritik und Revision des neoklassichen Marktmodells, das auf dieser Universalität und Homogenität beruhte, betraf das Prinzip der Abwesenheit von Informationskosten und führte zur Entwicklung der neoinstitutionalistischen Theorien. Wie gezeigt wurde, offenbaren diese Theorien jedoch weitere, tiefgreifendere Probleme, die vorwiegend mit externen Effekten und Marktversagen zu tun haben. So erweist sich heute im Rahmen der Deindustrialisierung, der Entwicklung der Informationsgesellschaft und der Verbreitung von Unternehmenskooperationen v.a. das neoklassische Prinzip der Abwesenheit externer Effekte als das grösste Problem.

Der Principal-Agent-Ansatz versucht, externen Effekten Rechnung zu tragen, aber nur in einer Richtung: Die Handlungen des Agent beeinflussen seinen eigenen Nutzen sowie den des Principal. Da dieser Ansatz auf der Subjekt-Objekt-Trennung festhält, ist es ihm unmöglich, die Reziprozität externer Effekte abzubilden, wie sie sich speziell aus dem Phänomen der *Kommunikation* ergibt.

Es wurde ebenfalls gezeigt, dass das Design optimaler und universeller Agency-Strukturen an dem Problem der Risikoaversion scheitert, deren Höhe immer subjektiv bleibt. Ferner steht und fällt jedes Anreizsystem mit der Setzung einer Wahrscheinlichkeitsfunktion für die Zielgrösse. Diese jedoch kann nie mit voller Sicherheit bestimmt werden. Das Problem der Unsicherheit kann nicht durch die Annahme von Wahrscheinlichkeitsverteilungen gelöst werden, denn es taucht in der Form der Unsicherheit bezüglich der Wahrscheinlichkeitsverteilung selbst zwangsläufig wieder auf.

Auch die Transaktionskostentheorie scheitert an der heutigen Wirklichkeit, da sie die qualitative Seite des Marktversagens vernachlässigt und annimmt, dass die Vorteilhaftigkeit alternativer Organisationsweisen ausschliesslich ein Frage von Kosten ist.

Die heutige Herausforderung an Wirtschaft und Wissenschaft geht viel weiter, denn sie betrifft die qualitativen Aspekte der Interaktion von Einheiten. Diese Herausforderung lässt sich am besten mit dem Begriff "interkulturell" bezeichnen, weil er erstens deutlich macht, dass zwischen den betrachteten Wirtschaftssubjekten *a priori* Unterschiede bestehen und zweitens ausdrückt, dass diese Unterschiede qualitativer Art sind, sich also mit den Begriffen von Kosten, Einkommen, Gewinn oder Umsatz nicht beschreiben lassen.

Diese Unmöglichkeit der Quantifizierung ist genau das Problem des Marktversagens. Da der Markt der quantitativen Bewertung von Gütern dient, bedeutet Marktversagen, dass diese quantitative Bewertung nicht mehr möglich ist.

So sind auch die Interaktionen der Wirtschaftssubjekte in der Kommunikationsgesellschaft zunehmend nicht-quantitativer Natur und sträuben sich gegen jede Quantifizierung. Dies gilt ebenso für die strategischen Allianzen der Multimedia-Konzerne, in denen Rechte gewährt, Technologien ausgetauscht und technische Kompatibilität hergestellt, aber keine Zahlungen mehr ausgetauscht werden, wie für Bankmitarbeiter, deren jährliche Leistungsbeurteilung durch Vorgesetzte unmöglich wird, weil ihre Arbeit im Team erfolgt und keinen quantitativ messbaren Output hinterlässt.

Die Unmöglichkeit der Quantifizierung von Leistungen wird zu einem immer konkreteren Problem sowohl am "Markt" wie auch im "Unternehmen" und erstreckt sich bis in die Bereiche der Produktion, wo die Aufgabe der Arbeiter zunehmend in der Kontrolle und Überwachung kompexer computerisierter Prozesse besteht, einer Leistung, deren Bewertung sich nicht auf intersubjektive Kriterien stützen kann.

Tarifverhandlungen, die sich traditionell an dem neoklassischen Konzept des Grenzproduktes und der Produktivität von Kapital und Arbeit orientieren, verlieren zwangsläufig ihre Basis, wenn die Wertschöpfung sich in wachsendem Ausmass aus der Qualität der Information, also der Interaktion zwischen Menschen und informierenden und kommunizierenden Maschinen ergibt. Marktversagen und Kommunikationsgesellschaft führen somit zu der bereits beschriebenen Politisierung der Wirtschaft, so dass die Erkenntnis John Stuart MILLs, die Verteilung sei kein wirtschaftliches, sondern ein rein politisches Problem[1], sich nicht mehr ignorieren lässt.

Die Erkenntnis, die sich daraus ergibt, ist die, die auch die französische Gesellschaft seit Jahrhunderten leitet, nämlich dass sich Wirtschaft und Politik nicht trennen lassen. Wie MAURICE/SELLIER/SILVESTRE zeigen, zeichnet sich die deutsche Organisationsphilosophie dadurch aus, dass die Organisation sich aus dem wirtschaftlichen Prozess ergibt, während Frankreich ein von wirtschaftlichen Prozessen unabhängiges Gesellschaftssystem besitzt, welches Lösungen für die eigentlich politische, nämlich die Machtfrage, bietet. Eine von der Art des wirtschaftlichen Prozesses unabhängige Lösung der Machtfrage muss dagegen in Deutschland erst noch gefunden werden: Eine gewichtige Herausforderung für Wissenschaft, Wirtschaft und Gesellschaft.

Das wahre Ausmass dieser Herausforderung wird erst deutlich, wenn man sich den Zusammenhang zwischen Markt und Privateigentum bewusst wird. Denn wie gezeigt wurde, unterscheiden sich die Organisationsformen "Markt" und "Unternehmen" nicht vorwiegend durch ihre Effizienz oder Autorität. Ihr eigentlicher Unterschied besteht in ihrer unterschiedlichen Haltung gegenüber dem Privateigentum. Im Unternehmen erfolgt der Austausch von Leistungen unter kollektiver Nutzung von Ressourcen, es besteht kein Privateigentum an deren Nutzungsrechten. Die de facto-Aufhebung von privaten exklusiven Nutzungsrechten für Ressourcen ist das eigentliche Charakteristikum des Unternehmens. Im Markt dagegen basiert nach herkömmlicher Auffassung der Austausch von Leistungen nicht auf einer kollektiven Nutzung von Ressourcen.

---

[1] s. Capra 1982, S. 221/222

Diese Sichtweise relativiert sich, wenn die Konventionen, die einen Marktaustausch ermöglichen (gemeinsames Rechtssytem, Sprache, Währung usw.) ebenfalls als Ressource betrachtet werden. Erst dann schwinden die Unterschiede zwischen Markt und Unternehmen tatsächlich dahin. Die Ökonomie muss jedoch ihren begrifflichen und konzeptionellen Rahmen weiterhin fortentwickeln, um immaterielle Ressourcen ebenso zu behandeln wie materielle. Die Definition von Materie, Energie und Information als Produktionsfaktoren (im Gegensatz zu Arbeit, Boden und Kapital) ist bereits ein Schritt in diese Richtung. Er zeigt jedoch auch, dass dieser Schritt eine Dequantifizierung wichtiger ökonomischer Grundbegriffe erfordert.

Diese Dequantifizierung führt unweigerlich zu einer genaueren Betrachtung der den theoretischen Modellen zugrundeliegenden Werte. Die Illusionen einer wertfreien sowie einer kulturfreien Wissenschaft lassen sich bei zunehmendem Marktversagen, also dem zunehmenden Versagen universeller Gesetze in der Wirtschaft, immer schwieriger aufrechterhalten.

Die zunehmende Bedeutung von Gütern, die Marktversagen ausgesetzt sind (Kollektivgüter wie Information, Vertrauen usw.) bedeutet jedoch auch eine zunehmende Bedeutung von wirtschaftlichen Koordinationsmechanismen, die nicht auf dem Prinzip des Privateigentums beruhen. Denn es ist schwieriger, den Produktionsfaktor "Information" mit Rechtsiteln auszustatten als die klassischen Produktionsfaktoren Kapital und Boden. Das Prinzip des Privateigentums, welches sich z.B. in Frankreich nie vollständig durchgesetzt hat, gerät also durch die zunehmende wirtschaftliche Bedeutung des Produktionsfaktors und Konsumguts "Information" in eine Krise, deren erste Anzeichen sich erst langsam in Form von jursitischen Problemen geistigen Eigentums wie z.B. Software und Copyrights bemerkbar machen.

Mit der theoretisch-wissenschaftlichen Krise des klassischen und neoklassischen Marktmodells wird die Frage der Marktwirtschaft somit auf die Frage der Werte zurückgeführt, die dieser Idee zugrundeliegen. Eine solche Wertediskussion wird aber die Frage der kulturellen Bedingtheit und Unterschiedlichkeit von Werten nicht mehr ausklammern können. Um diese Wertediskussion führen zu können, muss jedoch die Marktwirtschaft auf ihre Werte hin untersucht werden. Neben der Frage des Privateigentums wirft eine solche Analyse ebenso die bisher selten untersuchte Frage der Freiheit von persönlicher Willkür auf. Denn die grenzüberschreitende Universalität und politische Unbeeinflussbarkeit des idealen Marktes bildet vor allem eine Sicherheit gegen die Willkür lokaler politischer Machthaber, und es mag lohnend erscheinen, die "protestantische Revolution" auch unter diesem Gesichtspunkt einer Befreiung von der Ausgeliefertheit an politische Machthaber zu interpretieren. Kapitalismus und Marktwirtschaft schafften somit vor allem einen neuen, geographisch nicht begrenzten Raum, innerhalb dessen sich die Individuen von politischen Restriktionen frei fühlen konnten.

Die durch Kommunikationsgesellschaft und Marktversagen wiederauftauchende Relevanz von Kultur wirft alte Fragen, die durch die Schaffung des Weltmarktes und des Nationalstaates gelöst schienen, wieder auf. Denn die Auflösung des Nationalstaates durch den Weltmarkt und die gleichzeitige Politisierung einer deindustrialisierten Wirtschaft wirft auf lange Sicht die Frage auf, auf welcher Ebene und auf welche Weise politische Prozesse stattfinden sollen. Antworten auf solche Fragen können nur geliefert werden, wenn auch die Ökonomie, anstatt sich auf die Perfektionierung der mathematisch-tautologischen Modellierung von unrealistischen Detailproblemen zu konzentrieren, sich der Soziologie und anderen Disziplinen öffnet, die ihrer Methode zugrundeliegenden Prämissen und die ihren Schlussfolgerungen zugrundeliegenden Werte identifiziert, offenlegt und verteidigt und sich an der Ausarbeitung von neuen interdisziplinären Paradigmen beteiligt, die mit der heutigen wirtschaftlichen Realität in dem als relevant eingestuften Kulturkreis (z.B. Europa) in Einklang stehen.

Dieser Prozess, der bereits im Gang ist, muss sich jedoch auch auf die Managementkultur erstrecken und auswirken. Dazu erscheint ein enger Dialog zwischen Wissenschaft und Management unverzichtbar; hierbei handelt es sich um ein bereits häufig formuliertes Ideal.

Doch in einer Hinsicht stehen sowohl die Ökonomie als auch das Management vor der gleichen Herausforderung, nämlich bei der Meisterung einer gestiegenen Komplexität und der Entsachlichung ihrer Methoden und Konzepte. Beide Phänomene hängen zusammen, denn die Beherrschung mechanischer Maschinen mit einer kleinen Anzahl von selbststeuernden Regelkreisen erfordert andere Qualitäten und Modelle als die Interaktion mit Menschen und informationsverarbeitenden Maschinen. Auch die spieltheoretischen Modelle haben gezeigt, dass die Notwendigkeit einer zunehmenden Komplexität von Modellen vor allem durch die Interdependenz der darin enthaltenen Variablen mit zunehmender Realitätsnähe auf eine Weise ansteigt, die den Boden der ursprünglichen Modellannahmen verlässt und gleichzeitig eine Reihe von zusätzlichen Annahmen erfordert, die die Generalisierbarkeit der Modellaussagen verhindern. Komplexität entsteht also vor allem durch die Reaktivität der durch die Entscheidung betroffenen Umwelt, also durch Rückkopplung. Das Prinzip der Rückkopplung wiederum entspricht dem Schema der *Kommunikation,* wodurch die Berücksichtigung von kommunikativen Prozessen in der Wirtschaftswissenschaft und im Management immer wichtiger wird.

Das simplifizierte Menschenbild des "homo oeconomicus" erscheint in dieser Hinsicht ebenso unbrauchbar wie die Subjekt-Objekt-Trennung, die aus der Kommunikation eine "Einbahnstrasse" macht. Die explizite und umfassende Auseinandersetzung mit dem Menschen und dem "menschlichen Faktor" als zunehmend zentrale Produktionsressource wird daher in Wirtschaft und Wissenschaft immer wichtiger und wird, wie gezeigt wurde, immer noch systematisch vernachlässigt.

Die klassische und neoklassische Theorie mit ihrer Abstraktion von Zeit und Raum zieht verhängnisvollerweise auch ein von Zeit und Raum unabhängiges Menschenbild nach sich. Denn da sie ausserstande ist, Anpassungsprozesse ausserhalb des "Gleichgewichts" zu erklären, verzichtet sie auch auf die Annahme persönlicher Anpassungsprozesse. Trotz der theoretischen Überholung der Neoklassik fehlt aufgrund der Trägheit paradigatischer Begriffssysteme immer noch der konzeptionelle Rahmen, um Lerneffekte und Informationsprozesse, also Erscheinungen, die das Individuum einer qualitativen Wandlung unterziehen, ökonomisch zu beschreiben und zu untersuchen.

Eine realitätskonforme Entwicklung der Ökonomie benötigt daher auch ein neues Menschenbild, das den permanenten Wandlungs-, Anpassungs- und Lerprozessen, die das Individuum durchläuft, gerecht wird. Ein analoges Umdenken erscheint auch in der Managementkultur notwendig, die zwar die Notwendigkeit von Aus- und Fortbildung in einem akkumulativen Sinne meist anerkennt, die Möglichkeit einer qualitativen Wandlung jedoch gewöhnlich ausschliesst.

IX.1.2. *Rationalität und Kausalität*

Aus den theoretischen und praktischen Überlegungen, die hier angestellt wurden, ergibt sich der Eindruck, dass die Hindernisse, die interkulturellen Unternehmenskooperationen entgegenstehen, dieselben sind, die ihre Analyse erschweren.

Die Aufteilung der Welt in Subjekt und Objekt, die Annahme einer linearen Kausalität, das Paradigma der individuellen Rationalität, der Glaube an eine objektive Realität und die Abstraktion von zeitlich-räumlichen Kontingenzen erweisen sich nicht nur als Hindernisse für die interkulturelle Kooperation in der Praxis, sondern auch als Hindernisse für das Verstehen interkultureller Kooperationsprozesse auf der wissenschaftlichen Ebene.

Der klassische Begriff der Rationalität jedoch fusst notwendigerweise auf der Annahme einer absoluten linearen Kausalitätsbeziehung zwischen dem Subjekt und den zielrelevanten Entscheidungsparametern[2]. Dies bedeutet, dass die Strategien, die zur Erreichung des Zieles oder zur Maximierung der Zielgrösse notwendig sind, bekannt sind und sicher feststehen. Eine Strategie ist dann rational, wenn sie in einer bestimmten Situation die beste ist.

Die Annahme der Existenz rationaler Strategien geht jedoch davon aus, dass die Entscheidung Mechanismen in Gang setzt, die vorhersehbar sind. Dies impliziert wiederum eine hinreichende Universalität dieser Mechanismen. Die Bedeutung des klassischen Konzeptes der Rationalität steht und fällt somit mit der Annahme einer hinreichenden Universalität, also räumlichen und zeitlichen Unabhängigkeit von Mechanismen.

Daher hängt die Gültigkeit des Konzeptes des vollständig rationalen Individuums gänzlich von der Annahme einer absoluten Universalität von Mechanismen ab. Diese absolute mechanistische Universalität, die mit dem klassischen Rationalitätsbegriff einhergeht, manifestiert sich in der klassischen Physik NEWTONS und, allgemeiner ausgedrückt, in dem Cartesianisch-Newtonschen Weltbild.

In diesem Weltbild besteht das Universum aus homogenen, unteilbaren Masseteilchen, die sich gegenseitig anziehen. Die Bewegung dieser Teilchen folgt universellen Gesetzen, die sich mathematisch darstellen lassen. Diese Darstellung erfolgt anhand der abstrakten Kategorien Zeit und Raum, die von der Materie unabhängig sind. Die genaue Berechnung der Bewegung der Materie beruht auf der Quantifizierung von Zeit und Raum. Dadurch ist die Beschreibung der Welt mit 100%iger Sicherheit möglich, denn die physikalischen Phänomene lassen sich in die Sprache der Mathematik übersetzen, in der es keinen Irrtum gibt, da ihre Regeln auf der Logik beruhen.[3]

Die klassische Rationalität, Grundlage der klassischen Ökonomie, ist also an das Cartesianisch-Newtonsche Weltbild gebunden, welches inzwischen durch die Relativitätstheorie und Quantenmechanik widerlegt worden ist. Gleichzeitig beruht sie auf der Annahme der Materie- und Kraftunabhängigkeit von Zeit und Raum. Dies bedeutet insbesondere, dass die in die Umgangssprache übergegangenen Begriffe "Zeit" und "Raum" Entitäten sind, die von den

---

[2] s. Dörenbach 1982, S. 16
[3] Eine gute Beschreibung des Zusammenwirkens von kartesianischer Philosophie und Newtonscher Physik gibt Capra 1982, S. 60-70

Phänomenen selbst unabhängig sind, also metaphysischen Charakter haben. Auf diese Weise haben DESCARTES und NEWTON das Überleben des Zusammenhangs zwischen aristotelischer Logik und aristotelischer Metaphysik im Abendländischen Kulturkreis über Jahrtausende hinweg gesichert.

Der Zusammenbruch dieses Weltbildes bedeutete die Aufgabe der absoluten Wahrheit. In den Sozialwissenschaften bedeutete dies, dass Rationalität nur noch durch das Konzept der Annäherung an ein Ziel, also als Optimierung, definiert werden konnte, und zwar auf der Basis von Wahrscheinlichkeiten. Wahrscheinlichkeitsaussagen jedoch sind rein empirische Aussagen, und nichts erlaubt ihre Übertragung auf Situationen, die von den empirischen Testsituationen abweichen. Im Gegensatz zur mit der cartesianischen Mathematik verbundenen klassischen Physik kann die moderne Physik also das religiöse Bedürfnis des Menschen nach Wahrheit und Sicherheit nicht befriedigen. Die Anwendung rationaler Methoden in der Gesellschaft kann daher nicht mehr metaphysisch, sondern nur noch moralisch legitimiert werden. Im Sinne POPPERs bedeutet dies, das die Anwendung der Prinzipien der klassischen Rationalität solange legitim sind, wie ihnen ein gesellschaftlicher Nutzen zugesprochen werden kann, und die klassische Physik, trotz ihrer bereits erfolgten theoretischen Widerlegung, solange das herrschende Paradigma bleibt, wie keine "leistungsfähigere" Theorie verfügbar ist.

Die Beurteilung der "Leistungsfähigkeit" oder "Nützlichkeit" einer Theorie oder eines Paradigmas beruht jedoch notwendigerweise auf Hypothesen und Werten. Zu den Hypothesen gehören Annahmen über den gesellschaftlichen Nutzen kultureller Errungenschaften, die auf der Anwendung des herrschenden Paradigmas beruhen, und über die Art des Zusammenhangs zwischen diesen kulturellen Errungenschaften und dem Einfluss des kulturellen Paradigmas. Werte sind notwendig, um über die Wünschbarkeit alternativer kultureller Errungenschaften zu urteilen.

Die Unterschiede zwischen verschiedenen Hypothesen und Werten drücken sich zum Beispiel in unterschiedlichen Geschichtsbildern aus. Das Geschichtsbild WEBERs behauptet z.B., dass der materielle Wohlstand des Westens auf der protestantischen Theologie beruht. Die Legitimation desselben benötigt also eine Kausalitätshypothese, die auf der religiösen Motivation menschlichen Handelns beruht, und einer Wertebasis, die dem materiellen Wohlstand eine hohe Priorität einräumt. Diese Verbindungen zwischen Werten und Kausalitätshypothesen umfassen einen Grossteil dessen, was bisher als "Kultur" bezeichnet wurde, und sie stehen in engem Zusammenhang mit einem kulturell bedingten Menschenbild (in diesem Falle ist der Mensch ein Wesen, das nach materiellem Wohlstand und religiöser Erfüllung strebt).

Hier zeigt sich auch deutlich der Zusammenhang zwischen Kultur und Paradigma: Ein Paradigma kann nicht auf der Basis von Werten legitimiert werden, die in der Gesellschaft keinen hohen Stellenwert einnehmen. In einer Gesellschaft, in der das Wohlergehen weniger mit materiellen als mit sozialen und kulturellen Umständen kausal verknüpft wird, besteht der Legitimationsdruck darin, eine kausale Verbindung zwischen bestehenden Institutionen und dem sozialen und kulturellen Wohlergehen der Gesellschaft herzustellen. Daraus ergibt sich wiederum ein bestimmtes Geschichtsbild.

Die Vermittlung von Geschichte ist somit entscheidend für die Schöpfung und Reproduktion derjenigen Werte und Kausalitätshypothesen, die eine bestimmte Kultur ausmachen. Die

Vermittlung von Geschichte jedoch erfolgt durch Massenmedien, wie z.B. die Grossfamilie, die Kirche, die Bibel, wissenschaftliche Zeitschriften oder das Fernsehen.

Da seit dem Ende des Cartesianisch-Newtonschen Weltbildes kein Paradigma mehr absolute Wahrheit beanspruchen kann, hängt der Erfolg von Paradigmen und Kulturen seitdem von dem Einfluss der Massenmedien ab, in denen sie in Form verschiedener Geschichtsdeutungen, Wirklichkeitsdeutungen und symbolischen Inhalten dargestellt und verbreitet werden. Dadurch erhöht sich zwangsläufig die Bindung von Paradigmata und Kulturen an verschiedene Massenmedien, und die Konkurrenz verschiedener Paradigmata wird zunehmend zu einer Konkurrenz verschiedener Massenmedien.

Aus diesem Grunde ist das Studium der Massenmedien zum Verständnis verschiedener Kulturen unerlässlich, und die Frage der interkulturellen Kommunikation und Kooperation wird zu einer Frage der Beherrschung verschiedener Kommunikationsmedien.

In Gesellschaften, in denen überzeugend argumentiert werden kann, dass die Mechanisierung der wirtschaftlichen Tätigkeit den gesellschaftlichen Nutzen erhöht, können von der Mechanisierung abhängige Paradigmata entsprechend verteidigt und aufrechterhalten werden. Die Mechanisierung der wirtschaftlichen Tätigkeit ist somit eine Grundvoraussetzung für das Überleben des Cartesianisch-Newtonschen Paradigmas, das universelle Gesetze für die Interaktion von Körpern postuliert, auf denen z.B. die betriebswirtschaftliche Kostenfunktion und somit die Angebotskurve in der Ökonomie beruhen. Die Industrialisierung und die mechanische Massenproduktion haben Bedingungen geschaffen, in denen die Anwendung des Cartesianisch-Newtonschen Paradigmas möglich war. Die industrielle Massenproduktion, verbunden mit der erklärten Nützlichkeit der durch sie erzeugten Produkte, erlaubte somit das Überleben des Cartesianisch-Newtonschen Paradigmas über den Zeitpunkt seiner formalen Widerlegung hinaus.

Die zivilisatorische Herausforderung, die die Deindustrialisierung den alten westlichen Industrienationen stellt, besteht also in der Ablösung des Cartesianisch-Newtonschen Paradigmas. Je stärker der Wohlstand und das Wohlergehen der Gesellschaft von Leistungen abhängt, die sich nicht mit universellen mechanischen Gesetzen abbilden lassen, desto fragwürdiger wird dieses Paradigma mit all seinen kulturellen und politischen Implikationen.

Hierbei zeigt sich, dass die expliziten Elemente der kulturellen Inkompatibilitäten, die die deutsch-französische Kooperation behindern, sich auf Konzepte beziehen, die ihrerseits durch Entwicklungen, die beide Gesellschaften betreffen, ihre Legitimität verlieren. Die Unterschiede im Rationalitäts-, Kausalitäts-, Raum- und Zeitverständnis, die deutsche und französische Manager entzweit, basieren auf der implizit dennoch geteilten Auffassung, dass Rationalität, Kausalität, Raum und Zeit universelle, also metaphysische Kategorien sind, die unabhängig von materiellen und kulturellen Bedingungen existieren.

Die Universalität dieser Kategorien, die theoretisch bereits von der modernen Physik bestritten worden ist, beginnt durch die Entwicklung der "postmateriellen Informations- und Kommunikationsgesellschaft" auch kulturell an Überzeugungskraft zu verlieren.[4] Denn Kommunikationsprozesse folgen anderen Gesetzen als mechanische Prozesse. Wie in den vorangegangenen Kapiteln wiederholt beschrieben wurde, verliert das in der industriellen

---

[4] s. Koslowski 1988, S. 12-14

Produktion noch unverzichtbare Prinzip der linearen Kausalität im Kommunikationsprozess jegliche Bedeutung: Da Information per definitionem empfängergebunden ist, besitzt sie keine über die historisch einmalige Kommunikationsbeziehung hinausgehende Substanz. Sie verliert damit jegliche Universalität und ist an die einzelne Kommunikationssituation gebunden. Eine effiziente Kommunikation setzt aber die beiderseitige Akzeptanz desselben Kommunikationsmediums und derselben Symbole und Bedeutungsinhalte voraus. Dadurch wiederum entsteht eine Situation der Reziprozität, die eine Aufteilung in Subjekt und Objekt sinnlos macht. Denn das kommunizierende Subjekt kann die Interaktionsregeln nicht mehr, wie z.B. in der Principal-Agent-Theorie, selbst bestimmen. Wenn der Erfolg wirtschaftlicher Tätigkeit zunehmend von dem Erfolg von Kommunikationsakten abhängt, müssen Subjekt und Objekt eine gemeinsame Sprache finden, andernfalls misslingt der Kommunikationsakt. Werden die Kommunikationsregeln aber zwischen gleichberechtigten Partnern ausgehandelt, so handelt es sich nicht mehr um eine Subjekt-Objekt-Beziehung.

Das Schema der Kommunikation zerstört auch die lineare Kausalität, denn in dem Spiel von Aktion und Reaktion ist jede Handlung gleichzeitig Ursache und Wirkung. Wird die Kommunikation zur wirtschaftlich relevanten Handlung, so verliert somit die lineare Kausalität in der Wirtschaft an Bedeutung zugunsten einer zirkularen oder spiralförmigen Kausalität, wie sie von den deutsch-französischen Kooperationsberatern sowie von den Forschern des interkulturellen Managements beschrieben wird.

Ein schwerer Schlag für die klassische Kausalitätsidee sowie die Subjekt-Objekt-Trennung ist das Auftreten von selbstwiderlegenden und selbsterfüllenden ("Ödipus-Effekt") Prophezeiungen. Dieses Phänomen wird erst langsam als relevant erkannt, z.B. im Bereich von Konjunkturprognosen oder Orientierungsgrössen der Finanzmärkte. Ihre Bedeutung ist jedoch viel weitgehender. Nach POPPER ergibt sich daraus die prinzipielle Unmöglichkeit von exakten Voraussagen in den Sozialwissenschaften[5]. THIS leitet daraus die radikale Verschiedenheit der Sozialwissenschaften von allen anderen Wissenschaften, ja möglicherweise sogar die Unmöglichkeit ab, die Sozialwissenschaften, insbesondere die Ökonomie, als "Wissenschaft" zu bezeichnen.[6]

Diese Sicht der Dinge ergibt sich jedoch vor allem aus der überholten Vorstellung, die Naturwissenschaften seien "exakte" Wissenschaften. Das Problem, durch die eigenen Vorhersagen und Annahmen die Wirklichkeit nicht zu beschreiben, sondern überhaupt erst zu schaffen, teilt die Ökonomie heute mit allen anderen Wissenschaften. Die Unmöglichkeit einer unbeteiligten Beschreibung einer "objektiven" Realität findet sich seit der Quantenmechanik in der Physik ebenso wie bei den Konjunkturfoschungsinstituten oder Börsenanalysten, die durch optimistische Prognosen das günstige Investitionsklima nicht (nur) beschreiben, sondern selbst schaffen. Selbsterfüllende Prophezeiungen, die übrigens auch in der Psychologie[7] und natürlich (wie der Name schon sagt) in der Mythologie und Religionsgeschichte von entscheidender Bedeutung sind, wird auch die Wirtschaftswissenschaft immer weniger ignorieren können, und sei es allein im Bereich der Mitarbeitermotivation. Sie ergeben sich allgemein aus dem Phänomen der Rückkopplung, also dem Zusammenspiel von Aktion und Reaktion im Rahmen einer nicht-linearen Kausalität.

---

[5] This 1995, S. 557
[6] ebd., S. 558/559
[7] s. Watzlawick 1969, S. 95

Die Annahme einer nicht-linearen Kausalität kommt jedoch der Abschaffung des Kausalitätsprinzips im Allgemeinen gleich, da das traditionelle Kausalitätskonzept nichts anderes ist als die Darstellung der Interaktion von Körpern in einem universellen Raum und einer universellen Zeit, also ein Ausdruck des Cartesianisch-Newtonschen Weltbildes, welches das Kausalitätsverständnis des modernen Menschen geformt hat. In analoger Weise verliert der Begriff der Rationalität jegliche Bedeutung, wenn er nicht mehr mit einem Weltbild einhergeht, das auf universeller Vorhersehbarkeit und universeller Kausalität verbunden ist. SIMONs Sprachschöpfung der "subjektiven Rationalität" bildet somit unter einer hermeneutischen Perspektive, die die geschichtlich bedingte Bedeutung des Begriffs berücksichtigt, eine *contradictio in adjecto*. Ebenso können eine Zeit und ein Raum, die nicht mehr quantifizierbar sind, nicht mehr ohne weiteres als "Zeit" und "Raum" bezeichnet werden, da bei der Verwendung dieser Begriffe historisch gewachsenen Vorstellungen, die auf dem Cartesianisch-Newtonschen Weltbild beruhen, mitschwingen.

Eine Überwindung etwa der deutsch-französischen Differenzen setzt somit die Schaffung einer kommunikationellen und kulturellen Basis voraus, die auf dem Bewusstsein der Relativität der bisher als metaphysisch akzeptierten Kategorien beruht und sich entsprechende Kommunikationsmedien schafft. Aufgrund der Theoriegeladenheit von Sprache und der historischen Trägheit der Sprache sowie anderer Kommunikationsmedien ist dieser Prozess langwierig und turbulent.

Auf dem multikulturellen europäischen Kontinent hat die Mathematik und die Sprache der Zahlen den Vorteil gehabt, die national gesprochenen Sprachen zu transzendieren und somit als eine Art "Meta-Sprache" eine internationale Kommunikation und Koordination zu ermöglichen und zu fördern. Die Substitution der lateinischen Sprache durch die Mathematik und die Zahl als neue Sprache der Gelehrten schloss die europäische Kultur jedoch gleichzeitig in dem Cartesianisch-Newtonschen Denkschema ein, das deshalb seit dem Beginn der Neuzeit jegliche europäische Politik massgeblich bestimmt. Von der Verbreitung des metrischen Systems bis zur europäischen Währungsunion erscheint die europäische Politik somit vornehmlich als die Standardisierung von Messeinheiten, die auf der Prämisse der Quantifizierbarkeit diverser Lebensbereiche beruht.

Ein Vergleich der deutschen und französischen Vernunftbegriffe zeigt deutlich, wie das Konzept der "Rationalität" mit der Quantifizierbarkeit aller metaphysischen Instanzen und somit mit dem Newtonschen Weltbild zusammenhängt. So bezeichnet die Sprachfamilie "ratio" sowohl einen mathematisches Verhältnis zwischen zwei Grössen als auch einen für alle gleichen Teil ("Ration"=Zuteilung) einer Masse. Die zugrundeliegende gedankliche Operation ist die mathematische Division. In ihrer umgekehrten Ausformulierung, der Multiplikation, wird gleichzeitig ein Kausalverhältnis zwischen dem Ergebnis und der multiplizierten Grösse suggeriert, nämlich die in der Ökonomie häufig verwendete Funktion.

Dargestellt in einem Koordinatensystem entspricht die *ratio* dem Verhältnis zwischen X-Achsen- und Y-Achsenabschnitt, also der Steigung der Funktion oder geographisch ausgedrückt, der Hypothenuse in einem rechtwinkligen Dreieck. So drückt der Begriff der "Rationalität", oberflächlich betrachtet, nur die Idee der Verhältnismässigkeit aus, berücksichtigt man jedoch den gesamten assoziativen Bereich dieses Konzeptes, so versteckt sich dahinter die Aussage, dass das Verhältnis zwischen Ursache und Wirkung quantifizierbar und unabhängig von dem Ausmass sowohl der Ursache als auch der Wirkung ist, dass das

276

betreffende Phänomen durch eine Gleichung Erster Ordnung, also eine lineare Funktion, in einem zweidimensionalen Weltbild ausgedrückt werden kann, dass eine ein-eindeutige Beziehung zwischen Ursache und Wirkung besteht und dass es also für ein gegebenes Ziel nur eine Lösungsstrategie und für eine gegebene Situation nur eine richtige Verhaltensweise gibt. Die in Frankreich übliche Bewertung von Aktiva nach Wahrscheinlichkeitsfunktionen, also unter Annahme einer linearen, also nicht vom absoluten Ausmass der Gewinn- oder Verlustgrössen abhängigen Nutzenfunktion, ist ein plastisches Beispiel für diese Rationalitätsauffassung.

Im gesellschaftlichen Bereich bedeutet dieses Denkschema, dass die Verhaltensstrategien ewig und unbeeinflussbar, da "rational", sind, dass Überzeugungsarbeit also sinnlos und Kommunikation somit nichts als ein spielerischer Zeitvertreib ist.

Der deutsche Begriff "Vernunft" besitzt dagegen bereits etymologisch gesehen einen auditiv-taktilen Charakter ("ver-nehmen") und basiert somit auf Kommunikation und Interaktion.[8] Seit KANT birgt dieser Begriff jedoch auch ein ganzes Konzept, welches mit den kommunikativen Konzepten der "Mündigkeit" und der Ver"antwortung" verbunden wird und zudem auf der Trennung der Prinzipien der Naturbeobachtung und denen der praktischen Handlung beruht. KANT trennt hier den auf der sinnlichen Naturbeobachtung aufbauenden "Verstand" von der sich auf übersinnliche, also moralische Kategorien beziehenden "Vernunft".[9]

Die Trennung zwischen sinnlicher und über- bzw. aussersinnlicher Erfahrung war jahrhundertelang ein Punkt, der die in der deutschen und der französischen (sowie übrigens auch der angelsächsischen) Kultur dominierenden Wirklichkeitsauffassungen voneinander trennte. Erst seit einigen Jahrzehnten ist auch wissenschaftlich erwiesen, dass sinnliche und aussersinnliche Erfahrung nicht getrennt sind, sondern sich gegenseitig beeinflussen. So sind die Neurologen sich heute darüber einig, dass die Registrierung von Daten durch die Sinnesorgane für die verschiedenen Individuen unterschiedlich ist, noch bevor die Wahrnehmung erfahren wird und dass die physiologischen Aspekte der Sinneswahrnehmung nicht von den psychologischen Aspekten der Interpretation getrennt werden können. Jede Wahrnehmung ist somit zu einem gewissen Grade aussersinnlich.[10]

Die Chancen, die in einer Verbreitung dieser Erkenntnisse liegen, sind beträchtlich, denn die intellektuellen Legitimationen, die insbesondere die deutsche und die französische Kultur voneinander unterschieden, verlieren damit ihren Charakter der Inkompatibilität. Die für eine tiefere Verständigung notwendige Änderung des Bewusstseins stellt jedoch eine beträchtliche Herausforderung dar, denn sie erstreckt sich auch auf Denkschemata, die nicht nur philosophischen Reflexionen zugrundeliegen, sondern sich auch tief in die alltägliche Denkweise und Sprache der Menschen verankert haben. Dies gilt insbesondere für die cartesianische Trennung zwischen Subjekt und Objekt.

---

[8] Natürlich handelt es sich hier um eine idealtypische Polarisierung, die nur dazu dient, die spirituellen Grundlagen gewisser kultureller Unterschiede verständlich zu machen.
[9] Kant 1963, S. 27/28
[10] s. Capra 1982, S. 327/328

IX.1.3. *Subjekt und Objekt*

Als HEISENBERG die subatomare Welt entdeckte, in der die Kausalitätsgesetze, die
Trennung von Subjekt und Objekt und von Materie, Energie und Information nicht mehr
gelten, schrieb er:

"So erscheint die Welt als kompliziertes Gewebe von Vorgängen, in denen sehr verschiedenartige
Verknüpfungen sich abwechseln, sich überschneiden, und zusammenwirken und auf diese Art und in dieser
Weise schliesslich die Struktur des ganzen Gewebes bestimmen".[11]

"Die Probleme der Sprache sind hier doch sehr ernsthafter Natur. Wir wollen in irgendeiner Weise über die
Struktur eines Atoms sprechen. (...) Aber wir können in der gewöhnlichen Sprache nicht über Atome (selbst)
reden."[12]

Dasselbe Problem scheint sich heute in der Ökonomie abzuzeichnen, die Schwierigkeiten hat,
das Wirtschaftssystem als komplexes Gewebe ohne ultimative Grundbausteine zu begreifen.
Das Atom der klassischen Ökonomie war das Individuum, unteilbar, unveränderbar und
autonom. Die Aufgabe dieser Vorstellung bereitet, ähnlich wie der Kulturschock, beträchtliche
Probleme in bezug auf die menschliche Identität, die daher nicht nur intellektueller, sondern
auch emotionaler Natur sind.

Generell manifestiert sich die Subjekt-Objekt-Trennung in zweifacher Weise: Erstens in der
Annahme, der Beobachter habe keinerlei Einfluss auf das Beobachtete Objekt, könne also eine
"objektive" Beschreibung der Realität liefern, und zweitens in der linearen unidirektionellen
Kausalität, also der Annahme, dass von zwei Einheiten oder Phänomenen die eine jeweils als
Ursache und die andere als Wirkung definierbar ist, d.h. die Zusammenfassung beider in einem
autonomen System unzulässig oder unnötig sei.

In der Ökonomie erweist sich die Subjekt-Objekt-Trennung zunehmend als Hindernis für die
Beschreibung der ökonomischen Realität und ökonomisch relevanter Prozesse, weil sie dem
Prinzip der Reziprozität widerspricht, welches, wie gezeigt wurde, ein wichtiges Prinzip der
wirtschaftlichen Kooperation, insbesondere der Unternehmenskooperationen ist. Die Subjekt-
Objekt-Trennung lässt in ihrer letzten Konsequenz keinen Platz für Phänomene der
Kommunikation und der Kooperation, denn sie unterstellt, dass die jeweiligen Einheiten nicht
miteinander interagieren und dass sie nicht gemeinsam eine neue Einheit schaffen können.

In einer Wirtschaft, in der mehr und mehr Prozesse einer Logik der Kommunikation folgen,
erweist sich dieses Schema nicht mehr als sehr erfolgreich. Denn Kommunikation ist eine
ständige Aktion und Reaktion, bei der jeder Partner überzeugt werden und seine ursprüngliche
Meinung ändern und revidieren kann. Im Kommunikationsprozess wandelt sich also jede
Einheit und ändert ihre Eigenschaften. Gipfelt die Kommunikation in der Erzielung eines
Konsens', so wird sogar etwas Neues geschaffen, eine Idee, die vorher nicht existierte, eine
gemeinsame Innovation. Diese kulturelle Schöpfung der Interaktionspartner symbolisiert eine

---

[11] Heisenberg 1973, S. 85
[12] Heisenberg, zit. nach Capra 1975, S. 43

Realität, die sie beide gleichsam betrifft und umfasst, die überwindet also die ursprüngliche Trennung der Einheiten.

Gleichzeitig bleiben, wie das Kooperationsparadoxon besagt, die Einheiten jedoch unabhängig. Die Frage, ob die Einheiten unabhängig oder interdependent sind, hängt dann von der jeweils eingenommenen Perspektive ab. Je nachdem ob ein Betrachter das zusammenhängende Netzwerk oder einzelne Bestandteile betrachtet, wird ihm die wirtschaftliche Realität unterschiedlich erscheinen. Ebenso wie subatomare Einheiten als Teilchen erscheinen, wenn man sie als Teilchen beobachtet, und als Welle, wenn man sie als Welle beobachtet[13], so können auch Unternehmen alternativ als Netzwerkstrukturen oder als autonome Einheiten gesehen werden, wobei die Art der Betrachtung die Wirklichkeit bestimmt.

Die Subjekt-Objekt-Trennung in Wissenschaft und Wirtschaft behindert somit nicht nur die Kooperation selbst, sondern auch ihr Verständnis. Ihre Verwurzelung im Newtonschen Weltbild legt den Schluss nahe, dass die Beziehungen zwischen Einheiten rein mechanischer Natur sind, also die Natur der Einheiten selbst nicht beeinflussen kann, sondern nur ihre Position im Raum (z.B. im Markt).

Doch auch hier müssen neben expliziten intellektuellen Dogmen auch die nicht-expliziten, kulturellen Seiten der Subjekt-Objekt-Trennung berücksichtigt werden. Dies wird insbesondere deutlich, wenn man diese entsprechend der ursprünglichen cartesianischen Auffassung als Trennung zwischen Geist und Körper betrachtet. Das kulturelle Phänomen der Korruption erscheint dann z.B. als Überwindung dieser Trennung, denn ideologische, moralische und politische Standpunkte werden zugunsten materieller Vorteile aufgeweicht, d.h. es besteht eine Substitutionsbeziehung zwischen materiellen und geistigen Werten, wodurch letztere "verhandelbar" werden. Kulturell gesehen ist somit geistig-moralische "Reinheit" und Unbestechlichkeit ein klarer Ausdruck der Geist-Körper-Trennung.

Das Prinzip der Isolierung und Konstanz von Einheiten sowie der Ausblendung von Kommunikation und Kooperation manifestiert sich kulturell am deutlichsten im Protestantismus, insbesondere im Calvinismus und Puritanismus. Denn hier besteht zur Erlangung des Seelenheils keinerlei Notwendigkeit der zwischenmenschlichen Interaktion. Insbesondere die in der katholischen Kultur zentralen Momente der Beichte, Busse und Vergebung, durch die Individuen ihre Natur ändern und eine neue Situation geschaffen wird, fehlt weitgehend, so dass die Subjekt-Objekt-Trennung und die Unwandelbarkeit und Unbeeinflussbarkeit der Einheiten hier einen klaren kulturellen Ausdruck finden.

Für die Ökonomie bedeutet die Krise der cartesianischen Subjekt-Objekt-Trennung v.a. die Notwendigkeit einer Öffnung zur oder Anlehnung an die Soziologie. Hier wird dieses Problem seit langem bewusst verarbeitet, und eine Vielzahl von Ansätzen sind entwickelt worden, um diesen Gegensatz konzeptionell und sprachlich zu überwinden. Ein Beispiel für solche Ansätze bildet der bereits erwähnte Begriff der "Figuration" von Norbert ELIAS. Seine Ausdrucksweise zeigt, dass sich die sprachlichen Metaphern und Analogien, die Wissenschaftler, die die Subjekt-Objekt-Trennung überwinden wollen, eine hohe interdisziplinäre Ähnlichkeit aufweisen:

---

[13] s. Capra 1982, S. 81

279

"Aber die Möglichkeiten, zwischen denen ein Mensch derart zu wählen hat, (...) sind vorgegeben und begrenzt durch den spezifischen Aufbau seiner Gesellschaft und die Eigenart der Funktionen, die er innerhalb ihrer besitzt. Und welche dieser Möglichkeiten er auch ergreift, seine Tat verflicht sich in die von anderen; sie löst weitere Handlungsketten aus, deren Richtung und vorläufiges Ergebnis nicht von ihm, sondern von der Machtverteilung und dem Spannungsaufbau dieses ganzen bewegten Menschengewebes abhängen. Kein einzelner Mensch, wie gross sein Format, wie gewaltig seine Willenskraft, wie durchdringend seine Intelligenz auch sein mag, kann die Eigengesetzlichkeit des Menschengeflechts, aus dem heraus, in das hinein er agiert, durchbrechen."[14]

Ein weiterer Ansatz, der versucht, den Grenzbereich zwischen Subjekt und Objekt konzeptionell und sprachlich aufzufüllen und zu beleben, ist die Systemtheorie. Insbesondere in bezug auf den deutsch-französischen Systemvergleich bietet sie eine Fülle von Konzepten und heuristischen Verständnishilfen zur Beschreibung von Strukturen und Prozessen, die zwar immer wichtigere ökonomische Bedeutung haben, die aber mit den begrifflichen Werkzeugen der Ökonomie nicht erfasst werden können. So stellt z.B. LUHMANN einen interessanten Zusammenhang zwischen segmentär-stratifizierten (gegenüber funktional organisierten) Gesellschaften und persönlich orientierten Netzwerkstrukturen her:

"In stratifizierten (...) wie in segmentierten Gesellschaften kann man nur einem und nicht mehreren Teilsystemen angehören. Individualität wird durch Zuweisung eines sozialen Status erworben. In der funktional differenzierten Gesellschaft wird die Inklusions-/Exklusions-Differenz anders geregelt(...). Aus strukturellen Gründen muss die moderne, funktional differenzierte Gesellschaft auf eine gesellschafteinheitliche Regelung von Inklusion verzichten. (...) In ganz andere Richtung lenken Sachverhalten den Blick, die heute eher als störende oder allenfalls transitorisch nutzbringende 'survivals' älterer Gesellschaftsformationen wahrgenommen werden. Zu denkene ist an Rezprozitätsketten, Nutzfreundschaften als Netzfreundschaften, Patron/Klientverhältnisse und ähnliches. (...) Mit der Abkopplung von sozial fraglos bestehender Stratifikation wird das Netzwerk der Gunsterweise und Vorteilsverschiebungen gegen die tragende Sozialordnung differenziert und beginnt parasitär zu operieren. (...) Die Kontaktstruktur beruht typisch auf Interaktion "face-to-face" (was die Benutzung des Telephons, wenn man jemanden kennt, nicht ausschliesst) und sie ermöglicht partikulare, aber nicht universalistische, und diffuse, aber nicht spezifische Themenorientierung. Es geht jeweils um eine Inklusion oder Exklusion der ganzen Person in die Interaktion. (...) Oft findet man in solchen Netzwerken die Erklärung für Phänomene, die in der modernen Welt als 'Korruption' beschrieben werden."[15]

Der Begriff des "Systems" eignet sich besonders zur Überbrückung von Subjekt-Objekt-Gegensätzen, da er sowohl konzipierte als auch perzipierte Entitäten bezeichnet, wodurch die Trennung von Konzeption und Perzeption begrifflich überwunden werden kann. Auch CANETTIs Begriff der "Masse" spricht von Eigengesetzlichkeiten überindividueller Systeme, wobei "Masse" sowohl materiell als auch immateriell verstanden werden kann, wodurch die Körper-Geist-Trennung aufgehoben wird. Auch CANETTI liefert auf dieser begrifflichen Basis interessante Einsichten über nationale Identitäten und das deutsch-französische Verhältnis.[16]

Die delikateste Problematik der Überwindung der Subjekt-Objekt-Trennung ist die nach der Identität. So wie in der subatomaren Welt ein Teilchen nur in seinen Zusammenwirkungen mit anderen Teilchen verstanden (oder überhaupt erst definiert) werden kann, so unterstreichen die Systemtheoretiker und Konstruktivisten die von aussen determinierte, definierte oder reflektierte Natur der Identität des Individuums, der Institution, der Gruppe usw. Am Beispiel der unterschiedlichen strukturellen Verteilungen von Subkulturen in Deutschland und

---

[14] Elias 1987, S. 76/77
[15] Luhmann 1994, S. 21-32
[16] Canetti 1960, S. 202-204, S. 209-220

280

Frankreich (s. VIII.2.4.) wurde bereits gezeigt, wie die Identität bzw. Kultur einer Gruppe durch ihre Aussenbeziehungen und ihre Stellung im Gesamtsystem beeinflusst wird und ohne diese nicht erklärbar ist. Aber die Vorstellung, dass die Identität des Individuums sich in seinen Beziehungen zur Aussenwelt, der Definition durch andere und seiner gesellschaftlichen Rolle *erschöpft*, bereitet dem abendländischen Bewusstsein doch erhebliche Schwierigkeiten, sie sich gerade im deutsch-französischen Verhältnis ganz konkret manifestieren.

IX.1.4. *Kultur und Identität*

Der Begriff der Kultur ist bisher in einer sehr weiten Definition verwendet worden. Das Problem solcher Definitionen besteht darin, dass nicht mehr klar ist, welche Phänomene sie eigentlich ausschliessen. Wenn alle Phänomene als kulturelle Phänomene verstanden werden, wo liegt dann noch der Nutzen der Verwendung des Kulturbegriffs ?

Er besteht in der heuristischen Tradition dieses Begriffs, der in der Geistesgeschichte regelmässig mit Konzepten und Vorstellungen einherging, die weniger dem szientistischen als dem hermeneutischen Wissenschaftsideal entsprechen. Der Kulturbegriff impliziert also eine wissenschaftliche Tradition und ein Weltbild, die ein Gegenprogramm zur Verwendung des modernen naturwissenschaftlichen Paradigmas in den Sozialwissenschaften bilden. Darüberhinaus handelt es sich bei dieser Tradition um einen eigentümlichen Beitrag der deutschen Geistesgeschichte, also um einen Ausdruck der deutschen kulturellen Identität, der immer in einem Spannungsverhältnis zur neoklassischen Ökonomie und zur Hypothese des "homo oeconomicus" stand.[17]

Die eigentliche Frage, auf die die meisten der bisher zitierten kulturvergleichenden Untersuchungen hinauslaufen, ist jedoch die nach der Natur der kulturellen Identität. Auch hier besteht die Versuchung, sowohl in der persönlichen als auch der kollektiven Identität eine Art "Atom" zu sehen, eine "black box", also eine stabile apriorisch gegebene Substanz, ähnlich dem Individuum oder später dem Unternehmen in der Ökonomie. Diese Linie wird z.B. von Philippe d'IRIBARNE vertreten. Demgegenüber besteht die konstruktivistische Sicht auf der historischen Konstruktion des Individuums und der Kultur.

Diese konstruktivistische Sicht setzt sich in der Soziologie zunehmend durch und kann sich auf starke Argumente stützen. So zeigen KALLSCHEUER/LEGGEWIE anhand der Biographie und persönlichen Anamnese des deutschnationalen Ernst-Moritz ARNDT, wie dieser nach der Niederlage der preussischen Truppen gegen Napoleon versuchte, seinen Franzosenhass so weit wie möglich in seinem eigenen Leben zurückzudatieren und somit sich selbst und später anderen einzureden, der Franzose sei schon immer der Feind des Deutschen gewesen, und der Franzosenhass sei daher die wichtigste Pflicht eines guten Deutschen.[18]

So sei auch die Gegenüberstellung von französischer Staats- und deutscher "Kulturnation" eine kollektive Rückdatierung von Konflikten, die erst im 19. Jahrhundert aufkamen. Nach Ansicht der Autoren besteht die Ursache für diese Geschichtumdeutungen in einer "charakteristischen

---

[17] s. Jackson 1993, S. 453-469
[18] Kallscheuer/Leggewie 1994, S. 123/124

Perspektive im politischen Imaginären der Moderne", nämlich der "Neigung zur retrospektiven Teleologie", also die Konstruktion einer "nationalen" Vergangenheit im nachhinein.[19]

Eine ähnliche Analyse nimmt REVEL vor, der zeigt, dass der Beitrag DESCARTES' zur abendländischen Philosophie praktisch gleich null war und die Annahme, er sei der Begründer der modernen Philosophie und der modernen Wissenschaft, eine krasse historische Fehldeutung ist. Zudem entlarvt er deutlich die Instrumentalisierung DESCARTES' für die Rekonstruktion des Gründungsmythos' der aufgeklärten Nation:

"Die Beförderung Descartes' in den Rang des Pioniers der modernen Wissenschaft ist in Wirklichkeit eine Schöpfung des 19. Jahrhunderts.(...) Seit dem Ende des 17. Jahrhunderts ist Descartes diskreditiert (...). Im 18. Jahrhundert bezieht man sich kaum noch auf ihn, es sei denn als archäologische Kuriosität.(...) Es wurde in den letzten hundert Jahren unvergleichlich mehr über Descartes geschrieben als in den zwei Jahrhunderten, die seinem Tod folgten, so dass praktisch die Gesamtheit der cartesianischen Literatur in den Zeitraum *zwischen 1860 und dem heutigen Tage fällt.*"[20]

In den vorangegangenen Kapiteln wurde bereits ein anderes Geschichtsbild vorgestellt, das DESCARTES nicht als revolutionären Begründer der Moderne begreift, sondern als Metaphysiker, der angesichts der protestantischen Herausforderung versucht, das aristotelisch-scholastische Erbe zu retten.

Das Bild, das sich aus dieser konstruktivistischen Interpretation ergibt, ist das einer Konstruktion der eigenen Identität als Antithese. Insbesondere im deutsch-französischen Verhältnis wird die Konstruktion nationaler Identität als reine Verneinung des Feindbildes besonders deutlich:

"Auch der gerne auf die zweite Hälfte des 18. Jahrhunderts zurückdatierte Gegensatz von deutschem Kultur- und französischem Staatsnationalismus beruht auf späteren Konflikten - inneren wie äusseren: die 'Teutschtümelei des Wartburgfests (1817) wider den 'französischen Liberalismus' des Hambacher Fests (1832), oder später die Rolle von *raison* und *mentalité* für die beiden Lager der Dreyfus-Affaire. Seine Entstehung gehört in die Geschichte der nationalen Feindbilder des 19. Jahrhunderts - von der Rheinkrise (1840) zum deutsch-französischen Krieg (1870/71)" [21]

Die Argumente, die zeigen, dass nationale Identitäten und somit auch Kulturen nichts als politisch opportune mythische Schöpfungen, kurz: Konstruktionen sind, sind also recht überzeugend, und sie lassen die Romantik, aus der die deutsche Nationalbewegung entstand, nicht als Alternative, sondern als Produkt der Moderne selbst, nämlich ihrer Rezeption ausserhalb Frankreichs, erscheinen.

Die gedankliche Leistung, die vollbracht werden muss, um den in Stereotypen erstarrten deutsch-französischen Gegensatz zu überwinden, ist also dieselbe, der für die Aufhebung der Subjekt-Objekt-Trennung oder des Kooperationsparadoxons vonnöten ist: Es geht um die Entwicklung eines Bewusstseins der Einheit bei gleichzeitiger Zweiheit, der Interdependenz bei gleichzeitiger Autonomie und des Bewusstseins der sich gegenseitig bedingenden Natur der Gegensätze.

---

[19] ebd., S. 114
[20] Revel 1973, S. 76-79, Hervorhebungen von mir
[21] Kallscheuer/Leggewie 1994, S. 113/114

Genau hier muss daher auch die Enttabuisierung einsetzen, die der Rehabilitation kultureller Deutungsansätze in der Wissenschaft immer noch im Wege steht. Denn die Befürchtungen und ideologischen Abwehrreaktionen, die sowohl dem interkulturellen Management als auch der Verwendung des Kulturbegriffs in der Soziologie entgegenstehen, basieren auf einer unwillkürlichen Assoziierung kultureller Deutungsansätze mit rassistischer Völkerpsychologie. Diese wiederum beruhen auf der Annahme, die nationalen Bewegungen der Romantik sowie der spätere Faschismus seien Phänomene, die ausserhalb der Moderne stünden. Eine ernsthafte historische Untersuchung der Bedingungen der Entstehung der Nationalstaaten und der nationalen und nationalistischen Bewegungen zeigt jedoch gerade deren Abhängigkeit von den deutsch-französischen Beziehungen auf politischer, militärischer, kultureller und wirtschaftlicher Ebene.

Aus dieser Perspektive erscheint z.B. der deutsche Nationalismus ebenso wie die faschistische Neo-Romantik nicht als Gegensatz zur Moderne, sondern als Ausfluss derselben und ohne diese nicht zu verstehen. Auch die Interpretation des Nationalsozialismus' als "antimoderne" Bewegung geht an der Realität völlig vorbei, da sie sich nur auf die verklärte Selbstbeschreibung desselben konzentriert, also noch im Nachhinein auf seine Propaganda hereinfällt. Eine aufrichtige Interpretation kann an den funktionalistischen und instrumentalistischen Zügen des Nationalsozialismus' nicht vorbeisehen; seine Vergötterung bei gleichzeitiger konkreter Nutzung von industrieller Massenproduktion und moderner Technologie, seine Zerschlagung oder Unterwanderung traditioneller sozialer Strukturen und die Perfektionierung des zentralistischen Nationalstaates, einer Erfindung der Neuzeit, lassen ihn deutlich als eine Manifestation der Moderne erscheinen.[22]

Es ist also eine gewisse Entzerrung des Geschichtsbildes und der Geschichtsinterpretation notwendig, um die Prozesse zu verstehen, die zur Bildung der deutschen und französischen Nationalbewegungen geführt haben. Ein Geschichtsbild, welches die Umstände berücksichtigt, dass der französische Gründerheld Chlodwig Germane war, dass die deutsche Sprache sich aufgrund einer antikatholischen Revolte etabliert hat, dass Descartes' philosophische Synthese während der Glaubenskriege in Deutschland entwickelt wurde, dass die deutsche Nationalbewegung in den Befreiungskriegen wurzelt[23], dass Bismarcks Reichsgründung ohne den Sieg über Frankreich nicht möglich gewesen wäre, dass die arische Rassenideologie vorwiegend auf die Arbeiten des französischen Schriftstellers GOBINEAU zurückgeht und dass der Versailler Vertrag den Aufstieg Hitlers ermöglichte, wie eng Deutschland und Frankreich gerade in ihrer Gegensätzlichkeit zusammengehören und im Grunde nur zwei Seiten derselben Medaille darstellen, entsprechend der Erkenntnis HERAKLITs, dass jedes Ding zu seinem Sein seines Gegenteils bedarf.[24]

Diese Medaille ist die Moderne. Wie immer man den Begriff der Moderne auch definiert[25], das deutsch-französische Spannungsverhältnis lässt sich von ihm nicht trennen und ist möglicherweise für es sogar konstitutiv. Daher erklärt sich die deutsch-französische Verantwortung für die Moderne, und eine fundamentale Änderung des deutsch-französischen

---

22 s. Koslowski 1988, S. 97
23 So beginnt NIPPERDEYs "Deutsche Geschichte" mit den Worten "Am Anfang war Napoleon", Nipperdey 1983, S. 11
24 Watzlawick 1981, S. 159
25 in der Tat wirft eine Definition dieses Begriffs erhebliche begriffliche Schwierigkeiten auf, s. Koslowski 1988, S. 12-17

Verhältnisses bedeutet somit zwangsläufig, sowohl auf individueller wie auf kultureller oder politischer Ebene, eine Revision oder gar Überwindung der Moderne.

IX.1.5.   Ausblick: Die Überwindung der Moderne

Das Selbstbild der Moderne ist nicht in der Lage, kulturelle Unterschiede zu verstehen und zu berücksichtigen. Deshalb ist bildet die Rehabilitierung und Verwendung des Kulturbegriffs bereits selbst ein Gegenprogramm zur Moderne.

Kulturelle Unterschiede in und zwischen "modernen" Gesellschaften werden daher nur verständlich aus einer nicht-modernen Perspektive, die die Moderne selbst nicht als Epoche, sondern als kulturelle Strömung begreift, die in unterschiedlichen Ländern zu verschiedenen Zeiten unterschiedlich verarbeitet wurde. Spricht man nicht mehr (über regionale und räumliche Differenzen hinweggehend) von moderner "Epoche", sondern von moderner Kultur und Stilelementen der Moderne, so werden die mannigfaltigen kulturellen Unterschiede selbst in Gesellschaften, die sich selbst als "modern" definieren, deutlich.

So ist bereits auf den Zusammenhang der unterschiedlichen strukturellen VErteilung von Subkulturen und der in Deutschland und Frankreich unterschiedlichen Rezeption der Moderne hingewiesn worden. Diese Einsichten ergeben sich jedoch nur, wenn der bedeutende Einfluss von Werten, Einstellungen und kulturellem Selbstverständnis auf die Möglichkeit der zwischenmenschlichen und interorganisationellen Vertrauensbildung, und der bedeutende Einfluss dieser Vertrauensbildung auf die Entstehungsmöglichkeit und die Stabilität institutioneller und vertraglicher Arrangements eingeräumt wird. Insbesondere eröffnen sie sich nur einer auch wissenschaftlichen Perspektive, die die Rolle kultureller Faktoren auf die institutionelle Genese und die institutionelle Evolution zumindest anerkennt, und gleichzeitig die Bedeutung der institutionellen Wirklichkeit für die Entstehung von Kulturen und Subkulturen berücksichtigt.

Dazu ist jedoch die Moderne aus sich selbst heraus nicht in der Lage. Dies erklärt sich aus ihrem Selbstbild: Da die Moderne an dem Mythos der institutionellen Genese durch die freiwillige Entscheidung rationaler Individuen festhält und somit die Tendenz hat, die Relevanz der Geschichte sowie die Relevanz des nicht-rationalen Individuums sowie nicht-individueller Kräfte zu leugnen, kann sie kulturelle Unterschiede immer nur als externe Residualgrössen betrachten, nicht als unterschiedliche Rezeptionen ihrer selbst. Kulturelle Unterschiede als unterschiedliche Rezeptionen der Moderne zu betrachten, setzt voraus, dass die Moderne selbst nicht als Epoche in der Menschheitsgeschichte (im Sinne des linear-progressiven Geschichtsverständnisses der Moderne selbst) betrachtet wird, sondern als kulturelle Strömung, bestehend aus einer Vielzahl z.T. widersprüchlicher kultureller Stile, Motive und Elemente. Dies bedeutet, die Moderne nicht aus sich selbst heraus, sondern "von aussen her" zu deuten. Die häufige Bezeichnung einer solchen Perspektive als "postmodern" hat den Nachteil, dass implizit an einer modernen (linear-progressiven) Geschichtsidee festgehalten wird: "Nach" der Moderne kommt die Postmoderne (und zwar für alle).[26]

---

[26] Viele Theoretiker der Postmoderne gehen in diese Falle: Obwohl sie sowohl die versteckte Kontinuität der vormodernen Metaphysik in der Moderne als auch die Idee des historischen Fortschritts als Substanz der modernen Ideologie brilliant entlarven, erweisen sie sich blind gegenüber der Kontinuität des progressiven Zeit- und Geschichtsdenkens in ihrer eigenen Analyse, die ein zeitliches "Ende der Moderne" und den Beginn einer "postmodernen Epoche" feststellt; so z.B. Huyssen 1990, S. 356-360; selbst Habermas bleibt einer universalistischen Sicht der historischen Epochenfolge verhaftet, wenn er vom "Tod der Moderne" spricht, auch wenn er die Unterschiedlichkeit der diversen herrschenden Geschichtsdeutungen in dieser Hinsicht und ihren Zusammenhang mit verschiedenen intellektuellen Strömungen herausarbeitet; s. Habermas 1990, S. 346-354

284

Diese Haltung ignoriert die Tatsache, dass die Ideologie der Moderne diffus ist, also auch in nicht-modernen Gesellschaften (als "Subkultur") existiert und vielleicht immer existierern wird. Sie ignoriert ebenso die Tatsache, dass jede Kultur ihr eigenes Zeitverständnis hat und sich "moderne" von "nicht-modernen" Gesellschaften gerade in dieser Hinsicht unterschieden.

Untersucht man die Moderne unter diesem Aspekt und akzeptiert man die These, die hier entwickelt wurde, dass die Moderne ein Hindernis für interkulturelle Kooperation und deren Verständnis ist, stellt sich die bereits von MÜLLER-ARMACK behandelte Frage nach der abendländischen Identität sowie der Verdacht, dass die Trennungen, die die Moderne einführte, nichts weiter sind als Ausflüsse der aristotelischen Logik.

Die von MAURICE/SELLIER/SILVESTRE im Rahmen des deutsch-französischen Systemvergleichs beklagten Beschränkungen, die sich durch das wissenschaftliche Primat der Bildung von widerspruchsfreien Analysekategorien ergeben, erscheinen zunächst als Manifestationen des Cartesianisch-Newtonschen Reduktionismus', der Ideen wie sich gegenseitig ausschliessende Masseteilchen im Raum behandelt und das Ganze ausschliesslich aus der Summe seiner Teile ableitet.

Geht man der Ursache dieses Denkens auf den Grund, so findet sich hier jedoch bereits der aristotelische Satz des ausgeschlossenen Dritten als der eigentliche Hemmschuh. Dem stimmt auch CAPRA bei, der die Parallelen zwischen subatomarer Physik und östlicher Mystik aufzeigt und angesichts der paradoxen Realität der Natur den Schluss zieht, dass sich die Realität nicht mit den Kategorien der Logik vereinbaren lässt, was gleichzeitig bedeutet, dass die abendländische Logik der Realität nicht gerecht wird, da sie Einheit und Gegensätzlichkeit nicht gleichzeitig akzeptieren kann.[27]

Auch die konstruktivistische Schule sieht in der aristotelischen Logik des "tertium non datur" (bzw. in der populärwissenschaftlich-manichäischen, also kulturellen Interiorisierung derselben) ein verhängnisvolles Hemmnis für produktive Kommunikation.[28]

Der nächste Schritt nach der Überwindung der Moderne könnte daher die Überwindung der abendländischen Logik sein - doch diese Frage entzieht sich naturgemäss der Domäne der Wissenschaft.

---

[27] Capra 1975, S. 59-130
[28] Watzlawick 1981, S. 159-162

IX.2. Empfehlungen für betroffene Entscheidungsträger

IX.2.1. Interkulturelles Lernen

Die vorgestellten Untersuchungen und Fallstudien sowie das offensichtliche Scheitern transaktionskostentheoretischer Erklärungen für Unternehmenskooperationen legt den Schluss nahe, dass der erzielte Lerneffekt eine der wichtigsten Motivationen und Ergebnisse von Unternehmenskooperationen ist. Der Begriff der interkulturellen Lerneffekte lässt sich hier problemlos auf das Phänomen der Unternehmenskultur ausweiten, was bedeutet, dass der interessanteste Aspekt in- und ausländischer Unternehmenskooperationen in dem erzielten Know-How-Transfer liegen mag.

Die Tasache, das Forschung und Entwicklung sowie kommunikative Kompetenz im Wirtschaftsprozess immer wichtiger werden sowie die Einsicht, dass Technologie und ihre Anwendung immer mit einer bestimmten Organisation und Unternehmenskultur verknüpft sind, führen zu der Schlussfolgerung, dass Lerneffekte bezüglich unterschiedlicher Arten der Technologieentwicklung und -anwendung für die eigene Wettbewerbsfähigkeit nur von Vorteil sein können.

Im Bereich internationaler Geschäftskontakte erweitert sich dieser Lerneffekt und schliesst ein noch breiteres Spektrum von rechtlichen, organisatorischen und technologischen Gestaltungsprinzipien ein. Intensivieren sich diese Kontakte, so können diese Lerneffekte für beide Seiten äusserst fruchtbar sein. Unter einem rein technologischen Blickwinkel erscheint, wie gezeigt wurde, der Kontakt mit amerikanischen oder japanischen Unternehmen den meisten europäischen Unternehmern noch als wichtiger gegenüber Kontakten mit anderen europäischen Unternehmen.

Mit der zunehmenden Bedeutung immaterieller Ressoucen für die Wettbewerbsfähigkeit oder gar das wirtschaftliche Überleben ist es jedoch wahrscheinlich, dass die rein ingenieursmässig-technologischen Lerneffekte, die sich im Kontakt mit technologischen Weltmarktführern ergeben können, nicht mehr ausreichend sind bzw. andere Aspekte, in die technologische Führerschaft eingebettet ist, ignoriert werden.

Gerade der Kontakt mit japanischen Produktions- und Managementmodellen hat dem Westen die Kulturabhängigkeit von Organisation, Innovation und Marketing deutlich vor Augen geführt, und die Erkenntnis, dass technische Innovation allein kein Garant für Markterfolg ist, hat den Blick wieder auf die grösseren Zusammenhänge, in die die technischen Aktivitäten eingebettet sein müssen, um zum Erfolg des Gesamtsystems beizutragen, gelenkt.

Philippe d'IRIBARNE zieht daraus den Schluss, dass der unternehmerische Erfolg nicht von der Kopie andernorts erfolgreicher Managementmodelle, sondern mit der möglichst harmonischen Anpassung von Managementmodellen und traditionellen Organisationsprinzipien und Kompetenzen abhängt.[29]

Die Ansicht, dass in Zeiten der Krise Rettung oder Hilfe immer nur von aussen kommen kann oder andernorts akquiriert werden muss, verhindert jedoch systematisch die Mobilisierung

---

[29] d'Iribarne 1989, S. XXIII, 9/10

interner Ressoucen sowie die Entfaltung der für die Innovation entscheidenden Kreativität. Ein wesentlicher Aspekt der interkulturellen Erfahrung liegt somit möglicherweise nicht vorwiegend in der Akquisition oder Imitation fremden Know-Hows, sondern in einer Bewusstmachung der eigenen ungenutzten Potentiale.

Die Kooperation zwischen DASA und Aérospatiale ist ein gutes Beispiel für diese interkulturellen Lerneffekte, die nicht in die Übernahme eines fremden Modells, sondern in der gemeinsamen Schaffung neuer Modelle münden. Dieser Prozess ist ein "Trial-und-Error-Prozess", in dem verschiedene Formen kooperativer Strukturen ausprobiert und im Erfolgsfall weitergeführt wurden. So erwies sich die Struktur der "codécision" bei Eurocopter trotz anfänglicher Bedenken als lebensfähig und bildete somit anschliessend das Modell für weitere Kooperationen in anderen Bereichen.

Hierbei besteht eine Vielzahl von Möglichkeiten, die verschiedenen Elemente z.B. des deutschen und des französischen Organisationsmodells miteinander zu verbinden. So lässt sich ein deutsches Führungsmodell mit Trennung von Aufsichtrat und Vorstand und Konsensprinzip mit einem Firmensitz in Frankreich verbinden. Ein anderer Kompromiss ist z.B. die Übernahme des französischen Führungsmodells, aber mit einem deutschen PDG an der Spitze. Um solche Lösungen zu finden und in Situationen der Verhandlungsblockade vorschlagen zu können, müssen jedoch beide Modelle mit ihren kulturellen Implikationen und Unterschieden gut bekannt sein. Wie das Beispiel DASA-Aérospatiale zeigt, ist es v.a. wichtig, sich von der Annahme zu verabschieden, gewisse Nachteile der Gegenseite liessen sich allein durch monetäre Gegenleistungen, also z.B. eine höhere Kapitalbeteiligung, ausgleichen.

Die Beispiele zeigen, dass es Probleme gibt, die sich nicht mit Geld lösen lassen; und gerade hier ist Kreativität gefragt, um solche Lösungen zu finden, wie etwa im Fall AEG-Schneider, wo juristischer und operativer Firmensitz geteilt wurden, oder im Fall DASA-Aérospatiale, wo Stimmrechte und Dividendenrechte getrennt und Vorteile in einem Projekt mit Nachteilen in einem anderen Projekt aufgewogen wurden.

Dieser interkulturelle Lerneffekt ist erfahrungsgemäss vielseitig und turbulent, wobei oft die ursprünglichen Ziele nicht erreicht werden, aber dafür ganz andere, unerwartete Synergieeffekte und Perspektiven entstehen, ebenso wie bisher nicht erkannte Probleme gelöst werden und neue Ziele entstehen. Die Frage, ob die ursprünglichen Ziele durch eine Kooperation erreicht werden können, wird bald irrelevant, da sich im Laufe einer intensiven und ernsthaften interkulturellen Kooperation nicht selten die Prioritäten ändern. Lerneffekte beeinflussen somit nicht nur die Möglichkeiten der Zielerreichung, sondern oft auch die Zielsetzungen selbst, mitunter sogar die strategische Sicht des eigenen Unternehmens und seiner Stärken, Schwächen und Möglichkeiten.

Deshalb gibt es keine Patentrezepte für das Meistern von interkulturellen Kooperationsprojekten. Die vorliegende Arbeit kann jedoch hoffentlich dazu beitragen, Unternehmern und sonstigen Entscheidungsträgern Erkenntnisse zu vermitteln, die für den interkulturellen Lernprozess und das Verständnis fremder Wirtschaftsstile, hilfreich sein können und die in Standardwerken zum internationalen Management nicht erwähnt werden. So wird die unterschiedliche Handhabung von Zeit und Raum als wirtschaftliches Koordinationsinstrument fast nirgendwo thematisiert. Einem deutschen Unternehmer wird jedoch die Tatsache, dass es in französischen Unternehmen normalerweise zwar eine Aufbau-, aber keine

Ablauforganisation gibt, zunächst kaum begreiflich sein und auch unverständlich bleiben, solange er nicht versteht, dass die Zeit in Deutschland - im Gegensatz zu vielen anderen Kulturen - ein zentrales Organisations- und Koordinationsmedium ist, und dass sich Struktur als Organisation im Raum und Funktion als Organisation in der Zeit betrachten lässt.[30]

Es bleibt jedoch jedem Unternehmer und Manager überlassen, die spezifischen Formen, mit denen seine ausländischen Partner Zeit, Raum und die anderen hier dargestellten Elemente handhaben, selbst zu entdecken, wofür er nach der Lektüre dieser Arbeit zumindest geistig vorbereitet sein dürfte.

Das Scheitern eines instrumentellen Ansatzes im Auslandsangagement, das sich in den vielen misslungenen Managerentsendungen sowie der enttäuschenden Bilanz internationaler Joint Ventures und Akquisitionen widerspiegelt, zeigt, dass die Negierung kultureller Unterschiede keine Zukunft hat. Die Bereitschaft, die eigene Kultur, auch radikal, in Frage zu stellen, erscheint als die wichtigste Voraussetzung für den Erfolg der interkulturellen Kooperation, wobei sich die Erfolgskriterien jedoch möglicherweise im Verlauf der Kooperation ändern.

Entscheidend ist jedoch, zu verstehen, dass diese Änderung der Prioritäten, unabhängig von der Frage des Zustandekommens einer stabilen Auslandskooperation, einen entscheidenden Beitrag dazu leisten kann, im weiteren Sinne innovativ zu sein und zu bleiben.

In multinationalen Konzernen kommt es darauf an, allein schon zur Vermeidung kostspieliger Misserfolge und Fehlplanungen dem interkulturellen Training und dem Kulturbewusstsein eine höhere Bedeutung beizumessen. Hierbei muss insbesondere der vorherrschende instrumentelle Ansatz des Auslandsengagements aufgegeben werden, denn dieser Ansatz ist selbst Bestandteil einer bestimmten Kultur und verhindert somit nicht nur den Zugang zu fremden Kulturen, sondern zu Kultur im allgemeinen.

Die Notwendigkeit des Bewusstseinswandels, der für die interkulturelle Kommunikation und Kooperation ausschlaggebend ist, ergibt sich bereits aus der Herausforderung der Motivation und Führung hochqualifizierter "Wissensarbeiter" in einer postindustriellen Kommunikationsgesellschaft. Die tiefere und ernsthaftere Auseinandersetzung mit Phänomenen der zwischenmenschlichen Kommunikation ist somit eine *conditio sine qua non* für die Mobilisierung des Humankapitals in den ständig wachsenden Bereichen, in denen der Erfolg nicht mehr von der technischen Kontrolle repetitiver Schritte in einer industriellen Massenproduktion abhängt, sondern von Intelligenz, Flexibilität, Sensibilität, Kreativität und sozialer Kompetenz.

Dies sind ebenfalls die Schlüsselkompetenzen für den Erfolg der interkulturellen Kooperation, und das Festhalten an Standardlösungen für homogene Massen behindert somit nicht nur den Erfolg internationaler Kooperationsprojekte, sondern auch den der wirtschaftlichen Tätigkeit in einer postindustriellen Gesellschaft.

---

[30] s. Capra 1982, S. 323, Kuslowski 1988, S. 95

IX.2.2.   Interkulturelle Kooperationsvermittlung

Kooperationsvermittlung allgemein setzt eine hohe menschliche Sensibilität sowie eine gewisse Erfahrung mit der Lösung kommunikativer und kognitiver Blockaden voraus. Im Prozess der Intensivierung der Gespräche tauchen immer wieder dieselben Blockaden auf, die der Situation des Gefangenendilemmas ähneln: A möchte die Übersetzung seiner Produktbeschreibungen erst bezahlen, wenn B sichere Bestellungen für das Produkt eingeholt hat, und B beteuert, seine Kunden möchten erst die Bestellung aufgeben, wenn sie sämtliche Produktunterlagen in ihrer Muttersprache vor sich haben. Solche Teufelskreise sind bei interkulturellen Kooperationen, wo für beide Partner zusätzliche Risiken auftauchen, besonders typisch.

Charakteristisch für solche Situationen ist, dass sie mit den herkömmlichen Methoden ökonomischer Rationalität nicht zu lösen sind. Im genannten Beispiel mag es hilfreich sein, die Unterlagen zunächst nur für ein einziges Produkt oder eine sehr begrenzte Auswahl von Produkten zu übersetzen, wodurch sich die Kosten in Grenzen halten, und einige vereinzelte Bestellungen aufzunehmen, um überhaupt vorwärtszukommen.

Hierbei handelt es sich jedoch um Entscheidungen, die in einer normalen Routinesituation, in der aus ökonomischen Gründen immer nur in grossen Bestell- und Produktionslosen gerechnet und geplant wird, niemals gefällt werden und deshalb beiden Partnern betriebswirtschaftlich absurd, wenn nicht gar lächerlich erscheinen. Es fällt ihnen meist schwer, den *gestischen und kommunikativen Gehalt* ihrer Handlungen und Entscheidungen wahrzunehmen, da sie an Situationen des schrittweisen Aufbaus von Vertrauen aus dem Nichts aufgrund ihrer Position oder ihrer routinemässigen Tätigkeit nicht gewöhnt sind.

Um solche Situationen zu überwinden, muss der Kommunikationsvermittler die Partner einerseits schrittweise für die gestischen Aspekte ihrer eigenen Handlungen und Äusserungen sensibilisieren, und anderseits bei jeder Blockade das Thema wechseln, damit die Partner Zeit haben, ihre interkulturellen Eindrücke zu verarbeiten und über die möglichen Kommunikationswirkungen ihrer Äusserungen nachzudenken sowie auf einer anderen Ebene, auch wenn sie völlig sachfremd sein mag, sich besser kennenzulernen und Vertrauen aufzubauen.

Das Problem in der Kommunikationsvermittlung besteht darin, dass der Vermittler möglichst selbstlos sein muss, damit beide Seiten zu ihm Vertrauen fassen, jedoch anderseits genügend Kompetenz vorweisen und Autorität ausstrahlen muss, um von beiden Seiten erst genommen zu werden. Es hängt mit der Notwendigkeit dieser Anforderungen zusammen, dass das institutionelle Angebot für kompetente Kooperationsvermittlung völlig unzureichend ist. In der professionellen M&A-Beratung existiert zwar die fachliche Kompetenz, und die Berater werden schon aufgrund ihrer Verbindung mit einflussreichen Bankhäusern von den Unternehmen ernst genommen. Sie sind aber nie neutral und selbstlos, denn sie vertreten immer nur die Interessen ihres Kunden gegen Geld. Ihr eigenes Interesse besteht in der Maximierung der Anzahl getätigter "*deals*" bei Minimierung des Arbeitsaufwands, weshalb sie häufig die strategische Attraktivität von Akquisitionen oder Zessionen gegenüber ihren Kunden übertreiben, um ihr Provisionseinkommen zu maximieren. Für die M&A-Berater geht es immer nur darum, Verkaufs- oder Kaufmandate von ihren Kunden zu erhalten, um sich bereits eine Grundkommission zu sichern, und diese Transaktionen dann abzuwickeln. Diese Struktur sowie ihre parteiliche Stellung bei Verhandlungen macht sie als Vermittler von Unternehmenskooperationen ungeeignet. Zudem interessieren sie sich aufgrund der Abhängigkeit ihrer Bezahlung von der Transaktionssumme nur für Unternehmen einer gewissen Grössenordnung, weshalb ihre Dienstleistungen für die meisten Mittelständler nicht zugänglich sind.

Ein Teil dieser Probleme wird durch innovative Strukturen wie die beschriebene AFAST/DFGWT gelöst. Die Berater werden von der EU bezahlt, bieten ihre Leistung kostenlos an und nehmen in den Verhandlungen daher eine neutrale Position ein. Aufgrund ihrer geringen Bezahlung und der nur vorübergehenden Tätigkeit in diesem Netzwerk verfügen sie jedoch nicht über dasselbe spezifische (v.a. juristische und finanzielle) Know-How und dieselbe Motivation wie die professionellen M&A-Berater. Ausserdem fehlen diesem Netzwerk die Informationsressourcen, die informellen wirtschaftlichen Kontakte, der Zugang zu wichtigen wirtschaftlichen Entscheidungsträgern und die Branchenreputation, weshalb sie mit ihren Dienstleistungen nur Kleinunternehmen, aber nicht den Mittelstand (im deutschen Sinne) abdecken können.

Für die Internationalisierung der mittelständischen Wirtschaft und die Erhaltung, Förderung und Verbreitung interkulturellen Know-Hows wäre es daher wichtig, gemischtfinanzierte Formen und Strukturen der internationalen Kooperationsvermittlung zu entwickeln, in denen sich interkulturelles und fachliches Know-How ansiedelt, das von der mittelständischen Wirtschaft genutzt werden kann, wobei Universitäten und sonstige Bildungsinstitute möglicherweise miteinbezogen werden könnten.

Literaturverzeichnis

ABELS 1980: Abels, Hans-Willi: "Organisation von Kooperationen kleiner und mittlerer Unternehmen mittels Ausgliederung", Frankfurt/Bern 1980

AMMON 1989: Ammon, Günther: "Der französische Wirtschaftsstil", München 1989

ANZENBERGER 1991: Anzenberger, Gustl: "Kooperation und Altruismus: ihre stammesgeschichtlichen Wurzeln", in: Wunderer 1991, S. 3-20

ARROW 1969: Arrow, Kenneth J.: "The organization of economic activity: Issues pertinent to the choice of market versus nonmarket allocation", in: The Analysis and Evaluation of Public Expenditure: The PBB, Vol 1, U.S. Joint Economic Committee, 91st Congress, 1st Session, Washington 1969, S. 59-73

ARROW 1971: Arrow, Kenneth J. "Essays in the Theory of Risk-Bearing", Chicago 1971

ARROW 1985: Arrow, Kenneth J.: "The Economics of Agency", in: Pratt/Zeckhauser 1985, S. 37-51

AXELROD, 1984: Axelrod, Robert: "The evolution of cooperation", New York, 1984

BAMBERG/SPREMANN 1987: Bamberg, Günter/Spremann, Klaus: "Agency Theory, Information and Incentives", Berlin/Heidelberg 1987

BAUDRY 1991: Baudry, Bernard: "Une analyse économique des contrats de partenariat industriel: l'apport de l'économie des coûts de transaction", in: Revue d'Economie Industrielle n° 56, 1991, S. 46-56

BERGEMANN/SOURISSEAUX 1992: Bergemann, Niels/Sourisseuax, Andreas: "Interkulturelles Management", Heidelberg 1992

BLANKENBERG, 1983: Blankenberg, E.: "'Geert Hofstede: Culture's consequences: international differences in work-related values", in: Organization Studies 4/4, 1983

BLUMENTHAL 1987: Blumenthal, P.: "Sprachvergleich Deutsch-Französisch", Tübingen 1987

BOMMENSATH 1993: Bommensath, Maurice: "Le modèle de l'entreprise allemande", in: Management France, Nr. 80, 1993, S. 7-15

BOSCHE 1993: Bosche, Marc: "Le Management interculturel", Reihe "Connaître et Pratiquer la Gestion, Paris 1993

BOURGOIS 1996: Bourgois, Isabelle: "France-Allemagne: cyber-philo contre cyber-polis", in: Les Echos, Juni 1996

BRACHT 1979: Bracht, Margret: "Förderung und Hemmung des Wettbewerbs durch Kooperation", WiSo-Paperbacks, Band 6, Frankfurt 1979

BRÉHIER 19946: Bréhier, Emile: "Histoire de la philosophie" II/III, Paris 1993/1994

BREUER/DE BARTHA 1993a: Breuer, Jochen-Peter/de Bartha, Pierre: "La médiation interculturelle au secours des partenariats franco-allemands", in: Gérer et comprendre März 1993, S. 50-60

BREUER/DE BARTHA 1993b: Breuer, Jochen-Peter/de Bartha, Pierre: "Français et Allemands: écoutez votre différence", in: Harvard/L'expansion, Frühjahr 1993, S. 75-87

BREUER/DE BARTHA 1993: Breuer, Jochen Peter/ De Bartha, Pierre: "Managen mit Franzosen: Vive la différence", in: Harvard Business Manager 2/1993, 9-18

BROCKHOFF 1992: Brockhoff, Klaus: "R&D cooperation between firms - a perceived transaction cost perspective", in: Management Science: Vol. 38, N° 4, April 1992, S. 514-524

BÜCHS 1991: Büchs, Matthias: "Zwischen Markt und Hierarchie - Kooperationen als alternative Koordinationsform", in ZfB-Ergänzungsheft 1/91, S. 1-37

BÜHNER 1991: Bühner, R.: "The success of mergers in Germany",in: International Journal of Industrial Organization, 9 (4), 1991

BUFE/STEFANI-MEYER 1993, Bufe, Wolfgang/Stefani-Meyer, Georgette: "Le défi interculturel dans les relations commerciales franco-allemandes", in: Zielsprache Französisch, Oktober-Dezember 1993, 4, S. 207-210

CANETTI 1960: Canetti, Elias: "Masse und Macht", Hamburg 1960

CAPRA 1975: Capra, Fritjof: "Das Tao der Physik", Bern/München/Wien 1975

CAPRA 1982: Capra, Fritjof: "Wendezeit", Bern/München 1982

CASSON 1991: Casson, Mark: "The Economics of Business Culture", Oxford 1991

COASE 1937: Coase, R.H.: "The Nature of the Firm", in: Economica, 4, Nov. 1937, S. 386-405

COLOMBO 1994: Colombo, Massimo: "Les facteurs explicatifs de la coopérationentre firmes. Les cas des technologies de l'information", in: Revue d'Economie Industrielle, n° 68, 2. Trimester 1994, S. 27-43

CONTRACTOR/LORANGE 1988: Contractor, Farok J./Lorange, Peter: "Cooperative Strategies in international Business", Lexington 1988

COURLET/PECQUEUR 1991: Courlet, Claude/Pecqueur, Bernard: "Systèmes locaux d'entreprises et externalités: un essai de typologie", in: Revue d'Economie Régionale et Urbaine, n° 3/4 1991, S. 391-406

CROZIER 1963: Crozier, Michel: "Le phénomène bureaucratique", Paris 1963

D'IRIBARNE 1989: d'Iribarne, Philippe: "La logique de l'honneur - gestion des entreprises et traditions nationales", Paris 1989

D'IRIBARNE 1990: d'Iribarne, Philippe: "Cultures nationales et économie internationale", in: Futuribles, N° 140, Februar 1990, S. 45-115

D'IRIBARNE 1991: d'Iribarne, Philippe: "Les entreprises françaises dans une Europe multiculturelle", in: Revue Française de Gestion, 3/5 1991, S. 98-103

D'IRIBARNE 1992: d'Iribarne, Philippe: "Contre l'anti-culturalisme primaire", in: Revue Française de Gestion, November/Dezember 1992, S. 132-137

DE BRESSON/AMESSE 1991: de Bresson, Chris/Amesse, Fernand: "Networks of innovators: A review and introduction to the issue", in: Research Policy 20, 1991, S. 363-379

DE TOCQUEVILLE 1988: de Tocqueville, Alexis: "L'Ancien Régime et la Révolution", Paris 1988

DE STAËL 1985: de Staël, Anne Germaine: "Über Deutschland", Frankfurt 1985 (1815)

DEMEULENAERE 1992: Demeulenaere, O.: "La coopération industrielle et technologique franco-allemande", in: CNPF - La Revue des entreprises, Mai 1992, S. 30-37

DEMSETZ 1988: Demsetz, Harold: "Ownership, Control, and the Firm - The organization of Economic Activity", Vol. I, New York 1988

DESCARTES 1973: Descartes, Réné: "Discours de la méthode", Paris 1973

DOBBERSTEIN 1992: Dobberstein, Nikolai: "Technologiekooperationen zwischen kleinen und grossen Unternehmen - eine transaktionskostentheoretische Perspektive", Kiel 1992

DÖRENBACH 1982: Dörenbach, Wilfried: "Bounded Rationality - Problemlösungen bei kognitiven Beschränkungen des Individuums und Komplexität der Umwelt", Frankfurt/Bern 1982

DRAHEIM 1969: Draheim, Georg: "Probleme der horizontalen Kooperation von Unternehmen", in: Arndt, Helmut (Hrsg.): "Sozialwissenschaftliche Untersuchungen", Berlin 1969

DULBECCO 1993: Dulbecco, Philippe: "Coopération, concurrence et coordination temporelle", Dissertation, Nizza-Sophia Antipolis, 1993

DULBECCO 1994: Dulbecco, Philippe: "La coopération comme mécanisme de coordination temporelle", in: Revue d'Economie Politique 104 (4), Juli/August 1994, S. 516-536

DURKHEIM 1937: Durkheim, Emile: "Les règles de la méthode sociologique", Paris 1937

EISENSTADT 1968: Eisenstadt, S. N.: "Max Weber on charisma and instituion building", Chicago 1968

ELIAS 1986: Elias, Norbert: "Was ist Soziologie ?", 5. Aufl., München 1986

ELIAS 1987: Elias, Norbert: "Die Gesellschaft der Individuen", Frankfurt 1987

ELSCHEN 1988: Elschen, Rainer: "Agency-Theorie", in: Die Betriebswirtschaft, 48. Jg. 1988, S. 248-250

EVERAERE 1993: Everaere, Christophe: "Des coûts aux investissements de transaction. Pour un renversement de la théorie de Williamson", in: Revue Française d'Economie, Vol. VIII, 3, Sommer 1993, S. 149-204

FAMA/JENSEN 1983: Fama, Eugene F./Jensen, Michael C.: "Agency Problems and Residual Claims", in: Journal of Law and Economics, 26. Jg., 1983, S. 327-349

FISCHER 1995: Fischer, Matthias: "Interkulturelle Herausforderung im Frankreich-Geschäft", Dissertation, Erlangen-Nürnberg 1995

FREEMAN 1991: Freeman, C.: "Networks of innovators: A sythesis of research issues", in: Research Policy 20, 1991, S. 499-514

FREUDENBERG/MÜLLER 1992: Freudenberg, Michael/Müller, Friedbert: "France et Allemagne: quelles spécialisations commerciales ?", in: Economie Perspective Internationale n° 52,4. Trim. 1992, S. 7-34

FREUDENBERG/ÜNAL-KESENCI 1994: Freudenberg, Michael/Ünal-Kesenci, Deniz: "France-Allemagne: prix et productivité dans le secteur manufacturier", in: Economie Internationale n° 60, 4. Trim. 1994, S. 33-62

FRIGERIO 1995: Frigerio, Marie-Laure: "Chocs culturels", Praktikumsbericht Eurocopter, Marseille/Aix-en-Provence 1995

FRITZ 1988: Fritz, Wolfgang: "Der kartellrechtliche Kooperationsspielraum mittelständischer Unternehmen", in: WiSt, Heft 2, Februar 1988

FUHRY 1996: Fuhry, Marc: "La planification d'une alliance stratégique sous influence interculturelle - le cas franco-allemand", Mémoire, Université d'Aix-Marseille III, 1996

GAFFARD 1995: Gaffard, Jean-Luc: "De la substitution à la complémentarité", in: Economie Industrielle - Développements récents 1995, S. 305-316

GERBET 1993: Gerbet, Pierre: "Le rôle du couple franco-allemand dans la création et le développement des Communautés Européennes", in: Ménudier, Henri (Hrsg.): "Le couple franco-allemand en Europe", Asnières 1993, S. 27-58

GISCARD D'ESTAING 1966: Giscard d'Estaing, Olivier: "Kooperation und Fusion deutscher und französischer Unternehmen", in: Wirtschaftsdienst VIII, 1966, S. 439-444

GOMES-CASSERES 1987: Gomes-Casseres, Benjamin: "Joint Venture Instability: Is it a problem ?", in: Columbia Journal of World Business, Sommer 1987, S. 97-102

GÖTZE 1993: Götze, Karl-Heinz: "Französische Affairen", Frankfurt 1993

HAAS 1965: Haas, Christof: "Unsicherheit und Risiko in der Preisbildung", in: Schriftenreihe Annales Universitatis Saraviniensis, Heft 13, Köln/Berlin/Bonn/München 1965

HABERMAS 1990: Habermas, Jürgen: "Modernity versus postmodernity", in: Culture and Society - Contemporary Debates, Cambridge 1990, S. 342-354

HAGEDOORN 1993: Hagedoorn, John: "Understanding the Rationale of Strategic Technology Partnering: interorganisational modes of cooperation and sectoral differences", in: Strategic Management Journal, Vol. 14, 1993, S. 371-385

HAGEDOORN 1996: Hagedoorn, John: "Trends and Patterns in Strategic Technology Partnering Since the early Seventies", in: Review of Industrial Organization 11, 1996, S. 601-616

HALL 1990: Hall, Edward T./Hall, Mildred Reed: "Understanding cultural differences", Yarmouth/ME, 1990

HARRIGAN 1987: Harrigan, Kathryn Rudie: "Strategic Alliances: Their New Role in Global Competition", in: Columbia Journal of World Business, Sommer 1987, S. 67-102

HARRIS 1973: Harris, Thomas A.: "Ich bin o.k. - Du bist o.k.", Hamburg 1973

HARTMANN-WENDELS 1989: Hartmann-Wendels, Thomas: "Principal-Agent-Theorie und asymmetrische Informationsverteilung", in: ZfB, 59. Jg., 1989, S. 714-733

HAUSER 1991: Hauser, Heinz: "Institutionen zur Unterstützung wirtschaftlicher Kooperation", in: Wunderer 1991, S. 107-124

HEGEL 1987 (1807): Hegel, G.W.F.: "Phänomenologie des Geistes", Stuttgart 1987 (1807)

HEISENBERG 1973: Heisenberg, W.: "Physik und Philosophie", Berlin 1973

HENNART 1988: Hennart, Jean-François: "A transaction cost theory of joint ventures", in: Strategic Management Journal, Vol. 9, 1988, S. 361-374

HERDEN 1992: Herden, Rainer: "Technologieorientierte Aussenbeziehungen im betrieblichen Innovationsmanagement", Heidelberg 1992

HIRSCH 1978: Hirsch, F.: "Social limits to growth", Cambridge 1987

HIRSHLEIFER/RASMUSEN 1989: Hirshleifer, David/Rasmusen, Eric: "Cooperation in a repeated prisoners' dilemma with ostracism", in: Journal of Economic Behavior and Organization 12, North Holland, 1989

HOFSTEDE 1987: Hofstede, Geert/Bollinger, Daniel: "Les différences culturelles dans le management", Paris 1987

HOFSTEDE 1994: Hofstede, Geert: "Vivre dans un monde multiculturel", Paris 1994

HOLZMÜLLER 1995: Holzmüller, Hartmut: "Konzeptionelle und methodische Probleme in der interkulturellen Managementforschung", Stuttgart 1995

HOSMER 1995: Hosmer, Larue Tone: "Trust: the connecting link between organizational theory and philosophical ethics", in: Academy of Management Review, 1995, Vol. 20, No. 2., S. 379-403

HUMBLOT 1996: Humblot, Catherine: "Arte, la télé-Maastricht au quotidien", in: Le Monde - Télévision, 18./19. Februar 1996

JACKSON 1993: Jackson, William A.: "Culture, society and economic theory", in: Review of Political Economy, 5.4, 1993, S. 453-469

JACQUEMIN 1994: Jacquemin, Alexis: "Capitalisme, compétition et coopération", in: Revue d'économie politique 104 (4) Juli/August 1994, S. 501-514

JACQUEMIN 1987: Jacquemin, A.: "Comportements collusifs et accords de coopération en recherche développement", in: Revue d'économie politique, janvier/février 1987

JACQUEMIN/REMICHE 1988: Jacquemin, Alexis/Remiche, Bernard (Hrsg.): "Coopération entre entreprises", Brüssel 1988

JENSEN 1993: Jensen, Sören: "Vive la différence", in: Manager Magazin, 5/1993,   218-227, "Spiel ohne Grenze", ebd., S. 153-159

JENSEN/MECKLING 1976: Jensen, Michael C./Meckling, William H.: "Managerial Behavior, Agency Costs and Ownership Structure", in: Journal of Financial Economics, 3. Jg., 1976, S. 305-360

JPB 1990: JPB - La synergie franco-allemande: "Studie über deutsch-französisches Management", Paris/Le Vésinet, Februar 1990

JPB 1993: Breuer, Jochen-Peter/de Bartha, Pierre: "La médiation interculturelle au secours des partenariats franco-allemands", in: Gérer et comprendre März 1993, S. 50-60

KALLSCHEUER/LEGGEWIE 1994: Kallscheuer, Otto/Leggewie,Klaus: "Deutsche Kulturnation versus französische Staatsnation ?", in: Berding, Helmut (Hrsg.): "Nationales Bewusstsein und kollektive Identität - Studien zur Entwicklung des kollektiven Bewusstseins in der Neuzeit 2", Frankfurt 1994, S. 112-159

KANT 1963: Kant, Immanuel: "Kritik der Urteilskraft", Stuttgart 1963

KAUFMANN/KOKALJ/MAY-STROBL 1990: Kaufmann, Friedrich/Kokalj, Ljuba/May-Strobl, Eva: "EG-Binnenmarkt - Die grenzüberschreitende Kooperation mittelständischer Unternehmen", Schriften zur Mittelstandsforschung Nr. 34 NF, Stuttgart 1990

KETS DE VRIES/MILLER 1986: Kets de Vries, Manfred F. R./Miller, Danny: "Personality, Culture and Organization", in: Academy of Management Review, Vol. 11, N° 2, 1986, S. 266-279

KIENEN 1990: Kienen, Stefan: "Die Principal-Agent-Theorie aus informationstheoretischer Sicht", Heidelberg 1990

KNOBLICH 1969: Knoblich, Hans: "Zwischenbetriebliche Kooperation - Wesen, Formen und Ziele", in: ZfB, 39.Jg., 1969, S. 497-514

KOGUT 1988: Kogut, Bruce: Joint Ventures: Theoretical and empirical perspectives", in Strategic Management Journal, Vol. 9, 1988, S. 319-332

KÖNIG 1979: König, Roland: "Vorteile, Konflikte und Hemmnisse zwischenbetrieblicher Kooperation von Klein- und Mittelbetrieben", in: Internationales Gewerbearchiv, 3/1979, S. 129-141

KOSLOWSKI 1988: Koslowski, Peter: "Die postmoderne Kultur - gesellschaftlich-kulturelle Konsequenzen der technischen Entwicklung", München 1988

KRAIS 1992: Krais, Beate: "Pourquoi n'y a-t-il pas de cadres en Allemagne ?", in: Sociologie du travail; N° 4/92, S. 497-506

KUHN 1967: Kuhn, Thomas: "Die Struktur wissenschaftlicher Revolutionen", Frankfurt 1967

LASSERRE 1993: Lasserre, Réné: "Les relations économiques franco-allemandes", in: Ménudier, Henri (Hrsg.): "Le couple franco-allemand en Europe", Asnières 1993, S. 141-150

LAURENT 1992: Laurent, André: "The cross-cultural puzzle of Global Human Ressource Management", in: Human Ressource Management, Vol. 25, N° 1, S. 174-183

LAUX 1988: Laux, Helmut: "Grundprobleme optimaler erfolgsabhängiger Anreizsysteme", in: ZfB, 58. Jg. 1988, S. 24-36

LAUX 1990: Laux, Helmut: "Risiko, Anreiz und Kontrolle: Principal-Agent-Theorie", Berlin/Heidelberg 1990.

LAZONICK 1991: Lazonick,William: "Business Organization and the myth of the market economy", Cambridge 1991

LEENHARDT/PICHT 1990: Leenhardt, Jacques/Picht, Robert: "Au jardin des malentendus - le commerce franco-allemand des idées", Paris 1990

LES ECHOS, 1995: Dossier Crédit Interentreprises, Les Echos, 8. Nov. 1995, S. 32-36

LORANGE/PROBST 1987: Lorange, Peter/Probst, Gilbert J.B.: "Joint Ventures as self-organizing systems: a key to successful joint venture design and implementation", in: Columbia Journal of World Business, Sommer 1987, S. 71-77

LUHMANN 1994: Luhmann, Niklas: "Inklusion und Exklusion", in: Berding, Helmut (Hrsg.): "Nationales Bewusstsein und kollektive Identität - Studien zur Entwicklung des kollektiven Bewusstseins in der Neuzeit 2", Frankfurt 1994, S. 15-45

LYLES 1987: Lyles, Marjorie A.: "Common mistakes of joint venture experiences firms", in: Columbia Journal of World Business, Sommer 1987, S. 79-84

MANFRASS-SIRJACQUES 1993: Manfrass-Sirjacques, Françoise: "La coopération militaire depuis 1963", in: Ménudier, Henri (Hrsg.): "Le couple franco-allemand en Europe", Asnières 1993, S.99-111

MARGOLIS 1982: Margolis, Howard: "Selfishness, Altruism, and Rationality", Cambridge 1982

MARNATA/SARRAZIN 1991: Marnata, Françoise/Sarrazin, Chantal: "L'investissement direct France-Allemagne dans les années 80", in: Regards sur l'Actualité, Paris, Dezember 1991, S. 27-37

MARSHALL 1891: Marshall, Alfred: "The Economics of Industry", London/New York 1891

MAURICE/SELLIER/SILVESTRE 1982: Maurice, Marc/Sellier, François/Silvestre, Jean-Jacques: "Politique d'éducation et organisation industrielle en France et en Allemagne", Paris 1982

McLUHAN 1964: McLuhan, Marshall: "Understanding Media", Cambridge/London 1964

MECKL 1993: Meckl, Reinhard: "Unternehmenskooperationen im EG-Binnenmarkt", Wiesbaden 1993

MEEKS 1977: Meeks, G.: "Disappointing Marriage: A Study of the Gains from Merger", Cambridge 1977

MEYERS LEXIKON 1981: "Meyers Grosses Taschenlexikon", Mannheim/Wien/Zürich 1981

MONDELLO 1993: Mondello, Gérard: "Une approche économique de la notion de prudence", in: Revue Françaises d'Economie, Volume VIII, 3, Sommer 1993, S. 37-70

MOOG 1992: Moog, André: "Nachbar Frankreich - Gebrauchsanweisung für einen wohlüberlegten Umgang mit Franzosen", Frankfurt 1992

MORGAN GRENFELL 1989: Morgan Grenfell: "Handbuch für den internationalen Unternehmenskauf", London 1989

MORRIS/HERGERT 1987: Morris, Deigan/Hergert, Michael: "Trends in international collaborative agreements", in: Columbia Journal of World Business, Sommer 1987, S. 15-22

MÜLLER 1986: Müller, Dennis C.: "Profits in the long run, Cambridge/New York 1986

MÜLLER-ARMACK 1981: Müller-Armack, Alfred: "Religion und Wirtschaft", Reihe "Beiträge zur Wirtschaftspolitik", Band 33, Bern/Stuttgart 1981

NIPPERDEY 1983: Nipperdey, Thomas: "Deutsche Geschichte 1800-1866", München 1983

O.V. 1974: "Bundesrepublik-Frankreich: Die Investitionstätigkeit spiegelt die handelspolitische Verflechtung nicht wider", in: La Revue Economique Franco-Allemande, Juni/Juli 1974, S. 14/15

O.V. 1995: "Eurocopter als Modell ?", Interview mit Dr. Siegfried Sobotta, in: Wehrtechnik, 1/95, S. 32-34

O.V. 1995: "Einmalig in der Welt - Das Eurocorps...", in: Der Spiegel 46/1995, S. 130-147

PALMADE 1992: Palmade, Jacqueline: "Modèle universel/modèles culturels - Le management interculturel", Vortrag an der Conférence internationale Forum de Delphes, Delphes, 29-31 Oktober 1992

PARKHE 1993: Parkhe, Arvind: "Strategic Alliance Structuring: "A game theoretic and transaction cost examination of interfirm cooperation", in: Academy of Management Journal 1993, Vol. 36, No. 4, S. 794-829

PATEAU 1993: Pateau, Jacques: "Le management interculturel franco-allemand - de la recherche au conseil", Eurocopter, Juni 1993

PATEAU 1993: Pateau, Jacques: "Le modèle franco-allemand", in: Zielsprache Französisch, Oktober-Dezember 1993, 4, S. 198-206

PATEAU 1995: Pateau, Jacques: "Die Lösung von technischen und organisatorischen Problemen in deutsch-französischen Unternehmen: ein interkultureller vergleichender Ansatz", in: Frankreich-Jahrbuch 1995, Leske+Budrich, 1995, S. 133-152

PERROW 1981: Perrow, C.: "Markets, hierarchies and hegemony: A critique of Chandler and Williamson, in: Van de Ven, A.H./Joyce, W.F. (Hrsg.): Perspectives on organization design and behavior. New York 1981, S. 371-386

PETERSEN 1989: Petersen, Thomas: "Das Delegationsproblem zwischen Prinzipalen und Agenten", in: Albach, Horst (Hrsg.): Organisation, Wiesbaden, 1989, S. 109-129

PIAGET 1937: Piaget, Jean: "La construction du réel par l'enfant", Neuchâtel 1937, S. 311

PICHT 1987: Picht, Robert: "Comment franchir le 'mur culturel'?", Rede auf der Konferenz SITEF, Toulouse 1987, in: DFGWT/AFAST: Jahresbericht 1987, Bonn

PICHT 1994: Picht, Robert: "Unterschiedliche Kulturen prägen die Unternehmen", in: Handelsblatt, Nr. 242, 15.12. 1994

PICOT 1982: Picot, Arnold: "Der Transaktionskostenansatz in der Organisationstheorie: Stand der Diskussion und Aussagewert", in: Die Betriebswirtschaft, 42. Jg. Nr. 2, 1982, S. 267-284

PITTS 1990: Pitts, Jesse R.: "French Catholizism and secular grace", in: Culture and Society - Contemporary Debates, Cambridge 1990, S. 134-146

PLANQUE 1991: Planque, Bernard: "Note sur la notion de réseau d'innovation", in: Revue d'Economie Régionale et Urbaine, n° 3/4, 1991

PMI'93: Roland Berger & Partner/Algoë Management: "PMI'93 - Les comportements stratégiques des entreprises industrielles de taille moyenne en France et en Allemagne face aux espaces de concurrence européens et mondiaux", München/Paris/Lyon/Ecully 1993

POLAP 1995: Polap, Lars: "Analyse et implication des différences culturelles sur le management international des alliances stratégiques - l'exemple des coopérations franco-allemandes", Mémoire, Université d'Aix-Marseille III, 1995

PRATT/ZECKHAUSER 1985: Pratt, John W./Zeckhauser, Richard J.: "Principals and Agents: An Overview", in: Pratt, John W./Zeckhauser, Richard J. (HRSG.): "Principals and Agents: the structure of business", Boston 1985, S. 1-35

PROGNOS 1986: Weidig, Inge/Zubeil, Gotthold/Wolff, Heimfried: "Die Kooperation zwischen deutschen und französischen Industrieunternehmen", Prognos-Institut, Basel 1986

REVEL 1973: Revel, Jean-François: "Descartes inutile et incertain", in: Descartes, Réné: "Discours de la méthode", Paris 1973, S. 7-86

RICHARDSON 1960: Richardson, G.B.: "Information and investment", Oxford 1960

RICHARDSON 1972: Richardson, G.B.: "The organisation of industry", in: The Economic Journal Nr. 82, 09/72, Royal Economic Society, London, S. 883-896

ROEHL/TRUITT 1987: Roehl, Thomas W./Truitt, J. Frederick: "Stormy open marriages are better: Evidence from U.S., Japanese and French Cooperative Ventures in Commercial Aircraft", in: Columbia Journal of World Business, Sommer 1987, S. 87-94

ROLAND BERGER 1993: Simon, Harald/Bauer, Brigitte/Jägeler, Franz (Roland Berger & Partner): "Auf der Suche nach Europas Stärken - Managementkulturen und Erfolgsfaktoren", Landsberg/Lech 1993

ROTERING 1993: Rotering, Joachim: "Zwischenbetriebliche Kooperation als alternative Organisationsform: ein Transaktionskostentheoretischenr Erklärungsansatz", Stuttgart 1993

RULLIÈRE/TORRE 1995: Rullière, Jean-Louis/Torre, André: "Les formes de la coopération inter-entreprises", in: Economie Industrielle - Développements récents, 1995, S. 215-245

SCHMIDT 1988: Schmidt, Reinhard H.: "Neue Property-Rights-Analysen in der Finanzierungstheorie", in: Budäus, Dietrich/Gerum, Elmar/Zimmermann,Günther (Hrsg.): "Betriebswirtschaftslehre und Theorie der Verfügungsrechte", Wiesbaden 1988, S. 239-268

SCHMIDT 1994: Schmidt, Géraldine: "Les modèles de management en France, en Allemagne et au Portugal", in: Revue de gestion de ressources humaines, N°. 11, Juni 1994, S. 16-28

SCHOLL/HILLIG 1994: "Scholl, Hartmut/Hillig, Andreas: "Eurocopter Case Study", St. Gallen 1994

SELL 1994: Sell, Axel: "Internationale Unternehmenskooperationen", München/Wien,1994

SIEGELE 1993: Siegele, Ludwig: "La collaboration entre entreprises françaises et allemandes: l'écueil des traditions manageériales", (Übersetzg. v. "Luther gegen Descartes, Die Zeit, 5.2.1993), in: Problème économiques, n° 2.35 , 17.11.1993

SILVESTRE 1990: Silvestre, Jean-Jacques: "Systèmes hiérarchiques et analyse sociétale", in: Revue Française de Gestion, N° 77, Jan/Feb 1990, S. 107-115

SIMON 1964: Simon, Herbert A.: "Rationality", in: Gould, J./Kolb, W.L. (Hrsg.): A Dictionary of Social Sciences, 1964, S. 573f

SIMON/BAUER/JÄGELER 1993: Simon, Harald/Bauer, Brigitte/Jägeler, Franz (Roland Berger & Partner): "Auf der Suche nach Europas Stärken - Managementkulturen und Erfolgsfaktoren", Landsberg/Lech 1993

SMITH 1970: Smith, Adam: "The wealth of Nations I-III", London 1970

SOFIANOU 1995: Sofianou, Evanthia: "Post-modernism and the notion of rationality in economics", in: Cambridge Journal of Economics, 1995, 19, S. 373-389

SPREMANN 1989: Spremann, Klaus: "Stakeholder-Ansatz versus Agency-Theorie", in: ZfB, 59. Jg., 1989, S. 742-746

STARKS 1987: Starks, Laura T.: "Performance Incentive Fees: An Agency-Theoretic Approach", in: Journal of Financial and Quantitative Analysis, 22. Jg. März 1987, S. 17-32

STAUDT ET AL. 1992: Staudt, Erich et al.: "Kooperationshandbuch", Stuttgart 1992

STAUDT/BOCK/TOBERG 1989: Staudt, Erich/Bock, Jürgen, Toberg, Michael: "Innovation durch Kooperation", in: Internationales Gewerbearchiv 37. Jg. 1989, Hefte 1/4, S. 141-149

STUDIENGRUPPE 1967: Deutsch-französische Studiengruppe für industrielle Zusammenarbeit: "Handbuch für deutsch-französische Kooperation für die Unternehmenspraxis", Bonn-Paris 1967

STUPPERICH 1967: Stupperich, Robert: "Geschichte der Reformation", München 1967

SYDOW 1992: Sydow, Jörg: Strategische Netzwerke - Evolution und Organisation", Wiesbaden 1992

THIS 1995: This, Isabelle: Problèmes épistémologiques liés à l'autoréalisation des théories et des prévisions économiques", in: Revue Economique, Vol. 47, N° 3, Mai 1996, S. 555-564

THOMAS/HAGEMANN 1992: Thomas, Alexander/Hagemann, Katja: "Training interkultureller Kompetenz", in: Bergemann/Sourissaux 1992, S. 173-198

TORRE 1993: Torre, André: "Interactions techniques et interdépendances hors-marché: quelques réflexions", in: Revue Française d'Economie, Vol. VIII, 3, Sommer 1993, S. 71-108

TRAUB 1995: Traub, Christoph: "Interkulturelle Konflikte und ihre Auswirkungen auf die Zusammenarbeit deutscher und französischer Führungskräfte", Diplomarbeit, Bielefeld 1995

TRIANDIS 1992: Triandis, H.C.: "Cross-cultural industrial and organizational psychology", in: Dunnette, M.D. (Hrsg.): Handbook of industrial and organizational psychology, Vol. 4., Palo Alto 1992, S. 103-172

TRÖNDLE 1986: Tröndle, Dirk: "Kooperationsmanagement - Steuerung interaktioneller Prozesse bei Unternehmenskooperationen", Reihe: Planung, Information und Unternehmensführung, Band 15, Bergisch Gladbach/Köln, 1986

ULRICH 1991: Ulrich, Peter: "Zur Ethik der Kooperation in Organisationen", in: Wunderer 1991, S. 69-90

URBAN/VENDEMINI 1992: Urban, Sabine/Vendemini, Serge: "Alliances stratégiques coopératives européennes", 1993

V. FÖRSTER 1973: von Förster, Heinz: "Das Konstruieren einer Wirklichkeit", in: Watzlawick 1981, S. 39-59

V. GLASERSFELD 1981: von Glaserfeld, Ernst: "Einführung in den radikalen Konstruktivismus", in: Watzlawick 1981, S. 16-38

V. HELMHOLT/MÜLLER-JACQUIER 1991: v. Helmholt, Katharina/Müller-Jacquier, Bernd: "Französisch-deutsche Kommunikation im Management-Alltag", Erhebung in Kooperation mit IKL Kommunikationstraining und BASF Frankreich, Bayreuth 1991

V. HUMBOLDT 1974: von Humboldt, W.: "Über die Verschiedenheit des menschlichen Sprachbaues", Hildesheim/New York 1974

V. KELLER 1982: von Keller, Eugen: "Management in fremden Kulturen", Bern/Stuttgart 1982

WARNECK 1994: Warneck, Beate: "Der Beitrag transnationaler F&E-Kooperationen zum Innovationspotential kleiner und mittlerer Unternehmen", Diplomarbeit, Berlin 1994

WATZLAWICK 1969: Watzlawick, Paul (Hrsg.)/Beavin, Jante H./Jackson, Don D.: "Menschliche Kommunikation: Formen, Störungen, Paradoxien", Bern 1969/1990

WATZLAWICK 1981: Watzlawick, Paul (Hrsg.): "Die erfundene Wirklichkeit - Wie wissen wir, was wir zu wissen glauben ? - Beiträge zum Konstruktivismus, München 1981

WATZLAWICK 1990: Watzlawick, Paul (Hrsg.)/Beavin, Jante H./Jackson, Don D.: "Menschliche Kommunikation: Formen, Störungen, Paradoxien", Bern 1969/1990

WEBER 1993: Weber, Max: "Die protestantische Ethik und der 'Geist' des Kapitalismus", Bodenheim 1993

WECHSSLER 1927: Wechssler, Edouard: "Esprit und Geist", 1927

WEGEHENKEL 1981: Wegehenkel, Lothar: "Gleichgewicht, Transaktionskosten und Evolution - Eine Analyse der Koordinierungseffizienz unterschiedlicher Wirtschaftssysteme", Tübingen 1981

WEINSTEIN 1992: Weinstein, O.: "R&D et théorie de la firme", in: Economie Appliquée, tome XLV, 1992, n° 1, S. 79-104

WICKERT 1989: Wickert, Ulrich: "Frankreich - Die wunderbare Illusion", Hamburg 1989

WIETEK/DE SAS 1990: Wietek, S.M. (Hrsg.)/De Sas, P. Chomiac: "Unternehmensbewertung und - bilanzierung in Frankreich - ein Leitfaden für die Praxis", Paris 1990

WILLIAMSON 1975: Williamson, Oliver E.: "Markets and Hierarchies", New York 1975

WILLIAMSON 1985: Williamson, Oliver E.: "The Economic Institutions of Capitalism", New York 1985

WILLIAMSON 1986: Williamson, Oliver E.: "Economic Organization - Firms, Markets and Policy Control", Brighton/Sussex, 1986

WILLIAMSON 1990: Williamson,Oliver E. (Hrsg.): "Industrial Organization", Hants 1990

WUNDERER 1991: Wunderer, Rolf (Hrsg.): "Kooperation - Gestaltungsprinzipien und Steuerung der Zusammenarbeit zwischen Organisationseinheiten", Stuttgart 1991

YOU 1994: You, Jong-Il/Wilkinson, Frank: "Competition and co-operation: towards understanding industrial districts", in: Review of Political Economy, 6.3., 1994, S. 259-278

 **Deutscher Universitäts Verlag**

GABLER · VIEWEG · WESTDEUTSCHER VERLAG

Aus unserem Programm

Kai Michael Bielenberg
Der kontinuierliche Problemlösungsprozeß
Konzepte - Schwachstellenanalysen - Optimierungsansätze
1996. XVI, 271 Seiten, Broschur DM 98,-/ ÖS 715,-/ SFr 89,-
GABLER EDITION WISSENSCHAFT
ISBN 3-8244-6291-5
Der Autor analysiert Konzepte zur Erschließung des Kreativitäts- und
Problemlösungspotentials der Mitarbeiter und die auftretenden Moti-
vationshemmnisse.

Mathias Fontin
Das Management von Dilemmata
Erschließung neuer strategischer und organisationaler Potentiale
1997. XVIII, 421 Seiten, 72 Abb., Br. DM 118,-/ ÖS 861,-/ SFr 105,-
DUV Wirtschaftswissenschaft
ISBN 3-8244-0335-8
Es wird zunächst ein Verständnis von scheinbar gegensätzlichen
Handlungsmustern in Organisationen vermittelt. Anschließend
werden Bausteine eines Managements von Dilemmata entwickelt.

Karsten Heppner
Organisation des Wissenstransfers
Grundlagen, Barrieren und Instrumente
1997. XV, 396 Seiten, 51 Abb., Br. DM 118,-/ ÖS 861,-/ SFr 105,-
DUV Wirtschaftswissenschaft
ISBN 3-8244-0353-6
Die Fähigkeit, Wissen zwischen Bereichen zu transferieren, erweist
sich immer mehr als Schlüsselfakor für den Unternehmungserfolg.

Carsten Schäper
Entstehung und Erfolg zwischenbetrieblicher Kooperation
Möglichkeiten öffentlicher Förderung
1997. XX, 250 Seiten, Broschur DM 98,-/ ÖS 715,-/ SFr 89,-
GABLER EDITION WISSENSCHAFT
ISBN 3-8244-6427-6
Der Autor untersucht die Einflußfaktoren der Entstehung und des
Erfolges zwischenbetrieblicher Kooperationen im Hinblick auf die
öffentliche Kooperationsförderung.

DUV Deutscher UniversitätsVerlag

GABLER·VIEWEG·WESTDEUTSCHER VERLAG

Yvonne Stüdlein
Management von Kulturunterschieden
Phasenkonzept für internationale strategische Allianzen
1997. XXVIII, 436 Seiten, Broschur DM 128,-/ ÖS 934,-/ SFr 114,-
GABLER EDITION WISSENSCHAFT
ISBN 3-8244-6505-1
Die Autorin verdeutlicht die Relevanz des Faktors Kultur für das Management internationaler Allianzen und leitet Handlungsempfehlungen für eine Berücksichtigung kooperationsrelevanter Unterschiede ab.

Petra Weber
Internationalisierungsstrategien mittelständischer Unternehmen
1997. XVIII, 306 Seiten, Broschur DM 98,-/ ÖS 715,-/ SFr 89,-
GABLER EDITION WISSENSCHAFT
ISBN 3-8244-6526-4
Petra Weber untersucht einzelne Analysefelder der Internationalisierungsentscheidung und entwickelt einen Bezugsrahmen, durch den explizite Internationalisierungsstrategien formuliert werden können.

Thorsten Winkelmann
Internationalisierung mittelständischer Zulieferunternehmen
Entscheidungen im Strukturwandel
1997. XX, 330 Seiten, Broschur DM 118,-/ ÖS 861,-/ SFr 105,-
GABLER EDITION WISSENSCHAFT
ISBN 3-8244-6491-8
Der Autor analysiert das Internationalisierungsverhalten mittelständischer Unternehmen auf der Basis umfassender Einzelfallstudien und legt die Heterogenität grenzüberschreitender Aktivitäten offen.

Die Bücher erhalten Sie in Ihrer Buchhandlung!
Unser Verlagsverzeichnis können Sie anfordern bei:

Deutscher Universitäts-Verlag
Postfach 30 09 44
51338 Leverkusen

MIX
Papier aus verantwortungsvollen Quellen
Paper from responsible sources
FSC® C105338

If you have any concerns about our products,
you can contact us on
ProductSafety@springernature.com

In case Publisher is established outside the EU,
the EU authorized representative is:
Springer Nature Customer Service Center GmbH
Europaplatz 3, 69115 Heidelberg, Germany

Printed by Libri Plureos GmbH
in Hamburg, Germany